Kohlhammer

Die Autorin

Univ.-Prof. Angelika C. Wagner, Ph.D. (University of Michigan), ist emeritierte Professorin für Pädagogische Psychologie an der Universität Hamburg. Sie ist die Begründerin der Methode der Introvision. Sie leitet seit über 40 Jahren ein Langzeitforschungsprogramm zur Entstehung und Auflösung innerer Konflikte in der mentalen Selbstregulation. Die Introvision ist ihr Lebenswerk. Sie ist außerdem die Erstautorin des Praxisbuchs »Introvision. Problemen gelassen ins Auge schauen. Eine Einführung« (zus. mit R. Kosuch und T.A. Iwers, 2020, 2. Aufl.).

Angelika C. Wagner

Gelassenheit durch Auflösung innerer Konflikte

Mentale Selbstregulation und Introvision

3., überarbeitete Auflage

Verlag W. Kohlhammer

Dieses Werk einschließlich aller seiner Teile ist urheberrechtlich geschützt. Jede Verwendung außerhalb der engen Grenzen des Urheberrechts ist ohne Zustimmung des Verlags unzulässig und strafbar. Das gilt insbesondere für Vervielfältigungen, Übersetzungen, Mikroverfilmungen und für die Einspeicherung und Verarbeitung in elektronischen Systemen.

Die Wiedergabe von Warenbezeichnungen, Handelsnamen und sonstigen Kennzeichen in diesem Buch berechtigt nicht zu der Annahme, dass diese von jedermann frei benutzt werden dürfen. Vielmehr kann es sich auch dann um eingetragene Warenzeichen oder sonstige geschützte Kennzeichen handeln, wenn sie nicht eigens als solche gekennzeichnet sind.

Es konnten nicht alle Rechtsinhaber von Abbildungen ermittelt werden. Sollte dem Verlag gegenüber der Nachweis der Rechtsinhaberschaft geführt werden, wird das branchenübliche Honorar nachträglich gezahlt.

Dieses Werk enthält Hinweise/Links zu externen Websites Dritter, auf deren Inhalt der Verlag keinen Einfluss hat und die der Haftung der jeweiligen Seitenanbieter oder -betreiber unterliegen. Zum Zeitpunkt der Verlinkung wurden die externen Websites auf mögliche Rechtsverstöße überprüft und dabei keine Rechtsverletzung festgestellt. Ohne konkrete Hinweise auf eine solche Rechtsverletzung ist eine permanente inhaltliche Kontrolle der verlinkten Seiten nicht zumutbar. Sollten jedoch Rechtsverletzungen bekannt werden, werden die betroffenen externen Links soweit möglich unverzüglich entfernt.

3. Auflage 2021

Alle Rechte vorbehalten
© W. Kohlhammer GmbH, Stuttgart
Gesamtherstellung: W. Kohlhammer GmbH, Stuttgart

Print:
ISBN 978-3-17-034170-8

E-Book-Formate:
pdf: ISBN 978-3-17-034171-5
epub: ISBN 978-3-17-034172-2

Inhalt

Vorwort zur ersten Auflage 11

Vorwort zur dritten Auflage 15
        Danksagungen 15

1   Einleitung 19
    1.1   Zwischen Gelassenheit und Panik: das Psychotonusmodell .. 20
            1.1.1   Gelassenheit 20
            1.1.2   »Was es zu erklären gilt«: das Psychotonusmodell
                      unterschiedlicher mentaler Zustände 26
            1.1.3   Die einzelnen Stufen der Psychotonusskala (PT) 29
    1.2   Gelassener werden durch Introvision: eine einführende
           Übersicht 35
            1.2.1   Den Kopf wieder freibekommen: Zur Vorbereitung:
                      »Pakete packen« als Anfänger-Übung 36
            1.2.2   Mentale Entspannung im Alltag: das Konstatierende
                      Aufmerksame Wahrnehmen (KAW) 36
            1.2.3   Die Methode der Introvision 37
            1.2.4   Blitzintrovision 40
    1.3   Forschung zur Introvision 41
            1.3.1   Innere Konflikte 41
            1.3.2   Introvision 44
            1.3.3   Die Entwicklung der Theorie der Mentalen
                      Introferenz 47
            1.3.4   Wirksamkeit von Introvision 47
    1.4   Das »Theorem der dicken Klöpse« und eine Übersicht über
           den Inhalt des Buchs 52
    1.5   Zusammenfassung 54

2   »Wie entsteht Gelassenheit?« Die Theorie der Mentalen
    Introferenz (TMI) 56
    2.1   Zum Stand der Forschung: Theorien zur Entstehung von
           Gelassenheit und Konflikt 58
    2.2   Eine kurze einführende Übersicht über die Theorie der
           mentalen Introferenz 60
            2.2.1   Die Entwicklung der Theorie der mentalen
                      Introferenz 61

	2.2.2	Eine kurze Übersicht über Grundbegriffe der TMI ...	63
2.3	»Die stille See und das erste leichte Kräuseln der Wasseroberfläche«: der Prozess des primären Eingreifens		68
	2.3.1	Der Wanderer: ein Gedankenexperiment	68
	2.3.2	»Worin introferent eingegriffen wird«: die epistemische Intelligenz des Menschen	72
	2.3.3	»Was beim primären Eingreifen überschrieben wird«. Kognitive Fehlstellen (Defaults): Leerstellen, Widersprüche, Inkongruenzen, Diskrepanzen	76
	2.3.4	Das »Wie« des primären Eingreifens	79
2.4	Habitualisierung und Automatisierung des introferenten Eingreifens		86
2.5	Sekundäre Introferenz, oder »Wie die Wellen größer werden«		88
2.6	Auswirkungen introferenter Kognitionen auf die menschliche Informationsverarbeitung – ein kurzer Ausblick		92
2.7	Das »Auge des Wirbelsturms« und wie der Wirbelsturm sich wieder beruhigt: das KAW als die Grundlage der Introvision		93
2.8	Zusammenfassung		94

3 Konstatierendes Aufmerksames Wahrnehmen (KAW) – ein Zustand des Nichteingreifens 97

3.1	Grundlagen und Merkmale des Konstatierenden Aufmerksamen Wahrnehmens		97
3.2	Vier KAW-Übungen		104
	3.2.1	KAW-Übung I: »Konstatieren«	104
	3.2.2	KAW-Übung II: Weit- und Engstellen	111
	3.2.3	KAW-Übung III: Weitgestellt mit konstantem Fokus	115
	3.2.4	KAW-Übung IV: Das Zentrum des Angenehmen oder des Unangenehmen	122
3.3	Die Praxis des KAW		126
	3.3.1	Hinweise zum Üben des KAW	126
	3.3.2	Längerfristige Auswirkungen der KAW-Übungen: Erfahrungsberichte	127
3.4	KAW für Fortgeschrittene: KAW-Anwendungen im Alltag ...		130
	3.4.1	KAW-Anwendung 1: Den Kopf frei bekommen: integrierendes KAW oder der »mentale Screenshot« ..	131
	3.4.2	KAW-Anwendung 2: »Und wo, bitte schön, bleibt das Positive?« Sich in etwas Gutes, Angenehmes, Schönes vertiefen ohne Unangenehmes auszublenden	132
	3.4.3	KAW-Anwendung 3: Die Lösung sachlicher Probleme, oder: das epistemische System arbeiten lassen, ohne bewusst introferent einzugreifen	134
	3.4.4	KAW-Anwendung 4: Mehr über den Prozess des introferenten Eingreifens erfahren: sich selbst beim introferenten Eingreifen zuschauen	135

	3.4.5	KAW-Anwendung 5: KAW auf den Prozess des Sich Imperierens	136
	3.4.6	KAW-Anwendung 6: »KAW auf alles« oder *multimodales KAW*	137
	3.4.7	KAW-Anwendung 7: »KAW auf KAW«	139
	3.4.8	»Choiceless awareness«	139
3.5	KAW im Vergleich mit anderen Verfahren		140
3.6	Zusammenfassung		144

4 Den Kern eines akuten Konflikts finden: die erste Phase der Introvision. Die Theorie Subjektiver Imperative (TSI) 146

4.1	Allgemeines über Konflikte		148
4.2	Ausgangspunkt: »Was geht Ihnen in der jeweiligen Situation durch den Kopf?«		153
4.3	Imperativische Sollvorstellungen – die imperierte Selbstanweisung: »Gib diese Sollvorstellung nicht auf!«		155
4.4	Imperativverletzungskonflikte (IVK)		162
	4.4.1	Realitätskonflikte: »Die Wirklichkeit ist nicht so, wie sie sein müsste«	165
	4.4.2	Imperativkonflikte: »Es *muss* sein, es *darf* nicht sein«	168
	4.4.3	Undurchführbarkeitskonflikte: »Es *muss* sein, dass …, aber es geht nicht«	170
	4.4.4	Konflikt-Konflikte: »In Konflikt mit dem eigenen Konflikt«	172
	4.4.5	Der gemeinsame Kern des Imperativ-Verletzungskonflikts: eine unauflösbare Diskrepanz	173
	4.4.6	Die Theorie Subjektiver Imperative als Meta-Theorie der mentalen Selbstregulation	174
4.5	»Was daran ist das Zentrum des Unangenehmen?« Die Tiefenstruktur imperativischer Vorstellungen explorieren		175
	4.5.1	Imperativketten und Kernimperative	175
	4.5.2	Imperativbäume	181
	4.5.3	Fazit: Introvision bedeutet aufzuhören, die epistemische Kern-Subkognition introferent wegzuschieben	183
4.6	In akute Konflikte sekundär eingreifen: Konfliktumgehungsstrategien (KUS)		184
	4.6.1	Das Kategoriensystem zur Erfassung von Konfliktumgehungsstrategien (KUS-R)	185
	4.6.2	Konfliktumgehungsstrategien als Teillösungsstrategien	191
4.7	Zusammenfassung		192

5 Die Durchführung der Introvision zur Auflösung eines Konfliktes 196

5.1	Der Ablauf eines Introvisionsberatungsgesprächs		198
	5.1.1	Einführung	198

	5.1.2	Phase 1: Die dem Konflikt unterliegende Subkognition (SK) finden	199
	5.1.3	Phase 2: Die Subkognition ein Weilchen aufmerksam konstatierend wahrnehmen	208
	5.1.4	Abschlussphase des Beratungsgesprächs	210
5.2	Auswirkungen der Introvision		211
	5.2.1	Unmittelbare Auswirkungen während des KAW	211
	5.2.2	Merkmale einer erfolgreichen Konfliktauflösung	215
5.3	Blitzintrovision		218
5.4	Zur Wirksamkeit des KAW im Rahmen der Introvision: einige neuere hirnphysiologische Ergebnisse		220
5.5	Vergleich von KAW und Introvision mit anderen Verfahren		223
5.6	Zusammenfassung		226

6 Die Anwendung der Introvision in der Praxis — 229

- 6.1 Anwendungsfelder — 230
  - 6.1.1 Größere Gelassenheit in Alltagssituationen — 230
  - 6.1.2 Lernen und Lehren — 230
  - 6.1.3 Beruf und Arbeit — 231
  - 6.1.4 Körperliche Beschwerden (Schmerzen, Juckreiz, Tinnitus) — 232
  - 6.1.5 Sucht — 234
  - 6.1.6 Sport und Musik — 234
  - 6.1.7 Spiritualität — 234
- 6.2 Anwendungsbeispiele — 235
  - Fazit — 258
- 6.3 Zusammenfassung — 258

7 Das Introferenzmodell der mentalen Selbstregulation: Grundlagen der TMI, Willensfreiheit und Emotionen — 259

- 7.1 Philosophische Grundlagen — 259
  - 7.1.1 Was heißt hier mental? Über Materie, Energie und Information — 260
  - 7.1.2 Weshalb ist es notwendig, mentale Prozesse zu regulieren? — 263
- 7.2 Zusammenfassung: das Introferenzmodell der mentalen Selbstregulation — 269
  - 7.2.1 Der Begriff der Selbstregulation — 270
  - 7.2.2 Das Introferenzmodell der mentalen Selbstregulation — 270
- 7.3 Das Problem der Willensfreiheit und das Libet-Experiment — 273
- 7.4 Gefühle und Emotionen als »Farben der Seele« — 277
- 7.5 Die Entstehung unterschiedlicher psychotonischer Zustände — 279
- 7.6 Zusammenfassung — 281

8 Zusammenfassung — 283

Anmerkungen 288

Literatur 290

Anhang 309
    Grundkurs: Einführung in mentale Selbstregulation durch
    -Introvision 309
    KAW-Tagebuch 317
    Eine kurze Erläuterung zur Unterscheidung quasi- und kontra-
    epistemischer introferenter Kognitionen 318

Glossar und Abkürzungen 320

Personenverzeichnis 323

Stichwortverzeichnis 325

Beispielverzeichnis 331

Vorwort zur ersten Auflage

Wie entsteht Gelassenheit? Wieso drehen sich die Gedanken bei akuten Konflikten endlos im Kreis? Wie lässt sich die Entstehung unterschiedliche Bewusstseinszustände – von tiefer innerer Ruhe bis hin zu Angst, Ärger, Panik – erklären? Und vor allem – was lässt sich praktisch tun, um solche Zustände wieder zu verändern, also beispielsweise einen Konflikt aufzulösen und innerlich wieder zur Ruhe zu kommen?

Um diese Fragen geht es in dem hier vorliegenden Buch. Wann immer wir in den letzten Jahren Bekannten, Freunden, Studierenden und Klienten von unserer Forschungsarbeit erzählt haben, erwiderten diese *unisono*: »Ja, mehr Gelassenheit könnte ich auch gebrauchen – *und wie bekommt man die*?«

In diesem Buch geht es um eine – zugegebenermaßen lange – Antwort auf diese kurze Frage. Grundlage dafür sind die Ergebnisse eines Langzeitforschungsprogramms zur Entstehung und Auflösung innerer Konflikte unter der Leitung der Verfasserin; zunächst an der Pädagogischen Hochschule Reutlingen (1976–1985) und seit 1985 an der Universität Hamburg. Ziel war und ist, herauszufinden, wie innerer Konflikte (Angst, Ärger, Wut, Enttäuschung) entstehen und wie diese sich wieder auflösen lassen. Die Ergebnisse dieses Langzeitforschungsprogramms mit weit über sechzig empirischen Untersuchungen, werden in diesem Buch zusammenfassend dargestellt.

Beim Schreiben habe ich in erster Linie diese Bekannten, Freunde und Klienten vor Augen gehabt – und versucht, so allgemein verständlich zu schreiben, dass dieses Buch auch ohne größeres psychologisches Fachwissen gelesen werden kann. In zweiter Linie habe ich an Studierende gedacht, die sich, aus verschiedenen Fachdisziplinen kommend, Antworten auf ihre Fragen zur eigenen mentalen Selbstregulation erhoffen. Und drittens ging es mir beim Schreiben natürlich auch darum, innerhalb der gegenwärtigen Fachdiskussionen einen Beitrag zu einer *Psychologie der Veränderung* (Grawe, 1994) zu leisten.

Die zentrale Frage, die uns und vor allem mich über viele Jahre hinweg beschäftigt hat, lautet: Wie ist es möglich, den eigenen Bewusstseinszustand zu verändern und innerlich (wieder) ruhiger zu werden? Was lässt sich tun, wenn sich die eigenen Gedanken endlos im Kreis drehen, wenn man sich ärgert, Angst hat oder sich nicht entscheiden kann? Und wie lassen sich unangenehme Gewohnheiten verändern – zum Beispiel endlich aufzuhören, Dinge vor sich herzuschieben, sich unnötig aufzuregen oder anzufangen, sich öfter zu entspannen? Während meines Promotionsstudiums in den USA (1967–1971) an der University of Michigan in Ann Arbor lernten wir, dass es wichtig sei, »*to make psychology practical to the people*«. Mein Doktorvater, Prof. Dr. Ronald Lippitt am Institute of Social Research, führte uns bereits damals im Rahmen eines dreisemestrigen Seminarmoduls in die theoretischen und praktischen Grundlagen einer »*Psychology of Change*« ein.

Und so steht im Zentrum dieses Buchs die Frage nach der praktischen Anwendung unserer Forschungsergebnisse: Wie lassen sich Konflikte und mentale Blockaden wieder auflösen, was ist nötig, um Gelassenheit und Handlungsfähigkeit im Alltag wiederzugewinnen?

Diese Frage hat uns und vor allem mich nicht mehr losgelassen, seit wir im Rahmen eines von der Verf. geleiteten DFG-Forschungsprojekts (Wagner, Barz et al., 1984) unvermutet darauf stießen, dass sich im beruflichen wie im privaten Alltag die Gedanken sehr viel öfter im Kreis drehen, als kognitive Theoretiker (z. B. Miller, Galanter & Pribram, 1960) damals vermutet hatten.

Unsere Ausgangshypothese damals war, dass dieses Endloskreisen die Folge subjektiver Imperative ist. Dies war das einzige Projekt, das ich kenne, bei dem wir uns regelmäßig vornahmen, über Organisatorisches zu sprechen, um dann doch wieder bei der Theorie zu landen. Die Theorie subjektiver Imperative (▶ Kap. 4) beruht auf der Annahme, dass akute Konflikte im Zusammenhang mit der – tatsächlichen oder antizipierten – Verletzung subjektiver Imperative entstehen. Parallel dazu beschäftige ich mich fast von Anfang an gleichzeitig mit der Frage der praktischen Auflösung solcher Konflikte (▶ Kap. 1, ▶ Kap. 5, ▶ Kap. 6) sowie mit der Entwicklung von Übungen des Konstatierenden Aufmerksamen Wahrnehmens (▶ Kap. 3).

Als es darum ging, Anfang der 1990er Jahre die Theorie Subjektiver Imperative zusammenfassend darzustellen, waren drei entscheidende Fragen zur Funktion solcher Imperative noch offen. Die erste Frage lautete: Wie entstehen solche Imperative? Als Mitglied des Graduiertenkollegs Kognitionswissenschaft der Universität Hamburg beschäftigte mich die Frage, wie solche subjektiven Imperative – etwas flapsig ausgedrückt – in die menschlichen kognitiven Prozesse hinein, während Computer ohne diese auskommen? Die zweite theoretisch ungeklärte Frage war, wie sich die Wirksamkeit einer nicht-wertenden, freischwebenden Aufmerksamkeit (KAW, ▶ Kap. 3) bei der Auflösung von Konflikten theoretisch erklären lässt. Und schließlich lag – dahinter oder auch darunter – als drittes die allgemeinere Frage nach der Wurzel innerer Unruhe: An welchem Punkt, mit welchem internen Prozess beginnt Nicht-Gelassenheit?

Das Ergebnis dieses Nachdenkens war schließlich die Entwicklung der Theorie der Mentalen Introferenz (TMI) durch die Verf., die als eine Psychotherapieschulen-übergreifende Theorie der Entstehung von Gelassenheit und Konflikt (Wagner, 2019) seit dem Erscheinen der ersten Auflage dieses Buchs kontinuierlich weiterentwickelt wurde (▶ Kap. 2). Die grundlegende Annahme der TMI lautet, dass subjektive Imperative ebenso wie auch mentale Blockaden das Resultat des introferenten (wörtlich: »hineintragenden«) Eingreifens in die eigene epistemische Informationsverarbeitung sind – zum Beispiel, wenn wir uns selber etwas vormachen, schön gucken oder einbilden und gleichzeitig anderes ausblenden, ignorieren und hemmen.

»Nichts ist so praktisch wie eine gute Theorie«, pflegte der Doktorvater meines Doktorvaters, Kurt Lewin, zu sagen. Und nichts ist so praktisch bei der Entwicklung einer Theorie wie das ständige Testen der Ideen in der Praxis, d. h. bei der Auflösung realer Konflikte in Seminaren, Einzelberatungen und Forschungsprojekten. Schwierigkeiten bei der praktischen Anwendung machten es notwendig, die theoretischen Annahmen zu verändern; umgekehrt führten neue theoretische Gedanken zur Weiterentwicklung der Praxis. In dieser Zeit wurden weit über sechzig empirische Untersuchungen durchgeführt (▶ Kap. 1.3); dazu gehörten auch Projekte zur Anwendung von Introvision in Feldern, die bislang als schwer oder nicht (psychologisch) behandelbar gelten: so z. B. zur Verbesserung der Hörfähigkeit bei Alters- und Lärmschwerhörigkeit (Wagner, Buth et al., 2005), im Umgang mit Tinnitus (Buth, 2012), zum langfristigen Abbau chronischer Dauerverspannungen im Rücken (Guedes, 2011) und der Verringerung chronischer Kopfschmerzen und Migräne (Empl et al., 2017).

Viele diese Forschungsarbeiten liefen parallel zu anderen, teilweise ebenfalls sehr zeitintensiven Tätigkeiten der Verf – so z. B. als Vizepräsidentin der Universität Hamburg (1988–1990), als langjähriges Mitglied des Vorstands des Deutschen Akademischen Austauschdienstes (DAAD), der Deutschen UNESCO-Kommission, des Ständigen Planungsausschusses der Hochschulrektorenkonferenz (WRK/HRK), als Rundfunkrätin der Deutschen Welle, als Vorstandsmitglied und Beiratsvorsitzende der Hamburger Volkshochschule, als Vorstand der Universitäts-Gesellschaft Hamburg, als Herausgeberin der Zeitschrift Gruppendynamik und Organisationsberatung, als Mitglied der Europäischen Akademie der Wissenschaften und Künste, als Evaluationsgutachterin und den vielen übrigen Aufgaben einer Universitätsprofessorin.

Hinzu kam ein weiteres umfangreiches Forschungs- und Entwicklungsprojekt unter meiner Leitung zum Thema Mentoring: Die von der Verf. gegründete Arbeitsstelle »Expertinnen-Beratungsnetz/Mentoring« der Universität Hamburg (1989–2019, Wagner, 2009) war, soweit bekannt, die erste universitäre Arbeitsstelle, an der in großem Umfang sowohl Forschung als auch Praxis durchgeführt wurde. Insgesamt wurden in Hamburg über 8000 jüngere Frauen in Fragen des beruflichen Einsteigens, Aufsteigens und Umsteigens durch hochqualifizierte weibliche Führungskräfte als Mentorinnen beraten. Hinzu kommen fünf weitere Expertinnen-Beratungsnetze in der Bundesrepublik nach Hamburger Vorbild. In diesem Zusammenhang gilt mein herzlicher Dank all denjenigen, die es mir möglich gemacht haben, neben diesem Projekt auch das Forschungsprogramm mentale Selbstregulation weiter voranzutreiben, insbesondere den langjährigen hauptamtlichen Mitarbeiterinnen, Dipl. psych. Sabine Podolsky, PD Dr. Dorothea Ritter und Walburga Lübbers sowie Prof. Dr. Ellen Schulz, die die Arbeitsstelle zehn Jahre lang mit mir zusammen geleitet hat.

In diesem Buch wird der besseren Lesbarkeit halber (mit Ausnahme von Fallbeispielen) von »dem Klienten« und »der Beraterin« die Rede sein. Damit sind jeweils ausdrücklich männliche und weibliche Klienten und weibliche wie männliche Berater gemeint.

Angelika C. Wagner

Vorwort zur dritten Auflage

Nach dem Erscheinen der ersten Auflage 2007 wurde dieses Buch für die zweite Auflage 2011 volllständig überarbeitet und erweitert, um so ein Lehrbuch zu erstellen, das sich sowohl für das Selbststudium als auch als Grundlage für die Teilnahme an entsprechenden Einführungskursen eignet.

Für die hier vorliegende dritte Auflage wurde die zweite Auflage insgesamt umfassend aktualisiert und teilweise erweitert, um sie so auf den neuesten Stand zu bringen – durch die Einbeziehung neuerer Forschungsergebnisse, durch die Darstellung der inzwischen von der Verf. weiterentwickelten Theorie der mentalen Introferenz in dem fast komplett neu geschriebenen Kapitel 2, durch eine gründliche Überarbeitung der Einführung in das KAW (▶ Kap. 3.1) sowie durch Hinzufügen eines neuen Teilkapitels (▶ Kap. 3.4) mit von der Verf. neu entwickelten »KAW-Anwendungen für Fortgeschrittene« sowie der generellen Aktualisierung der übrigen Kapitel.

Danksagungen

Danksagungen zur ersten Auflage

Dieses Buch enthält viele Fallbeispiele aus der Praxis. Ich danke den folgenden Personen, die mir freundlicherweise erlaubt haben, aus ihren Erfahrungsberichten in anonymisierter Form zu zitieren: Angela Baron, Kerstin Becker, Grit Beecken, Ole Benthien, Anne Binder, Rosanne Erler, Andre Fischer, Raimund Frenster, Andrea Friederichs-du Maire, Anna Hofsäß, Sabine Jaeger, Bente Johannsen, Anna Klaffs, Mareike Kludas, Anna Kludas, Anja Korpys, Sonja Löser, Natalya Marquitan, Manuela Mattwig, Mirjam Mikoleit, Evi Minkus, Anne Mörbitz, Sylvia Naler, geb. Buhr, Judith Oerding, Nicole Pape, Janina Pflugradt, Thore Pinkepank, Sören Reichardt, Jutta Ritter, Markus Ruprecht, Oliver Schmidt, Sonja Schmidt, Kerstin Schuldt, Sebastian Schwake, Norman Schneider, Claudia Steinmeyer, Nur Tiras und Kathrin Ulken. Die Nummern am Ende der Beispielzitate verweisen auf den jeweiligen Autoren.

Das Forschungsprogramm mentale Selbstregulation wäre ohne die Mitwirkung von sehr vielen Personen, Kolleginnen und Kollegen, wissenschaftlichen Mitarbeiterinnen und Mitarbeitern, Doktorandinnen und Doktoranden, Diplomandinnen und Diplomanden, studentischen Hilfskräften und Studierenden buchstäblich nicht möglich gewesen. Ihnen allen gilt mein herzlicher Dank. Stellvertretend für die vielen sollen im Folgenden einige in alphabetischer Reihenfolge namentlich genannt werden: Matin Alam, Claudia Albrecht, Dagmar Altenkämper, Prof. Dr. Eva Arnold, Prof. Dr. Monika Barz, Grit Beecken, Bettina Below, Ole Benthien, Barbara Berckhan, Karina Lyn Bostemann, Mirjam Bretschneider, Britta Buth, Gunnar Carstensen, Wiebke Dembski-Minden, Gesa Dilling, Prof. Dr. Joachim Dingel, Andrea Ebers, Julia Fast, Prof. Dr. Reinhard Fatke, Sabine Flick, Kathrin Freiwald, Andrea Friedérichs-du Maire, Stephanie Gnadt, Dr. Günter Gorschenek, Jana Guth, Christiane Hahn, Marion Herkenrath, Susanne Hondl, Prof. Dr. Renate Kosuch, Anja Korpys, Carola Krause, Karin Laackmann, Sonja Lampe, Sebastian Lieb, Sonja Löser, Susanne Maier-Störmer, Dr. Katrin Meuche, Mirjam Mikoleit, Anna Möller, Prof. Dr. Patricia Nevers, Judith Oerding, Yasmina Ouakidi, Inken Paulsen, Nicole Pereira Guedes, Nicole Petersen, geb. Lauterbach, Eva Petersitzke, Nicole Reinhardt, Alexandra Reuter, Prof. Dr. Lutz Richter-Bernburg, Annabelle Rittich, Prof. Dr. Peter M. Roeder, Ulrike Röder, Ulf Saure, Gerrit Scheel, S. E. Schöning, Claudia Schönwälder, Kerstin Schuldt, Ulrike Schütze, Maren Simoneit, Petra Spille, Ulrike Staffeldt, Dorina-Maria Struck, Ina Sylvester, Anke Tapken, Ingrid Uttendorfer-Marek, Renate Weidle, Jörg Wetzel, Prof. Dr. Albrecht Wezler und Dr. Bettina Wollesen sowie Dr. Ulrike von Hanffstengel, die das Teilprojekt Lehrerimperative zusammen mit Nicole Petersen unter der Leitung von Prof. Dr. H.-D. Dann im Rahmen des Forschungsprojekts »Gruppenunterricht« an der Universität Erlangen-Nürnberg durchgeführt hat.

Vor allem aber gilt mein ganz besonders herzlicher Dank Prof. Dr. Telse A. Iwers, die seit 1989 mit mir zusammen die theoretische, empirische und praktische Entwicklung der Introvision tatkräftig, ideenreich und engagiert vorangetrieben – und schließlich auch 2001 den Begriff »Introvision« dafür geprägt hat, sowie Prof. Dr. Renate Kosuch, die seit ihrer Zeit als Doktorandin in Hamburg und später als Assistentin und als Kollegin ebenfalls in verschiedenen Phasen Entscheidendes zur Weiterentwicklung der Introvision beigetragen hat.

Mein und unser besonderer Dank gilt darüber hinaus all denjenigen Personen, Institutionen und Organisationen, die die verschiedenen Forschungsprojekte finanziell unterstützt haben: der Deutschen Forschungsgemeinschaft, der Behörde für Wissenschaft und Forschung der Freien und Hansestadt Hamburg, der Bundesanstalt für Arbeit, dem Bundesministerium für Wissenschaft und Forschung, der Karl-Ditze-Stiftung, der Simon Claussen Stiftung, dem Bundesministerium für Bildung und Wissenschaft und dem Europäischen Sozialfonds, der Universitäts-Gesellschaft Hamburg sowie unseren Mäzenen, Frau Maren Otto und Herrn Prof. Dr. h.c. Werner Otto, dem Ehrensenator der Universität Hamburg, die unsere Projekte mehrfach großzügig gefördert haben.

Ich danke der Deutschen Bahn für die Gelegenheit zu vielen Stunden ungestörten Arbeitens, Lady Grey für endlose Tassen Tee und Walburga Lübbers, Judith Oerding und Dr. Susanne Güth dafür, dass sie in der Endphase der Erstauflage dieses Buchs tatkräftig dafür gesorgt haben, dass alles richtig aufs Papier kommt.

Danksagungen zur zweiten und dritten Auflage

Seit dem Erscheinen der ersten Auflage haben viele Menschen theoretisch, praktisch und empirisch zur Weiterentwicklung der Introvision beigetragen: Studierende, studentische Hilfskräfte, ExamenskandidatInnen, DoktorandInnen, wissenschaftliche MitarbeiterInnen und KollegInnen. Dazu gehören auch die Mitglieder des 2015 von uns gegründeten Vereins »Introvision e. V., Gesellschaft zur Förderung der Introvision als Methode der mentalen Selbstregulation«.

Ein besonderer Dank gilt dabei meiner langjährigen wissenschaftlichen Hilfskraft Anke Tapken, für ihre unermüdliche Geduld und ihre tatkräftige Unterstützung bei der Erstellung der zweiten Auflage.

Ein weiterer besonderer Dank gilt meinen beiden langjährigen wissenschaftlichen Wegbegleiterinnen und Kolleginnen, Prof. Dr Telse A. Iwers, Universität Hamburg, und Prof. Dr. Renate Kosuch, TU Köln.

Neben allem anderen, was die beiden für die Entwicklung der Introvision getan haben und weiterhin tun, hat Prof. Dr. Telse Iwers 2020 die Leitung der Weiterbildungskurse für Selbstanwender und angehende IntrovisionsberaterInnen an der Universität Hamburg übernommen, zusammen mit dem jetzigen Team Dipl.-theol. Ulla Evers, Prof. Dr. Angela Rohde und Dipl.-Psych. Joachim Wolf. Dafür danke ich ihr und ihrem Team von ganzem Herzen. Prof. Dr. Renate Kosuch hat 2013 die Initiative ergriffen, ein gemeinsames mehrjähriges Praxisprojekt zwischen der Universität Köln und der TH (jetzt TU) Köln zu begründen und zu leiten mit dem Ziel, die Praxis der Introvision voranzutreiben. Dafür danke ich ihr von Herzen. Ein zentrales Ergebnis dieses Projekts ist das gemeinsame Praxis-Buch »Introvision. Problemen gelassen ins Auge schauen. Ein Einführungsbuch«, das inzwischen in der zweiten Auflage vorliegt (Wagner, Kosuch & Iwers, 2020).

Last but not least möchte ich mich sehr herzlich bei meiner langjährigen studentischen und späteren wissenschaftlichen Mitarbeiterin Alina Laskowski, M.Sc., bedanken. Sie hat entscheidend und tatkräftig, u. a. durch sorgfältige und umfangreiche Literaturrecherchen zu Aktualisierung der hier vorliegenden dritten Auflage beigetragen. Ein ebenso herzlicher Dank gilt Frau Kathrin Kastl und Herrn Dr. Rupert Poensgen vom Kohlhammer Verlag für ihre Unterstützung bei der Entstehung dieser dritten Auflage.

Außerdem danke ich aus tiefstem Herzen meiner Familie und meinen Freunden, ohne deren Verständnis, liebevolle Zuwendung und große Geduld diese Arbeit nicht möglich gewesen wäre. Ihnen allen widme ich dieses Buch.

Hamburg, im März 2021   Angelika C. Wagner

1 Einleitung

> **Übersicht**
>
> Wie lässt sich die Entstehung unterschiedlicher Bewusstseinszustände im Alltag erklären – zwischen Gelassenheit und Panik? Und was lässt sich praktisch tun, um gelassener zu werden? Um diese beiden Fragen geht es in dem hier vorliegenden Buch.
>
> Wie entsteht Gelassenheit? Es wird zunächst eine neue, grundlegende Theorie der mentalen Selbstregulation vorgestellt, die zum Ziel hat, die Entstehung von innerer Unruhe und Konflikten theorieübergreifend zu erklären (▶ Kap. 2, ▶ Kap. 4 und ▶ Kap. 7).
>
> Auf dieser Grundlage wird dann die Methode der Introvision als eine Form der praktischen Anwendung dieser Theorie im Alltag ausführlich und anhand von vielen Beispielen beschrieben. Ziel der Introvision ist es, innere Konflikte und mentale Blockaden aufzulösen und so Gelassenheit und Handlungsfähigkeit wiederzugewinnen.
>
> Die Methode der Introvision ist eine von der Verfasserin (Wagner, 1984b, 1988, 2004) in Zusammenarbeit mit anderen entwickelte Methode der mentalen Selbstregulation, die in früheren Veröffentlichungen zunächst als Methode der Konfliktauflösungsberatung (Wagner, 1984b) und dann als imperativzentriertes Focusing (z. B. Iwers-Stelljes, 1997) bezeichnet wurde. 2001 haben wir dafür den Begriff der Introvision eingeführt. Die Introvision und die ihr zugrunde liegenden Theorien sind das Ergebnis eines umfangreichen und langjährigen Forschungsprogramms zur mentalen Selbstregulation unter der Leitung der Verfasserin an der Universität Hamburg.
>
> Die Wirksamkeit der Introvision ist inzwischen vielfach praktisch erprobt und in einer Reihe von empirischen Untersuchungen belegt worden. Introvision ist eine Methode des Selbstmanagements, die man erlernen und dann im Alltag selbstständig anwenden kann. Wie das geschieht, wird in diesem Buch anhand von vielen Beispielen erläutert werden. »Wer Tore schießen will, muss frei sein im Kopf«, so ein alter Fußballerspruch. Ziel der Introvision ist es, den Kopf wieder freizubekommen. Introvision bedeutet wörtlich genommen »Hineinschauen« in das, was im Kopf vor sich geht. Wie das praktisch funktioniert, wohin dabei zu schauen ist und warum der Kopf dadurch wieder frei wird, wird in diesem Buch ausführlich erläutert werden.

1 Einleitung

1.1 Zwischen Gelassenheit und Panik: das Psychotonusmodell

Ziel der Introvision ist es, die innere Gelassenheit in schwierigen Situationen zurückzugewinnen. Deshalb stellt sich als Erstes die Frage, was es bedeutet, gelassener zu werden.

1.1.1 Gelassenheit

Gelassenheit bedeutet einen Zustand innerer Ruhe, verbunden mit Wohlbefinden, Heiterkeit, Besonnenheit und innerem Gleichmut.

Gelassenheit ist damit etwas grundlegend anderes als aufgesetzte, vorgeschobene oder gespielte Gleichgültigkeit im Sinne von »Das ist mir doch egal!«. Der Unterschied liegt darin, dass wirkliche Gelassenheit einhergeht mit innerer Ruhe und Offenheit für die Umwelt, mit tiefer Empfindungsfähigkeit und Einfühlungsfähigkeit in andere Menschen, während die oben gemeinte »Gleichgültigkeit« das Resultat von Konfliktumgehungsstrategien ist (z. B. Abwerten, Ausblenden oder Rationalisieren; mehr dazu ▶ Kap. 4). Im Alltag lassen sich unterschiedliche Ausprägungen von Gelassenheit unterscheiden, wie im Folgenden zunächst anhand von drei Beispielen gezeigt werden soll.

Beispiel 1: Gelassenheit inmitten von Hektik

Die vermutlich häufigste Form der Gelassenheit im Alltag besteht darin, dass jemand inmitten von Hektik unaufgeregt bleibt, die innere Ruhe bewahrt und ausgeglichen reagiert.

Ein besonders eindrucksvolles Beispiel dafür, dass es auch in Krisensituationen möglich ist, gelassen zu bleiben, gibt der folgende Bericht, den einer der Passagiere geschrieben hat, der 1977 bei der Entführung der »Landshut« zusammen mit 90 weiteren Personen in Mogadischu fünf Tage lang von vier arabischen Terroristen als Geisel festgehalten wurde. Während dieser Zeit wurden die Passagiere und Besatzungsmitglieder rund um die Uhr von den bewaffneten Geiselnehmern bedroht; der Flugkapitän Jürgen Schumann wurde vor aller Augen erschossen, es gab Schein-Exekutionen und wiederholt wurden Geiseln misshandelt.

> **Fünf Tage als Geisel**
> »Sechs Monate sind vergangen, seit ich aus Mogadischu zurück bin. Was sich damals in den fünf Tagen und fünf Nächten an Ereignissen zutrug, kommt mir immer nur in einzelnen Episoden oder Gedankenkomplexen in Erinnerung. (…)
> Gewisse Erfahrungen sind eben nur ganz selten und in ganz besonderen Situationen möglich. Und wer hat schon fünf Tage und fünf Nächte rund um die Uhr einen Pistolenlauf, zwei Handgranaten und – bei den Ultimaten zwei Sprengladungen vor Augen gehabt, brutale Misshandlungen von Frauen, Schein-Exekutionen und die Erschießung eines mit erhobenen Händen knieenden Menschen aus zwei Metern Entfernung miterlebt! Dem

1.1 Zwischen Gelassenheit und Panik: das Psychotonusmodell

Mitempfinden derer, die nicht dabei waren, sind eben Grenzen gesetzt. (...) Es gibt etwas, das der Vermittlung an andere verschlossen bleibt, wenn sie nicht selbst schon einmal von der Grenze zwischen Leben und Tod zurückgekehrt sind:

Wie man – das unabwendbare Ende vor sich – an seine Angehörigen denkt (was war, was wird sein?); wie man – den Tod unmittelbar vor Augen – sein Leben überblickt (wie ist es gewesen?); was man – im Angesicht des Todes – über den Tod denkt (was mag wohl kommen?). Fragen in die Vergangenheit – Fragen in die Zukunft...

Doch bevor es zu diesen Fragen kam, war da zunächst die akute Gegenwart. Schon nach wenigen Sekunden ist mir klar, was hier vorgeht. Nachdem dann über den Bordlautsprecher die In-Gewaltnahme der Maschine verkündet ist und die Nichtbeachtung eines der gegebenen Befehle mit sofortiger Erschießung bedroht worden ist (»will be executed immediately«), nachdem die Stewardessen und die Passagiere aus der ersten Reihe der Touristenklasse ins Heck der Maschine getrieben worden sind, nachdem sie einzeln nach vorne befohlen, nach Waffen gefilzt und dann auf einen der freien Plätze dirigiert sind (die Maschine ist nicht voll ausgebucht), und nachdem wir nun alle angegurtet mit Händen über dem Kopf dasitzen, da besteht nun erstmals Gelegenheit, ruhige Gedanken zu fassen. Und ich denke nach.

Für die Beendigung dieses Abenteuers gibt es verschiedene Vermutungsvariationen, die aber im Wesentlichen auf zwei Möglichkeiten zusammenschrumpfen: glücklicher oder tödlicher Ausgang.

Über die Möglichkeiten des Überlebens nachzudenken, bringt jetzt nicht viel; auf welche Weise es auch immer gelingen mag, entscheidend ist dabei nur das Überleben, später kann man weiterdenken. Das ist bei der zweiten Möglichkeit anders, dann ist das Denken vorbei. Ob diese zweite Lösung, das physische Ende, durch Pistolenkugeln, Handgranaten, Sprengstoff, Bruchlandung, Absturz, Explosion oder durch Feuer erfolgt oder durch eine Kombination dieser Möglichkeiten, ist im Endresultat gleich: Es ist der Tod. Nur er, der über alle diese Variationen Dominierende, ist erwägenswert. Ich kann morgen durch einen Autounfall oder durch eine Krankheit sterben. Einen solchen Tod müßte ich hinnehmen. Was ist anders bei diesem Tod? Nichts, ich muß auch diesen akzeptieren.Daheim hatten sich alle meine Kinder – sonst vom Norden bis Süden in der Bundesrepublik verstreut – zu einem Krisenstab zusammengefunden und kurz vor Ablauf des allerletzten Ultimatums in einem Telegramm an den Bundeskanzler zur Rettung der Geiseln die Freilassung der Gefangenen gefordert. (...)

Mich jedenfalls hat dieses Akzeptieren meines möglichen Todes in den Stand gesetzt, diese fünf Tage und fünf Nächte durchzustehen, ohne auch nur ein einziges Mal – (hier sehe ich die verständnislosen, wenn nicht gar ungläubigen Blicke vieler meiner Zuhörer vor mir) – ohne auch nur wirklich nur ein einziges Mal Angst zu haben oder gar in Panik zu verfallen. In einer Zuhörerrunde wurde mir vorgehalten, es sei doch unmöglich, daß ich keine Angst gehabt hätte; ich bildete mir das wohl im Rückblick bloß ein. Ich kann mir zwar vorstellen, daß man bei gewissen Situationen erst nachher erkennt, daß man Angst gehabt hat. Völlig undenkbar hingegen erscheint mir, daß man eine ausgestandene Angst vergessen könnte.

Es mag schwierig und für manchen unmöglich sein, zu erkennen, wie meine Entscheidung, mich mit meinem möglichen Tod abzufinden, mich für die ganze folgende Zeit verändert hat. Ich habe damit eine feste Basis gewonnen und vor mir eine undurchdringliche Schutzwand errichtet – wie eine Panzerplatte aus hochfestem Stahl –, hinter der ich mit meinem Ich und seinen Emotionen geborgen bin. Das gibt mir eine unvorstellbare Ruhe und Sicherheit. Kein Selbstmitleid, keine weiteren Betrachtungen über mich persönlich stören meinen Blick über diese Schutzwand hinweg; ich kann völlig nüchtern die Situation von einem Ereignis zum andern klar erkennen, analysieren, emotionslos beurteilen und mich so auf die jeweils gegebene Sachlage einstellen. Auch jede Möglichkeit, mein Leben doch noch zu retten, kann ich in jeder Situation sachlich durchdenken, ohne meine Basis, die Akzeptierung meines möglichen Todes, aufzugeben. Es ist ein mir neuer, meinem bisherigen Gefühlsleben entrückter Zustand. Ich kann sogar diesen vier Menschen, von denen jeder bereit ist, mir den Tod zu bringen, ruhig ins Auge sehen.

Zweites Ergebnis meines Nachdenkens: Aktivität ist zur Zeit ausgeschlossen, also Kräfte sammeln. Die für zwei Tage reichenden Herz- und Kreislaufdragees strecken, einfach statt je drei nur je eine pro Tag nehmen. Vor allem aber jede sich bietende Gelegenheit zu schlafen wahrnehmen. Ich lockere meine Muskeln (soweit die enge Sitzweise das zulässt), wende mein autogenes Einschlaftraining an und schlafe. Abgesehen von einer kurzen Unterbrechung durch Machmud wurde ich erst kurz vor der Landung in Rom durch im Bordlautsprecher verkündete Befehle geweckt. Geschlafen habe ich auch im folgenden immer wieder einmal, sofern nicht irgend etwas befohlen wurde oder der hasswahnsinnige Machmud irgendeine seiner Eskapaden ritt. Bis auf einen Schwächeanfall aus Sauerstoffmangel (die Klimaanlage war zum zweitenmal bei einer Außentemperatur von 50 Grad sieben Stunden lang ausgefallen) habe ich die Zeiten, in denen ich wach war, ›fit‹ durchgestanden. Und wie gesagt, ich konnte denen, die Herr über unser aller Leben und Tod waren, ruhig ins Auge sehen.« (aus: Die Zeit, 5. Mai 1978).

Dieses Beispiel veranschaulicht in eindrucksvoller Weise, was Gelassenheit auch in schwierigsten Situationen bewirken kann: nämlich große innere Ruhe, Wohlbefinden, Besonnenheit und körperliche Leistungsfähigkeit – gepaart mit der Fähigkeit zu nüchterner Analyse, differenzierter Wahrnehmung und optimaler Handlungsfähigkeit, wie der Rest des Berichts belegt. Grundlage dieser Gelassenheit ist es, »dem Schlimmen ins Gesicht zu schauen«, hier der Möglichkeit, bei dieser Geiselnahme zu sterben. Was das bedeutet, warum sich das so auswirkt, und vor allem, was sich tun lässt, wenn dies schwerfällt, darum geht es in diesem Buch.

Beispiel 2: Gelassenheit und Flow-Erleben: Versunkensein im Tun

Eine zweite Form der Gelassenheit stellt das Flow-Erleben dar – ein Zustand, der gekennzeichnet ist durch das Gefühl des »Einsseins«. Beim Flow-Erleben versinkt man gewissermaßen im eigenen Tun (Csikszentmihaly, 1985, 1992; Nakamura & Csikszentmihaly, 2014), wie das folgende Beispiel beim Klettern im Felsen zeigt.

»Man taucht sozusagen ein in das, was um einen vorgeht, in die Felsen, in die notwendigen Bewegungen … die Suche nach Haltepunkten im Fels … nach der richtigen Lage des Körpers – man ist dermaßen absorbiert davon, dass man das Bewusstsein der eigenen Identität verlieren und mit dem Fels verschmelzen könnte. (…) Es geschieht einfach … und doch ist man außerordentlich konzentriert. (…) Es ist angenehm. Da ist ein Gefühl der totalen Beteiligung … Man fühlt sich wie ein Panther, der sich mit Kraft den Felsen hinaufarbeitet.« (Csikszentmihalyi, 1985, S. 68).

Das Flow-Erleben ist ein Zustand der inneren Freude, der Selbstvergessenheit, erhöhter Wahrnehmungsfähigkeit, hoher Energie und Mühelosigkeit des Tuns (Csikszentmihalyi & Csikszentmihalyi, 1991, S. 11). Csikszentmihalyi und andere (1985, 1991; Nakamura & Csikszentmihaly, 2014) haben den »Flow« während des aktiven Tuns untersucht, beim Tanzen, Schachspielen oder Lernen. Derselbe Zustand kann auch beim körperlichen »Nichtstun« (Albrecht, 1990) eintreten, z. B. bei der Meditation, bei der Betrachtung von Kunst, beim Lesen oder Nachdenken (Benson, 1997; Petermann & Vaitl, 2014).

Beispiel 3: Gelassenheit als außergewöhnlicher Bewusstseinszustand: »Die leere Unendlichkeit«

Daneben gibt es eine noch tiefere Form der Gelassenheit, so wie sie manche Menschen etwa während der Meditation erleben.

Ein Beispiel dafür findet sich in folgenden Bericht eines Neuseeländers, der im Urlaub in der Schweiz während eines Vortrags über Meditation unerwartet einen solchen Zustand erlebte:

> »Plötzlich wurde mein herumwandernder Geist im wahrsten Sinne des Wortes ruhig. (…) Alle meine Sinne waren sehr wach und registrierten alles, was um mich herum geschah. Es war, als ob mein »Selbst« an einen entfernten Ort gegangen war, aber da war ein großes Gefühl der Lebendigkeit, der (räumlichen) Weite, aber vor allem ein großes Gefühl innerer Ruhe und Ordnung. Mein Körper war still und blieb so. Ich kann mich daran erinnern, dass ich eine Zeit lang nur zweidimensional sah, dann jedoch gelang es mir, das Bild wieder dreidimensional zu machen, und ich hatte das Gefühl, dass ich nicht wollte, dass mich irgendjemand ansprach (als ob der magische Zauber dadurch gebrochen werden könnte) und ich war mir auch nicht sicher, dass ich die Worte finden könnte, um zu antworten, falls irgendjemand auf mich zukäme. Ich fragte mich innerlich, wer ich war und mein Geburtstag und stellte so fest, dass mein Geist in gewissem Umfang noch intakt war. Da war dieses große Gefühl von Klarheit und Präzision, und später beschloss ich, einen Spaziergang zu machen. (…)
> Als ich die Wiese am Fuß des Bergpfades betrat, war es, als ob ich im Wunderland war. Da war diese außerordentliche Vielfalt von Geräuschen, die die Insekten im Gras von sich gaben, da war eine erstaunliche Vista von Aussichten und Farben. Ich konnte alle möglichen Arten von Insekten, Fliegen, Bienen usw. identifizieren, die im Gras herumflogen, und ich konnte die wunderbarsten Ansichten sehen und die wunderbarsten Töne hören. Es war wie der Himmel auf Erden. Ich wusste in dem Moment, was Schönheit ist und ich wusste auch, was Liebe ist. Ich war in einem außerordentlichen Zustand der Zeitlosigkeit (obwohl ich mir durchaus auch der chronologischen Zeit bewusst war, so wie sie die Uhr anzeigt). Meine Bewegungen kamen mir weder schnell noch langsam vor, sondern alles schien genau in der richtigen Geschwindigkeit zu geschehen. Da war kein Gefühl des Vergleichens, während ich alle diese wunderbaren Dinge sich vor mir entfalten sah. Ich kam an einem kleinen Baum vorbei und ich empfand eine außergewöhnliche Zärtlichkeit für diesen Baum, so wie Eltern gegenüber ihrem Kind. Ich berührte ihn und liebkoste die Blätter dieses Baums. Ich sah den Wald und ich war außerordentlich emotional bewegt (aber kontrolliert) in Bezug auf den Wald und die Bäume da drin. Ich staunte über die Struktur der Baumrinde, ich berührte sie, ich streichelte sie, ich sah das Moos auf der Rinde und ich berührte und streichelte sie. Es war überwältigend wundervoll.« (K. W., persönliche Kommunikation; Übersetzung durch die Verfasserin).

Dieser Zustand dauerte mehrere Stunden an und wurde dann schwächer, bis er sich nach einigen Wochen allmählich verlor.

Interessanterweise berichtet der Autor, dass dieser außergewöhnliche Bewusstseinszustand in dem Moment begann, als er »Introspektion auf die Introspektion« machte (»introspecting on introspection«). Ähnliches findet sich auch bei Carl Albrecht (1990): Nach ihm liegt der Weg zur absoluten inneren Ruhe darin, den Zustand der Versunkenheit selber zum Gegenstand der Innenschau zu machen. Ähnliche Berichte finden sich in unterschiedlichen Meditationstraditionen ebenso wie im Alltag, bei religiösen Menschen ebenso wie bei Agnostikern und Atheisten, zum Teil auch im Kontext sogenannter mystischer Erfahrungen (Bock, 1991; Benson, 1997; Kapleau, 1965; Roberts, 1982; Wren-Lewis, 1988). Herausragendes Kennzeichen ist das Erleben von innerer Leere, Ichlosigkeit und Zeitlosigkeit.

Eine vorläufige Definition von Gelassenheit

Diese drei Beispiele veranschaulichen unterschiedliche Formen von Gelassenheit: Gelassenheit im Alltag, Versunkenheit und Flow-Erleben und absolute innere Ruhe; Letzteres ist ein außergewöhnlicher Bewusstseinszustand wie ihn manche Menschen zeitweise erleben.

Die Gemeinsamkeit liegt dabei in dem – mehr oder weniger stark ausgeprägten – Erleben innerer Ruhe, verbunden mit einem Gefühl der Mühelosigkeit und des Wohlbefindens (z. B. Abele & Becker, 1994; Dodge, Daly, Huyton, & Sanders, 2012; Huppert, Keverne & Balis, 2006). Auf der mentalen Ebene ist Gelassenheit durch die »Einheitlichkeit« (Albrecht, 1990) der bewussten Gedanken, Gefühle und Empfindungen gekennzeichnet – also das Fehlen von bewussten Widersprüchen und Konflikten. Dies ermöglicht es, auch in schwierigen Situationen einen klaren Kopf zu behalten und handlungsfähig zu bleiben.

> **Eine pragmatische Defintion von Gelassenheit**
>
> Gelassenheit wird hier definiert als ein Zustand innerer Ruhe, verbunden mit einem Gefühl der Mühelosigkeit und des Wohlbefindens – sowie der Abwesenheit von Konflikten in den bewussten mentalen Prozessen (Gedanken, Gefühlen und Empfindungen).

Da Gelassenheit hier als ein situativer Zustand (state) verstanden wird, grenzt sich diese Definition von Konzepten ab, in denen Gelassenheit in Richtung einer überdauernden Lebenseinstellung (trait) definiert wird. In einem solchen, breiteren Konzepten von Gelassenheit werden Komponenten wie der Glaube an höhere Mächte, das Erreichen von Lebenszielen und ähnliches mehr höher gewichtet.

Das Gegenteil von Gelassenheit: der Zustand des akuten Konflikts

Am anderen Ende des breiten Spektrums von Bewusstseinszuständen finden sich drei verschiedene Zustände zunehmender Konflikthaftigkeit – in verschiedener Hinsicht gewissermaßen das Gegenteil von Gelassenheit.

Im Stadium des bewussten, akuten Konflikts (Wagner et al., 1984) drehen sich die Gedanken eine Zeit lang im Kreis, verbunden mit innerer Unruhe, Erregung und Anspannung. Herausragendes Kennzeichen dieses Zustands ist die kognitive und emotionale »innere Zerrissenheit«: unaufgelöste Widersprüche, fehlende Lösungen, Diskrepanzen und Dilemmata, gekoppelt mit einem Gefühl der Ausweglosigkeit. Ein akuter Konflikt kann einerseits eskalieren – bis hin zu Panik. Andererseits können akute Konflikte auch mehr oder weniger erfolgreich beherrscht, überschrieben oder ausgeblendet werden – ein Zustand erhöhter Anstrengung, Volition oder Impulsivität ist die Folge.

1.1 Zwischen Gelassenheit und Panik: das Psychotonusmodell

Eine kleine pragmatische Typologie innerer Konflikte

Pragmatisch gesehen lassen sich drei Typen von Bewusstseinskonflikten (Wagner, 2004) unterscheiden: Entscheidungskonflikte, Umsetzungskonflikte und Konflikte mit der Umwelt.

Entscheidungskonflikte: »Was soll ich nur tun?«
Bei Entscheidungskonflikten kreisen die Gedanken um die Frage, was zu tun ist. Dies können große Lebenskonflikte sein: zusammenbleiben oder sich trennen, kündigen oder weiterarbeiten, sich operieren lassen oder nicht (z. B. Filipp, 1995; Feger & Sorembe, 1983; Kuhl, 1995; Lehr & Thomae, 1965; Pongratz, 1961). Im Drama werden solche Entscheidungen – z. B. zwischen Pflicht und Liebe – auf der Bühne ausagiert. In anderen Fällen handelt es sich um kleinere Probleme: diesen oder jenen Toaster kaufen, Ärger aussprechen oder lieber herunterschlucken, pflichtgemäß handeln oder über die Stränge schlagen oder z. B. als Versuchsperson in einem Reaktionszeitexperiment diese oder jene Taste drücken (Berlyne, 1960; Prinz, 1998).

Umsetzungskonflikte: »Ich weiß schon, was ich tun sollte – aber ich schaffe es nicht!«
Umsetzungskonflikte entstehen dann, wenn das Individuum sehr wohl weiß, was es tun sollte oder will – und es dennoch nicht tut: endlich aufräumen, mehr Sport treiben, sich um eine Gehaltserhöhung kümmern. Oder aber das Individuum schafft es nicht, endlich damit aufzuhören, z. B. den Schlüssel zu verlegen, Dinge vor sich herzuschieben oder bei der kleinsten Gelegenheit den Mut zu verlieren.

In Konflikt mit der Umwelt: »Die Welt ist nicht so, wie sie sein sollte!«
Hier kreisen die Gedanken darum, dass die Umwelt nicht so ist, wie sie sein sollte. Bei diesen Konflikten liegt aus Sicht des Individuums die Ursache des Problems in erster Linie bei anderen: den Mitmenschen, der Gesellschaft, der Natur oder dem Schicksal. Diese drei Arten von inneren Konflikten können natürlich auch gemeinsam auftreten.

Drei grundlegende Fragen

Schaut man sich das breite Spektrum möglicher Bewusstseinszustände – von Gelassenheit bis Panik – an, so ergeben sich daraus drei grundlegende Fragen:

- Wie lässt sich die Entstehung unterschiedlicher mentaler Zustände theoretisch erklären?

Weshalb ändert sich der mentale Zustand überhaupt? Warum befinden wir uns eigentlich nicht andauernd in ein und demselben mentalen Zustand – z. B. dem Zustand tiefer Seelenruhe? Dieser Frage wird hier auf der Grundlage einer allgemeinen Theorie der mentalen Selbstregulation, nämlich der Theorie der Mentalen Introferenz (Wagner, 2003b, 2004) nachgegangen. Am Beispiel der Fabel von Buridans Esel wird argumentiert werden, dass die Veränderung des mentalen Zustands Folge des introferenten Eingreifens in vorhandene Gedanken, Gefühle und Wahrnehmungen ist, das ursprünglich dazu diente, das Hängenbleiben kognitiver Prozesse zu beenden (▶ Kap. 2).

- Weshalb ist es oft schwierig, sich selber zu verändern?

In vielen Situationen fällt es uns im Alltag leicht, uns zu verändern: Wir nehmen uns vor, etwas zu tun und tun es einfach. In anderen Situationen ist dies schwierig und manchmal anscheinend unmöglich. Die Frage ist: wieso? Wie lässt es sich erklären, dass es manchmal schwer ist, sich z. B. zu einer Entscheidung durchzuringen oder eine unliebsame Gewohnheit aufzugeben? Diese Schwierigkeiten werden hier auf dem Hintergrund der Theorie Subjektiver Imperative erläutert (▶ Kap. 4).

- Und was lässt sich dann praktisch tun?

Im Zentrum dieses Buchs steht die Frage, was sich daraus für die praktische Anwendung ergibt. Das Grundprinzip der Introvision lässt sich stark vereinfacht formulieren als »dem Schlimmstmöglichen ins Auge sehen«. In der ersten Phase geht es darum, den Kern des Konflikts zu finden und in der zweiten Phase diesen Kern – d. h. die betreffende Kognition (Gedanke, Bild, Vorstellung) mit Hilfe des konstatierenden aufmerksamen Wahrnehmens von der damit verbundenen automatisierten Introferenz (d. h. Erregung, Anspannung, Hemmung) dauerhaft zu entkoppeln (▶ Kap. 4–6).

1.1.2 »Was es zu erklären gilt«: das Psychotonusmodell unterschiedlicher mentaler Zustände

Im Folgenden geht es nun darum, die unterschiedlichen psychischen und mentalen Zustände »zwischen Gelassenheit und Konflikt« systematischer zu betrachten. Zu diesem Zweck wurde auf dem Hintergrund umfangreicher Literaturrecherchen sowie theoretischer Überlegungen von der Verfasserin das Psychotonusmodell entwickelt.

Ziel war es, verschiedene mentale Zustände gewissermaßen holzschnittartig voneinander abzugrenzen. Grundannahme ist dabei, dass sich sieben verschiedene mentale Zustände voneinander unterscheiden lassen. Diese unterschiedlichen mentalen Zustände werden als Ergebnis unterschiedlicher Zustände der Binnen- (Grawe, 1998) bzw. Selbstregulation (Kanfer, Reinecker & Schmelzer, 2012) aufgefasst.

Binnenregulation

Was unterschiedliche Zustände der Binnenregulation bedeuten, lässt sich anhand einer alten Metapher von Sokrates erläutern.

1.1 Zwischen Gelassenheit und Panik: das Psychotonusmodell

Sokrates' Wagen – Verschiedene Zustände der Binnenregulation

Als Sokrates gefragt wurde, was die Seele sei, verglich er sie mit einem Wagen, der von zwei geflügelten Pferden gezogen und von einem Lenker gesteuert wird. Der Lenker des Wagens möchte – den Göttern folgend – zu den »himmlischen Weiden« kutschieren, hat aber Schwierigkeiten, den Wagen entsprechend zu steuern, weil eines der beiden Pferde sich nur schwer lenken lässt. Deshalb ist die Lenkung des Wagens »schwierig und verdrießlich« (Platon, Phaidros, 246). Je nachdem, wie er mit den Pferden zurechtkommt, verläuft die Reise unterschiedlich gut. Manche Wagenlenker kommen mit diesem Pferd einigermaßen zurecht, wenn auch voller Angst »und deshalb das Seiende kaum sehend« (Phaidros, 248).

Abb. 1.1: Unterschiedliche Zustände der Binnenregulation am Beispiel des sokratischen Wagens

Anderen Wagenlenkern »fehlt die Kraft, und sie werden unter der Oberfläche herumgetrieben, wobei sie einander schlagen und stoßen und jede sich der anderen vorzudrängen versucht. So entsteht denn Verwirrung und Streit und bitterer Schweiß, wobei infolge der Untüchtigkeit der Wagenlenker viele Seelen lahm geschlagen werden und viele sich die Federn zerbrechen. Sämtliche aber ziehen nach allen Anstrengungen von dannen, ohne dass ihnen der Anblick des Seienden zuteil geworden ist, und nach ihrem Weggang halten sie sich an eine Nahrung, die aus bloßen Meinungen besteht.« (Phaidros, 248).

Die unterschiedlichen Zustände der Binnenregulation sind – diesem Bild zufolge – das unterschiedliche Ausmaß des Schlingerns des Wagens – zwischen einigermaßen ruhiger Fahrt bis hin zum Umstürzen. Sokrates interpretierte dies als Folge der Schwierigkeiten, die die Wagenlenker im Umgang mit dem »schlechten« Pferd haben. Übrigens hat Platon selbst die drei Teile des Wagens (Lenker, gutes Pferd, schlechtes Pferd) als drei »Teile einer Seele« interpretiert: Vernunft (»der Teil, vermöge dessen der Mensch lernt«), Mut (der Teil, »durch den er sich ereifert«) und Begierde (der »begehrliche« Teil) (Staat, 9, 580).

Der Begriff des Psychotonus

Als Psychotonus wird hier der jeweilige psychische Zustand eines Individuums im Gesamtzusammenhang seiner jeweiligen kognitiven, affektiven und körperlichen Verfassung bezeichnet. Im Zentrum der Betrachtung steht dabei der jeweilige Bewusstseinszustand – von absoluter innerer Ruhe bis hin zur Panik.

Das Wort »Tonus« kommt aus dem Griechischen und bedeutet »Ton, Spannung«. (In der Medizin wird der Begriff des Tonus als Bezeichnung für den Spannungszustand des Gewebes, insbesondere von Muskeln verwendet.) Der Begriff des Psychotonus wird hier als Oberbegriff für so unterschiedliche Bewusstseinszustände wie z. B. Angst und Glück und Konflikt verwendet. So wie der Oberbegriff »Wetter« so unterschiedliche Zustände wie Regen, Hagel oder Sonnenschein umfasst, so beinhaltet der Begriff »Psychotonus« eine Vielzahl unterschiedlicher psychischer und mentaler Zustände des Bewusstseins.

Die Entwicklung der Psychotonusskala

Ausgangspunkt für die Entwicklung des Psychotonusmodells waren zunächst theoretische Überlegungen sowie umfangreiche Literaturrecherchen, z. B. im Bereich der Willens- oder Volitionsforschung (z. B. Achtziger & Gollwitzer, 2018; Gollwitzer, 1991; Gollwitzer & Bargh, 1996; Gollwitzer & Oettingen, 2016; Heckhausen, Gollwitzer & Weinert, 1987; Kuhl, 1995; Prinz, 1998), der Stress- und Emotionsforschung (z. B. Lazarus, 1999), der Entspannungs- und Meditationsforschung (z. B. Petermann & Vaitl, 2014) und der Konfliktforschung (z. B. Feger & Sorembe, 1983).

Der Begriff der Stufe wurde verwendet, um deutlich zu machen, dass es sich um theoretisch voneinander abgrenzbare Zustände handelt, auch wenn empirisch gesehen die Übergänge zwischen diesen Stufen vermutlich eher fließend sind. Bei der Definition der unterschiedlichen Stufen galt es als Erstes, gewissermaßen einen »Nullpunkt« zu definieren, also einen Zustand, der im Alltagsverständnis als weder außergewöhnlich gelassen noch als besonders konflikthaft gilt – vergleichbar mit dem Wasserpegel, der an der Küste als »Normalnull« bezeichnet wird: weder Hochwasser noch Niedrigwasser. Hierfür wurde der Zustand gewählt, den sich Psychologen idealerweise bei ihren Versuchspersonen und Chefs bei ihren Mitarbeitern wünschen: Diese sollen wach sein, ausgeruht und dazu in der Lage, »einfach so« willentlich zu handeln. Dieser Zustand wird hier als »Alltagswachbewusstsein« bezeichnet (PT-Stufe 4). Die Abgrenzung der drei Stufen zunehmender Gelassenheit wurde auf der Grundlage der Untersuchung von Carl Albrecht (1990) vorgenommen, unter Einbeziehung weiterer Ergebnisse, z. B. zu Entspannung (Petermann & Vaitl, 2014), Flow-Erleben (Csikszentmihalyi, 1992) und Trance (Revenstorff, 2001). Die Stufen zunehmender Anspannung, Erregung und Konflikthaftigkeit wurden auf der Grundlage von Ergebnissen aus der Stressforschung (Dantzer, 2016; Lazarus & Folkman, 1984), Volitionsforschung (Achtziger & Gollwitzer, 2018; Heckhausen, Gollwitzer & Weinert, 1987) und Selbstkontrollforschung von Emotionen (Baumeister & Vohs, 2016; Kanfer et al., 2012; Wegner & Pennebaker, 1993) unterteilt in Stufe 5 (erfolgreiche Selbstkontrolle, Volition –»post-Rubikon« –, Coping), Stufe 6 (im Bewusstsein präsenter, d. h. akuter Konflikt) und Stufe 7 (eskalierender Konflikt).

1.1.3 Die einzelnen Stufen der Psychotonusskala (PT)

Tab. 1.1: Psychotonus-Skala

Stufe	Tonuszustand
7	*Eskalierender akuter Konflikt* Panik, Verzweiflung, Blackout etc.
6	*Akuter Konflikt* Angst, Entscheidungsdilemma, Ärger, Depression etc.
5	*Anstrengung, Volition* Selbstbeherrschung, Volition, Impulsivität, »mastery«
4	*Alltagswachbewusstsein* wach, handlungs- und funktionsfähig, willentliches Handeln (ohne merklichen inneren Widerstand)
3	*beginnende Entspannung, Versenkung* abnehmende Erregung, fehlende aktive Volitionsprozesse, zunehmende affektive Indifferenz
2	*Versunkenheit, Flow-Erleben* Einssein, große innere Klarheit, Flow-Erleben, Trance
1	*Absolute innere Ruhe* Zeitlosigkeit, innere Leere, tiefe Gelassenheit

1 Einleitung

Im Folgenden werden diese sieben unterschiedlichen psychotonischen Zustände einzeln dargestellt. Im Zentrum der Beschreibung steht dabei der jeweilige Bewusstseinszustand, d. h. die Qualität des bewussten Denkens, Erlebens und Fühlens.

Die Psychotonusskala beginnt am oberen Ende mit der Kategorie der größtmöglichen Un-Gelassenheit: dem Zustand des eskalierenden inneren Konflikts.

PT-7: Eskalierender Konflikt: Panik, Blackout, »Durchdrehen«

In diesem Zustand eskaliert der akut erlebte innere Konflikt: Die Gedanken drehen sich zunehmend schneller im Kreis, Verzweiflung, Angst oder Ärger steigern sich, Anspannung und Erregung nehmen zu. Ein solches – absichtliches oder unwillkürliches – Eskalieren kann bis zu Panik, zum »Durchdrehen«, zum »Ausrasten« oder auch zu plötzlichem Erstarren, zu »Black-out« oder Ohnmacht führen.

PT-6: Akute Konflikte, Emotionen, Stress

Der mentale Zustand ist bei einem akuten (d. h. im Bewusstsein präsenten) Konflikt durch Widersprüche und Diskrepanzen gekennzeichnet, verbunden mit akutem Stress und Emotionen (Lazarus, 1991, 1993, 1999) – Angst, Ärger, Eifersucht, Kränkung, Depression etc. Häufig drehen sich in diesem Zustand die Gedanken im Kreis, verbunden mit einem Gefühl der Ausweglosigkeit; in anderen Situationen bleiben die Gedanken plötzlich stecken (»Da fiel mir nichts mehr ein!«), verbunden z. B. mit Erschrecken.

Eine anschauliche Schilderung eines solchen akuten Konfliktzustands findet sich in dem Roman »Die Leiden des jungen Werther« von Goethe. Die Heldin Lotte verbringt eine schlaflose Nacht, nachdem sie von dem unsterblich in sie verliebten Werther am Abend zuvor heftig bedrängt und gegen ihren Willen geküsst worden war. Sie hatte Werther danach von sich gestoßen und ihm gesagt, sie wolle ihn nie wieder sehen. Nun weiß sie nicht, ob sie das ihrem Ehemann erzählen soll.

> »[Sie] hatte die letzte Nacht wenig geschlafen (...). Ihr sonst so rein und leicht fließendes Blut war in einer fieberhaften Empörung, tausenderlei Empfindungen zerrütteten das schöne Herz. Wie sollte sie ihrem Mann entgegengehen? Wie ihm eine Szene bekennen, die sie so gestehen durfte und die sie sich doch nicht zu gestehen getraute? (...) Konnte sie wohl hoffen, dass ihr Mann sie ganz im rechten Licht sehen, ganz ohne Vorurteil aufnehmen würde? Und konnte sie sich wünschen, dass er in ihrer Seele lesen möchte? Und doch wieder, konnte sie sich verstellen gegen den Mann, vor dem sie immer wie ein kristallhelles Glas offen und frei gestanden war, und dem sie keiner ihrer Empfindungen jemals verheimlicht noch verheimlichen können? Eins und das andere machte ihr Sorgen und setzte sie in Verlegenheit.« (Goethe, 1789/1960, S. 118).

Dieser Entscheidungskonflikt macht sie am nächsten Tag handlungsunfähig. Als ihr Ehemann Albert von seiner Dienstreise zurückkommt, begrüßt sie ihn »mit einer verlegenen Hastigkeit« (S. 119). Auf seine Frage, was in der Zwischenzeit geschehen sei, antwortet sie »mit Übereilung« nur, dass Werther da gewesen sei. Danach verfällt sie in eine tiefe Niedergeschlagenheit. Es wurde

»immer dunkler in Lottens Gemüt. Sie fühlte, wie schwer es ihr werden würde, ihrem Mann, auch wenn er bei bestem Humor wäre, das zu entdecken, was ihr auf dem Herzen lag; sie verfiel in eine Wehmut, die ihr umso ängstlicher ward, als sie solche zu verbergen und ihre Tränen zu verschlucken suchte.« (Goethe, 1789/1960), S. 129).

> **Die Merkmale eines akuten Konfliktzustands sind:**
> - unaufgelöste Diskrepanzen, Widersprüche, Inkonsistenzen (Grawe, 1998) in den bewussten Kognitionen,
> - endlos kreisende Gedanken verbunden mit einem Gefühl der Ausweglosigkeit,
> - Beeinträchtigung der Handlungsfähigkeitreduzierte Wahrnehmungs- und Problemlösefähigkeit bis hin zum »Tunnelblick« (Dörner, 1999).
>
> Ein akuter Konflikt ist zugleich mit Stress und Emotionen verbunden.
>
> > »Historically, the inability to control conflict has been linked with a multitude of negative affective states and processes, including tension, uncertainty, confusion, and vacillation … as well as anxiety, depression, hostility, delusions, and hallucinations.« (Powers, 1973 in Emmons, King & Sheldon, 1993, S. 546)
>
> Die Auswirkungen von Stress und Emotionen auf das Verhalten und das Erleben sind inzwischen vielfach empirisch belegt (z. B. Benthien, 2011; Birbaumer & Schmidt, 2006; Grawe, 2004; Schwarzer, 2000).

PT-5: Anstrengung, Volition, Impulsivität

Im Zustand der Anstrengung, Volition bzw. Impulsivität ist das bewusste Erleben – im Unterschied zum akuten Konflikt – durch die Dominanz *einer* Kognition geprägt: *ein* Gedanke, *ein* Gefühl, *eine* Handlungsabsicht setzen sich (zumindest momentan) gegen konkurrierende Gedanken, Gefühle oder Absichten durch, und zwar gegen merklichen inneren Widerstand.

Bei Anstrengung (»effort«) bzw. Volition (Willenshandlung) ist es im Allgemeinen die »vernünftige« Seite, die sich durchsetzt: z. B. etwas willentlich tun, angestrengt nachdenken, sich beherrschen. Von Impulsivität wird in der Regel dann gesprochen, wenn eher die »unvernünftige« Seite die Oberhand gewinnt: z. B. sich zu etwas hinreißen lassen, etwas wider besseres Wissen tun, einer Versuchung nachgeben, unüberlegt handeln. Auf physiologischer Ebene ist dieser Zustand mit deutlich erhöhter Erregung und motorischer Anspannung verbunden (vgl. Birbaumer & Schmid, 1996, S. 518; vgl. dazu auch Neumann, 1996; Pribram & McGuinness, 1992).

PT-4: Alltagswachbewusstsein

Als Alltagswachbewusstsein wird hier ein Zustand bezeichnet, wie wir ihn uns idealerweise bei uns selbst und bei anderen wünschen: wach, ausgeruht, relativ gelassen, offen, aufnahmefähig und in der Lage, sich zu entscheiden und willentlich zu handeln, ohne merklichen inneren Widerstand.

Im Unterschied zu PT-Stufe 5 erfolgt die willentliche (volitionale) Steuerung des eigenen Handelns (Berlyne, 1960) auf der Stufe PT-4 ohne (spürbare) innere Blockaden.

Drei Stufen zunehmender Entspannung: PT-3 bis PT-1

Die folgenden drei Stufen sind nach Albrecht (1990) durch das Fehlen bewusster Willensakte gekennzeichnet. (Freilich mit einer Ausnahme – ggf. erfolgt zu Beginn der willentliche Entschluss, sich jetzt z. B. zu entspannen.)

PT-3:   Beginnende mentale Entspannung

Im Zustand beginnender Entspannung tauchen noch unterschiedliche, potentiell störende Gedanken, Bilder, Gefühle und Erinnerungen im Bewusstsein auf, ohne dass das Individuum dadurch aus diesem Zustand beginnender Versenkung (Albrecht, 1990) herausgerissen wird. Mit der Zunahme der Entspannung wird dieser »Bewusstseinsstrom« (James, 1890/1981) allmählich langsamer und ruhiger, so wie dies beispielsweise bei Entspannung, Meditation oder auch vor dem Einschlafen geschieht. Physiologisch gesehen ist dieser Zustand durch eine Zunahme von Alpha-Wellen gekennzeichnet (Vaitl & Petermann, 2000).

PT-2:   Versunkenheit und Flow-Erleben

Versunkenheit und Flow-Erleben sind gekennzeichnet durch innere Ruhe, Selbstvergessenheit und einem Gefühl des Einsseins mit sich und der Welt. Dies geht einher mit erhöhter Klarheit, innerem Wohlbefinden, mit hoher Wahrnehmungsfähigkeit sowie mit großer Energie und Mühelosigkeit des Tuns. Ein Beispiel für Flow-Erleben findet sich in dem folgenden Bericht eines Seglers:

> »Das Boot lief wie an der Schnur. Trotz sehr starker und abrupt einfallender Böen hatte ich es vollkommen unter Kontrolle, ich war wie verwachsen mit ihm. Die Grenze zwischen meiner Haut und dem Boot war aufgehoben, wir waren eine Einheit. Jeder Handgriff passte, fühlte sich gut an und machte das Boot schneller und schneller. Kein Fehler, kein ungutes Gefühl, es war, als ob ich mit dem Boot den Wind spüren konnte und meine Sinne so erweitert waren, dass ich alles Geschehen auf dem Wasser schon im Voraus wahrnehmen konnte. Obwohl ich in diesem Geschehen vollkommen aufgegangen war, zeichnete sich jeder Moment durch außergewöhnliche Ruhe, Klarheit und Einfachheit aus.« (29)

Herausragendes Merkmal der Versunkenheit sind die Abwesenheit von Sorgen und Zweifeln. Die innere Ruhe bildet den »tragenden Hintergrund« (Albrecht 1990, S. 142) für die Kognitionen, auf die sich »der Scheinwerfer der Aufmerksamkeit« gerade richtet: das Erleben von Wind und Wellen, das Eintauchen in die Musik (Jacoby, 1994), das Verschmelzen mit der Umwelt.

1.1 Zwischen Gelassenheit und Panik: das Psychotonusmodell

Der Zustand der Versunkenheit beinhaltet (nach Albrecht, 1990):

- erhöhte Klarheit (»Überklarheit«) des Wahrnehmens, Denkens, Fühlens;
- Erleben des Im-Fluss-Seins (Flow), das durch keine aktive Willensfunktion unterbrochen wird;
- subjektiv verlangsamtes Zeiterleben (Zeit steht gleichsam still);
- der »Bewusstseinsraum«(Albrecht) ist entleert; das bedeutet im Sinne der Theaterbühnenmetapher, dass die »Bühne des Bewusstseins« leer ist, mit Ausnahme des einen Protagonisten, der sich im Scheinwerferlicht (der Aufmerksamkeit) befindet;
- die bewussten Kognitionen (das »Bewusstseinsgefüge« sensu Albrecht) bilden eine Einheit (»vollständig integriert«).

Carl Albrecht schreibt dazu:

> »Zusammenfassend muß gesagt werden: Der Bewusstseinszustand der Versunkenheit ist in seiner restlosen Integration, in seiner durchgehenden Einheitlichkeit, in seiner Entleerung und in der hochgradigen Verlangsamung alles Erlebnisgeschehens der klarste und hellste Bewusstseinszustand, den wir kennen« (1990, S. 73). Ähnliche Beschreibungen finden sich in der Literatur über Entspannung (Jacobson, 1996; Schultz, 1991), Hypnose (Revenstorf, 2001) und Meditation (z. B. Bock, 1991; Kapleau, 1965; Shapiro, 1981; Varela & Thompson, 1992; Vaitl & Petermann, 2000). Csikszentmihalyi und andere haben denselben Zustand während des aktiven Handelns untersucht (Csikszentmihalyi & Cziksentmihalyi, 1991).

Aus physiologischer Sicht geht dieser Zustand der tiefen Entspannung einher mit reduziertem Muskeltonus, Veränderung der Reflextätigkeit, mit peripherer Gefäßerweiterung (Vasodilatation) und einer geringfügigen Senkung des Pulsschlags und des Blutdrucks, der Atem wird langsamer und gleichmäßiger, der Sauerstoffverbrauch nimmt ab, die Hautleitfähigkeit nimmt ebenfalls ab, die Hirnströme (EEG) verändern sich in Richtung auf vermehrte Alpha- und Theta-Wellen (Vaitl, 1993b).

PT-1: »Absolute innere Ruhe«

Der Zustand »absoluter innerer Ruhe« ist nach Albrecht durch das Erleben umfassender innerer Ruhe, Leere und Zeitlosigkeit gekennzeichnet. »Wenn die Versunkenheit zum Gegenstand der Innenschau wird, ist sie eine allumfassende Einheit, deren Einzelelemente, nämlich die absolute Leere, die absolute Ruhe und die Zeitlosigkeit nicht mehr zu unterscheiden sind« (Albrecht, 1990, S. 223).

Im »Hui Ming Ging«, dem »Buch von Bewußtsein und Leben« des taoistischen Mönchs Liu Hua Yang aus dem Jahr 1794 findet sich die Schilderung eines solchen Zustands tiefer innerer Ruhe.

> **Die leere Unendlichkeit**
> Ohne Entstehen, ohne Vergehen,
> ohne Vergangenheit, ohne Zukunft.
> Ein Lichtschein umgibt die Welt des Geistes.
> Man vergißt einander, still und rein, ganz mächtig und leer.
> Die Leere wird durchleuchtet vom Schein des Herzens des Himmels.

> Das Meerwasser ist glatt und spiegelt auf seiner Fläche den Mond.
> Die Wolken schwinden im blauen Raum.
> Die Berge leuchten klar.
> Bewußtsein löst sich in Schauen auf.
> Die Mondscheibe einsam ruht.
> (Aus: Wilhelm & Jung, 1986, S. 158)

In der mystischen Literatur finden sich ähnliche Beschreibungen eines solchen Zustands, z. B. die »sancta indifferentia« der christlichen Quietisten (zit. nach Albrecht, 1990, S. 224), die »stille Einöde, wo niemand zu Hause ist« von Meister Eckhart (1919; zit. nach Albrecht, 1990), die »Weite, die weder Bild noch Form noch Weise hat« (Johannes Tauler, 1923; zit. nach Albrecht, 1990). Zur Veranschaulichung dieses Zustands zieht Albrecht die Beschreibung der vier Bewusstseinsstufen des »Jhâna« im Buddhismus heran (Albrecht, 1990, S. 226–229). Weitere Beschreibungen solcher außergewöhnlichen Bewusstseinszustände finden sich im Alltag (Roberts, 1982; Wren-Lewis 1988, Bock, 1991; Wilber, 1991), bei Entspannungsübungen (z. B. Schultz, 1991) und in unterschiedlichen religiösen Traditionen.

Eine theoretische Erklärung für das Erleben der Zeitlosigkeit liefert die holonome Theorie, die von Karl Pribram und David Bohm auf der Grundlage der Quantenphysik entwickelt wurde. Danach ist das Erleben von Zeitlosigkeit als Resultat des Zugangs zur »spectral domain« (Pribram, 1991, S. 272–273) zu interpretieren; in diese Domäne sind Zeit und Raum »eingefaltet« (Bohm, 1998; Weber, 1987). In jüngerer Zeit gibt es Untersuchungen zu hirnphysiologischen und möglicherweise genetischen Grundlagen eines solchen Zustands (z. B. Hamer, 2004, Ott, 2010).

> **»Gelassener werden« aus Sicht des Psychotonusmodells**
>
> Im Rahmen des Psychotonusmodells lässt sich Gelassenheit definieren als ein mentaler Zustand auf PT-Stufe 4 oder niedriger. Im Einzelfall kann Gelassenheit bedeuten:
>
> - Alltagswachbewusstsein (PT-4): in der Lage zu sein, ohne sonderlich große Anstrengung willentlich zu handeln – wie Beispiel 1 (s. oben) eindrucksvoll belegt,
> - beginnende Entspannung bzw. Versenkung (PT-3) Flow-Erleben (PT-2): im Tun aufgehen oder in etwas versunken sein (s. Beispiel 2)
> - Absolute innere Ruhe (PT-1), wie sie einige Menschen gelegentlich erleben (s. Beispiel 3).

Im Folgenden wird der Begriff der Gelassenheit in erster Linie situationsbezogen verwendet werden. Ein Individuum ist mehr oder weniger gelassen in Bezug auf eine bestimmte Situation: ein bevorstehendes Gespräch, die Erinnerung an eine peinliche Situation oder die Vorstellung zu fliegen. Ziel der Introvision ist zunächst eine Zunahme an situationsspezifischer Gelassenheit – zum Beispiel die Flugangst aufzulösen (▶ Kap. 6) (*state*-spezifische Gelassenheit). Mit zunehmender Anwendung von Introvision nimmt allmählich auch das Ausmaß der Gelassenheit zu; auf diese Weise kommt es dann auch zu einer generellen Zunahme an Gelassenheit (»trait«).

1.2 Gelassener werden durch Introvision: eine einführende Übersicht

Im Folgenden soll für eilige Leser und Leserinnen eine kurze einführende Übersicht über das Vorgehen der Introvision gegeben werden.

Gelassenheit als Folge des Unter-Lassens

Die Introvision geht von der Annahme aus, dass Gelassenheit im Prinzip eine Folge des Unter-Lassens ist. Das Wort »gelassen« bedeutet ursprünglich »etwas unterlassend«. Es stammt von dem mittelhochdeutschen Verb »gelâzen« ab, das soviel bedeutet wie etwas »(er-), (ver-), (unter-)lassen« (Duden, 1989).

Aus Sicht der TMI ist Gelassenheit die Folge des Unter-Lassens des introferenten Eingreifens in vorhandene Kognitionen durch Überschreiben, Verzerren und Ausblenden; dabei werden die betroffenen Kognitionen gezielt mit erhöhter Erregung, Anspannung bzw. Hemmung gekoppelt. Hört dieses introferente Eingreifen auf, so stellt sich Gelassenheit ein. Genauer gesagt: Hört das automatisierte introferente Eingreifen in bestimmte inhaltliche Kognitionen auf (z. B. bei Prüfungsangst), so wird das Individuum in der entsprechenden Situation – hier also bei der Prüfung – wieder gelassen.

Ein Fallbeispiel: Probleme mit dem Lernen für eine Klausur

Wie sich dieses praktisch umsetzen lässt, soll im Folgenden an einem Fallbeispiel veranschaulicht werden.

Stellen wir uns eine Studentin vor, die große Schwierigkeiten hat, sich auf eine Klausur vorzubereiten. Sie neigt dazu, die Arbeit dafür so lange vor sich herzuschieben, wie es irgend geht, und dann ein paar Nächte lang »durchzulernen«, mit dem Ergebnis, dass ihre Noten nur mittelmäßig sind. Sie besucht einen Einführungskursus in Introvision und hofft, dass ihr dies helfen wird, früher mit dem Lernen anzufangen und beim Lernen innerlich ruhiger zu sein. Was sie theoretisch in diesem Kursus lernt, wird in den folgenden Kapiteln ausführlich beschrieben werden. An dieser Stelle soll in erster Linie gezeigt werden, welche Möglichkeiten diese Studentin praktisch mit auf den Weg bekommt, um erstens im Alltag generell gelassener zu bleiben und zweitens Introvision auf ihr konkretes Problem anzuwenden.

1.2.1 Den Kopf wieder freibekommen: Zur Vorbereitung: »Pakete packen« als Anfänger-Übung

Zur Vorbereitung auf die Introvision lernt sie als Anfängerin zunächst eine Übung von Gendlin (1981, S. 48–49 und pers. Kommunikation) anzuwenden, die ihr helfen soll, ihren Arbeitsspeicher wieder freizubekommen. Ziel dieser vorbereitenden Übung ist es, all die Dinge, die sie in diesem Moment beschäftigen, sozusagen geistig beiseitezulegen.

> **»Erst einmal Pakete packen«**
>
> Ausgangsfrage ist: »Wie fühle ich mich? Was hält mich davon ab, mich in diesem Moment rundum wohlzufühlen? Was belastet mich im Moment?«
>
> - Nennen Sie die einzelnen Probleme, die Ihnen jetzt dabei in den Sinn kommen, kurz (»Aha, das ist das XY-Problem«), ohne sie näher zu betrachten – so wie Sie im Alltag einzelne Dinge auf einer »Erledigungsliste« kurz notieren.
> - Dann stellen Sie sich vor, dass Sie jedes einzelne Problem in ein Paket packen und anschließend diese Pakete an einem bestimmten Ort ablegen – zum Beispiel in einem Regal oder in einer Kiste. Gegebenenfalls verbinden Sie das mit dem (Selbst-)Versprechen, dass Sie sich mit einem bestimmten Problem zu einem festgelegten Zeitpunkt (z. B. »Heute nachmittag um 16 Uhr«) befassen werden.
> - Treten Sie dann innerlich einen Schritt zurück und betrachten Sie »die Pakete« aus einer gewissen Distanz heraus.
> - Wenn Sie mögen, können Sie Papier und Bleistift neben sich legen und sich die einzelnen Dinge auch kurz notieren.

Viele Menschen finden diese Übung in der heutigen Zeit der Informationsüberflutung nützlich, um auf diese Weise den Kopf für das freizubekommen, was gerade ansteht. Manche Lehrer und Lehrerinnen führen diese Übung zu Beginn des Unterrichts mit ihren Schülerinnen und Schülern durch. Mit zunehmender Erfahrung in KAW lernt sie, stattdessen ihr Lieblings-KAW anzuwenden bzw. einen »Screenshot« durchzuführen (s. KAW-Anwendung, ▶ Kap. 3.4).

Wenn diese Übungen nicht helfen, liegt vermutlich ein akuter Konflikt vor – ein Fall für die Anwendung der Introvision (s. unten).

1.2.2 Mentale Entspannung im Alltag: das Konstatierende Aufmerksame Wahrnehmen (KAW)

Als Nächstes lernt sie die Methode des Konstatierenden Aufmerksamen Wahrnehmens anhand von vier Übungen (▶ Kap. 3), die sie mehrere Wochen lang täglich zu Hause oder unterwegs durchführt. Ziel dieser Übungen ist es, ein Gefühl dafür zu bekommen, was es bedeutet, das Zentrum der Aufmerksamkeit ein Weilchen lang konstatierend und weitgestellt auf bestimmte Kognitionen zu richten, ohne in diese – reflexhaft und häufig auch unbemerkt – nach Möglichkeit erneut einzugreifen. Konstatierend bedeutet feststellend, im Sinne von »Aha, so ist das«.

In den ersten KAW-Übungen geht es darum, verschiedene Arten von Kognitionen aufmerksam konstatierend wahrzunehmen, einen Baum, Vogelzwitschern, Alltagsgeräusche, die Berührung der Füße mit dem Boden. Anschließend lernt sie, durch Weitstellen der Aufmerksamkeit sich kurzfristig mental zu entspannen und das Zentrum von affektiven Reaktionen (angenehm-unangenehm) zu finden.

Diese Übungen wendet sie regelmäßig beim Lernen an. Zur Vorbereitung führt sie zunächst ihre Lieblings-KAW-Übung durch, um sich kurz mental zu entspannen.

Dann beginnt sie mit dem Lernen. Dabei wendet sie zunächst einmal fünf Minuten lang »KAW auf die Ausgangsfrage« an, mit der sie an den Text herangeht, weil sie die Erfahrung gemacht hat, dass das ihr Lernen deutlich verbessert – das, was sie dann danach liest, kann sie schneller und zugleich tiefer verarbeiten (Elaboration). Entscheidend ist dabei, dass die Aufmerksamkeit konstatierend bleibt – und wie das geht, hat sie im Kurs gelernt. Am Ende der Lernphase wendet sie dieses KAW noch einmal auf das Gelernte an, indem sie das, was sie beim Lernen gelesen, gedacht, entdeckt hat, vor ihrem inneren Auge konstatierend Revue passieren lässt. Im Kurs hat sie auch gelernt, warum: Aus Sicht der TMI (Theorie der Mentalen Introferenz) ist dies eine Methode, um die epistemische Informationsverarbeitung möglichst optimal – d. h. ungehindert durch bewusstes (zusätzliches) introferentes Eingreifen (▶ Kap. 2) – weiterarbeiten zu lassen.

Inzwischen macht ihr das Lernen manchmal richtig Freude, weil sie dabei öfter Flow erlebt. Was das konstatierende Wahrnehmen damit zu tun hat, wird in Kapitel 3 erklärt. Und im Übrigen wendet sie diese konstatierende Aufmerksamkeit auch in anderen Situationen des Alltags an: in ihrem Job (wenn sie anderen zuhört), beim Sport (Beispiele dafür finden sich in Kapitel 3) und vor dem Einschlafen. Allerdings hilft ihr das KAW nicht sehr, wenn es um Statistik geht – vor diesem Fach hat sie einfach Angst und ist deshalb beim Lernen blockiert.

1.2.3 Die Methode der Introvision

Nachdem sie im Kursus die Methode der Introvision gelernt hat (▶ Kap. 4–6), meldet sie sich zu einem individuellen Introvisionsberatungsgespräch über ihre Statistikangst an; sie könnte die Introvision auch allein durchführen, aber sie möchte sich in diesem Fall durch ihre Introvisionsberaterin Unterstützung holen.

Introvision bedeutet die Anwendung des konstatierenden aufmerksamen Wahrnehmens mit dem Ziel, einen bestimmten inneren Konflikt zu beenden: in diesem Fall die Angst vor Statistik aufzulösen. (Dass es grundsätzlich möglich ist, Angst wirklich aufzulösen, zeigt beispielsweise die Untersuchungen von Debiec, Doyère, Nader & LeDoux (2006): ▶ Kap. 5). Im Folgenden soll dieses Gespräch in abgekürzter Form dargestellt werden. (Der besseren Übersichtlichkeit halber werden etwaige Schleifen, Abschweifungen, Erläuterungen ausgelassen.)

Das Wichtigste an einem solchen Gespräch lässt sich jedoch leider nicht auf Papier wiedergeben: Das ist der emotionale Unterton, in dem die Äußerungen erfolgen. Ein und derselbe Satz (»Worüber wollen Sie heute sprechen?«) kann sehr unterschiedlich gesagt werden: drohend, abwehrend, provozierend, abwertend, hoffnungsvoll, gespannt-neugierig – und dementsprechend unterschiedlich ist seine Wirkung auf die Klientin. (Aus Sicht der TSI schwingen dabei unterschiedliche handlungsleitende, imperativische Sollvorstellungen mit – ▶ Kap. 4).

Idealerweise sollte ein solches Introvisionsberatungsgespräch durchgängig im Modus des konstatierenden Wahrnehmens sowohl bei der Beraterin als auch bei der Klientin ablaufen. Die Beraterin unterstützt auf diese Weise den Prozess des konstatierenden Wahrnehmens bei der Klientin und erleichtert es ihr, tatsächlich konstatierend in sich hineinzulauschen, hineinzuschauen und hineinzuspüren. (Dass dies außerdem sehr rasch dazu führt, dass die innere Erregung abnimmt, zeigt eine neue hirnphysiologische Untersuchung (Herwig et al., 2010) – ▶ Kap. 3). Voraussetzung für die Introvision ist deshalb, dass die Klientin gelernt hat, was KAW ist und dieses auch praktisch anwenden kann.

Phase 0: Vorbereitung der Introvision

Nach einigen einleitenden Worten fragt ihre Beraterin, ob sie zunächst einige entspannende Übungen machen möchte. Sie stimmt zu und führt zunächst eine Minute lang die Übung des Paketepackens durch (s. oben), um den Kopf von den Alltagssorgen zu befreien und macht dann anschließend ein paar Minuten lang ihre Lieblings-KAW-Übung; für sie ist das die Übung des Hineinlauschens in unterschiedliche Alltagsgeräusche (▶ Kap. 3).

Phase 1: Den Kern des Konflikts finden

B: Worüber möchtest du heute sprechen?
K: *berichtet, dass sie bereits seit zwei Wochen die Vorbereitung auf die Statistikklausur vor sich herschiebt und die Zeit nun knapp wird.*
B: Was geht dir in dem Moment durch den Kopf, wenn du daran denkst, dass du jetzt für die Statistik-Klausur lernen solltest? *Die Methode des Nachträglichen Lauten Denkens wurde in dem Kursus ausführlicher behandelt; die Studentin weiß, dass es darauf ankommt, in dieser Situation genau das auszusprechen, was ihr in dem Moment als Erstes »durch den Kopf schießt«: das, was sie wörtlich zu sich selber sagt (O-Ton) und/oder welches Bild oder Gefühl dabei auftaucht.*
K: Da denke ich: »O Gott, das lerne ich nie!«
B: *hört den darin implizit enthaltenen Imperativverletzungskonflikt heraus, bei dem die Gedanken sich im Kreis drehen: »Es darf nicht sein, dass ich das nicht lerne (Imperativ)« vs. »Es kann sein, dass ich das nicht lerne«(Subkognition). Sie gibt die Subkognition konstatierend wieder.*
B: Es kann sein, dass du das nicht lernst. *Sie sagt dies im Modus des konstatierenden Wahrnehmens (▶ Kap. 3), d. h. nicht anklagend, nicht herausfordernd, nicht tröstend,*

sondern einfach konstatierend, im Sinne von: »Die Möglichkeit besteht, dass du das nicht lernst.«
K: Das wäre schrecklich! *Konfliktumgehungsstrategie: sich re-imperieren (▶ Kap. 4).*
B: *geht nicht auf diese Konfliktumgehungsstrategie ein, sondern wiederholt den vorhergehenden Satz als Einladung an die Klientin, diese Kognition, die Möglichkeit, dass sie es nicht lernen könnte, konstatierend wahrzunehmen.*
B: Es kann sein, dass du das nicht lernst. Was daran ist unangenehm, irritierend, schlimm für dich?
K: *richtet ihre Aufmerksamkeit konstatierend auf diese Kognition und fragt sich selber, was daran für sie das gefühlsmäßig Unangenehme ist. Es kommen ihr mehrere Dinge in den Sinn:* »Dann schaffe ich mein Studium nicht – und das darf nicht sein!«, »Das ist zu blöd, dass ich mich nicht dazu kriege mich hinzusetzen, wie meine Freundin dies tut – es darf nicht sein, dass ich das nicht schaffe! Und wenn meine Eltern dies erfahren – nein das wäre das Allerschrecklichste.« *Nach einer kurzen Pause sagt sie, mit leiser Stimme*
K: Das Schlimmste ist, wenn ich meine Eltern enttäusche.
B: *will sie ermutigen, diese Kognition samt den dazugehörigen Bild(ern), Gefühlen, Geräuschen etc. konstatierend wahrzunehmen und wiederholt deshalb konstatierend-wahrnehmend:* Es kann sein, dass du deine Eltern enttäuschst.
K: O mein Gott, was wäre wirklich schrecklich.
B: Es kann sein, dass du deine Eltern enttäuschst. Möchtest du darauf jetzt KAW machen?
K: Ja. *Sie richtet ihre Aufmerksamkeit konstatierend auf diesen Satz, diesen Gedanken –* »Es ist möglich, dass ich meine Eltern enttäusche« *und dabei sieht sie ihren Vater vor sich, wie er sie anbrüllt – etwas, was in ihrer Kindheit öfter geschah. Das, so spürt sie, wäre bzw. war das Schrecklichste für sie.*
K: Das Schlimmste für mich ist, wenn mich mein Vater anbrüllt.
B: Es kann sein, dass dich dein Vater anbrüllt. Möchtest du darauf jetzt KAW machen?
K: *ganz still, leise:* Ja, ich probiere es.
B: Was daran ist das Zentrum des Unangenehmen für dich?
K: Dann fühle ich mich »so klein mit Hut«. *Man sieht ihrer Mimik an, dass das wirklich schlimm für sie ist. Auf diese Weise explorieren beide die dahinterliegende Imperativkette. Als Imperativkette werden imperativische Vorstellungen bezeichnet, die miteinander durch Wenn-dann-Annahmen verbunden sind. In diesem Fall handelt es sich um folgende Imperativkette: Ich* muss *das verstehen! (Imperativ 1). Wenn ich es nicht verstehe, dann falle ich durch und meine Eltern sind enttäuscht. Es darf* nicht *sein, dass sie enttäuscht sind! (Imperativ 2). Wenn meine Eltern enttäuscht sind, brüllt mich mein Vater an. Es darf* nicht *sein, dass er mich anbrüllt! (Imperativ 3). Wenn er mich anbrüllt, bin ich »so klein mit Hut« – das darf* auf keinen Fall *sein!« Am Ende dieser Imperativkette steht die Kern-Subkognition: Es kann sein, dass ich so »klein mit Hut« bin. Die Kernimperative sind von Person zu Person unterschiedlich, haben jedoch inhaltlich oft etwas mit Hilflosigkeit, Wertlosigkeit oder Ungeliebtsein zu tun (▶ Kap. 4).*

Phase 2: Die mit dem Kern des Konflikts verbundene Introferenz auflösen

B: Es kann sein, dass du »so klein mit Hut« bist. Kannst du diesen Satz, diese Kognition ein Weilchen lang konstatierend wahrnehmen: »Es kann sein, dass ich so klein mit Hut bin«?

K: *macht ein paar Minuten lang KAW auf die Kognition »Es ist möglich, dass ich so klein mit Hut bin.« Etwaige praktische Überlegungen (Vielleicht sage ich es meinem Vater nicht, wie sage ich es ihm etc.) schiebt sie beiseite: Solche Gedanken werden bei der Introvision auf später vertagt. Im Moment geht es »nur« darum, diese Kern-Subkognition konstatierend wahrzunehmen. Ziel ist es, diese Kognition auf diese Weise schließlich dauerhaft zu entkoppeln von der damit verbundene automatisierten Introferenz (Angst, Ärger, habitualisierte Reaktionen). KAW bedeutet, dass K. ihre Aufmerksamkeit konstatierend darauf richtet – ohne sich hineinzusteigern, ohne es zu dramatisieren – dass die Möglichkeit besteht, dass sie (wieder) »so klein mit Hut« sein könnte.*

K: *schaut auf und zeigt auf diese Weise, dass sie mit dem KAW aufgehört hat.*

B: Wie war das eben, als du KAW auf die Kognition gemacht hast: »Es kann sein, dass ich so klein mit Hut bin?« *Ziel dieser Frage wird in Kapitel 5 ausführlicher dargelegt.*

K: *berichtet von ihren Erfahrungen damit.*

Die Beraterin gibt ihr als Hausaufgabe mit auf den Weg, dieses KAW in den nächsten Tagen täglich ein paar Minuten lang durchzuführen (mehr dazu ▶ Kap. 5).

Phase 3: Das Ergebnis der Introvision: spontane Verhaltensänderung

Wenn die Introvision erfolgreich war, dann führt dies zu spontanen Verhaltensänderungen in dem gewünschten Bereich. Unsere Klientin trifft sich zwei Wochen später erneut mit ihrer Beraterin. Diesmal ist sie so entspannt, dass sie auf die einleitenden Übungen (Pakete packen, KAW) verzichtet. Stattdessen berichtet sie, dass sie dieses KAW auf das »So-klein-mit-Hut« eine Woche lang täglich durchgeführt hat – so lange, bis ihr der Gedanke daran »nichts mehr ausgemacht hat«.

»Und«, so sagt K und strahlt dabei, »als ich letztes Wochenende bei meinen Eltern zu Hause war und mein Vater wieder anfing zu brüllen, da saß ich ganz ruhig dabei (sonst bin ich immer aufgestanden und weggelaufen), sah ihn freundlich an und er hat sich (ganz anders als sonst) schnell wieder beruhigt und dann haben wir zu dritt in Ruhe miteinander geredet. Und dann habe ich mich tatsächlich am Montag hingesetzt und angefangen, für die Statistik-Klausur zu lernen – und ich konnte mich diesmal auch deutlich besser konzentrieren als sonst.«

1.2.4 Blitzintrovision

Nachdem die Studentin keine Angst mehr vor Statistik hat, wendet sie beim Lernen zwischendurch öfter die Blitzintrovision an – so etwa, wenn sie auf etwas stößt, was sich nicht versteht, ihre Gedanken an einem Widerspruch hängen bleiben oder sie sich unter einem bestimmten Ausdruck nichts vorstellen kann. Blitzintrovision (▶ Kap. 5) ist eine Kurzform der Introvision.

Unsere Studentin lernt, die Blitzintrovision durchzuführen, wenn sie sich beim Lernen unwillkürlich anspannt – z. B. wenn sie auf etwas stößt, das sie nicht versteht (eine Leerstelle, ▶ Kap. 2). Vorher hat sie dann gedacht: »Ach du liebe Güte – das verstehe ich nie!« – und sich dann abgelenkt, indem sie »mal eben schnell nachgeschaut hat, ob eine neue Mail gekommen ist«. Blitzintrovision bedeutet, dass sie stattdessen die Subkognition (»Es kann sein, dass ich das nicht verstehe«) kurz konstatierend wahrnimmt. Das führt dazu, dass ihre Anspannung nachlässt und ihr Blick wieder frei wird, um sich das, was sie nicht versteht, genauer anzuschauen – und es schließlich doch zu verstehen. (Warum das funktioniert, wird in Kapitel 5 erläutert.) Dieselbe Blitzintrovision wendet sie auch in ihrem Job an, z. B. bei der Vorbereitung auf ein unangenehmes Kundengespräch (»Es kann sein, dass es unangenehm wird«) und im Umgang mit ihrer Familie.

Konstatierendes Aufmerksames Wahrnehmen und Introvision (inkl. Blitzintrovision) haben das gleiche Ziel: Anspannung, Blockaden und Konflikte zu beenden durch das konstatierende aufmerksame Wahrnehmen der Kern-Subkognition. Warum das funktioniert und weshalb es dazu führt, dass Anspannung und Erregung abnehmen und der Kopf wieder frei wird – das zu erklären, ist Ziel des gesamten Buchs.

1.3 Forschung zur Introvision

Die Methode der Introvision ist das Ergebnis eines langjährigen Forschungsprogramms zur mentalen Selbstregulation unter der Leitung der Verfasserin. Dieses Forschungsprogramm umfasste drei Stränge: 1. die Entwicklung der Theorie Subjektiver Imperative im Zusammenhang mit empirischen Untersuchungen zur Struktur von Bewusstseinskonflikten; 2. parallel dazu die Entwicklung der Introvision zusammen mit empirischen Untersuchungen zu deren Wirksamkeit sowie 3. die Entwicklung einer allgemeinen Theorie der mentalen Selbstregulation, genauer: die Theorie der Mentalen Introferenz als Grundlage für die Introvision. Im Folgenden sollen die einzelnen Phasen des Forschungsprogramms der mentalen Selbstregulation kurz dargestellt werden.

1.3.1 Innere Konflikte

Eine unerwartete Entdeckung: »Denk-Knoten« im professionellen Handeln

Die Entwicklung der TSI begann mit einer überraschenden Entdeckung. Ziel des damaligen DFG-Forschungsprojekts unter der Leitung der Verfasserin war es, Strategien professionellen Handelns zu untersuchen, und zwar mit Hilfe der von uns

1 Einleitung

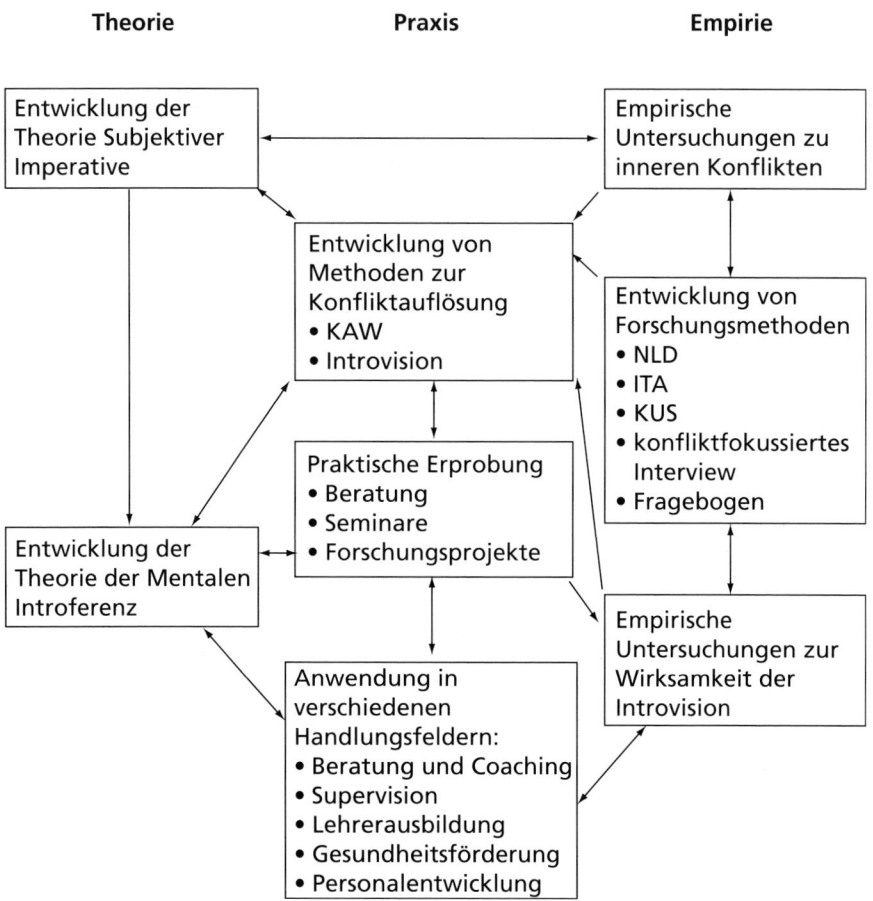

Abb. 1.2: Übersicht über das Forschungsprogramm »Mentale Selbstregulation«

damals entwickelten *Methode des Nachträglichen Lauten Denkens* (Wagner, 1981b, 1986; Wagner, Uttendorfer-Marek & Weidle, 1977, 1979; Weidle & Wagner, 1982). Dabei sollten die Befragten anhand einer Videoaufzeichnung ihres eigenen Handelns berichten, was ihnen in dem jeweiligen Moment »durch den Kopf gegangen« war. Diese Interviewdaten wurden auf der Grundlage des TOTE-Modells (Miller, Galanter & Pribram, 1960) Satz-für-Satz nach Zielen, Strategien und Testkriterien untersucht (Wagner, Uttendorfer-Marek & Weidle, 1977; Wagner, Uttendorfer-Marek et al., 1982). Zu unserer Überraschung zeigte sich, dass sich die Gedanken dabei relativ häufig verwirrten, im Kreis drehten und sich »verknoteten« (Wagner et al., 1984), verbunden mit einem Gefühl der Ausweglosigkeit und oft mit deutlichen Emotionen, z. B. Angst, Ärger oder Depression. Solche »Denk-Knoten«, wie wir das damals nannten, fanden sich etwa in jedem dritten Interviewabschnitt – und das bei professionellen Handlungen von Expertinnen und Experten, die wegen ihrer besonderen Kompetenzen für diese Studie ausgewählt worden waren. Spätere Untersuchungen zeigten, dass das Phänomen solcher »Denk-Knoten« nicht nur bei Lehrern und Schülern, sondern auch bei vielen anderen Personen- und Berufsgruppen (Klos & Singer, 1981; Singer, 1988; vgl. auch Klinger, 1990; Singer, 1974; s. dazu auch weiter unten) auftritt.

Die Entwicklung einer allgemeinen Theorie der Struktur von Konflikten: subjektive Imperative als Ursache von gedanklichen Endlosschleifen

Auf der Suche nach der strukturellen Ursache solcher Endlosschleifen entwickelten wir (Wagner, Barz et al., 1984) damals die Theorie, dass diese in einer bestimmten kognitiven Struktur von Vorstellungen zu finden sei, nämlich in subjektiven Imperativen, d. h. Vorstellungen (z. B. Zielen, Erwartungen), die subjektiv einen Muss-Darf-nicht-Charakter haben. Im Unterschied zu anderen psychologischen Theorien, die die Wurzel solcher Konflikte in erster Linie in bestimmten *inhaltlichen* Imperativen sehen, z. B. in moralischen Geboten (Freud, 1969), überhöhten Ich-Idealen (Rogers, 1973) oder irrationalen Mussvorstellungen (Ellis, 1978), gingen wir von der Annahme aus, dass es der latent paradoxe Charakter der solchen Mussvorstellungen innewohnenden impliziten Annahmen ist, der zu inneren Konflikten führt (Wagner et al., 1981, 1982, 1984; Wagner, 1987d, 1987e, 1987 f, 1990, 1995, 2003a).

Empirische Untersuchungen zur Struktur von Konflikten

Im Anschluss an die ursprüngliche Untersuchung (Wagner, 1987d, 1987e, 1987 f, 1990, 2003a; Wagner et al., 1981, 1982, 1984) wurden eine Reihe weiterer empirischer Studien durchgeführt mit dem Ziel, die Struktur von Bewusstseinskonflikten genauer zu erfassen: bei Konflikten in Trennungs- und Scheidungssituationen (Altenkämper, 1987) und von Männern und Frauen in technischen und naturwissenschaftlichen Berufen (Kosuch, 1994), in einer Einzelfallanalyse von Beziehungsabhängigkeit in einer gewalttätigen Partnerschaft (Wagner, 1987b), bei Konflikten von Frauen in Wohngemeinschaften (Dembski-Minßen & Reuter, 1993), Bewerbungsgesprächen (Meuche, 1989), Ärger über Leistungsversagen (Herkenrath, 1993; Lauterbach, 1994), Einstellung von männlichen Schülern zum eignenen Aussehen (Lorenzen, 1995), Prüfungs- und Leistungsangst von Berufsschülerinnen und -schülern (Petersitzke-Belz, 1996), Blockaden bei Schauspielern auf der Bühne (Ouakidi, 1996) und bei Sprecherzieherinnen (Hoppensack, 1998), Alkoholismus (Voss, 1994), Aggressionen zwischen Mädchen und Jungen in der Schule (Barz, 1984), im pädagogischen Umgang mit Aggressionen (Fast, 1987), im Gruppenunterricht (v. Hanffstengel, 1998; Dann, Diegritz & Rosenbusch, 1999), bei Schülerinnen und Schülern im naturwissenschaftlichen Unterricht der gymnasialen Oberstufe (Meuche, 1997), beim beruflichen Wiedereinstieg von Frauen (Möller, 1998), beim Philosophieren mit Kindern über ethische Fragen (Nevers, 1999), in der Mutterrolle (Guth, 1998), in den Medien und zwar in Fotoromanen (Bostelmann, 2002) und in den Ratgeberseiten einer Jugendzeitschrift (»Bravo«) (Simoneit, 1989), KAW als pädagogisch-sozialtherapeutisches Verfahren (Schönwälder, 1998), im Sport, und zwar bei Softballspielerinnen (Spille, 2005) und Reiterinnen (Struck, 2006), die

Auswirkungen von Konflikten in einer experimentellen Studie auf das Behalten von Sachinformationen (Wagner & Iwers-Stelljes, 1999) und zur Burn-out Prävention (Lieb, 2009; Benthien, 2011).

In diesem Zusammenhang wurden auch eine Reihe von weiteren Untersuchungsmethoden entwickelt und in vielen der oben genannten Studien eingesetzt und erprobt:

- die Methode des Nachträglichen Lauten Denkens (Wagner, 1981b, 1984c, 1986; Wagner, Uttendorfer-Marek & Weidle, 1977; Weidle & Wagner, 1982),
- das Handlungs-Interaktions-Kategoriensystem (Wagner & Uttendorfer-Marek, 1982, Wagner, Uttendorfer-Marek & Weidle, 1980),
- das konfliktfokussierte Interview (Iwers-Stelljes, 1997; Kosuch, 1994; Meuche, 1997; Petersitzke-Belz, 1996) zur Erhebung der Tiefenstruktur imperativischer Vorstellungen,
- das imperativtheoretische Textanalyseverfahren (ITA) (Wagner & Iwers-Stelljes, 1997) zur Analyse von Imperativen in unterschiedlichen Textsorten und
- das »Kategoriensystem zur Bewältigung von Imperativverletzungskonflikten« (B-I-K, Wagner, 1993a; Iwers-Stelljes, 1992; ▸ Kap. 4),
- weitere Fragebögen (z. B. Iwers-Stelljes, 2008; Mikoleit, 2006; Staffeldt, 2005, Pereira Guedes, 2011, Benthien, 2011),
- das Gelassenheitsbarometer (Kosuch, 2019; s. auch Wagner, Kosuch & Iwers, 2020, S. 185–191)
- sowie ein Messverfahren zur Erhebung des Konstrukts »Ausmaß von Gelassenheit« (Paulsen, 2010).

Einige Ergebnisse dieser Untersuchungen werden in Kapitel 4 ausführlicher dargestellt. Insgesamt zeigte sich, dass sich empirisch eine Vielzahl von inhaltlich sehr unterschiedlichen imperativischen Vorstellungen finden lässt: moralische, unmoralische und moralisch neutrale Vorstellungen, Ziele, Erwartungen, Annahmen und Meinungen, die sich auf die eigene Person, auf andere Menschen und auf die Umwelt richten können.

1.3.2 Introvision

Parallel zur Untersuchung von Konflikten begann die Verfasserin bereits Ende der 1970er Jahre damit, sich mit der Frage zu befassen, wie sich solche Konflikte wieder auflösen lassen. Auslöser dafür waren die Reaktionen von Bekannten, Freunden und Studenten. Als wir ihnen von unseren Forschungsergebnissen erzählten, reagierten sie praktisch *unisono* mit der Frage: »Und wie kommt man aus einem solchen Konflikt wieder heraus?« In anderen Worten (auch wenn die meisten zu taktvoll waren, dies so direkt auszusprechen): »Wenn ihr so schlau seid, dann seht doch mal, ob ihr mir helfen könnt, meinen Konflikt aufzulösen!« Erste Versuche, sie theoretisch von der Dysfunktionalität imperativischer Vorstellungen zu überzeugen, führten dazu, dass viele von ihnen sagten: »Ich weiß ja, dass ... – aber ...!«oder: »Ich weiß ja, dass es nicht schlimm ist zu versagen, aber ich habe trotzdem Angst davor!«

Deshalb wurde ein anderer Weg eingeschlagen. Statt auf die Methode der Überzeugung zu setzen, so wie es in vielen kognitiv-verhaltenstheoretischen Ansätzen geschah und geschieht (z. B. Beck, 1971; Ellis, 1978; Kanfer et al., 2012; Meichenbaum, 1977, 1991; Schulz v. Thun, 1998), begann die Entwicklung der Introvision mit der Prämisse, dass es sinnvoll sei, dem »Schlimmen ins Gesicht zu sehen«, um so den Konflikt »von seiner Wurzel her« aufzulösen. Dabei stellten sich mehrere Fragen:

1. Wie lässt sich das Zentrum des »Schlimmen« finden?
2. Was bedeutet es, dem Schlimmen »ins Gesicht zu sehen«?
3. Inwieweit führt dies tatsächlich zu einer Reduktion oder zu einer Auflösung des Konflikts?
4. Und falls ja: Wie lässt sich das erklären?

Seit Beginn der 1980er Jahre wurde die Methode der Introvision in der Praxis – Einzelberatungen, Seminare, Untersuchungen – erprobt und weiterentwickelt, parallel zu den empirischen und theoretischen Untersuchungen. Wenn Schwierigkeiten in der Praxis auftauchten, wurden diese als Herausforderung für die Theorieentwicklung aufgefasst; umgekehrt führten neue theoretische Einsichten zur Weiterentwicklung der Praxis (s. unten). Als sich herausstellte, dass es Seminarteilnehmern manchmal schwerfällt zu verstehen, was KAW bedeutet, wurden von der Verfasserin im Sinne einer pragmatischen Operationalisierung vier Übungen dazu entwickelt (▶ Kap. 3), die dann ihrerseits wieder Gegenstand empirischer Untersuchungen wurden.

Empirische Untersuchungen zur Wirksamkeit von KAW und Introvision

Inzwischen liegen eine Reihe von laufenden und bereits abgeschlossenen qualitativen und quantitativen empirischen Untersuchungen zu Verlauf und Wirksamkeit von KAW und Introvision vor. Neben einer Analyse der Struktur der jeweiligen Bewusstseinskonflikte geht es in diesen Studien vor allem um die Frage der Auswirkungen von KAW und Introvision auf innere Konflikte und auf das Verhalten. Im Einzelnen handelt es sich um folgende Untersuchungen:

- sich aus einer gewalttätigen Beziehung lösen (Einzelfall-Therapiestudie, Wagner, 1987b)
- Verringerung von Aggressivität im Nachhilfeunterricht (Fast, 1987)
- Abbau von Rede- und Prüfungsangst (zwei empirische Untersuchungen: Berckhan, 1989; Berckhan, Krause & Röder, 1993; Krause & Röder, 1990; Schütze, 1989; Wagner, 1987a, 1987g, 1987h, 1987i; Wagner, Berckhan, Krause, Röder, Schenk & Schütze, 1991; Wagner, Berckhan, Schenk & v. Manikowsky, 1988)
- Reaktive Depression (empirische Studie zur Verringerung von Depressivität bei depressiven Klienten in einer gemeindenahen Psychiatrie-Nachsorgeeinrichtung; Iwers-Stelljes, 1997)
- Verbesserung beim Üben am Musikinstrument (Saure, 1996)
- Auflösung von Konflikten bei Sprecherzieherinnen (Hoppensack, 1998)

- Verringerung der Unzufriedenheit mit dem eigenen Aussehen (Albrecht, 2001)
- KAW als Methode der Supervision (Below & Wetzel, 2001)
- Reduktion von Geburtsangst bei schwangeren Frauen (Schöning, 2001)
- Dauerhafte Reduktion von Nackenverspannung (Flick, 2005; Pape, 2006, 2008; Pereira Guedes, 2011, Buth & Pereira Guedes, 2012)
- Prävention von *Burn-out* bei Krankenpflegeschülerinnen und -schülern (Mikoleit, 2006)
- Professionalisierung durch Introvision für Pädagogikstudierende zur Förderung von Selbst- und Sozialkompetenz (Iwers-Stelljes, 2006, 2008) und Salutogenese (Iwers-Stelljes, 2012)
- Gender und Handlungskompetenz (Kosuch, 2008, 2009)
- Reduktion von Schreibblockaden (Klaffs, 2004; Möller, 2008)
- Leistungssport (Benthien, 2011)
- Intervention bei Tinnitus (Buth, 2004, 2008, 2012; Buth & Pereira Guedes, 2012; Wagner & Buth 2012)
- Verbesserung der Hörfähigkeit bei Alters- und Lärmschwerhörigkeit (Buth, 2004; Ebers, 2002; Korpys, 2005; Saure, 2001; Schuldt, 2003; Staffeldt, 2005; Sylvester, 2004; Wagner, 1997, 1998a; Wagner & Buth, 2012; Wagner, Buth, Iwers-Stelljes, Schuldt & Sylvester, 2005; Wagner, Schuck, Iwers-Stelljes & Saure, 1998)
- Reduktion mentaler Blockaden beim Singen (Gnadt, 2009; Lampe, 2009) und im künstlerischen Prozess (Weinmann, 2009)
- Stressreduktion bei Müttern von Kleinkindern (Friederichs-du Maire, 2007)
- KAW in der Schule und in der Hochschule (Alam, 2008; Carstensen, 2010; Struck, 2006; Matthes 2012.; Bretschneider, 2011)
- Mentoring und Introvision (Minkus, 2008; Birth, 2010; Wagner, 2009)
- Reduktion von Perfektionismus (Freiwald, 2009)
- Introvision mit Langzeitarbeitslosen (Pereira Guedes, Löser & Wagner, 2010; Löser, 2012)
- Förderung der Aufstiegskompetenz und Reduktion mentaler Blockaden durch Introvision bei weiblichen Führungsnachwuchskräften (Iwers-Stelljes, Plaum, Oerding & Wagner, 2012; Oerding, 2014; Wagner, Iwers-Stelljes & Oerding, 2011; Wagner, Iwers-Stelljes, Oerding & Paulsen, 2012)
- Reduktion von Mathematikangst (Iwers-Stelljes et al., 2014)
- Introvision zur Förderung von Gelassenheit bei der häuslichen Pflege demenzkranker Angehöriger (Kosuch 2019, Kabst, Engel & Kosuch, 2019, Kosuch, Wilcke et al.,2019, Wilcke, Brosey & Kosuch, 2019)
- Gelassenheit in der rechtlichen Betreuung von Erwachsenen (Kosuch, 2018, Kosuch & Rosch, 2019)

Die vorliegenden empirischen Ergebnisse zeigen, dass KAW und Introvision zu signifikanten Veränderungen im Verhalten führen können (eine Übersicht über die Ergebnisse findet sich bei Löser, 2006).

1.3.3 Die Entwicklung der Theorie der Mentalen Introferenz

Parallel dazu wurde von der Verfasserin ab 1994 die Theorie der Mentalen Introferenz entwickelt. Übergreifendes Ziel war es, *eine allgemeine Theorie der Veränderung des mentalen Zustands* zu entwickeln, und zwar auf der Grundlage des heute in der Psychologie weit verbreiteten Informationsverarbeitungs- und Regulationsparadigmas.

Am Beginn standen Fragen wie (1) Wie lässt sich die Entstehung und Funktion imperativischer Vorstellungen erklären? Und weshalb ist es manchmal schwierig, sie wieder »loszuwerden«, selbst wenn man das möchte? (2) Wie lässt sich die Wirksamkeit der Introvision theoretisch erklären? Warum hört Angst z. B. manchmal schlagartig auf, wenn jemand dem Zentrum des Unangenehmen »ins Gesicht schaut«? (3) Allgemeiner gesagt: Wie lässt sich die Entstehung und Veränderung unterschiedlicher mentaler Zustände – von absoluter innerer Ruhe bis hin zu Panik – erklären? Eine ausführliche Darstellung dieser Introferenztheorie findet sich in den Kapiteln 2 und 7.

Empirische Tests zur Theorie der Mentalen Introferenz

Theorien als solche lassen sich nur sehr begrenzt empirisch überprüfen; bestenfalls kann man einige der darin enthaltenen Annahmen einem empirischen Test unterziehen. Eine Möglichkeit besteht darin zu untersuchen, inwieweit sich daraus Hypothesen ableiten lassen, die zu neuen Interventionsmöglichkeiten führen und zwar bei Problemen, die bislang als pädagogisch-psychologisch nicht oder jedenfalls nur schwer behandelbar gelten. Dies ist in einer Reihe von empirischen Untersuchungen geschehen.

1.3.4 Wirksamkeit von Introvision

Chronischer Stress und Belastung in Leistungssituationen

Empirische Studien haben gezeigt, dass Coaching in Introvision zu einer signifikanten und oft längerfristigen Abnahme von chronischem Stress und Belastungen in Leistungssituationen führt.

Im Einzelnen wurde die Introvision angewandt zur ...

Förderung der Aufstiegskompetenz und Verringerung von mentalen Blockaden bei weiblichen Führungsnachwuchskräften in der Wirtschaft

Im Rahmen des umfangreichen Verbundvorhabens »Aufstiegskompetenz von Frauen – Entwicklungspotentiale und Hindernisse«, das von 2008 bis 2012 unter der Leitung von Prof. Dr. Eva Bamberg an den Universitäten Hamburg und Leipzig durchgeführt und mit über einer Million Euro vom Bundesministerium für Bildung und Forschung und vom Europäischen Sozialfonds gefördert wurde, wurde auch das Potential von Introvision untersucht. Unter der Leitung von Prof. Dr. Angelika

C. Wagner und Prof. Dr. Telse Iwers-Stelljes wurde in dem Teilprojekt »Mentale Blockaden« folgenden Fragen nachgegangen: In welchem Ausmaß liegen mentale Blockaden bei weiblichen potentiellen Führungskräften vor? Inwieweit beeinflussen sie das berufliche Aufsteigen? Wie sehen diese Blockaden aus? Wie lassen sie sich auflösen und welche Auswirkungen hat das auf die Alltagspraxis? Auf der Grundlage der Ergebnisse (Iwers-Stelljes, Plaum, Oerding & Wagner, 2012; Oerding, 2014; Wagner, Iwers-Stelljes & Oerding, 2011; Wagner, Iwers-Stelljes, Oerding & Paulsen, 2012) wurden handlungspraktische Schlussfolgerungen und Empfehlungen für Maßnahmen zur Förderung der Aufstiegskompetenz von Frauen abgeleitet.

In der Studie wurden 52 weibliche Nachwuchsführungskräfte aus großen Unternehmen im Rahmen eines randomisierten Wartezeitkontrollgruppen-Designs vier Monate lang in Introvision gecoacht. Ziel war die Verringerung mentaler Blockaden in Schlüsselsituationen des beruflichen Aufstiegs. Nach Abschluss der Coachings zeigte sich eine hochsignifikante Verringerung des Ausmaßes mentaler Blockaden bezüglich des eigenen Aufstiegs und der Selbst- und Kompetenzzweifel bei der Introvisionsgruppe im Vergleich zur No-treatment-Kontrollgruppe. In der Follow-Up-Phase blieben diese Werte weiter niedrig. Zudem kam es darin zu einer Abnahme von chronischem Stress und Belastung, indem sich die Arbeitsunzufriedenheit, die Überforderung, die soziale Isolation und das Ausmaß chronischer Besorgnis gegenüber direkt nach Abschluss des Coachings signifikant verringerten. Die Abnahme war für die meisten dieser Variablen stärker als in der Wartegruppe, die in dieser Zeit ein erstes Mal in Introvison gecoacht wurden. Diese Ergebnisse weisen darauf hin, dass während der Coachingphase die Introvision vor allem positive Auswirkungen auf die aufstiegsrelevanten mentale Blockaden hatte und es danach gelang, die Introvision auch auf weitere berufliche Konflikte anzuwenden, wodurch sich dann das Ausmaß chronischen Stresses verringerte.

Verringerung von Wettkampfstress bei Leistungssportlern und -sportlerinnen/ Stressreduktion im Hochleistungssport (Benthien, 2011)

In jüngerer Zeit wird der Frage, wie sich Stress und Burn-out bei Hochleistungssportlern reduzieren lassen, zunehmend mehr Aufmerksamkeit gewidmet. Im Rahmen einer kontrollierten empirischen Studie mit Hochleistungsseglern und -seglerinnen (N=17) wurde untersucht, wie sich Introvisionsberatung auf den Stress während des Wettkampfs auswirkt. Insgesamt zeigte die Auswertung der Ergebnisse eines standardisierten Fragebogens (EBF-S) unter anderem, dass die Personen in der Experimentalgruppe (n=9) signifikant weniger Konflikte und Stress während des Wettkampfs hatten und sich als signifikant erfolgreicher und leistungsfähiger erlebten als die No-Treatment-Kontrollgruppe.

Entwicklung von Selbst- und Sozialkompetenz in der Lehrerbildung

In zwei umfangreichen Studien wurde von Iwers-Stelljes untersucht, welche Auswirkungen Introvision auf die Entwicklung professionellen pädagogischen Handelns hat. Ausgangspunkt dieser Studien war die Erkenntnis, dass pädagogisch professionelles Handeln hochkomplex ist. Um in den multifaktoriellen Kontexten pädagogischer Interaktionssituationen angemessen handeln zu können, bedarf es einer relativ geklärten Situationswahrnehmung, die nicht von inneren Paradigmen oder Konflikten geleitet sein sollte. Zentral ist daher zunächst die Entwicklung von Selbstkompetenz und direkt daran anschließend von Sozialkompetenz.

Vor diesem Hintergrund wurde von Iwers-Stelljes (2008) ein studiumsintegriertes Qualifizierungsmodul entwickelt, in dessen Zentrum die Schulung *Integrativer Introvision*, einem Ansatz der Beratung und Selbstregulation, steht. Das Modul wurde am Fachbereich Erziehungswissenschaft der Universität Hamburg erstmals erprobt (n=48). Die Evaluationsergebnisse zeigen eine signifikante Zunahme der Selbstkompetenz, hier definiert als Offenheit Ebenso zeigte sich eine tendenzielle Zunahme der Selbstregulationskompetenz und abschließend positive Einschätzungen entwickelter Sozial-, Beratungs- und Methodenkompetenz. Zugleich konnten qualitative Interviewauswertungen eine sehr positive Beurteilung des Moduls im Hinblick auf Selbstregulation wie auch Interaktionskompetenz belegen.

Weiter wurde ein Verfahren der selbst- und theoriegeleiteten Fallreflexion entwickelt (Iwers-Stelljes & Luca, z. B. 2008), in dem u. a. die Introvision als fallreflektierendes Verfahren genutzt wird. In einer Untersuchung von 40 an der Universität Hamburg entstandenen schriftlichen Arbeiten zeigte sich eine salutogeneseförderliche Entwicklung, d. h. eine Zunahme der Dimensionen von Verstehbarkeit, Handhabbarkeit und Bedeutsamkeit und ein Abbau subjektiver Imperative durch diese Form der Fallreflexion (Iwers-Stelljes, 2010, 2012).

Reduktion von leistungsbezogenen Ängsten im Studium

In zwei empirischen Untersuchungen zeigte sich, dass Introvision zum Abbau von Rede- und Prüfungsangst führen kann (Berckhan, 1989; Berckhan, Krause & Röder, 1993; Krause & Röder, 1990; Schütze, 1989; Wagner, 1987a, 1987g, 1987h, 1987i; Wagner, Berckhan, Krause, Röder, Schenk & Schütze, 1991; Wagner, Berckhan, Schenk & v. Manikowsky, 1988). Darüber hinaus wurde in einer Pilotstudie qualitativ untersucht, welche Auswirkungen die Introvision auf die Angst vor Mathematik bei Studierenden des Grundschullehramts hat (Iwers-Stelljes et al., 2014). In der Analyse von zwei Coachingverläufen wurde deutlich, dass die Teilnehmerinnen einen neuen Zugang zum Mathematik-Lernen fanden und sich ihre mentale Selbstregulation verbesserte. Bislang gibt es, soweit bekannt, keine pädagogisch-psychologische Methode der mentalen Selbstregulation, die gezielt dazu eingesetzt werden kann, mentale Blockaden beim Schreiben aufzulösen oder zu reduzieren. In einer Pilotstudie (Möller, 2008) wurden die Möglichkeiten zur Auflösung von Schreibproblemen Studierender durch Introvision empirisch untersucht.

Unterstützung von Langzeitarbeitslosen

In einer Pilotstudie wurden die Anwendbarkeit und die Auswirkungen der Introvision im Kontext von Arbeitsvermittlung untersucht (Löser, 2012; Pereira Guedes, Löser & Wagner, 2010). Es scheint, dass die Introvision auch hier positive Effekte haben kann, und zwar sowohl bei Langzeitarbeitslosen als auch bei Fallmanagern. Insbesondere schien die Introvision dabei zu helfen, den Blick für neue Lösungen und Handlungsmöglichkeiten zu erweitern und die Selbstwahrnehmung der Teilnehmer zu verbessern.

Förderung des Lernens in der Schule

Im Rahmen ihrer Dissertation hat Kamala Klebanova in Kooperation mit der Universitäts-Klinik Lübeck im Rahmen einer empirische kontrollierte Interventionsstudie mit Hamburger Oberstufenschülerinnen und -schülern die Auswirkungen von Introvision zur Verringerung von Stress und die Verbesserung der Behaltensleistung untersucht (Klebanova, in Vorb.).

Empirische Untersuchungen belegen, dass Coaching in Introvision zu signifikanten und andauernden störungsspezifischen Verbesserungen bei ausgewählten gesundheitlichen Beeinträchtigungen mit chronischem Verlauf führt (Wagner, 2012). Auch die allgemeine psychische Belastung und der chronische Stress konnte durch die Introvision entscheidend verbessert werden (Buth & Pereira Guedes, 2012).

Verbesserung der Hörfähigkeit bei Alters- und Lärmschwerhörigkeit

Alters- und Lärmschwerhörigkeit wird vor allem mit Hörgeräten, Implantaten oder medikamentösen Therapien behandelt (Sakat, Kilic & Bercin, 2016; Sprinzl & Riechelmann, 2009; Tesch-Römer, 2001). Die Wirksamkeit alternativer Ansätze ist bislang, soweit bekannt, nicht empirisch nachgewiesen (Fatke, 2006).

Ausgehend von der Hypothese, dass habituelle und automatisierte dysfunktionale Selbstregulationsmethoden zur Verringerung der Hörfähigkeit führen (Introferenztheorie, ▶ Kap. 2), wurde – auf der Grundlage von drei Pilotstudien (Wagner, 1997, 1998a; Saure, 2001) – im Rahmen eines Wartezeit-Kontrollgruppenexperiments (N= 79) (Wagner et al., 2005; vgl. auch Buth, 2004, 2012; Ebers, 2002; Korpys, 2005; Schuldt, 2003; Staffeldt, 2005; Sylvester, 2004; Wagner & Buth, 2012) untersucht, ob sich die audiometrisch gemessene Hörfähigkeit durch die Teilnahme an einem sechswöchigen Training zu KAW und Introvision wieder verbessern lässt. Im Vergleich zur Kontrollgruppe verbesserte sich die tonaudiometrisch gemessene Hörfähigkeit (prae-post) der Experimentalgruppe hochsignifikant, und zwar um durchschnittlich 3–6 dB pro gemessener Tonfrequenz auf beiden Ohren.

Besonders große Verbesserungen zeigten sich in einer weiteren Untersuchung (z. B. Schuldt, 2003), bei der eine kleine Gruppe von Probanden zusätzlich zwei bis drei Einzel-Introvisionsberatungsgespräche erhielt: Hier ergaben sich Verbesserungen der Hörfähigkeit um bis zu 40 dB auf einzelnen Frequenzen.

Bei Personen, die gleichzeitig an Tinnitus litten, zeigte sich ebenfalls eine signifikante Verbesserung der Hörfähigkeit in der Versuchsgruppe im Vergleich zu Tinnitusbetroffenen der Kontrollgruppe (Buth, 2004).

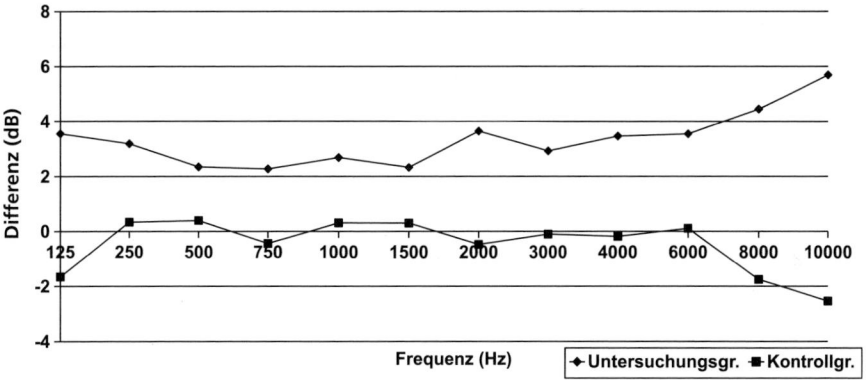

Abb. 1.3: Verbesserung der audiometrisch gemessenen Hörfähigkeit (prae-post) bei Personen mit mittlerer (Alters-)Schwerhörigkeit (n=79) nach einem sechswöchigen Kurs in KAW und Introvision (Untersuchungsgruppe) im Vergleich zur Wartezeitkontrollgruppe (nach Wagner, Buth et al., 2005). (Positive Werte bedeuten eine Verbesserung der Hörfähigkeit.)

Reduktion von Belastungen durch Tinnitus

Neben der Verbesserung der Hörfähigkeit wurde in der Hörstudie (s. oben) auch untersucht, wie sich Introvision auf diejenigen auswirkte, die zusätzlich unter Tinnitus litten. Bei dieser kleinen Gruppe (N=26) hatte in der Tat die Belastung durch den Tinnitus bei der Introvisionsgruppe (n=13) im Vergleich zur Kontrollgruppe signifikant abgenommen (STI, $p<0.02$) (Buth, 2005; Sylvester, 2004).

Im Rahmen einer weiteren, größer angelegten randomisierten Kontrollgruppenstudie (N=78) wurde untersucht, wie sich ein sechswöchiges Introvisionscoaching im Unterschied zu allgemeinem Counseling, das inzwischen als »Gold Standard« in der Tinnitusbehandlung gilt, (Minimalintervention) und No-Treatment auf die Belastung durch Tinnitus auswirkt, die mit Hilfe standardisierter Verfahren (prae, post, follow-up) gemessen wurde (Buth, 2004, 2008, 2012). Es zeigte sich, dass die Gesamtbelastung durch den Tinnitus sowie die (subjektiv erlebte) Lautstärke in der Introvisionsgruppe im Vergleich zu den anderen Gruppen signifikant stärker abnahm ($p<0.05$). Die zugrundeliegenden Werte blieben in den sechs Monaten nach Abschluss des Introvisionscoachings weiterhin konstant niedrig, während sie in der Minimalinterventionsgruppe teilweise wieder anstiegen. Außerdem kam es in der Introvisionsgruppe zu einer signifikanten Verbesserung der tonaudiometrisch gemessenen Hörfähigkeit und die Maße für chronische Belastung und Stress nahmen längerfristig stärker ab als in den anderen Gruppen.

Auflösung chronischer Nackenverspannungen (Flick, 2005; Pape, 2006, 2008; Pereira Guedes, 2011)

Ähnlich wie bei der Verbesserung der Hörfähigkeit gibt es auch bei der Reduktion von chronischen Verspannungen im Rücken, mit Ausnahme von Biofeedback und multimodalen verhaltenstherapeutischen Interventionsprogrammen, kaum empirisch belegte Interventionsmethoden. Die progressive Muskelentspannung, die in anderen Bereichen erfolgreich angewandt wird, scheint bei Rückenschmerzen nicht (eindeutig) wirksam zu sein (Pereira Guedes, 2011). Kürzlich hat sich jedoch auch die Mindfulness-Based Stress Reduction (MBSR, Kabat-Zinn, 2005) als wirksamer als die Standardbehandlung gezeigt, wobei dieser Effekt nach zwei Jahren nicht mehr signifikant war (Cherkin et al., 2016, 2017).

Im Rahmen eines randomisierten Kontrollgruppenexperiments (N=49) erhielten Versuchspersonen mit chronischen oder wiederkehrenden Nackenverspannungen sechs Wochen lang ein Training in Introvision und anschließend bis zu drei individuelle Introvisionsberatungsgespräche. Als unmittelbare Auswirkungen nach Abschluss des Coachings zeigte die Inttovisionsgruppe eine signifikant geringere psychische Gesamtbelastung und in einigen Bereichen (z. B. Besorgnis, soziale Überlastung) signifikant weniger chronischen Stress als die Kontrollgruppe. Hinsichtlich der Nackenverspannungen trat erst am Ende der Follow-Up-Phase ein positiver Effekt ein: Im Vergleich zur Messung nach Abschluss des Coachings hatte sich die Leistung der Introvisionsgruppe beim isometrischen Maximalkrafttest drei Monate später signifikant verbessert und der subjektiv erlebte Grad der Anspannung und der damit verbundenen Schmerzintensität hatte sich signifikant verringert. 88 % der Personen gaben an, nicht mehr unter chronischen Nackenverspannungen zu leiden (Pereira Guedes, 2011).

Reduktion von Kopfschmerzen und Migräne

Im Rahmen einer kontrolllierten Interventionsstudie werden derzeit die Auswirkungen eines Trainings in Introvision bei Langzeit-Kopfschmerz- und Migränepatienten (Empl, Spille & Löser, 2017) am Universitäts-Klinikum Großhadern untersucht.

1.4 Das »Theorem der dicken Klöpse« und eine Übersicht über den Inhalt des Buchs

In dem hier vorliegenden Buch geht es um die Frage, wie die innere Gelassenheit (wieder) zunehmen kann – und zwar durch die Auflösung von Konflikten und mentalen Blockaden mit Hilfe der Methode der Introvision. Diese Vorgehensweise lässt sich aus philosophischer Sicht als »negativer« Weg (Bock, 1991) bezeichnen. Negativ bedeutet hier, das zu »beseitigen«, was die innere Ruhe stört – die Blockaden aus dem Weg zu räumen, akute Konflikte aufzulösen, Spannungen zu verringern und Stressreaktionen zu beenden. Dahinter steht die Theorie, dass Nichtgelassenheit das Ergebnis des introferenten (wörtlich: »hineintragenden«) Eingreifens in die eigenen epistemischen Kognitionen ist (▶ Kap. 2; ▶ Kap. 7). Dieses Eingreifen ist es, das die innere Ruhe und das Gefühl des Einsseins mit der Umwelt stört. Dort, wo dieses Eingreifen aufhört, wird die innere Ruhe wiederhergestellt – so, sehr vereinfacht, die Grundannahme der Theorie der Mentalen Introferenz.

Warum es im Folgenden vor allem um akute Konflikte geht

Grundlagen und Vorgehen der Introvision werden in diesem Buch überwiegend am Beispiel von akuten Konflikten erläutert werden. Nun wäre es zwar auch denkbar, mit kleineren Beispielen zu beginnen – der Reduktion leichter Anspannungen etwa oder der Optimierung der Problemlösefähigkeit. Aber die Erfahrung zeigt, dass es zweckmäßiger ist, als Beispiele akuten Ärger, chronische Angst oder anhaltende Entscheidungsprobleme zu verwenden.

Der Grund dafür liegt in dem, was die Verfasserin nur bedingt scherzhaft (in Anlehnung an Walter Breitenbach) das »Theorem der dicken Klöpse« genannt hat. Dieses Theorem besagt, dass den meisten Menschen als Erstes diejenigen Konflikte einfallen, die für sie psychisch besonders belastend sind – jedenfalls dann, wenn es darum geht, Beispiele für die Anwendung der Introvision zu finden.

In den ersten Jahren hat die Verfasserin viel Mühe darauf verwandt, in Vorträgen und Seminaren über die Entstehung und Auflösung von Konflikten die Zuhörerschaft darin zu ermutigen, zunächst einmal kleine, harmlose Probleme auszuwählen, um das Grundprinzip der Introvision zu verdeutlichen. Schließlich ist es ein altbewährtes pädagogisches Prinzip, vom Einfachen zum Schwierigen vorzudringen. Deshalb wäre es schön, wenn die Teilnehmerinnen und Teilnehmer zunächst die Introvision bei der Auflösung kleinerer, d. h. weniger belastender Konflikte üben würden, bevor sie dann das Gelernte auf Konflikte anwenden, die mit starken Emotionen verbunden sind.

Die Erfahrung zeigte jedoch, dass dieses Vorhaben gründlich misslang. Trotz entsprechender Aufforderungen, am Anfang einen »kleinen« Konflikt auszuwählen, zeigte die Imperativanalyse rasch, dass sich dahinter in aller Regel subjektive Kernimperative verbargen – und damit »schlimme« Bilder, Gedanken oder Gefühle. (Im Nachhinein lässt sich dieses Phänomen auf dem Hintergrund der Theorie der Mentalen Introferenz leicht erklären; (▶ Kap. 2; ▶ Kap. 7).

Nun gut, so die nächste Überlegung damals, wenn das auch bei der praktischen Anwendung schwierig ist, dann könnte man wenigstens im Vortrag selber die Grundprinzipien zunächst an einfachen, kleinen, »harmlosen« imperativischen Vorstellungen erläutern – etwa am Beispiel des Wetters. Wenn es – was in Hamburg öfter vorkommt – wieder einmal regnete, dann wurde dies genutzt, um daran die Grundstruktur eines Ärger-Konflikts zu veranschaulichen: »Es regnet jetzt – und das *darf nicht* sein!«

Die Folge war jedoch, dass sich im Durchschnitt etwa nach zehn Minuten jemand zu Wort meldete und leicht ärgerlich verlangte, dass wir uns doch, bitte schön, endlich mit ernsthaften Konflikten beschäftigen sollten.

Also tun wir das auch hier: Nach einer Einführung in die Introferenztheorie (▶ Kap. 2) und das konstatierende aufmerksame Wahrnehmen (KAW; ▶ Kap. 3) geht es dann um akute Konflikte wie z. B. Angst, Ärger und Depression (▶ Kap. 4–6).

Gleichzeitig wird dann auch gezeigt (▶ Kap. 5.3; ▶ Kap. 6.2), wie sich dasselbe Prinzip (»Blitzintrovision«) auch auf kleinere alltägliche Irritationen anwenden lässt – beim Lernen, im Beruf und im Sport. Nachdem die praktische Anwendung der Introvision in Kapitel 5 ausführlich beschrieben worden ist, enthält Kapitel 6 dann viele praktische Beispiele für Introvision in unterschiedlichen Anwendungsfeldern – von Stress und Beziehungsproblemen über Flugangst und Sucht bis hin zu Juckreiz und Ohnmachtsanfällen.

Für theoretisch interessierte Leserinnen und Leser folgt in Kapitel 7 eine zusammenfassende Darstellung der Theorie der Mentalen Introferenz, die sich als eine allgemeine grundlegende Theorie der mentalen Selbstregulation dazu eignet, auch andere Phänomen zu erklären. Zum Beispiel die Frage der Willensfreiheit, die heute breit diskutiert wird (Singer, 2006; Roth 2008). Aus Sicht der TMI lassen sich die neuen Forschungsergebnisse (Libet, 2004), die dem zu widersprechen scheinen, als Beleg dafür auffassen, dass wir in der Tat in der Lage sind, in unsere eigenen mentalen Prozesse einzugreifen (▶ Kap. 7.3) – insofern stellt die TMI auch eine Theorie der Volition, d. h. des willentlichen Handelns dar. Allerdings ist diese Fähigkeit einzugreifen, begrenzt: Zum einen »kostet« sie (Energie, Unruhe, Datenverlust) und zum anderen scheint es in manchen Situationen – fast – unmöglich zu sein. Weshalb das so ist, warum das mit Emotionen verbunden ist und was sich dann tun lässt, wird in diesem Buch ausführlich aus Sicht der TMI erklärt.

1.5 Zusammenfassung

Es geht also in diesem Buch um drei grundlegende Fragen der mentalen Selbstregulation: 1. Wie lässt sich die Entstehung unterschiedlicher mentaler Zustände – von Gelassenheit bis zu Panik – erklären? 2. Warum ist es manchmal schwierig, sich selber zu verändern? 3. Und was lässt sich dann praktisch tun? Da insbesondere akute Konflikte (Entscheidungskonflikte, Umsetzungskonflikte, Konflikte mit der Umwelt) und mentale Blockaden die mentale Selbstregulation erschweren, steht im Zentrum dieses Buchs die Frage, wie sich mentale Blockaden praktisch wieder auflösen lassen. Diese Frage war Ausgangspunkt für ein zwanzigjähriges Forschungsprogramm, dessen Ergebnisse hier erstmals in Form einer zusammenfassenden Einführung vorgestellt werden.

In diesem einleitenden Kapitel wurde zunächst genauer bestimmt, was Gelassenheit bedeutet. Im Kontext einer siebenstufigen Psychotonusskala wurde zunehmende Gelassenheit als Veränderung des mentalen Zustands in Richtung auf zunehmende Mühelosigkeit, Entspanntheit und Versunkenheit definiert. Danach wurde eine einführende Übersicht über die Methode der Introvision und deren theoretische und empirische Grundlagen gegeben.

Ziel der Introvision als einer Methode der mentalen Selbstregulation ist es, Konflikte und mentale Blockaden aufzulösen. Sie beruht zum einen auf der Theorie Subjektiver Imperative als einer strukturellen Theorie innerer Konflikte, die auf der Basis einer Vielzahl empirischer Untersuchungen von Konflikten entwickelt wurde, und zum anderen auf der Theorie der Mentalen Introferenz als einer allgemeinen Theorie der mentalen Selbstregulation, insbesondere der Veränderungen des mentalen Zustands. Die Wirksamkeit von KAW und Introvision zur Auflösung von inneren Konflikten und mentalen Blockaden, Reduktion von Stress und zur Gesundheitsförderung (z. B. Reduktion von Nackenverspannungen und zur Verbesserung der Hörfähigkeit) ist in einer Reihe von empirischen Untersuchungen belegt.

Selbsttest

Gelassenheit

- Wie lässt sich Gelassenheit allgemein definieren?
- Was bedeutet es, pragmatisch gesehen, »gelassener zu werden« – im Kontext des Psychotonusmodells?
- Wodurch entsteht Gelassenheit – aus Sicht der Theorie der Mentalen Introferenz?

Psychotonusmodell

- Was bedeutet der Begriff des Psychotonus?
- Welche Bewusstseinszustände werden in der Psychotonusskala voneinander unterschieden?
- Beschreiben Sie anhand eines praktischen Beispiels die Unterschiede zwischen den einzelnen Psychotonusstufen!

Introvision

- Wie wurde die Introvision entwickelt? Was ist Ziel der Introvision? Auf welchen Theorien beruht die Introvision?
- Und was besagt das »Theorem der dicken Klöpse«?

2 »Wie entsteht Gelassenheit?«
Die Theorie der Mentalen Introferenz (TMI)

> »Wie man die Ruhe des Meeres daran erkennt,
> dass nicht der kleinste Lufthauch die Fluten bewegt,
> so sieht man den ruhigen und friedlichen Zustand der Seele daran,
> dass keine Leidenschaft (pathos) da ist, die ihn zu stören vermöchte.«
> (Cicero, Gespräche in Tusculum, 5. Buch, 16; 1991, S. 218).

Einleitung und Übersicht

Gelassen zu sein bedeutet, wörtlich genommen, etwas zu unterlassen (Duden, 1989). Was ist es, das im Zustand der Gelassenheit buchstäblich unter-lassen wird? Was ist der Wind, der laut Cicero den ruhigen und friedlichen Zustand der Seele stört, der zunächst die Wasseroberfläche zu kräuseln beginnt und schließlich turmhohe Wellen erzeugen kann: »Leidenschaften« (im Sinne von pathos), starke Emotionen, mentale Blockaden und endloskreisende Gedanken? Kurz: Wo liegt die Wurzel innerer Konflikte? Wie Grawe (1994) zurecht beklagt hat, enthält das Grundlagenmodell der heute in der Psychologie vorherrschende Handlungstheorie, das TOTE-Modell von Miller, Galanter und Pribram (1960, 1973) keinen Anhaltspunkt dafür, wie sich die Entstehung von Gelassenheit (s. auch Floody, 2014) und damit gleichzeitig die Entstehung eines Zustands des inneren Konflikts im Rahmen dieses Modells erklären lässt. Ein zentrales Ziel der Verfasserin war es deshalb, im Rahmen unseres Langzeitforschungsprogramms (▶ Kap. 1.3) eine Theorie zur Entstehung von Gelassenheit und damit zugleich der Entstehung und Auflösung innerer Konflikte zu entwickeln.

Das Ergebnis ist die Theorie der mentalen Introferenz (Wagner, 2008, 2011, 2019).

Die TMI beruht auf der Annahme, dass der »Wind«, der die Ruhe der Seele (Cicero) stört, der Prozess des introferenten Eingreifens in die eigene Informationsverarbeitung ist. Das Wort Introferenz wurde aus dem Lateinischen abgeleitet. Dort bedeutet intro-ferre etwas hinzutragen. Die TMI geht von der Annahme aus, dass der Zustand des inneren Konflikts in dem Moment entsteht, in dem etwas in die eigene Informationsverarbeitung »hineingetragen« wird, das da ursprünglich nicht hineingehört. Beim primären, d. h. ersten introferenten Eingreifen an einer bestimmten Stelle in der eigenen Informationsverarbeitung werden vorhandene gültige Kognitionen (Wahrnehmungen, Erkenntnisse) durch ungültigen (»hineingetragene«) Kognitionen überschrieben. Im Alltag sprechen wir in solchen Fällen davon, dass sich jemand etwas vormacht, einbildet, sich in etwas hineinsteigert und dergleichen mehr. Introferent einzugreifen bedeutet, die laufende Informationsverarbeitung zu unterbrechen, die Aufmerksamkeit wird eingeengt, die »hinzutragenden« Kognitionen werden mit erhöhter Erregung und Anspannung gekoppelt und die dazu in Widerspruch stehenden Kognitionen werden gehemmt und ignoriert. In einem zweiten, dritten oder vierten Schritt kann an derselben Stelle erneut, d. h. sekundär eingegriffen werden. Ziel der Introvision ist es, dieses introferente Eingreifen lokal oder auch übergreifend wieder zu beenden und so die innere Ruhe wieder herzustellen. Dieser Prozess des introferenten Eingreifens wird im Folgenden als Introferenz bezeichnet.

In diesem Kapitel geht es zunächst um eine kurze Übersicht über den gegenwärtigen Stand der Forschung zu Theorien der Entstehung von Gelassenhei (▶ Kap. 2.1). Danach folgt eine kurze Übersicht über die Entwicklung und die Grundbegriffe der TMI (▶ Kap. 2.2). In Kapitel 2.3 wird der zunächst der Prozess des primären introferenten Eingreifens ausführlich erläutert – das ist der Prozess, der – bildlich gesprochen – das leichte Kräuseln der glatten Meeresoberfläche verursacht (▶ Kap. 2.3). Dieses introferente Eingreifen kann zur Gewohnheit werden und schließlich automatisch ablaufen (▶ Kap. 2.4). Das führt dann oft dazu, dass zur Korrektur des primären Eingreifens erneut – also sekundär – eingegriffen wird (»Reiß dich zusammen!« Auf diese Weise entstehen zunehmend stärkere Konflikte sowie chronische Affekte und mentale Blockaden (▶ Kap. 2.5). Auch die Entstehung des Glaubens an »Fake News« und Verschwörungstheorien sowie Vorurteile lässt sich auf diese Weise erklären (▶ Kap. 2.6). Wie sich bei akuten Konflikten das »Auge des Wirbelsturms« finden und mit Hilfe von Introvision solche Konflikte wieder dauerhaft auflösen lassen, wird anschließend kurz umrissen (▶ Kap. 2.7). Zuletzt folgt eine Gesamtzusammenfassung (▶ Kap. 2.8).

2.1 Zum Stand der Forschung: Theorien zur Entstehung von Gelassenheit und Konflikt

Die Ausgangsfrage bei der Entwicklung der Theorie der mentalen Introferenz lautete: Wie lässt sich der Übergang vom Zustand der Gelassenheit, der Seelenruhe (Cicero) zu einem Zustand des inneren Konflikts und umgekehrt der Übergang von einem Zustand des inneren Konflikts zu innerer Ruhe im Rahmen der heutigen Psychologie erklären? Was sagen heutige psychologischen Theorien zur Entstehung von Gelassenheit und inneren Konflikten? Und welche offenen Fragen gibt es dabei?

Beginnen wir mit der Gelassenheit.

Gelassenheit

»Somewhat surprisingly, there is very little consideration of serenity in all of psychology.« Zu diesem Ergebnis kommt Floody (2014, S. 133) in einer neueren Übersicht über den Stand der Forschung zu Gelassenheit und innerer Ruhe (serenity, inner peace, inner calmness). Dies gilt sowohl in Bezug auf empirische Untersuchungsergebnisse als auch im Hinblick auf theoretische Überlegungen. Überraschenderweise hat sich auch die Positive Psychologie, die 2001 offiziell ausgerufen wurde, bislang noch kaum systematisch mit dem Zustand der Seelenruhe befasst – so Floody. Stattdessen geht es in erster Linie um »happiness«, also glücklich, fröhlich, vergnügt sein, ein Zustand, der nicht notwendigerweise dasselbe ist wie die »eudaimonia«, die gelassene Heiterkeit als ein Teilaspekt der Gelassenheit.

Floody selbst hat die vergleichsweise wenigen vorliegenden faktorenanalytischen Ergebnisse von Befragungen zum Zustand der Gelassenheit im Kontext einer breiteren interdiziplinären Literaturrecherche analysiert. Er kommt zu der Hypothese, dass sich zwanzig Teilaspekte bzw. Teilkomponenten von »serenity« unterscheiden lassen, die sich zu vier Hauptfaktoren bzw. Hauptkomponenten zusammenfassen lassen: »higher power« (u. a. Spiritualität,), Harmonie (u. a. acceptance/wisdom), Positivität (u. a. »happiness«) und Lebensstil (u. a. »living for today«).

Die einzelnen Variablen, die Floody als Komponenten der Gelassenheit aufführt, so zum Beispiel »happiness« und »Flow-Erleben«, mögen Teilaspekte der Gelassenheit sein, aber Gelassenheit ist nicht notwendigerweise gleichzusetzen mit dem Zustand der »eudaimonia«, der gelassenen Heiterkeit. »Happiness« lässt sich auch im Zustand großer Aufregung erleben, wie das Beispiel kreischender Teenager bei einem Konzert zeigt; in diesem Fall ist »happiness«, Euphorie, eng verbunden mit hoher Erregung und Anspannung – und damit mit dem Gegenteil von Seelenruhe. Das gleiche gilt, mutatis mutandis, vermutlich für die meisten weiteren Teilkomponenten von »serenity«. So kann zum Beispiel auch das »Flow-Erleben«, zu dem inzwischen umfangreiche empirische Untersuchungen vorliegen (Csikszentmihalyi & Larson, 2014), ebenfalls mit starker Erregung und Anspannung einhergehen, wie sich etwa am Beispiel eines Kaufrausches oder auch einer Spielsucht zeigen lässt. Daraus folgt, dass tiefe Gelassenheit unter bestimmten Umständen mit Flow-Erleben und einem Gefühl des Glücklichseins einhergehen *kann*, aber nicht mit diesen beiden Faktoren notwendigerweise gleichzusetzen ist.

Daraus folgt die *erste* offene Frage an eine Theorie des Übergangs von Gelassenheit zu Konflikt: Wie lässt sich beispielsweise der Unterschied zwischen dem Zustand euphorisch kreischender Teenager (PT-Stufe 5) und dem Zustand der gelassenen Versunkenheit in künstlerisches Schaffen (PT-Stufe 1-2) theoretisch erklären?

Konflikt

Im Unterschied zur Gelassenheit gibt es in der heutigen Psychologie zum Thema innere Konflikte eine Vielzahl unterschiedlicher Theorien. Diese vielen unterschiedlichen Konflikttheorien (ausführlicher dazu ▶ Kap. 4) benennen unterschiedliche Wurzeln innerer Konflikte – von der Verdrängung (Freud) über irrtümliche Glaubenssätze (Ellis), vielfache Inkonsistenzen und Inkongruenzen (Grawe) bis hin zu fehlenden Handlungsressourcen (Lazarus) oder subkortikaler affektiven Konditionierung (LeDoux, 1989), um nur einige wenige zu nennen.

Die *zweite* offene Frage lautet: Lässt sich – psychotherapieschulenübergreifend – eine grundlegende Theorie der Entstehung innerer Konflikte entwickeln, die diese verschiedenen Aspekte aufgreift und in einen systematischen Zusammenhang bringt?

Bei der großen Mehrheit der oben und in Kapitel 4 genannten Konflikttheorien bleibt eine entscheidende weitere, *dritte* Frage offen. Diese Frage lautet: Wie lässt es sich erklären, dass in der gleichen Ausgangssituation nicht alle Menschen notwendigerweise in einen Zustand des inneren Konflikts geraten, wie etwa das Beispiel eines Passagiers zeigt, der als Geisel bei der fünftägigen Flugzeugentführung der Landshut in Mogadischu mit dabei war (▶ Kap. 1.1) und dem es gelang, diese Extremsituation gelassen und angstfrei zu überstehen? Leidenschaft (pathos): die Sicht der griechischen Philosophie

Wie das Zitat von Cicero (s. oben) belegt, gibt es in der griechischen Philosophie eine lange Tradition die Wurzel innerer Unruhe in den Leidenschaften zu sehen. Einige der modernen Affekttheorien (zum Beispiel Ellis, 1978) beziehen sich direkt oder indirekt auf diese grundlegenden Annahmen insbesondere der Stoa. Aus Sicht der griechischen Philosophie ist die Ruhe der Seele die Folge der Abwesenheit von Leidenschaft.

Mit Leidenschaft ist dabei pathos (Affekt), nicht »passion« gemeint. Während Passion, englisch »passion«, heute bedeutet, dass man etwas sehr gerne und intensiv betreibt (»Sport ist meine Leidenschaft«), ist mit pathos etwas anderes gemeint, nämlich das, was wir heute als Affekt bezeichnen, beispielsweise Hass, Gier, Angst, Depression oder auch Eifersucht (»Eifersucht ist eine Leidenschaft, die mit Eifer sucht, was Leiden schafft«, so Grillparzer (1830, S. 398)). Das Wort Affekt stammt aus dem Lateinischen und bedeutet, wörtlich genommen, »etwas hinzumachend, hinzufügend« (von »ad« (=hinzu) und »facio«, facere (= machen)). Ein Teilaspekt von Pathos ist erhöhte Erregung, wenn beispielsweise der Held auf der Bühne mit sprichwörtlich »großem Pathos« seine Arie schmettert und ein Verzweifelter seinen Schmerz herausschreit. Doch zu pathos gehört mehr – neben großem Drama auch stille Verzweiflung, Niedergeschlagenheit und Ähnliches mehr. Im Lateinischen wird der altgriechische Begriff des pathos als perturbatio übersetzt (Nickel, 2008, S. 798 f.). Perturbation bedeutet ursprünglich stürmisches Wetter. Im übertragenen Sinne heißt perturbare etwas durcheinander zu wirbeln, in Verwirrung, in Unordnung zu bringen, jemanden in Unruhe, aus der Fassung zu bringen, bestürzt zu machen (Georges, 1902, Sp. 1910–1911).

Cicero bezieht sich in seiner Definition von pathos auf Zenon von Kition, dem Begründer der Stoa. Von letzterem ist folgender Satz über fast zweieinhalbtausend Jahre überliefert:

> Leidenschaft ist eine von der rechten Einsicht abgewandte naturwidrige Bewegung der Seele.«[1] (Vgl. Nickel, 2008, Bd. 1, S. 798 f.)

Die *vierte* offene Frage lautet deshalb, was es ist, das im Zustand der Leidenschaft (pathos, Affekt, Perturbation) »hinzugefügt« und durcheinander gewirbelt wird und wie sich dies erklären lässt. Wenn man so will, ist die TMI eine moderne Theorie der Entstehung von pathos und mentaler Perturbation.

Das Fehlen einer Theorie der Entstehung eines Konfliktzustands im Kontext des heutigen Handlungsregulationsparadigmas (Tote-Modell)

Im Rahmen des heute in der Psychologie vorherrschenden Informationsverarbeitungs- und Handlungsregulationsparadigmas (Heckhausen, 1989) fehlt eine solche Theorie des Übergangs von einem Zustand der Seelenruhe zu einem Zustand des inneren Konflikts. Sowohl Powers (1973) als auch Grawe (1998, 2004) haben zurecht darauf hingewiesen, dass das heute in der Psychologie weit verbreitete Handlungsregulationsmodell, das sogenannte TOTE-Modell (Miller, Galanter & Pribram, 1960, 1972) bedauerlicherweise keinen Anhaltspunkt dafür bietet, wie sich die Entstehung innerer Konflikte – und damit auch die Entstehung von pathos und perturbation (s. o.) – im Rahmen dieses Selbstregulationsparadigmas erklären lässt. Die *fünfte* offene Frage lautet deshalb: Wie lässt sich die Entstehung innerer Konflikte im Rahmen dieses Modells theoretisch erklären?

Ziel der Entwicklung der TMI war es, diese Lücke zu füllen.

2.2 Eine kurze einführende Übersicht über die Theorie der mentalen Introferenz

Im Folgenden geht es um eine kurze Übersicht über die Entwicklung und die wichtigsten Grundbegriffe der TMI.

2.2.1 Die Entwicklung der Theorie der mentalen Introferenz

Das Fehlen einer solchen Theorie der Entstehung innerer Konflikte war für unser Langzeitforschungsprogramm (▶ Kap. 1.3) von erheblicher Bedeutung. Ursprüngliches Ziel des damaligen DFG-Projekts (1976–1982; ▶ Kap. 1.3.1) war es, schülerzentrierte Unterrichtstrategien zu untersuchen und zwar durch Analyse von Protokollen des Nachträglichen Lauten Denkens auf der Basis des TOTE-Modells. Das Problem war, dass das TOTE-Modell nicht in der Lage war, hinreichend zu erklären, wieso sich die Gedanken sowohl der Lehrkräfte als auch der Schülerinnen und Schüler häufig (ca. in einem Drittel der Fälle), im Kreis drehten, zumeist ohne einen Ausweg zu finden. Um dieses Phänomen zu erklären, entwickelten wir damals die Theorie subjektiver Imperative (▶ Kap. 4); diese beruht auf der Annahme, dass Konflikte das Resultat der wahrgenommenen oder antizipierten Verletzung subjektiver Imperative sind. Diese Theorie erwies sich zwar in empirischen Untersuchungen (▶ Kap. 1.3.2) als auch bei der praktischen Auflösung innerer Konflikte durch Introvision (▶ Kap. 5) als empirisch gut belegbar. Allerdings blieb dabei die entscheidende Frage offen, worin der Unterschied zwischen imperativischen und nicht-imperativischen Kognitionen besteht – und wieso es oft schwierig ist, solche Imperativverletzungskonflikte wieder aufzulösen.

Die *sechste* offene Frage lautete damit: Wie lässt sich die Entstehung subjektiver Imperative im Rahmen des TOTE-Modells erklären und was folgt daraus für die Auflösung solcher Konflikte?

Parallel zu den empirischen Untersuchungen begann die Verf. bereits Ende der siebziger, Anfang der achtziger Jahre des letzten Jahrhunderts mit der Entwicklung und praktischen Erprobung der Introvision (Wagner, 1984b; s. auch Wagner, 2004b). Dabei spielte eine besondere Form der Aufmerksamkeit, die wir später Konstatierendes Aufmerksames Wahrnehmen nannten, von Anfang an eine zentrale Rolle. Diese Form der Aufmerksamkeit wurde zunächst anhand von vier Übungen, die die Verf. zu diesem Zweck entwickelt hatte, operationalisiert (▶ Kap. 3), um sie so von anderen Formen der Aufmerksamkeit unterscheiden zu können. Als eine zunehmende Zahl von empirischen Untersuchungen zeigte, dass diese Form der Aufmerksamkeit eine wesentliche Rolle bei der Auflösung innerer Konflikte ebenso wie bei der Auflösung von Dauerverspannungen (Pereira Guedes, 2011) und bei der Verringerung von Stress (Benthien, 2011), um nur ein paar Beispiele zu nennen (▶ Kap. 1.3), zu spielen scheint, stellte sich mit zunehmender Dringlichkeit eine weitere Frage.

Diese *siebte* offene Frage lautet: Wie lässt sich die Wirksamkeit von KAW bei der Auflösung innerer Konflikte theoretisch erklären? Allgemeiner gefragt: Welche Form von Aufmerksamkeit hat welche Effekte? Die Klärung dieser Frage ist weit über unser eigenes Langzeitforschungsprogramm hinaus von Bedeutung – sowohl innerhalb der Psychologie, wenn es beispielsweise um Achtsamkeit, Akzeptanz, Entspannung und das Bewusstmachen von Verdrängtem geht, als auch weit darüber hinaus, etwa in der Philosophie, in der Neurowissenschaften, in der Medizin und in der Meditation.

Ziel der Entwicklung der TMI war es, einen Beitrag zur theoretischen Klärung dieser offenen Fragen zu leisten.

Von Struktur zum Prozess: statt subjektiver Imperative den Prozess des Sich Imperierens untersuchen

Neben dem intensiven Studium von interdisziplinärer Literatur aus unterschiedlichen Disziplinen (s. Literaturverzeichnis im Anhang) bestand der erste Schritt in der Entwicklung der TMI darin, die subjektiven Imperative genauer unter die Lupe zu nehmen. Im Anschluss an Bateson (1972/1973), Watzlawick, Beavin und Jackson (1969), Russell (1956), Wegner (1992), Hofstadter (1985), Pennebaker (1993) und andere entwickelten wir zunächst die Hypothese, dass die Ursache für das »Verrücktmachende« (Bateson, 1972/1973) an (manchen) subjektiven Imperativen in einer diesen Imperativen zugrunde liegenden paradoxen Struktur liegen könnte (Wagner, 1995). Diese Hypothese erwies sich jedoch als nicht tragfähig, sofern es darum geht, eine Theorie der Auflösung innerer Konflikte zu entwickeln. Letztendlich war es Bateson selbst, der darauf hinwies, dass die Einsicht in die paradoxe Natur von Interaktionen nicht notwendigerweise dazu führt, in diesen Situationen gelassen reagieren zu können.

Mitte der neunziger Jahre wurde daraufhin ein Perspektivwechsel vorgenommen (Wagner, 1993c); statt sich wie bisher mit der Struktur von Imperativen zu befassen, ging es nun darum, die dieser Struktur zugrundeliegenden Prozesse zu analysieren. Karl Pribram (mündliche Kommunikation) hat diesen Unterschied wie folgt erklärt: Wenn man in einem Flugzeug über eine Meeresküste fliegt, so sieht man am Rand der Küste einen unbeweglichen weißen Streifen. Steigt man jedoch aus dem Flugzeug aus und wandert am Strand entlang, dann sieht man aus dieser Perspektive eine Vielzahl von raschen, kleineren und größeren Wellen, von denen sich viele, manche früher, manche später, erst kurz vor dem Ufer brechen – und so entsteht der Schaum. Das Fazit dieses Perspektivwechsels war, statt weiterhin subjektive *Imperative* zu analysieren, sich nun mit dem Prozess des Sich *Imperierens* zu befassen. Der Begriff des Sich Imperierens wurde damals von der Verf. geprägt (Wagner, 1993); sich etwas zu imperieren, bedeutet so viel wie sich etwas selbst zu befehlen, sich etwas dringlich zu machen (mehr dazu s. weiter unten).

Das Ergebnis ist die Theorie der mentalen Introferenz. Das Wort Theorie kommt aus dem Griechischen und bedeutet ursprünglich so viel wie »sehen, betrachten, anschauen«. Die TMI lässt sich in diesem Sinne als eine bestimmte Form der Betrachtung der Entstehung und Auflösung innerer Konflikte samt den damit verbundenen Verwirrungen, Affekten, Hemmungen sowie kognitiven Dissonanzen (Grawe, 1998) auffassen und zwar im Rahmen des TOTE-Modells als grundlegendem Modell der Handlungsregulation.

Das TOTE-Modell

Das TOTE-Modell (Test-Operate-Test-Exit) von Miller, Galanter & Pribram (1960, 1973) lässt sich am einfachsten anhand eines Thermostaten erklären. Stellen wir uns einen simplen Thermostat vor: dieser schaltet die Heizung ein, wenn die Temperatur zu niedrig ist, und schaltet sie wieder aus, wenn die gewünschte Soll-Temperatur erreicht ist. Ein Thermostat arbeitet also auf der Basis von Informationen, die ihm von außen zugeliefert werden: den Soll-Wert (z. B. 20°C) geben die Bewohner ein,

2.2 Eine kurze einführende Übersicht über die Theorie der mentalen Introferenz

den Ist-Wert meldet ein Thermometer. Der Thermostat vergleicht laufend die beiden Werte (Test: Ist vs. Soll). Erkennt er eine Diskrepanz zwischen Ist und Soll, so schaltet er die Heizung ein (Operate); ist diese Diskrepanz wieder beseitigt, schaltet die Heizung wieder aus (mehr dazu ▶ Kap. 7.2.2).

Wie dieses Beispiel zeigt, beruht die Handlungsregulation – sowohl beim Thermostaten als auch beim Menschen – auf Informationen. Dem Thermostaten kann es, flapsig gesagt, egal sein, ob die ihm zugelieferten Informationen sachlich richtig oder gefälscht sind. Würde jemand das Thermometer so manipulieren, dass es bei Temperaturen unter 0°C immer noch +20°C anzeigen würde, so würde er die Heizung schlicht nicht anstellen. Der Grund dafür, dass er so konstruiert ist, liegt darin, dass das Überleben des Thermostats im Allgemeinen nicht davon abhängt, ob die Temperatur richtig angezeigt wird oder nicht. Beim Menschen ist dies grundlegend anders: Dessen Überleben hängt in der Tat davon ab, ob er die Realität – soweit als möglich – einigermaßen adäquat erfasst und danach handelt.

Die Kernthese der TMI lautet, dass innere Konflikte nicht im Prozess der Handlungsregulation selbst, sondern, gewissermaßen vorgelagert, im Prozess der Informationsverarbeitung entstehen, die die Grundlage der Handlungsregulation bildet, und zwar durch introferentes Eingreifen in die eigenen mentalen Prozesse (ausführlicher dazu s. Wagner, 2019). Dieses introferente Eingreifen ist es, das den Zustand des inneren Konflikts samt den damit verbundenen Affekten, Blockaden und Dissonanzen erzeugt. Kurz zusammengefasst: Was im Zustand der Gelassenheit buchstäblich ge-lassen, das heißt (weitgehend) unterlassen wird, ist der Prozess der Introferenz: das introferente Eingreifen in die laufenden mentalen Prozesse.

2.2.2 Eine kurze Übersicht über Grundbegriffe der TMI

Im Folgenden sollen der Begriff der Introferenz sowie der Prozess des primären und des sekundären Eingreifens erläutert werden.

Introferenz

Der Begriff der Introferenz wurde von der Verf. geprägt. Das Wort Introferenz stammt aus dem Lateinischen (von intro-fero, introferre hineintragen) und bedeutet so viel wie »hineintragend«. Als Introferenz wird der Prozess des introferenten (»hineintragenden«) Eingreifens in die eigene Informationsverarbeitung bezeichnet.

In etwas einzugreifen bedeutet laut Duden (1989) »dazwischen gehen, sich einmischen«. Introferentes Eingreifen beginnt in dem Moment, in dem in laufende mentale Prozesse an einer Stelle eingegriffen und dabei gültige (wahre, richtige, zutreffende) durch »hineingetragene« ungültige (falsche, verzerrte, verdrehte) Informationen überschrieben werden. Dabei wird der laufende Informationsverarbeitungsprozess unterbrochen, die Aufmerksamkeit engt sich ein, die hineinzutragenden ungültigen Kognitionen werden mit erhöhter Erregung und Anspannung gekoppelt und gleichzeitig werden die zu diesen introferenten Kognitionen in Widerspruch stehenden Kognitionen soweit als möglich ausgeblendet und deren Weiterverarbeitung gehemmt.

2 »Wie entsteht Gelassenheit?« Die Theorie der Mentalen Introferenz (TMI)

> Alltags-Beispiele für das Überschreiben epistemischer Kognitionen
> Eine kursorische Durchsicht von Wörterbüchern zeigt, dass wir im Alltag vielerlei Worte und Begriffe für unterschiedliche Formen des Überschreibens verwenden. Es würde sich lohnen, diese einmal systematisch empirisch zu durchforsten, um Aufschluss darüber zu gewinnen, welche Cluster sich daraus ergeben.
> Im Folgenden einige Beispiele für solche Alltagswendungen und Redensarten:
> - sich etwas einbilden, einreden, sich etwas vormachen, so tun als ob,
> - etwas behaupten (ohne sicher zu wissen, dass das so stimmt), sich in die Tasche lügen (obwohl man weiß, dass das so nicht stimmt), sich etwas schön gucken, Dinge schwarzmalen
> - etwas überhören, ausblenden, nicht wahrhaben wollen, ignorieren, vor etwas die Augen verschließen,
> - etwas hemmen, einen Impuls unterdrücken, sich zusammenreißen, sich gehen lassen, blockiert sein,
> - katastrophalisieren, dramatisieren, aufbauschen, übertreiben, sich in etwas hineinsteigern,
> - etwas abwerten, bagatellisieren, untertreiben, lächerlich machen,
> - an etwas hängen, sich ärgern, sich aufregen, zerknirscht sein, sich schämen etc.

Im Alltag kennen wir viele Beispiele für ein solches introferentes Eingreifen: sich etwas vormachen, einbilden, einreden, etwas nicht wahrhaben wollen, Dinge übertreiben, bagatellisieren, sich Illusionen machen und so weiter und so fort (s. Kasten). Das Wort Kognition stammt von dem lateinischen Wort cognitio ab; das bedeutet Wahrnehmen und Erkennen (Georges, 1902). Wahrnehmungen und Erkenntnisse können unterschiedliche Formen haben: Bilder, Töne, Gefühle, Gerüche, körperliche Empfindungen, Emotionen, Intuitionen ebenso wie sprachlich oder abstrakt enkodierte Gedanken, Erinnerungen, Ziele und Absichten etc.

Introferenz ist aus Sicht der TMI im Prinzip ein lokaler Prozess, so wie der Wind, der zunächst nur eine kleine Fläche des vormals ruhigen Meeres aufwirbelt. Der Prozess des introferenten Eingreifens bezieht sich zunächst auf bestimmte Kognitionen oder auch kognitive Teilprozesse. Solche Kognitionen können der Gedanke an eine bevorstehende Prüfung, der Geruch eines frisch gebackenen Brots oder die Erinnerung an den letzten Urlaub sein. Kognitive Teilprozesse, die introferent überschrieben werden können, sind beispielsweise, Pläne zu machen, sich eine Meinung zu bilden oder zu rechnen.

So wie der erste Wind, der dazu führt, dass die Wasserfläche sich zu kräuseln beginnt, so beginnt auch das introferente Eingreifen an einer bestimmten Stelle jeweils mit demselben ersten Schritt: dem primären Eingreifen.

Primäre Introferenz: der Prozess des ersten introferenten Eingreifens – das Überschreiben epistemisch gültiger Kognitionen

Dieser erste Schritt besteht darin, vorhandene subjektiv gültige durch ungültige Kognitionen zu überschreiben. Dieses Überschreiben beinhaltet zwei Kernprozesse gleichzeitig: die hineinzutragenden, d. h. introferenten Kognitionen sich zu imperieren und die gültigen Kognitionen, die dazu in Widerspruch stehen, auszublenden und deren Weiterverarbeitung zu hemmen.

Das primäre Überschreiben beginnt damit, dass wir uns die introferenten Kognitionen imperieren (von lat. sibi imperare). Imperieren heißt, dass wir uns diese Kognitionen gewissermaßen selber befehlen, sie uns selber aufdrängen, wir setzen uns selber unter Druck, wir versehen sie mit einem inneren Ausrufezeichen (»Mach endlich hin, zieh dir die Sportschuhe an und lauf los!«, »Das muss man so sehen und nicht anders!« oder auch »Die anderen müssten endlich mal …!«). Der damit verbundene innere Druck, das Gefühl von Dringlichkeit (»urgency«), der Selbstalarm kann im Ausmaß stark variieren – von einem leichten Windhauch bis hin zu einem starken Sturm. Anfangs geschieht diese Koppelung der introferenten Kognitionen mit erhöhter Erregung und Anspannung willentlich und kontrolliert, mit zunehmender Gewohnheit (Habitualisierung) erfolgt sie gewohnheitsmäßig und schließlich automatisch, gegebenenfalls auch gegen den eigenen Willen; dann sprechen wir im Alltag davon, wie schwer es uns fällt, den »inneren Schweinehund« zu überwinden.

Es empfiehlt sich, sich den Prozess des Sich-etwas-Imperierens in sich selber anzuschauen, um einen Begriff davon zu bekommen, wie dieser innerlich abläuft. Voraussetzung dafür ist die Fähigkeit, dieses konstatierend aufmerksam zu betrachten, d. h. ohne sich zu imperieren (»Das darf nicht sein, dass ich das tue«) (mehr dazu in ▸ Kap. 3.4).

Gleichzeitig werden beim sich Imperieren introferenter (»hineingetragener«) Kognitionen die widersprechenden gültige Kognitionen ausgeblendet, ignoriert, unterdrückt, verdrängt und deren Weiterverarbeitung wird gehemmt und blockiert. Auch dieser Prozess lässt sich, mit einiger Erfahrung, in sich selber konstatierend wahrnehmen.

Sich etwas bestimmtes zu imperieren und gleichzeitig anderes, was dazu in Widerspruch steht, zu ignorieren und zu hemmen, sind gewissermaßen zwei Seiten derselben Medaille – die »Medaille« ist in diesem Fall der Prozess der Introferenz. Dieses introferente Eingreifen unterbricht den Fluss (»Flow«) der Informationsverarbeitung an einer bestimmten Stelle und führt dazu, dass der entsprechende Prozess ins Stocken kommt und zunächst nicht weiterlaufen kann. Gleichzeitig geht es einher mit dem – willkürlichen oder auch unwillkürlichen – Einengen der Aufmerksamkeit.

Insgesamt ergeben sich daraus vier Teilprozesse des primären Eingreifens:

1. den Fluss der Informationsverarbeitung unterbrechen,
2. die Aufmerksamkeit einengen,
3. die introferenten (»hineinzutragenden«) ungültigen Kognitionen sich imperieren, d. h. sie sich selber dringlich machen und

4. die dazu in Widerspruch stehenden gültigen Kognitionen ignorieren und deren Weiterverarbeitung zu hemmen.

Auf diese Weise entsteht der Zustand des inneren Konflikts.

Sekundäre Introferenz: das erneute introferente Eingreifen in bereits vorhandene Introferenz

In laufende Introferenz kann erneut, d. h. zum zweiten, dritten und auch vierten Mal in dieselben Kognitionen eingegriffen werden. Das geschieht besonders oft dann, wenn das introferente Eingreifen an einer bestimmten Stelle zur Gewohnheit wird und schließlich automatisch abläuft. Dieses erneute, sprich sekundäre Eingreifen an derselben Stelle kann zum Beispiel so aussehen, dass wir neue gute Vorsätze fassen, uns selbst zusammenreißen, unter Druck setzen und überwinden – oder uns auch zu etwas hinreißen lassen, dem »inneren Schweinehund« nachgeben und mit schlechtem Gewissen Dinge tun, die wir eigentlich nicht tun wollen. Eine Folge des wiederholten sekundären Eingreifens ist, dass auf diese Weise Schichten über Schichten von Introferenz, d. h. von Imperierungen und gleichzeitigen Blockierungen entstehen, die mit zusätzlicher Erregung, Anspannung und Hemmung verbunden sind. Auf diese Weise entstehen – um auf Ciceros Bild zurückzugreifen – zunehmend höhere Wellen, d. h. zunehmend stärkere Affekte und schwieriger zu überwindende mentale Blockaden. Das sind dann die hartnäckigen inneren Konflikte, um deren Auflösung es in erster Linie bei der Introvision geht. Ziel der Introvision ist es, die Wurzel des Konflikts (das erste Überschreiben) zu finden und das automatische (LeDoux, 1998; siehe auch Debiec et al., 2006) introferente Eigreifen an dieser Stelle *als Automatismus* zu löschen – und so die innere Gelassenheit an dieser Stelle (situative Gelassenheit) wiederzugewinnen.

Cicero sprach davon, dass die Entstehung von Leidenschaft vergleichbar ist mit dem Wind, der die Ruhe der Fluten des Meeres aufstört. So wie der Wind zunächst kleinere Wellen erzeugt, aus denen dann durch weiteres Eingreifen von Winden aus unterschiedlicher Richtung schließlich turmhohe Wellen werden können, so können – aus Sicht der TMI – aus dem ersten introferenten Eingreifen an einer bestimmten Stelle schließlich große, affektiv aufgeladene, zugleich mit starken mentalen Blockaden verbundene Konflikte werden (PT-Stufe 7, die »dicken Klöpse« (s. Abbildung im obigen Kasten; Wagner, 2011, S. 50–52), die schließlich zu chronischen Konfliktzuständen führen können.

Im Folgenden soll die Architektur solcher inneren Konflikte näher erläutert werden.

2.2 Eine kurze einführende Übersicht über die Theorie der mentalen Introferenz

Das hineintragende Eingreifen: die Wurzel der Nicht-Gelassenheit

1: Die See ist still und glatt, der Himmel ist windstill und klar – der Zustand der Gelassenheit, in dem die mentalen Prozesse weitgehend ungestört ablaufen.

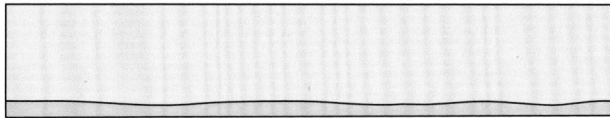

2: Wind kommt auf, Wolken ziehen auf, die See wird unruhig, die Wellen nehmen zu, im Meer wird Geröll hochgewirbelt und die Fische werden gestört – der Zustand zunehmender Nicht-Gelassenheit.

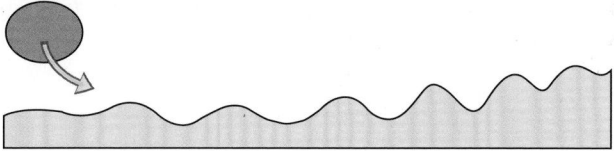

3: Der Wind wird stärker und bläst aus wechselnden Richtungen – die innere Unruhe wächst, die Verwirrung nimmt zu.

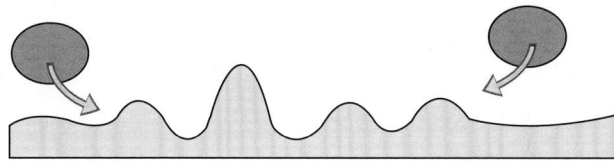

4: Der Wind hört auf, die Wolken schwinden, der Himmel ist wieder klar – und die innere Unruhe nimmt allmählich ab.

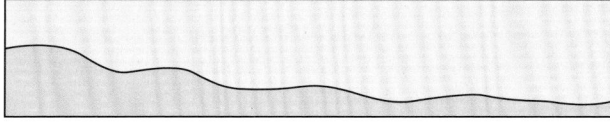

5: Das Meer ist wieder still und glatt – die Seelenruhe, die Gelassenheit ist wieder hergestellt.

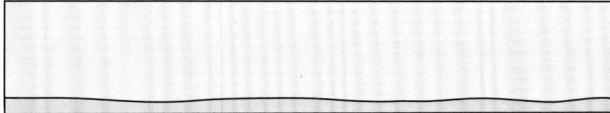

Der Wind, der das Meer aufwühlt, das ist der Prozess des hineintragenden Eingreifens. Wenn im Folgenden vom Eingreifen die Rede ist, so ist damit stets das introferente, »hineintragende« Eingreifen gemeint.

2.3 »Die stille See und das erste leichte Kräuseln der Wasseroberfläche«: der Prozess des primären Eingreifens

Wir beginnen hier mit der Frage, was es bedeutet, wenn in einer Stelle in den eigenen mentalen Prozessen zum ersten Mal, also primär, eingegriffen wird. Was es heißt, introferent einzugreifen, wird zunächst In einem Gedankenexperiment (▶ Kap. 2.3.1) veranschaulicht. Danach schauen wir uns an, in *was* dabei eingegriffen (▶ Kap. 2.3.2) wird, *wie* dieses Eingreifen abläuft (▶ Kap. 2.3.3) und *wieso* es dazu kommt, dass dieses Eingreifen infolge von Habitualisierung und Automatisierung zunehmend schwieriger zu beenden ist (▶ Kap. 2.3.4).

2.3.1 Der Wanderer: ein Gedankenexperiment

Der Vorteil eines Gedankenexperiments (Gazzaniga, 1992) liegt darin, dass wir uns eine hypothetische Versuchsperson »basteln« können, in die wir beliebig »hineinschauen« können – und, anders als in der normalen Realität, kann diese hypothetische Versuchsperson dieselbe Situation dreimal durchlaufen: einmal ohne introferent einzugreifen (Variante 1), einmal mit introferentem Eingreifen (Variante 2), das sie dann mit Hilfe der Introvision wieder beendet (Variante 3).

»Die glatte Meeresoberfläche«: Denken, Fühlen und Handeln im Zustand tiefer innerer Ruhe

Unser Gedankenexperiment beginnt an einem gedachten Punkt Null – dem hypothetischen Zustand vollkommener innerer Ruhe, sozusagen Stufe 0 auf der Psychotonusskala. (Ob dieser Zustand faktisch erreichbar ist, soll im Folgenden ausdrücklich offen bleiben; für dieses Gedankenexperiment reicht es aus, wenn wir ihn uns vorstellen können.)

In diesem Zustand vollkommener innerer Ruhe – so die erste These der TMI – sind die mentalen Prozesse außergewöhnlich leistungsfähig. Als Beleg dafür lassen sich die vielen Erfahrungsberichte von Menschen anführen (Bock, 1991; Voigt & Meck, 2004), die einen Zustand tiefer innerer Ruhe (zumindest im Sinne von PT-1) erlebt haben. K.W., dem wir bereits in Kapitel 1.1.1 (Beispiel 3) begegnet sind, schreibt dazu:

> »Als ich die Wiese am Fuß des Bergpfads betrat, war es, als ob ich im Wunderland war. Alle meine Sinne waren sehr wach und registrierten alles, was um mich herum geschah ... da war ein großes Gefühl der Lebendigkeit, der (räumlichen) Weite, aber vor allem ein großes Gefühl innerer Ruhe und Ordnung. (...).
> Da war diese außerordentliche Vielfalt von Geräuschen, die die Insekten im Gras von sich gaben, da war eine erstaunliche Vista von Aussichten und Farben. Ich konnte alle möglichen Arten von Insekten, Fliegen, Bienen usw. identifizieren, die im Gras herumflogen. ... Ich wusste in dem Moment, was Schönheit ist, und ich wusste auch, was Liebe ist. Ich war in einem außerordentlichen Zustand der Zeitlosigkeit (obwohl ich mir durchaus auch der chronologischen Zeit bewusst war, so wie die Uhr sie anzeigt). Meine Bewegungen kamen mir weder schnell noch langsam vor, sondern alles schien genau in der richtigen Geschwindigkeit zu geschehen.« (K.W., persönliche Kommunikation).

Was K.W. hier anschaulich beschreibt, ist ein Zustand großer innerer Ruhe verbunden mit einer außerordentlich differenzierten Wahrnehmungsfähigkeit – er nimmt unvergleichlich viel mehr wahr als im normalen Alltagswachbewusstsein üblich, er hat tiefe Einsichten – und nicht zuletzt verläuft die kognitive (weitgehend unbewusste) Steuerung seines Handelns praktisch optimal. Der Zustand tiefer Gelassenheit ist geprägt durch eine große Weite der Aufmerksamkeit, eine außerordentliche Vielfalt von Sinneseindrücken, eine offene Weite des Schauens und Hörens und Spürens verbunden mit Heiterkeit und großem Wohlbefinden, tiefen Einsichten und gelassenem Handeln (»meine Bewegungen (...) schienen genau in der richtigen Geschwindigkeit zu geschehen«). Dies zeigt eindrucksvoll, welches Potential – im Vergleich zur Alltagserfahrung – in uns Menschen steckt und wie leistungsfähig unser »mentaler Apparat« im Zustand tiefer innerer Ruhe ist.

Die mentalen Prozesse, die hier beschrieben werden, umfassen eine Vielzahl unterschiedlicher Kognitionen: Aufmerksamkeit, Wahrnehmungen, Bewusstsein, Gefühle, Emotionen, Gedanken, Erinnerungen, körperliche Empfindungen, Handlungen etc. Der Begriff der Kognition stammt von dem lateinische Wort cognitio ab und bedeutet ursprünglich etwas kennenzulernen und zu erkennen, sowohl durch die Sinne (Wahrnehmung) als auch gedanklich-abstrakt[2]. In diesem Sinne gehören zu den Kognitionen auch körperliche Empfindungen, Gefühle, Ahnungen, Bilder, Gerüche, Töne, abstrakte Gedanken und Ziele. Alle diese unterschiedlich enkodierten Kognitionen und kognitiven Prozesse lassen sich unter dem Begriff der Informationsverarbeitung zusammenfassen[3].

Da die meisten von uns einen solchen außergewöhnlichen Zustand nur selten erleben, sei als zweites ein Beispiel für Versunkenheit und Flow-Erleben angefügt (Psychotonusstufe 2), das im Alltag häufiger auftaucht, z.B. bei der Arbeit, beim Hobby oder auch in der Liebe. Der folgende Bericht bezieht sich auf Flow-Erleben beim Segeln.

> »Das Boot lief wie an der Schnur. Trotz sehr starker und abrupt einfallender Böen hatte ich es vollkommen unter Kontrolle, ich war wie verwachsen mit ihm. Die Grenze zwischen meiner Haut und dem Boot war aufgehoben, wir waren eine Einheit. Jeder Handgriff passte, fühlte

sich gut an und machte das Boot schneller und schneller. Kein Fehler, kein ungutes Gefühl, es war, als ob ich mit dem Boot den Wind spüren konnte und meine Sinne so erweitert waren, dass ich alles Geschehen auf dem Wasser schon im Voraus wahrnehmen konnte. Obwohl ich in diesem Geschehen vollkommen aufgegangen war, zeichnete sich jeder Moment durch außergewöhnliche Ruhe, Klarheit und Einfachheit aus« (…)

Im Unterschied zum normalen Alltag (Psychotonusstufe 4–5) ist der Zustand tiefer Gelassenheit geprägt durch eine große Weite des Bewusstseins, eine große Vielfalt der Sinneseindrücke, einer sehr raschen, »glatt laufenden« Verarbeitung einer großen Menge an Informationen, auf deren Basis das eigene Handeln mühelos und weitgehend subjektiv optimal gesteuert wird.

Eine unbekannte Wegkreuzung: nicht wissen, welcher Weg der richtige ist

Kehren wir zurück zu unserem Wanderer. Dieser gelangt nach einiger Zeit an eine unbekannte Wegkreuzung. Er bleibt stehen und stellt fest, dass er nicht weiß, welchen Weg er einschlagen soll, um wieder nach Hause zu kommen. In diesem Fall gibt es zwei Möglichkeiten. Er kann heiter und gelassen bleiben – oder in einen Konfliktzustand geraten.

Variante 1: Gelassen bleiben

In diesem Fall nimmt der Wanderer gelassen-konstatierend wahr, dass er nicht weiß, ob er nach rechts oder nach links gehen soll und tut dann das, was wir Menschen üblicherweise in solchen Situationen tun, nämlich die Situation zu untersuchen. Er schaut sich also um, schaltet sein Handy ein (kein Netz), sucht nach einem Wegweiser, läuft ein wenig hin und her und kommt dann zum Ergebnis, dass er nach wie vor nicht weiß, welchen Weg er nehmen soll. Er nimmt dies konstatierend-weitgestellt wahr (▶ Kap. 3). Er weiß auch, dass es sein kann, dass er sich verspätet, was ihm etwas unangenehm wäre. Schließlich wählt er auf gut Glück einen der beiden Wege aus. Er rät einfach, welcher Weg der richtige sein könnte (»rechts«), wendet sich nach rechts und wandert gelassen weiter, wohl wissend, dass es sein kann, dass er den falschen Weg gewählt hat.

Variante 2: Introferent eingreifen: Ein Konfliktzustand entsteht

In diesem Fall läuft alles genauso ab wie in Variante 1, bis hin zu dem Punkt, an dem der Wanderer auf gut Glück einen der beiden Wege ausgesucht hat, und zwar den Weg nach rechts. Ab dem Moment reagiert der Wanderer anders als zuvor. Als außenstehende Beobachter und Beobachterinnen sehen wir, dass er sich plötzlich einen kleinen Ruck gibt, sich energisch nach rechts wendet und dann deutlich angespannter und etwas hastiger als zuvor weiterwandert.

Der Grund dafür ist – aus introferenztheoretischer Sicht – dass er in diesem Moment begonnen hat sich zu imperieren: »Der Weg nach rechts ist der richtige Weg!« Imperieren bedeutet hier, dass er damit beginnt, die nach wie vor vorhandene gültige Erkenntnis »Ich weiß nicht, welcher Weg richtig ist«, mit dem epistemisch ungültigen Gedanken: »Rechts ist der richtige Weg!« zu überschreiben. Das heißt, er redet sich ein, dass das einfach der richtige Weg sein muss, seine Erregung (Adrenalin) steigt, seine Anspannung auch und gleichzeitig versucht er die – nach wie vor vorhandene – Erkenntnis, dass er nicht weiß, ob das der richtige Weg ist, auszublenden, zu unterdrücken und wegzuschieben. So drehen sich seine Gedanken eine Zeitlang im Kreis, bis er sich energisch dazu zwingt, nicht mehr darüber nachzudenken. Das bedeutet, dass er erneut, d. h. sekundär in die laufenden Introferenzprozesse eingreift. Dieses Mal imperiert er sich, nur nicht weiter darüber nachzudenken, was ihm jedoch nicht so gut gelingt. Schließlich greift er erneut ein und versucht es mit Selbstsuggestion. Dieses Mal suggeriert er wiederholt, wie ein Mantra, den Satz »Das ist der richtige Weg!« – so lange, bis er ihn selber (fast) zu glauben beginnt.

Insgesamt zeigt sich, dass in dem Moment, in dem das Überschreiben begonnen hat, der Flow-Zustand der Informationsverarbeitung (sehen, hören, spüren) unterbrochen ist und die Aufmerksamkeit enggestellt wird. Das hat zur Folge, dass er die Schönheit der Umgebung kaum noch wahrnimmt, seine Stimmung sinkt. Um das zu überspielen, greift er erneut introferent ein: Er reißt sich zusammen und beginnt aufgesetzt fröhlich vor sich hin zu pfeifen, während er angespannter und hastiger als zuvor weiterläuft.

Variante 3. Den Konfliktzustand durch Introvision beenden und die innere Gelassenheit wiederfinden

Was kann unser Wanderer tun, um in dieser Situation wieder gelassen zu werden? Wir setzen unser Gedankenexperiment fort und stellen uns vor, dass unser Wanderer, der die Methode der Introvision gelernt hat, nach ein paar Minuten merkt, was hier geschehen ist. Er stellt seine Aufmerksamkeit, wie er es geübt hat (▶ Kap. 3) wieder weit, das heißt, er richtet den Fokus seiner weitgestellten Wahrnehmung auf die Weite der Landschaft um sich herum, den Himmel über sich und den Boden unter sich, er lauscht dem Zwitschern der Vögel und spürt in seinen Körper und in den Raum um den Körper herum hinein. Dabei taucht sehr schnell der Imperativ auf (»So muss es sein: Rechts ist der richtige Weg!«). Darunter liegt die – beim primären Überschreiben buchstäblich unter-liegende – richtige Erkenntnis: »Es kann sein, dass das der falsche Weg ist.« Auf diese richtige Erkenntnis (samt den damit verbundenen leicht unguten Gefühlen) richtet er nun ein Weilchen lang das Zentrum seiner konstatierenden Aufmerksamkeit, wobei er darauf achtet, dass diese weiterhin weitgestellt bleibt (▶ Kap. 3).

Nach ein oder zwei Minuten lässt die Anspannung nach, er wird innerlich wieder ruhig und er wandert wie in Variante 1 gelassen und heiter weiter. Der erste Vorteil liegt darin, dass er nun wieder ruhig und gelassen die Umgebung differenziert wahrnehmen kann und wieder offen dafür ist, auch kleine Hinweise darauf, ob das nun der richtige Weg ist oder nicht, wahrzunehmen. Damit steigt die Wahrscheinlichkeit, dass er früher oder später doch noch erkennt, welchen Weg er tatsächlich nehmen sollte und entsprechend handeln kann. Der zweite Vorteil liegt darin, dass er, auch dann, wenn er nicht den richtigen Weg findet, mit dieser Situation gelassen und stressfrei umgehen kann.

Anmerkung: Bei unserem Gedankenexperiment handelt es sich – aus didaktischen Gründen – um einen einfachen, kleinen, imperativisch nur geringfügig aufgeladenen inneren Konflikt, der innerhalb kurzer Zeit aufgelöst ist. Aufgelöst ist dieser Konflikt in dem Moment, indem der Prozess des introferenten Eingreifens aufhört. Bei größeren, imperativisch stark aufgeladenen oder mit starken Blockierungen verbunden Konflikten kann das Beenden der Introferenz unter Umständen deutlich länger dauern (▶ Kap. 5).

2.3.2 »Worin introferent eingegriffen wird«: die epistemische Intelligenz des Menschen

Das Wort epistemisch stammt von dem griechischen Wort *epistéme* ab, das so viel bedeutet wie Wissen, Erkenntnis, Einsicht (im Unterschied zu *doxa, griech.* Meinung).

Der Begriff der Epistemischen Intelligenz wird hier eingeführt, um zum Ausdruck zu bringen, dass die menschliche Informationsverarbeitung darauf angewiesen ist, die Realität soweit als möglich angemessen zu erfassen. In diesem Punkt unterscheidet sie sich grundlegend von der digitalen Informationsverarbeitung durch heutige Computer. Einem Klimarechner, zum Beispiel, kann es, flapsig gesagt, egal sein, ob die Daten, mit denen er rechnet, wahr oder falsch sind – dafür ist der Mensch zuständig. Im Unterschied dazu ist es für Menschen überlebenswichtig, dass die Daten, auf deren Grundlage sie ihr Handeln steuern, die Welt soweit als möglich einigermaßen adäquat abbilden. Diese spezielle Art der Intelligenz ist die Grundlage dessen, was Dörner (1983) als epistemische Kompetenz bezeichnet. Auch wenn wir inzwischen wissen, dass die Fähigkeit des Menschen, die Realität so zu erfassen, wie sie ist, bestimmten Einschränkungen unterliegt und Grenzen hat (z. B. Wahrnehmungstäuschungen (Prinz, 1992); s. auch die Konstruktivismusdebatte ▶ Kap. 7), so ist doch die epistemische Intelligenz des Menschen ein wesentlicher Faktor seiner Überlebensfähigkeit.

Das Epistemische Informationsverarbeitungs-System des Menschen (EPiS)

Die TMI beruht auf der Annahme, dass der Mensch über ein Epistemisches Informationsverarbeitungs-System (kurz EPiS) verfügt. Wie dieses epistemische System im Einzelnen funktioniert, ist bislang nur bestenfalls in Umrissen bekannt; ob wir als Menschen jemals in der Lage sein werden, dieses grundsätzlich und auch im Detail wirklich zu verstehen, gilt – aus Sicht der meisten heutigen Psychologen – als eine weit offene Frage. Ein besonders herausragendes Merkmal unseres EPiS ist, dass es – im Unterschied zur heute üblichen digitalen Informationsverarbeitung – über etwas verfügt, das wir im Alltag Aufmerksamkeit bzw. Bewusstsein nennen.

In dieses EPiS kann introferent eingegriffen werden. Beim ersten Eingreifen an einer gegebenen Stelle werden dabei Kognitionen »hineingetragen«, die das EPiS selber als epistemisch ungültig einstuft – und genau in dem Moment beginnt – zunächst lokal – ein Zustand des inneren Konflikts.

2.3 »Die stille See und das erste leichte Kräuseln der Wasseroberfläche«

Im hypothetischen Zustand vollkommener innerer Ruhe (PT-Stufe 0), in dem Introferenz erfolgreich deaktiviert worden ist, kann das EPiS seine volle Leistungsfähigkeit entfalten, ohne durch aktivierte Introferenz gestört und beeinträchtigt zu werden. Wie das aussehen könnte, lässt sich annäherungsweise erahnen, wenn man Berichte von Menschen untersucht (z. B. Bock, 1991), die den real möglichen, wenn auch seltenen Zustand tiefer innerer Ruhe (PT-Stufe 1–2) erlebt haben. Wie der Bericht von K.W. zeigt, ist dass wir in diesem Zustand über eine – im Vergleich zum normalen Alltag – sehr viel größere Wahrnehmungs- und Erkenntnisfähigkeit verfügen.

Die mentalen bzw. kognitiven Prozesse, die das EPiS ausmachen, sind beispielsweise wahrnehmen, denken, erkennen, planen, wünschen, handeln, erfinden, schlussfolgern, spüren, genießen und träumen: Eine Rose sehen, ihren Duft riechen, über den Sternenhimmel staunen und über Gott und die Welt nachsinnen – das sind epistemische Prozesse ebenso wie über abstrakte Fragen nachdenken. Viele dieser Prozesse laufen normalerweise außerhalb des Bewusstseins ab; nur ein geringerer Teil davon ist zu einem gegebenen Zeitpunkt im Bewusstsein (Arbeitsspeicher) präsent.

Eine zentrale Aufgabe epistemischer Prozesse ist es, die Informationen zu liefern, die das Verhaltens nach innen und nach außen steuern: die Atmung, den Blutdruck und den aufrechten Gang ebenso wie Schreiben und Sprechen, Sport und Bewegung, Arbeiten und Feiern. Diese Steuerung des Handelns ist eine außerordentlich komplexe Aufgabe (z. B. Carver & Scheier, 1981, 1998; Dörner, 1999; Miller, Galanter & Pribram, 1960; Kanfer et al, 2012, Powers, 1973).

Bei der Steuerung des Handelns sind – aus handlungstheoretischer Sicht (s. oben) – drei Kategorien epistemischer Kognitionen von besonderer Bedeutung:

- Ist-Kognitionen (»Was ist? Wie ist die Welt?«) z. B. Wahrnehmungen, Wissen, Erkenntnisse,
- Soll-Vorstellungen (»Was soll sein? Wie soll die Welt sein?«) z. B. Ziele, Erwartungen, Wünsche, Absichten, Motive, Werte, Regeln, Vorschriften und
- Operate-Kognitionen, d. h. Handlungs-Kognitionen (»Was ist zu tun?«) zur Steuerung und Durchführung von Handlungsschritten, z. B. Pläne, Skripte, Strategien und Taktiken.

Da unser eigenes Überleben davon abhängen kann, ob wir eine Situation einigermaßen richtig oder falsch auffassen, verfügt unser EPiS – so eine weitere grundlegende Annahme der TMI – über ein Teilsystem, das laufend die epistemische Gültigkeit der jeweiligen Verarbeitungsprozesse (Heuristiken, Algorithmen etc.) als auch der für die Handlungssteuerung verwendeten Kognitionen überprüft.

Diejenigen Kognitionen und kognitiven Prozesse, die als epistemisch ungültig (falsch, unwahr, unstimmig, unrichtig) eingestuft werden, werden entsprechend markiert und von der weiteren epistemischen Informationsverarbeitung ausgeschlossen. Sie werden sozusagen aussortiert und »in den inneren Papierkorb« verschoben (▶ Abb. 2.1). Dafür ein Beispiel: Wenn wir uns bei der Abfahrtzeit eines

2 »Wie entsteht Gelassenheit?« Die Theorie der Mentalen Introferenz (TMI)

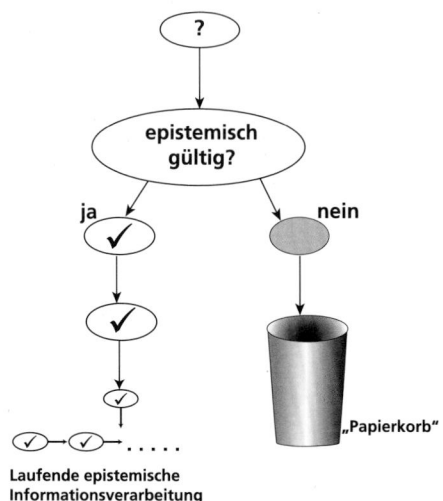

Abb. 2.1: Das epistemische System (EPiS) überprüft die Gültigkeit von Kognitionen und sortiert die ungültigen aus

Zuges (»Die Bahn nach A. fährt um 9:30.«) geirrt haben und unseren Irrtum erkennen, dann wird die als ungültig erkannte Information entsprechend gekennzeichnet (»9:30 Uhr stimmt nicht«) und nicht weiter verwendet. Manches weist darauf hin, dass dieser Prozess der Überprüfung der epistemischen Gültigkeit vorhandener Kognitionen (Wahrnehmungen, Erkenntnisse, in vielen Fällen im Gedächtnis gespeichert (sozusagen mitprotokolliert) wird.

Ein Gefühl von »So ist es«

Im Alltag sind epistemisch gültige Kognitionen im subjektiven Erleben gekennzeichnet durch das damit verbundene Gefühl von »So ist es« – ein Gefühl des Konstatierens, feststellend, selbstverständlich, nüchtern, unspektakulär, sozusagen mit leiser innerer Stimme gesprochen. »So ist es: Das hat uns unsere Lehrerin gesagt«, »So ist es: Ich weiß nicht, ob das richtig oder falsch ist«, »So ist es: Diese beiden Dinge widersprechen sich«, »So ist es: Ich weiß nicht, wo ich meine Brille hingelegt habe.«

Die Einstufung der epistemischen Gültigkeit durch das EPiS erfolgt auf der Basis einer Vielzahl von Regeln, dazu gehören insbesondere die Kongruenz und Konsistenz. Kongruenz bedeutet Übereinstimmung bzw. Vereinbarkeit mit der Realität und Konsistenz bedeutet Widerspruchsfreiheit (vgl. Grawe, 2004). Konsistenz allein ist zwar ein notwendiges, jedoch kein hinreichendes Kriterium für die epistemische Gültigkeit. (Man kann sich selber auch konsistent belügen.)

Epistemisch gültige Kognitionen sind Kognitionen, die das EPiS als gültig einstuft. Die TMI geht davon aus, dass sich – im Sinne einer mehrwertigen Logik (Gottwald, 1989; Belnap, 1977) – vier verschiedene Arten von epistemisch gültigen

Kognitionen unterscheiden lassen: wahr«, »falsch«, »vielleicht wahr und vielleicht falsch« und »weder wahr noch falsch« (weil paradox, unsinnig, absurd o.ä.). Der Wanderer in unserem Gedankenexperiment erkennt, dass er nicht weiß, welcher Weg der richtige ist (»Es kann sein, dass der Weg nach rechts der richtige ist und es kann auch sein, dass das der falsche Weg ist«). Er überschreibt dann diese epistemisch gültige Erkenntnis mit der in diesem Moment für ihn epistemisch ungültigen Kognition (»Der Weg nach rechts ist der richtige! Und so muss man das sehen!«).

»Wissen, was man weiß, und wissen, was man nicht weiß«. Epistemische Intelligenz und die Lösung des Sokrates

Ein herausragendes Merkmal menschlicher epistemischer Intelligenz ist die Fähigkeit, zu wissen, was man weiß und auch, was man nicht weiß. Dies ist, nach Sokrates, die Grundlage der Besonnenheit. Besonnenheit gilt in der griechischen Philosophie, neben Wohlbefinden und Heiterkeit (eudaimonia) als als ein weiterer Aspekt der Gelassenheit, der Seelenruhe. Besonnen zu sein bedeutet so viel wie überlegt, bedächtig, vorsichtig, umsichtig (Wahrig, 1991, S. 259) zu sein.

In Charmides von Platon (1957) spricht Sokrates ausführlich über Besonnenheit. Besonnenheit bedeutet, so Sokrates, sinngemäß folgendes: Wenn man etwas weiß, dann weiß man auch, dass man es weiß – und wenn man etwas nicht weiß, dann weiß man auch, dass man es nicht weiß.

> »Denn wenn, wie wir anfänglich annahmen, der Besonnene wüßte, was er weiß und was er nicht weiß, das eine, daß er es weiß und das andere, dass er es nicht weiß, und auch einen andern, wie es eben hierin mit ihm steht, zu beurteilen imstande wäre; dann wäre es uns, das können wir behaupten, höchst nützlich, besonnen zu sein. Denn fehlerfrei würden wir selbst unser Leben durchführen im Besitze der Besonnenheit und auch alle übrigen, so viele von uns regiert würden.« (Platon, Charmides, 171d, S. 145)

Und genau das ist es, das hier mit epistemischer Intelligenz gemeint ist. Im obigen Gedankenexperiment bedeutet das, dass unser Wanderer besonnen und gelassen bleibt, das epistemische Wissen darum, was er weiß und was er nicht weiß, intakt bleibt, d. h. nicht überschrieben wird. Solange er weiß, dass er nicht weiß, ob dieser Weg, den er eingeschlagen hat, der richtige ist, bleibt er ruhig und gelassen. Sobald er anfängt, sich fälschlicherweise einzureden, er *wisse*, dass dieser Weg richtig sei (*überschreiben*), beginnt der innere Konflikt.

Grundlage der epistemischen Intelligenz ist es damit, im Sinne von Sokrates zu wissen, »was man weiß und dass man es weiß« und ebenso, zu wissen, »was man nicht weiß und dass man es nicht weiß«.

Auf dem Hintergrund der modernen Logik (mehr dazu ▶ Kap. 7) lassen sich insgesamt vier Arten dessen, »Was man weiß« und »was man nicht weiß« unterscheiden.

> **»Was man weiß und was man nicht weiß«**
>
> Richtig, falsch, vielleicht richtig und vielleicht falsch, sonstiges
>
> Epistemisch gültige Kognitionen sind Kognitionen, die das EPiS als epistemisch gültig eingestuft hat. Die TMI geht von der Annahme aus, dass das EPiS (im Sinne einer dreiwertigen Logik (Gottwald 1989; auch ▶ Kap. 7) drei Hauptkategorien von epistemisch gültigen Kognitionen unterscheidet. Der Grund dafür ist, dass das EPiS ein System darstellt, in dem die Veränderung des Wissensstands über die Zeit eine entscheidende Rolle spielt. Hinzu kommt als viertes eine Restekategorie (»Sonstiges«) für Aussagen (Kognitionen), die innerhalb dieser dreiwertigen Logik nicht eingeordnet werden können.
>
> 1. »wahr, richtig, zutreffend«
> 2. »falsch, unrichtig, unzutreffend«
> 3. »möglicherweise wahr/richtig/zutreffend *und* möglicherweise falsch/unrichtig/unzutreffend«
> 4. »sonstiges«; z. B. »weder wahr noch falsch«, »in sich widersprüchlich«, »unsinnig«, »paradox«

»Eine« Kognition

Wenn im Folgenden von »einer« Kognition die Rede ist, so ist damit genau genommen ein Bündel, ein Geflecht von proximalen Teilkognitionen (sensu Anderson (1990)) gemeint, die in ihrer Gesamtheit einen (unterscheidbaren) Sachverhalt repräsentieren. Kognitionen in diesem Sinne sind somit Propositionen oder Aussagen bzw. Behauptungen, die sich auf einen Sachverhalt beziehen (»Die Sonne scheint.«, »Sie ist eine nette Person.«, »Das schaffe ich!«). »Eine« Kognition in diesem Sinne stellt somit ein Bündel unterschiedlicher Teilkognitionen dar – z. B. Bilder, Gefühle, Töne, Gerüche ebenso wie abstrakte Begriffe etc.

2.3.3 »Was beim primären Eingreifen überschrieben wird«. Kognitive Fehlstellen (Defaults): Leerstellen, Widersprüche, Inkongruenzen, Diskrepanzen

Die TMI beruht auf der Annahme, dass es Ziel des primären Eingreifens ist, kognitive Defaults zu überschreiben. Das englische Wort »Default« (wörtlich: Unterlassung, Nichteinhaltung, Nichterfüllung, Verzug, Versäumnis, Ausbleiben, Nichtscheinen« (Weis, 1967, S. 251)) bedeutet, dass etwas fehlt, was für den Fortgang der Ereignisse gebraucht wird. Defaults sind damit Fehlstellen. Defaults können unterschiedliche Formen aufweisen. Bei unserem Wanderer handelte es sich um eine Leerstelle (»keine Ahnung«). Nicht zu wissen, welcher Weg der richtige ist, oder auch wann Karl der Große geboren wurde, stellt als solches noch keinen Default, keine Leerstelle dar.

Erst in dem Moment, wo dieses nicht vorhandene Wissen gebraucht würde, wird daraus ein Default, der das Weiterlaufen des entsprechenden Handlungssteuerungsprozesses beeinträchtigt.

William James hat das Auftauchen einer solchen Leerstelle anschaulich beschrieben.

»Setzen wir den Fall, wir suchten uns zu erinnern an einen vergessenen Namen. Unser Bewußtseinszustand ist dabei ein ganz eigentümlicher. Es ist eine Leere vorhanden; aber keine bloße Leere. Es ist eine Leere, in der es intensiv arbeitet. In ihr spukt eine Art Geist des Namens, der uns in bestimmte Richtung lockt, der manchmal ein gewisses Prickeln erzeugt in dem Bewußtsein unserer Konzentration und der uns dann zurücksinken läßt ohne den gesuchten Namen. Wenn sich uns falsche Namen aufdrängen, wirkt diese eigenartig bestimmte Leere sofort so, daß sie dieselben verwirft. Sie passen in ihre Form nicht hinein. Und die Leere, die dem Suchen eines Worts entspricht, macht uns nicht denselben Eindruck wie diejenige, welche einem andern zugehört, so inhaltslos die beiden notwendig auch erscheinen müssen, wenn man sie einfach als Lücken bezeichnet. Wenn ich vergebens versuche mir den Namen Spalding zurückzurufen, ist mein Bewußtsein ein ganz anderes, als wenn ich mich fruchtlos bemühe mich auf den Namen Bowles zu besinnen.« (James, 1909, S. 162).

Laut William James machen solche kognitiven Defaults etwa ein Drittel unseres psychischen Lebens aus (1909).

Vier Arten von kognitiven Fehlstellen (Defaults)

Schaut man die umfangreiche Literatur in der Psychologie und in verwandten Disziplinen (Pädagogik, Philosophie) durch, so lassen sich insgesamt vier Arten von Defaults unterscheiden: Widerspruch, Inkongruenz, Diskrepanz und Leerstelle (»W-I-L-D«); diese werden im Folgenden einzeln dargestellt. Um noch einmal auf das Beispiel von William James zurückzukommen: Wenn jemand mitten beim Reden stockt, kann es sein, dass ihm gar kein Name (Leerstelle), zwei widersprüchliche Namen (Widerspruch, Inkonsistenz) oder nur ein falscher Name (Inkongruenz) einfällt. Oder aber das Problem liegt darin, dass er den Namen zwar präsent hat, ihn aber aus unterschiedlichen Gründen (plötzliche Verwirrung, Blackout) nicht aussprechen kann (unauflösbare Diskrepanz zwischen Ist und Soll).

Im Folgenden sollen diese vier Formen von kognitiven Defaults ausführlicher dargestellt werden.

Leerstelle (»keine Ahnung«)

Bei einer Leerstelle fehlt etwas, nämlich die für die Weiterführung der Informationsverarbeitung und damit auch die Handlungsregulation als nächste benötigte Kognition; und zwar:

- Fehlende Ist-Kognitionen, z. B. die Erinnerung daran, wo die Schlüssel sind oder das fehlende Wissen, wo der nächste Bahnhof ist.
- Fehlende Sollvorstellungen, z. B. ein Plan für den nächsten Arbeitstag, ein Ziel für den nächsten Urlaub.

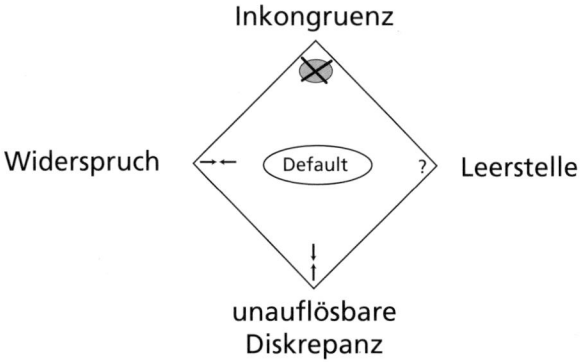

Abb. 2.2: Vier Formen von epistemischem Default

- Fehlende Handlungskognitionen, z. B. ein passendes Ende für die geplante Story oder die Fähigkeit, einen Wasserhahn zu reparieren.

Widerspruch »A oder B: Beides zusammen geht nicht«

Bei einem Widerspruch entsteht die Fehlstelle dadurch, dass zwei oder mehrere einander widersprechende Kognitionen vorliegen:

- Widersprüchliche Ist-Kognitionen: so z. B. die Auskunft »Das Flugzeug ist bereits gelandet« vs. »Das Flugzeug wird sich verspäten«; im Bereich der sensorischen Datenverarbeitung können widersprüchliche Reize (Raumlageinformationen) ggf. Übelkeit auslösen.
- Widersprüchliche Soll-Kognitionen, z. B. zwei miteinander unvereinbare Soll-Kognitionen für das eigene Handeln oder widersprüchliche Erwartungen an andere.
- Widersprüchliche Handlungskognitionen, z. B. zu versuchen, gleichzeitig zu essen und zu singen.
- Kognitive (Festinger, 1957) und motivationale Diskordanzen (Grawe, 2004, S. 190) stellen weitere Formen von Widersprüchen dar.
- Eine besondere Unterform von Widersprüchen sind Paradoxien, d. h. – so die Definition – Widersprüche, die auf logisch einwandfreien Prämissen beruhen. Paradoxe Sollvorstellungen sind nach Bateson (1973) und Watzlawick et al. (1969, 1997) z. B. »Sei spontan!«, »Schlaf jetzt auf der Stelle ein!« oder »Denk daran, dass du nicht an rosa Elefanten denken darfst!« (vgl. auch Wegner, 1989).

Inkongruente Kognitionen »Das stimmt nicht«

- Inkongruente Kognitionen sind Kognitionen, die – gemäß den Regeln des epistemischen Systems – mit der Realität unvereinbar sind.
- Wie bereits weiter oben ausführlich erläutert wurde, können neben Ist-Kognitionen auch Sollvorstellungen und Handlungspläne prinzipiell unvereinbar mit der Realität sein. Ein Beispiel dafür sind Sollvorstellungen, die inkongruent mit den eigenen realen Bedürfnissen sind, wie Grawe (2004, S. 308–311) hervorhebt.

Unauflösbare Diskrepanzen zwischen Ist-und Soll-Kognitionen »Es läuft nicht so, wie es soll.«

- Unauflösbare Diskrepanzen zwischen Ist- und Soll-Kognition entstehen dann, wenn keine Handlungskognition (»Operate«) verfügbar ist, die diese Diskrepanz auflösen könnte. Die Psychologie spricht in diesem Fall von Hilflosigkeit bzw. Kontrollverlust (Birbaumer & Schmidt, 2010; ▶ Kap. 4.4, Kasten).

Kognitive Defaults in der Handlungsregulation können grundsätzlich auf unterschiedlichen Ebenen der kognitiven Informationsverarbeitung auftreten: auf der Datenebene (»Wie hieß der noch mal?«), auf der Handlungsebene (»Wie finde ich den Namen heraus?«) und schließlich auf der obersten Steuerungsebene (z. B. ein fehlender »Go-Befehl«).

Wie das Beispiel des Wanderers zeigt, lassen sich aus der Sicht der TMI zwei Arten des Umgangs mit kognitiven Defaults unterscheiden: (1) diesen Default konstatierend wahrzunehmen (»So ist es: Hier ist eine Leerstelle«) und entsprechend zu handeln, oder (2) introferent einzugreifen und diesen Default mit einer epistemisch ungültigen, d. h. introferenten (»hineingetragenen«) Kognition überschreiben. Was bei Letzterem geschieht, soll im Folgenden ausführlich dargelegt werden.

2.3.4 Das »Wie« des primären Eingreifens

Wenn wir an einer bestimmten Stelle in die eigenen epistemischen Kognitionen introferent eingreifen, beginnt dieses Eingreifen mit einem ersten Schritt. Dieser erste Schritt besteht darin, vorhandene epistemisch gültige Kognitionen durch ungültige Kognitionen zu überschreiben. Um zu veranschaulichen, was das bedeutet, stellen wir uns hypothetisch einen Ingenieur vor, der die Aufgabe erhält, das introfererente Eingreifen sozusagen technisch umzusetzen.

Beim primären Eingreifen lassen sich analytisch mehrere Schritte voneinander unterscheiden. Zur Vorbereitung des introferenten Eingreifens gehört es (1) epistemisch ungültig eine Ersatzkognition für die fehlende gültige Kognition auszuwählen, (2) die hineinzutragende und die auszublendenden Kognitionen entsprechend unterschiedlich zu markieren und (3) die Aufmerksamkeit hilfsweise einzuengen. Beim primären Eingreifen werden die introferente Kognition sich selber imperiert. Gleichzeitig werden die damit inkonsistenten Kognitionen ausgeblendet und das Weiterlaufen der epistemischen Suche nach einer Auflösung dieses Widerspruchs wird blockiert. Schließlich wird die Informationsverarbeitung auf der Basis dieser introferenten Kognitionen fortgesetzt.

Schritt 1: »Was hineingetragen werden wird« – eine bestimmte epistemisch ungültige Kognition für das Überschreiben auswählen

Unser Wanderer hat sich schließlich dafür entschieden, sich einzureden, dass der Weg nach rechts der richtige sei. Genauso gut – objektiv gesehen – hätte er sich auch einreden können, dass der Weg nach links der richtige sei. Vielleicht war sein Bauchgefühl ausschlaggebend, vielleicht hat er früher schon einmal mit einer solchen Entscheidung gute Erfahrungen gemacht – oder er hat im Internet einem selbst ernannten Experten zugehört, der vehement die Auffassung vertreten hat, dass es für rechtshändige Menschen auf die Dauer gesünder sei, so häufig als möglich nach rechts zu gehen.

Allgemeiner gesagt: An diesem Punkt des primären Eingreifens können vielerlei Einflüsse zum Tragen kommen: Zufall, eigene Vorlieben, kulturelle Gepflogenheiten, philosophische Betrachtungsweisen und vieles mehr.

Schritt 2: Die hineinzutragende Kognition entsprechend markieren

Als Nächstes stellt sich dem Ingenieur die Frage, was zu tun ist, um zu bewirken, dass die Informationsverarbeitung auf der Grundlage einer solchen introferenten Kognition weitergeführt wird.

Wie lässt sich dieses »Hineintragen« sozusagen technisch umsetzen?

Diese Frage ist für unseren Ingenieur nicht einfach zu lösen, weil das bedeutet, dass auf irgendeine Art und Weise in das vorhandene dichte Geflecht der epistemisch gültigen Kognitionen eingegriffen werden muss; insbesondere wird es darum gehen, in den laufenden epistemischen Verarbeitungsprozess selbst so einzugreifen, dass dabei möglichst wenig Schaden angerichtet wird.

Das Problem besteht zum einen darin, dass das EPiS diese hineingetragenen ungültigen Kognitionen normalerweise sofort aussortieren würde; es gilt also, eine Möglichkeit zu finden, dieses Aussortieren zu blockieren. Das zweite Problem ist, dass die hineinzutragenden ungültigen Kognitionen in Widerspruch zu mehreren vorhandenen gültigen Kognitionen stehen (u. a. die Erkenntnis, dass es möglicherweise falsch sein könnte, nach rechts zu gehen). Damit entsteht eine neue, zusätzliche Inkonsistenz, ein neuer Widerspruch – und auch in diesem Fall greift das EPiS üblicherweise sofort ein und sortiert alle inkonsistenten Kognitionen zunächst als ungültig aus – bis zur Klärung des Problems. Das würde hier bedeuten, dass das EPiS auch die hineinzutragenden Kognitionen erneut aussortieren würde – und genau das gilt es zu verhindern. Ziel muss es also sein, in diesem Fall diese Operationen selektiv zu blockieren.

Unser Ingenieur überlegt also zunächst, ob man in diesem Fall die widersprechenden epistemisch gültigen Kognitionen (von denen es vielleicht eine

Hand voll geben mag) einfach löschen, sozusagen ausradieren, könnte. Bei näherer Hinsicht zeigte sich, dass das Problem darin liegt, dass die vorhandenen epistemischen Kognitionen vielfach miteinander verwoben und vernetzt sind. So wie man auch nicht mit einem Schraubenzieher auf einer Festplatte einfach eine bestimmte Information »ausradieren« kann, ohne dabei einen immensen Datenverlust zu verursachen, so lassen sich vorhandene epistemische Kognitionen auch nicht einfach löschen, ohne dabei so tief in die Architektur des epistemischen Systems einschneiden zu müssen, dass die Überlebensfähigkeit des Individuums stärker beeinträchtigt werden würde.

So wäre es beispielsweise nicht nur unzweckmäßig, einfach eine vorhandene Wahrnehmung nachträglich zu löschen, d. h. den Menschen »blind« dafür zu machen, dass es zwei möglicherweise richtige Wege gibt, sondern dies würde auch erfordern, die entsprechenden peripheren und zentralnervösen Prozesse der Informationsverarbeitung, die diese Wahrnehmung »produzieren«, entsprechend zu blockieren. Eine solche selektive Blindheit wäre für viele zukünftige Situationen eine echte Gefahr für das Überleben. Das Gleiche gilt auch für die Möglichkeit, einfach eine der problematischen Regeln (z. B. nach Möglichkeit den richtigen Weg zu nehmen) zu löschen. Dies würde bedeuten, dass auch die ihr zugrunde liegenden Erfahrungen oder die Fähigkeit, aus bestimmten Erfahrungen Erkenntnisse und Schlüsse für zukünftiges Handeln zu ziehen, gelöscht werden müssten. Kurz und gut, auf diese Art und Weise in die Architektur mentaler Prozesse einzugreifen, lässt sich in mancher Hinsicht damit vergleichen, dass, nur um einen festsitzenden defekten Keilriemen loszuwerden, gleich große Teile des Motors mit auszubauen, keine sehr empfehlenswerte Strategie ist.

Fazit dieser Überlegungen: Die dem Hineintragen entgegenstehende epistemisch gültige Erkenntnis, dass die introferente Kognition inkongruent ist, einfach zu löschen, ist keine Lösung. Folglich sucht der Ingenieur nach einem anderen, schonenderen Weg und stößt dabei auf die Technik des Überschreibens[4].

Das Prinzip des Überschreibens

In der analogen Welt lässt sich das introferente Überschreiben mit Überschreiben von Nachrichten auf Papier vergleichen.

Stellen wir uns vor, jemand will eine handschriftliche Notiz auf Papier überschreiben. Die erste, zu überschreibende Nachricht ist relativ klein mit einem Kugelschreiber geschrieben. Die zweite, darüber zu schreibende Notiz wird nun in der Regel – beispielsweise mit Hilfe eines dicken schwarzen Filzstiftes – deutlich größer, »fetter« und mit mehr Druck darübergeschrieben. Dieser Schriftzug signalisiert dem Leser und der Leserin: »Bitte verwende die zweite Nachricht und ignoriere das, was darunter steht«. In gleicher Weise verfahren wir beim mentalen Überschreiben, Übermalen, Übertönen, Übertünchen: Das, was »darübergelegt« wird, wird dadurch markiert, dass man diesem etwas[5] hinzufügt – kräftigere Farben, stärkere Konturen, größere Lautstärke. Beim introferenten Eingreifen wird – so wie beim Überschreiben auf Papier – etwas hineingetragen (unrichtige, ungültige, unstimmige Gedanken,

Gefühle, Erinnerungen, Absichten, Handlungen[6]) und dieses wird durch Hinzufügen von Erregung und Anspannung gewissermaßen »dicker und fetter« geschrieben; gleichzeitig wird etwas anderes (die ursprünglich richtige, zu überschreibende Nachricht, das Gefühl, die Absicht, das Bild etc.) ignoriert und blockiert durch Anspannung, Hemmung und Einengen der Aufmerksamkeit.

In der digitalen Welt lässt sich der Prozess des Überschreibens mit dem Prozess der digitalen Bildbearbeitung vergleichen, bei der beispielsweise ein Foto von einem faltenreichen älteren Menschen so lange nachbearbeitet wird, bis daraus ein strahlender, jugendlich aussehender Mann geworden ist – oder auch umgekehrt. Die Gemeinsamkeit liegt darin, dass das ursprüngliche Foto, das übermalt, überarbeitet und gleichzeitig verfälscht wird, dabei in der Regel weiterhin »unterhalb« der Überarbeitung erhalten bleibt und sich potentiell wieder »ausgraben« lässt. Filter, Korrekturen, Retuschen und ggf. Masken werden auf einzelnen Ebenen nach einander dem Bild hinzugefügt, während – bei der non-destruktiven Bildbearbeitung – das Originalfoto erhalten bleibt. Es liegt als unterste Ebene noch vor. Ebene für Ebene bzw. Schicht für Schicht lassen sich die Bearbeitungsschritte zurückverfolgen.

Das Originalfoto ist vergleichbar mit dem, was hier als subjektiv epistemisch gültige Kognitionen bezeichnet wird. Epistemisch gültige Kognitionen sind das Ergebnis unserer epistemischen Kompetenz (Dörner, 1983[7]). Ziel unserer epistemischen Kompetenz ist es, die Welt soweit als möglich – und innerhalb der Grenzen unserer beschränkten Fähigkeit – einigermaßen adäquat zu erfassen. Dazu gehört auch die Fähigkeit, zu erkennen, was ich weiß (z. B. »Ich habe das gesehen«), und was ich nicht weiß. Dieses Prinzip wird unser Ingenieur anwenden.

Die betreffenden Kognitionen entsprechend markieren ...

In unserem Gedankenexperiment fragt sich der Ingenieur, wie sich das Prinzip des Überschreibens auf die kognitiven Prozesse des Menschen übertragen lässt.

Beim Überschreiben des Zettels ist es die Veränderung des Schriftzugs, die für diese Markierung verwendet wird. Wo findet sich beim Menschen etwas Vergleichbares? Es muss etwas sein, das sich absichtlich verändern lässt (so wie ein Schriftzug) und das gleichzeitig normalerweise für den Inhalt der betreffenden Kognitionen ohne Belang ist. Der Ingenieur studiert die Menschen im Zustand vollkommener Seelenruhe und entdeckt dabei drei Arten von Veränderungen, die sich für diesen Zweck eignen.

Das Erste sind Veränderungen im Ausmaß der Erregung. Im Laufe des Tages steigt das Ausmaß der Erregung (arousal) deutlich an, wenn der Mensch aktiv wird – ein Kind wickelt, Holz hackt oder schnell läuft. Und es sinkt auch wieder ab, wenn er sich ausruht.

Das Zweite ist das unterschiedliche Ausmaß muskulärer Anspannung, genauer gesagt: wie viele und welche Muskeln zu einem gegebenen Zeitpunkt angespannt werden (Birbaumer & Schmidt, 1996; 2006). Auch dies verändert sich im Laufe eines Tages – je nachdem, ob unser Mensch Flöte spielt, einen Baum fällt oder gemütlich auf dem Bärenfell liegt.

2.3 »Die stille See und das erste leichte Kräuseln der Wasseroberfläche«

Die dritte Variable ist der Prozess des Hemmens von kognitiven Prozessen. Diese Fähigkeit dient eigentlich nur dazu, im Falle einer drohenden Überlastung (vor allem des Arbeitsspeichers, dessen Kapazität bekanntlich relativ gering ist) das kognitive System durch die vorübergehende Hemmung einiger kognitive Prozesse temporär zu entlasten – so lange, bis wieder genügend Zeit und Kapazität zur Verfügung steht.

Das Ausmaß der mit einer bestimmten Kognition verbundenen Erregung, Anspannung und Hemmung ist normalerweise für den Ablauf der epistemischen Prozesse irrelevant. Ob unser Mensch nun während des Joggens (erhöhte Erregung und Anspannung) oder entspannt auf dem Bärenfell darüber nachdenkt, welcher Weg ins Nachbardorf führt – das Ergebnis ist immer die gleiche, epistemisch gültige Erkenntnis: Er weiß, dass er das nicht weiß.

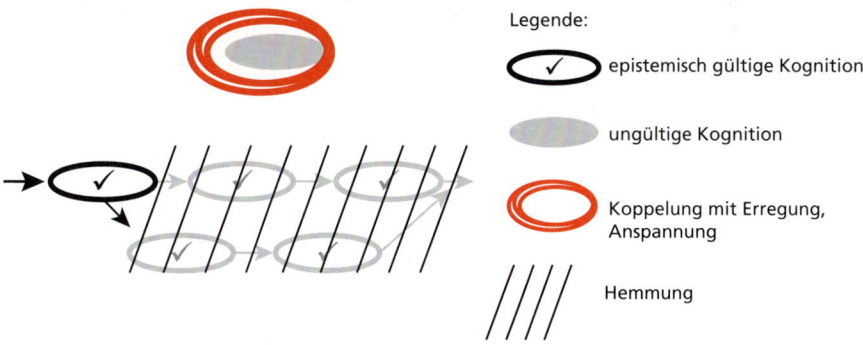

Abb. 2.3: Vorbereitung des primären Imperierens: Selektive Koppelung von Kognitionen mit erhöhter Erregung und Anspannung bzw. Hemmung

... durch die Koppelung mit erhöhter physiologischer Erregung, Anspannung und Hemmung

Unser Ingenieur – so die TMI – nutzt nun die Möglichkeit, bestimmte Kognitionen selektiv mit Affekt – erhöhter Erregung, Anspannung und Hemmung – zu koppeln, um zu markieren, was beim Eingreifen mit welcher Kognition geschehen soll – d. h. welche Kognitionen beim Überschreiben festzuhalten und welche auszublenden und zu blockieren sind.

Die Koppelung der hineinzutragenden Kognition mit erhöhter Erregung und Anspannung hat dieselbe Funktion wie die Vergrößerung des Schriftzugs beim physischen Überschreiben: Beide dienen als interne Anweisung an die eigenen kognitiven Verarbeitungsprozesse. Diese lautet: »Nimm diese Kognition und verarbeite sie weiter.« Im Falle des primären Eingreifens steht diese interne Anweisung des introferenten Eingreifens in direktem Widerspruch zur impliziten Anweisung des EPiS. Das EPiS würde nämlich normalerweise diese hineingetragene ungültige Kognition aussortieren. Die interne Anweisung des introferenten Eingreifens, diese Kognition festzuhalten, steht dazu in unmittelbarem Widerspruch.

Dies bedeutet, sich die ausgewählten ungültigen Kognitionen zu imperieren. Imperieren bedeutet, diese Kognition gewissermaßen in die laufende Informationsverarbeitung »hineinzudrücken«, sie den vorhandenen Kognitionen aufzuzwingen, sie ihnen aufzuoktroyieren – flapsig gesagt, sie den laufenden kognitiven Prozessen »aufs Auge zu drücken«.

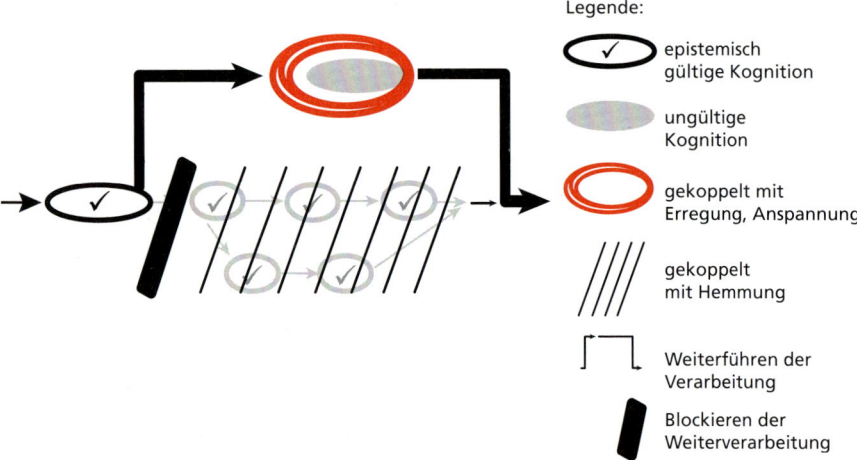

Abb. 2.4: Modell des primären Imperierens aus Sicht der TMI

… und die damit inkonsistenten epistemischen Kognitionen selektiv hemmen: »Ignoriere diese!«

Gleichzeitig werden diejenigen Kognitionen, die mit der introferenten Kognition nicht übereinstimmen, physiologisch gehemmt (z. B. Drevets & Raichle, 1998). Das sind zum einen epistemisch gültige Kognitionen, die in Widerspruch zur introferenten, d. h. hineinzutragenden Kognition stehen. Und zum Zweiten gehören dazu auch diejenigen Kognitionen, die mit der ausgewählten introferenten Kognition konkurrieren; beim Wanderer sind dies verschiedene alternative, potentielle introferente Sollvorstellungen, z. B. nach links zu gehen, umzukehren oder auch so lange zu warten, bis jemand vorbekommt, der sich auskennt. Drittens beinhaltet das auch, die Weiterverarbeitung dieser gültigen Kognitionen soweit als möglich zu hemmen und zu blockieren.

Das führt dazu, dass bereits das erste introferente Eingreifen mit einem deutlichen Datenverlust einhergeht. Um ein »kleines« Loch (beim Wanderer ist das die fehlende Kenntnis des richtigen Wegs) zu stopfen, werden, sprichwörtlich weitere Löcher aufgerissen, d. h. epistemisch gültige Kognitionen (z. B. dieser Weg könnte der falsche sein«) ignoriert. Nicht, dass diese epistemischen Kognitionen dabei wirklich verschwinden, aber sie werden von der weiteren Informationsverarbeitung erst einmal ausgeschlossen. Auf diese Weise entsteht das Phänomen des »trägen Wissens« (Mandl, 1996) – Wissen, das eigentlich vorhanden ist, wird in einer bestimmten Situation nicht genutzt.

2.3 »Die stille See und das erste leichte Kräuseln der Wasseroberfläche«

Ergebnis 1: Das Gefühl der inneren Unruhe

Introferenz erzeugt innere Unruhe; diese innere Unruhe lässt sich physiologisch erklären als Folge der Koppelung der imperierten Kognitionen mit erhöhtem Affekt bei gleichzeitiger Hemmung der unterliegenden, auszublendenden Kognitionen. Diese innere Unruhe ist das generelle Merkmal eines inneren Konfliktzustands

Das subjektiv erlebte Gefühl der inneren Unruhe lässt sich als internes Signal an sich selbst, an die eigene Informationsverarbeitung auffassen, sozusagen als metakognitive Markierung vor allem der »hineingetragenen« ungültigen Kognition: »Achtung, potentielle Gefahrenquelle: Hier wurden ungültige Kognitionen hineingetragen.«

Ergebnis 2: Der Beginn von Affekten, Emotionen und Stress

Durch die gezielte Koppelung der betroffenen Kognitionen mit erhöhter Erregung, Anspannung und Hemmung entsteht der erste – leichte, kaum spürbare – Stress (Benthien, 2011), der erste leicht erhöhte Affekt – das, was Cicero in dem dieses Kapitel einleitenden Zitat als Beginn von Leidenschaft (pathos) bezeichnen würde. Das Ausmaß dieses ersten leichten Stresses ist noch relativ gering; wir werden sehen (s. u.), dass der Stress mit zunehmendem Eingreifen noch erheblich weiter ansteigen kann.

Ergebnis 3: Einschleusen von ungültigen Kognitionen in die eigene Informationsverarbeitung

Auf diese Weise beginnt das Informationsverarbeitungssystem, epistemisch ungültige, d. h. verfälschte Kognitionen in die weitere Informationsverarbeitung einzubeziehen – mit der Folge, dass diese die Ergebnisse der weiteren Informationsverarbeitung beeinflussen und in gewissem Umfang verbiegen können. Diese Erkenntnis findet sich bereits in den Yoga Sutras des Patañjali; dort bedeutet der Begriff avidyâ so viel wie falsches, ungültiges, auch fehlendes (im Sinne von ausgeblendetes) Wissen (Desikachar, 2017, S. 96), das als Wurzel der Nicht-Erleuchtung gilt.

Ergebnis 4: »Eine von der rechten Einsicht abgewandte naturwidrige Bewegung der Seele« (Zenon)

Nach Zenon ist Leidenschaft im Sinne von pathos das Ergebnis einer »von der rechten Einsicht abgewandten, naturwidrigen Bewegung der Seele«. Die »naturwidrige Bewegung der Seele« besteht aus Sicht der TMI im Überschreiben gültiger durch ungültige (»von der rechten Einsicht abgewandte«) Kognitionen und zwar mit Hilfe der Koppelung dieser ungültigen Kognitionen mit erhöhter Erregung und Anspannung (Affekt) sowie den gültigen Kognitionen mit Hemmungen (Blockaden). Die Fähigkeit des Menschen, das Ausmaß seiner Erregung und Anspannung in bestimmten Situationen zu erhöhen (z. B. beim Bäume fällen) wird hier zweckentfremdet eingesetzt, um in den Ablauf der mentalen Informationsverarbeitung gewissermaßen »naturwidrig« einzugreifen. Diese naturwidrige Bewegung der Seele erfolgt »von der rechten Einsicht« – d. h. den epistemisch gültigen Kognitionen – »abgewandt« und damit in einem Zustand der inneren Verwirrung, inneren Zerrissenheit, des Nichtwissens, wie es weitergeht – kurz, in einem Zustand des inneren Konflikts.

Das epistemische System ist im Prinzip durchaus in der Lage, diesen »hineingetragenen«, sprich introferent erzeugten Widerspruch sozusagen im Handumdrehen aufzulösen. Was es daran mehr oder weniger stark hindert, ist die selektive Kopplung der »hineingetragenen«, epistemisch ungültigen Kognition mit Selbstalarm und körperlicher Anspannung einerseits bei gleichzeitigem Engstellen der Aufmerksamkeit gepaart mit dem Ausblenden der dazu in Widerspruch stehenden gültigen Kognitionen anderseits. Auf diese Weise wird dieser introferent generierte (zusätzlich) Default – solange der Prozess der Introferenz andauert – gewissermaßen künstlich aufrechterhalten.

2.4 Habitualisierung und Automatisierung des introferenten Eingreifens

Der Prozess der Habitualisierung: vom kontrollierten über das gewohnheitsmäßige bis hin zum automatischen Eingreifen

In der Psychologie bedeutet das Wort *kontrolliert*, dass man etwas mehr oder weniger bewusst und absichtlich tut – und dass man das, was man tut, auch gegebenenfalls wieder sein lassen kann. Vieles im Alltag tun wir absichtlich und kontrolliert: auf die Uhr schauen, aufstehen, zum Telefon greifen und anderes mehr. Auch das introferente Eingreifen an einer bestimmten Stelle kann kontrolliert erfolgen, wie das Beispiel des Wanderers (Variante 2) zeigt. Und sofern das nicht zur Gewohnheit geworden ist, ist es im Allgemeinen relativ einfach, damit auch wieder aufzuhören (s. Variante 3). Allgemeiner gesagt: In vielen Situationen ist es uns möglich, bewusst und absichtlich introferent einzugreifen – und damit gegebenenfalls auch wieder aufzuhören.

Das ändert sich jedoch, wenn das ursprünglich kontrollierte Eingreifen allmählich zur Gewohnheit wird und schließlich automatisch abläuft. (Der Übergang von kontrolliert zu gewohnheitsmäßig zu automatisch ist vermutlich fließend.) Nach Lally et al. (2010) braucht das Herausbilden einer Gewohnheit durchschnittlich 66 Tage. Je stärker die Gewohnheit ausgebildet wird, sich etwas bestimmtes zu imperieren, desto schwerer fällt es einem, diese Gewohnheit wieder aufzugeben. Schließlich wird daraus ein Automatismus; unser Wanderer, um bei diesem Beispiel zu bleiben, wendet sich schließlich automatisch nach rechts, kaum dass er die Wegkreuzung erreicht hat. Diese Automatisierung bringt eine Reihe von Vorteilen mit sich: Das Imperieren der Sollvorstellung »rechts« erfolgt immer schneller und die selektive Koppelung der Kognitionen mit Erregung und Anspannung wird schließlich dauerhaft im Langzeitgedächtnis gespeichert. Kurz: Die Automatisierung (Shiffrin & Schneider, 1977) führt dazu, dass der Arbeitsspeicher zunehmend weniger in Anspruch genommen wird und damit für andere Dinge frei bleibt.

Stellen wir uns nun vor, eines Tages trifft er dort jemanden, der ihm schwarz auf weiß beweist, dass der Weg nach links deutlich kürzer und attraktiver ist. Hier gibt es zwei Möglichkeiten: Entweder er wendet Introvision an, um diesen Automatismus (»rechts!«) als Automatismus zu löschen (▶ Kap. 5) oder er greift erneut, d. h. sekundär introferent ein.

(Über-)Verallgemeinerungen

Neben der Automatisierung des introferenten Eingreifens gibt es noch weitere Faktoren, die zu einer – wenn man so will – Ausbreitung des introferenten Eingreifens beitragen. Ein wichtiger Faktor ist der Prozess der Verallgemeinerung. Stellen wir uns vor, unser Wanderer (Variante 4) hat Erfolg mit seiner Wahl des Wegs, er kommt abends in einer Hütte an, seine Freunde klopfen ihm auf die Schulter und er zieht daraus den Schluss, »Man muss nur wissen, wo es langgeht.« – und überträgt dieses Prinzip in seinen beruflichen Alltag. In schwierigen Situationen imperiert er sich und anderen, dass X oder Y die richtige Lösung sei, er hat einige Male Erfolg damit und gewöhnt sich nun an, in vielen Situationen siegessicher aufzutreten, auch zu Hause und in der Freizeit. Auf diese Weise wird – auch hier ist der Übergang mutmaßlich fließend – daraus schließlich eine Überverallgemeinerung (sensu Beck, 1971).

Anknüpfen an traumatische Erfahrungen

Stellen wir uns vor, dass unser Wanderer (Variante 5) sich an der unbekannten Wegkreuzung an eine traumatische Erfahrung erinnert, die er unter ähnlichen Umständen schon einmal gemacht hat. Vielleicht hat er sich damals verlaufen, ist in ein Gewitter geraten und wurde vom Blitz getroffen und hat danach längerer Zeit im Krankenhaus gelegen. Die Erinnerung an diese traumatische Erfahrung wird jetzt erneut aktiviert, verbunden mit dem (primären) Imperativ, »Das darf mir nie wieder passieren!«. Damit gewinnt der akute innere Konflikt, in dem er sich befindet, eine sehr viel größere Dynamik und der (sekundäre) Imperativ, »Rechts ist der richtige Weg.« soll der eigenen Beruhigung dienen.

In diesen Situationen gibt es zwei Möglichkeiten: den Prozess des introferenten Eingreifens wieder beenden durch Introvision – oder erneut introferent einzugreifen, um zumindest einige Folgen, die darsu entstehen können, wieder abzumildern oder teilweise auszugleichen. So könnte der Wanderer beispielsweise sich nun zusätzlich vornehmen (imperieren), unbedingt weiter die Augen nach dem richtigen Weg aufzuhalten. Das wäre nur eines von vielen möglichen Beispielen für sekundäre Introferenz, die im Folgenden näher erläutert werden soll.

2.5 Sekundäre Introferenz, oder »Wie die Wellen größer werden«

Sekundäre Introferenz bedeutet, in vorhandene Introferenz erneut, d. h. zum zweiten, dritten, vierten Mal introferent einzugreifen. Ziel dabei ist es, bestimmten Auswirkungen der vorhandenen Introferenz entgegenzuwirken.

Das »Wie« des sekundären Eingreifens

Ziel des sekundären Eingreifens ist es, den Auswirkungen der vorhandenen Introferenz durch erneutes Eingreifen entgegenzuwirken. Das bedeutet, dass der »Zangengriff des Imperierens« erneut angewandt wird: Eine (oder mehrere) Kognitionen werden festgehalten und gleichzeitig andere, damit inkonsistente, Kognitionen, ausgeblendet.

Um dieses sekundäre Eingreifen intern »durchzusetzen«, werden – so die TMI – die sekundär festzuhaltenden Kognitionen nun mit deutlich höherer Erregung und Anspannung gekoppelt als beim ersten introferenten Eingreifen. Umgekehrt werden die auszublendenden Kognitionen stärker gehemmt und deren Weiterverarbeitung soweit als möglich blockiert.

Eine weitere Folge des sekundären Eingreifens ist es, dass in vielen Fällen zunehmend mehr Kognitionen in diesen Prozess des doppelten Eingreifens einbezogen werden. Mehr Kognitionen werden ausgeblendet, d. h. das »träge Wissen« (Mandl, 1996) nimmt zu – bis hin zum Zustand des akuten Konflikts, in dem einem »nichts mehr einfällt«. Gleichzeitig werden auch zunehmend mehr Kognitionen mit erhöhter Erregung und Anspannung gekoppelt, das heißt, die innere Anspannung und Erregung steigt an. Und schließlich nimmt nicht zuletzt auch der Grad der Verwirrung allmählich zu.

2.5 Sekundäre Introferenz, oder »Wie die Wellen größer werden«

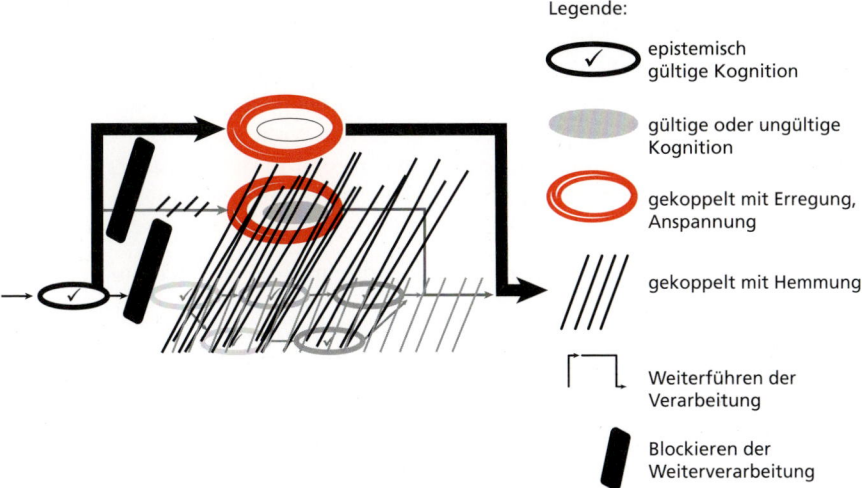

Abb. 2.5: Modell des sekundären Imperierens aus Sicht der TMI

Um dies mit der Metapher des Wassers auszudrücken: Infolge des wiederholten sekundären Eingreifens breiten die »Wellen« sich weiter aus, treffen aufeinander, schlagen gegeneinander oder verstärken sich auch gegenseitig.

Die Vielfalt der Möglichkeiten, sekundär introferent einzugreifen – bei den Sollvorstellungen, den Ist-Kognitionen, den internen Selbstanweisungen und den Handlungskognitionen – wird in Kapitel 4 ausführlicher behandelt werden.

Deshalb begnügen wir uns hier prototypisch mit einigen wenigen Beispielen, die dazu dienen sollen, einige Grundprinzipien des sekundären Eingreifens näher zu erläutern.

Eine epistemisch gültige Kognition sich sekundär imperieren: »Vernünftig sein«

Ein Hauptanwendungsfall für das sekundäre Eingreifen ist es, eine epistemisch gültige Kognition sekundär durchzusetzen gegen eine ungültige Kognition, die automatisch weiter festgehalten wird.

Wenn der Wanderer erfährt, dass der linke Weg der kürzere ist, imperiert er sich nun sekundär die epistemisch gültige Soll-Kognition: »Geh nach links« Diese »neue« Soll-Kognition wird dabei mit deutlich stärkerer Erregung und Anspannung gekoppelt. Ziel ist es, auf diese Weise die »neue« gegen die »alte« (ebenfalls weiter introferent festgehaltene) Soll-Kognition durchzusetzen. Die stärkere Erregung und Anspannung dienen dazu, die mit der »alten« Soll-Kognition gekoppelte physiologische Hemmung zu überwinden. Im subjektiven Erleben bedeutet das, dass sich der Wanderer innerlich einen Ruck gibt – und nach links geht.

Oberflächlich gesehen tut er genau dasselbe, was er auch tun würde, wenn es weder das primäre noch das sekundäre Eingreifen (an dieser Stelle in den Kognitionen) je gegeben hätte, oder auch, wenn es ihm gelungen wäre, das primäre Eingreifen an dieser Stelle erfolgreich aufhören zu lassen. In beiden Fällen wäre er in dieser Situation ebenfalls nach links gelaufen.

Schaut man jedoch genauer hin, so lassen sich deutliche Unterschiede im Verhalten erkennen: Nach dem sekundären Eingreifen wirkt sein Verhalten deutlich angespannter, er geht hastiger als vorher, und mental ist dieses Wandern mit eingeschränkter Wahrnehmung und abnehmender Gelassenheit verbunden.

Sich eine kontra-faktische Kognition sekundär imperieren: »Ich bleibe dabei, ich gehe nach rechts.«

Eine zweite Möglichkeit besteht darin, sich stattdessen eine kontra-faktische Kognition sekundär zu imperieren.

Als kontra-faktisch werden hier diejenigen Kognitionen bezeichnet, die in diametralem Widerspruch zu vorhandenen gültigen Kognitionen stehen. Konnte der Wanderer sich zu Beginn unseres Gedankenexperiments noch damit trösten, dass die Soll-Kognition »links« möglicherweise falsch ist, hat sich die Situation nun grundlegend verändert. Angesichts der nun eindeutigen Informationslage ist seinem EPiS klar, dass er nach links gehen sollte. In dieser Situation trotzdem nach rechts zu gehen, setzt voraus, dass der Wanderer jetzt die Augen fest davor verschließt, dass links der kürzere und attraktivere Weg ist. Bei kontra-faktischen Kognitionen wird buchstäblich »Schwarz« zu »Weiß« verdreht. (Allgemeiner gesagt: Innerhalb einer dreiwertigen Logik findet eine Verdrehung von wahr zu falsch oder umgekehrt statt. Anders ausgedrückt: In diesem Fall wird aus einer Meinung (»ich meine, dass rechts der richtige Weg ist, aber ich weiß es nicht sicher«) ein Vorurteil (vgl. Allport, 1971). In der Praxis bedeutet dies, dass sich der Wanderer nun stur stellt und darauf beharrt, weiter nach rechts zu gehen, egal wie die Faktenlage ist.

Wiederholtes sekundäres Eingreifen: zum dritten, vierten, fünften Mal eingreifen

Wie das folgende Beispiel zeigt, kann es erforderlich werden, den Auswirkungen des sekundären Eingreifens erneut entgegenzuwirken – zum Beispiel durch erneutes, d. h. tertiäres Eingreifen, wie im Folgenden noch einmal am Beispiel des Wanderers erläutert werden soll.

Unser Wanderer, der sich inzwischen angewöhnt hat, in Entscheidungssituationen siegessicher aufzutreten, eckt damit eines Tages gewaltig an. Danach nimmt sich vor, nie wieder selbstherrlich aufzutreten. Bei diesem zusätzlichen, sprich sekundären Eingreifen, wird der neue Imperativ (»Nie wieder!«) über den vorhandenen ersten Imperativ (»Tue so, als ob du es weißt!«) darübergelegt und dabei selektiv mit deutlich höherer Erregung und Anspannung gekoppelt. Wenn er zum Beispiel in einer Sitzung vor Wut aufspringen möchte (Imperativ 1: »Das darf doch nicht wahr sein…!«) und sich dann zusammenreißt (Imperativ 2 »Ruhig bleiben!« und tatsächlich sitzen bleibt, dann werden die entsprechenden Muskeln (»Aufspringen!« »Sitzen bleiben!«) selektiv angespannt bzw. gehemmt.

2.5 Sekundäre Introferenz, oder »Wie die Wellen größer werden«

Der zweite, sekundär hineingetragene Imperativ kann – je nach Situation – epistemisch gültig sein oder auch nicht. In Situationen, in denen diplomatisches Auftreten erforderlich ist, hat unser Wanderer jetzt deutlich mehr Erfolg als zuvor – in anderen dafür eher weniger.

Auch das zweite, zusätzliche Eingreifen kann nach vielen Wiederholungen schließlich automatisch ablaufen – dann ist das neue Verhalten für ihn so sehr zur zweiten Natur geworden, dass es ihm schon kaum mehr auffällt. Erst wenn sein Arzt ihm angesichts des zu hohen Blutdrucks dazu rät, es langsamer anzugehen, wird er möglicherweise zum dritten Mal eingreifen und sich diesmal imperieren, sich weniger aufzuregen – ein in vieler Hinsicht situationsangemessener Vorsatz, den innerlich durchzusetzen ihm jedoch verständlicherweise kaum gelingt[8].

Dieses mehrfache Eingreifen führt zu einer allmählichen Erhöhung der inneren Anspannung, Erregung und Hemmung und damit zu zunehmend mehr Stress und Belastung (Benthien, 2011; Lieb, 2010) – bis hin zu einem möglichen Burn-out.

Die Frage, wie oft es möglich ist, in introferente Prozesse erneut (d. h. tertiär, quartär etc.) erfolgreich einzugreifen, lässt sich ohne entsprechende empirische Forschungsergebnisse schwer beantworten. Die Erfahrungen mit der Praxis der Introvision (▶ Kap. 4) lassen vermuten, dass sich bei stark emotional aufgeladenen Konflikten vielfach nicht mehr als drei bis vier »Schichten« affektiv stark aufgeladener subjektiver Imperative finden lassen. Dieser Beobachtung entspricht übrigens dem, was Powers (1973) theoretisch postuliert; dieser geht von der Annahme aus, dass sich drei bis vier hierarchische Stufen von Sollvorstellungen unterscheiden lassen. Anders sieht es möglicherweise bei affektiv nur geringfügig aufgeladenen, dafür aber hoch automatisierter Introferenz aus. Hier fehlt jedoch, soweit bekannt, entsprechende empirische Forschung.

Im Laufe der Zeit entstehen so in einem Individuum gewissermaßen verschiedene Schichten des sekundären Eingreifens. Bestimmte Kognitionen werden immer stärker mit affektiver Erregung, Anspannung und dann auch wieder Hemmungen gekoppelt. So kommt es allmählich dazu, dass innerhalb des weit ausgedehnten kognitiven Netzes verschiedene kognitive Bereiche unterschiedlich stark affektiv aufgeladen sind als Resultat unterschiedlicher sozialer Einflüsse, biographischer Ereignisse, individueller Verarbeitungsmuster und vielleicht auch genetischer Prädispositionen.

Das zunehmende Ausmaß von Introferenz, insbesondere das gewohnheitsmäßige und automatisierte Eingreifen führt dazu, dass das EPiS in seiner Leistungsfähigkeit zunehmend eingeschränkt und blockiert wird.

2.6 Auswirkungen introferenter Kognitionen auf die menschliche Informationsverarbeitung – ein kurzer Ausblick

In Zeiten boomender Verschwörungstheorien und vielfältiger Fake News erscheint es sinnvoll, einen Blick darauf zu werfen, wie sich introferente Kognitionen auf die menschliche Informationsverarbeitung auswirken. Introferente Kognitionen sind epistemisch ungültige Kognitionen. Diese können vielfältige Formen annehmen – Überverallgemeinerungen und Bagatellisierungen zum Beispiel ebenso wie direkte Lügen. Stellen wir uns einen Moment vor, jemand würde – beispielsweise bei einem Klimarechner – in die Abläufe eingreifen und vorhandene Zahlen und Daten introferent verändern – aus einer 1 eine 100 machen, die Wahrscheinlichkeit, dass ein Tsunami an einer bestimmten Stelle entsteht von 0,08 auf 0,0008 herabsetzen und dergleichen mehr. Es liegt auf der Hand, dass diese Eingriffe die Ergebnisse der Datenverarbeitung unter Umständen deutlich beeinflussen können. Das wiederum kann die Gültigkeit der Ergebnisse erheblich beeinträchtigen und damit auch das Handeln der Menschen – bis hin zu häufigeren Fehlalarmen und ähnlichem mehr.

Wenn man sich politische Auseinandersetzungen, zum Beispiel bei Wahlkämpfen, anschaut, so zeigt sich, dass sie häufig durch einen hohen Grad der Verallgemeinerung gekennzeichnet sind, zum Beispiel

- aus »einige« (oder »viele«) wird »alle«,
- aus »Es ist möglich, dass das geschehen könnte.« wird »Das wird geschehen!« oder noch kürzer »Das geschieht bereits!«
- aus »Dies war vielleicht keine so kluge Handlung.« wird »Du Idiot!«

In gewissem Umfang haben wir im Alltag gelernt, manches davon wegzustecken, zu überhören oder nicht so ernst zu nehmen. In anderen Fällen kann es jedoch auch zu heftigen Auseinandersetzungen kommen.

Dieser kurze Ausblick zeigt, dass das introferente Eingreifen in die eigenen Kognitionen unter Umständen erhebliche Auswirkungen auf die eigene Informationsverarbeitung als auch auf den Umgang mit anderen Menschen haben kann: verzerrte Weltbilder, kollektives Ausblenden bestimmter Phänomene, Ausgrenzen von Menschen und vieles mehr. Darüber ließe sich noch sehr viel mehr sagen, aber an dieser Stelle lassen wir es damit bewenden.

2.7 Das »Auge des Wirbelsturms« und wie der Wirbelsturm sich wieder beruhigt: das KAW als die Grundlage der Introvision

Ziel der Introvision ist es, diese verschiedenen Schichten von (automatisierter) Introferenz insgesamt abzutragen und so den Grund wieder freizulegen: die epistemischen Kognitionen, die beim ersten Eingreifen an dieser Stelle überschrieben wurden. Wenn dies im Rahmen einer erfolgreichen Introvision geschieht, dann ist es so, also ob man mitten in einem Wirbelsturm das »Auge des Sturms« erreicht: Die Person wird nach vorheriger Aufregung und Anspannung mindestens für einen Moment ruhig und still und konstatiert: »Ja, es kann sein, dass das-und-das geschieht« oder auch »Ja, es ist so, das-und-das ist geschehen« (was nicht geschehen durfte). Wenn dies im Rahmen einer Introvisionsberatung geschieht, dann ändert sich die Stimme, die Art des Sprechens des Klienten oder der Klientin – statt wie zuvor beispielsweise aufgeregt oder verzweifelt oder ängstlich zu sein, wird daraus wieder der Modus des Konstatierens: selbstverständlich, ruhig, gelassen: »Ja, so ist es« (PT-Stufe 3 oder niedriger).

Jahrzehntelange Erfahrungen mit der Introvision lassen vermuten, dass dieser Moment der Stille im Zentrum des Wirbelsturms ein Indikator dafür ist, buchstäblich den »Grund des Konflikts« gefunden zu haben – und die Theorie der mentalen Introferenz erklärt, wieso das so ist; es handelt sich hierbei um die primäre Introferenz an der entsprechenden Stelle in der eigenen Informationsverarbeitung, und damit um das, was dieser Introferenz buchstäblich *zugrunde* liegt, d. h. was, bildlich gesehen, *unter* der Introferenz liegt, die entsprechende Subkognition (von lat. *sub*, das bedeutet »unter« und *cognitio*, Erkenntnis, Wahrnehmung) – die der Introferenz *zugrundeliegende* Kognition.

Was dann zu tun ist, lässt sich ebenfalls aus der Theorie der mentalen Introferenz ableiten – nämlich diese gültige Erkenntnis am Grund des Konflikts »nur« eine Weile weitgestellt, aufmerksam und konstatierend wahrzunehmen[9] (KAW), in anderen Worten: diese Kognitionen

- nicht (noch einmal, zusätzlich) zu überschreiben,
- nicht (erneut, zusätzlich) »Öl ins Feuer zu gießen«, d. h. die innere Erregung und Anspannung nicht noch (weiter) zu erhöhen,
- aufzuhören, die eigene Aufmerksamkeit engzustellen; positiv ausgedrückt, sie wieder weitzustellen
- und das, was bislang beim primären Eingreifen überschrieben wurde, die zugrunde liegende Sub-Kognition, nicht (mehr länger) zu ignorieren, auszublenden und wegzuschieben.

Herwig, Kaffenberger et al. (2010) konnten zeigen, dass nicht-wertendes, offenes Wahrnehmen der momentanen körperlichen Gefühle (»Was spüre ich gerade?«) bereits nach 11 Sekunden zu einer signifikanten Abnahme affektiver Erregung in der Amygdala (u. a. das physiologische Angstzentrum im Gehirn) führen kann.

Im Rahmen der Introvision ist das Ziel des Konstatierenden Aufmerksamen Wahrnehmens bei akuten inneren Konflikten (PT-Stufe 6) darüber hinaus, die automatische Koppelung (LeDoux, 1998) von Kognitionen mit physiologischer Erregung, Anspannung und Hemmung zu löschen und so die innere Gelassenheit in den entsprechenden Situationen wieder zu gewinnen. Wie die Untersuchung von Debiec et al. (2006) et al. gezeigt hat, ist es tatsächlich möglich, eine solche Koppelung eines Stimulus mit Angst bei Ratten aus dem Langzeitgedächtnis zu löschen. Und diese Studie belegt außerdem auch, dass es notwendig ist, bis auf den Kernimperativ zurückzugehen und diesen zu aktivieren, um die Angst von der Wurzel her aufzulösen und zu beenden. Und genau das geschieht bei einer erfolgreichen Introvision.

Introvision lässt sich anwenden auf kleine Mini-Konflikte im Alltag, z. B. das etwas zu starke Anspannen eines Muskels beim Sport, das schnelle Ausblenden einer Wahrnehmung, gewohnheitsmäßige Fehler (z. B. beim Klavierspielen) ebenso wie – am anderen Ende des Spektrums – auf die »dicken Klöpse« (▶ Kap. 1.4), die hartnäckigen inneren Konflikte, die Leidenschaften (Cicero) ebenso wie starke mentale Blockaden.

Die Fähigkeit, etwas eine Weile lang aufmerksam, weitgestellt und konstatierend betrachten zu können (KAW) ist ein integraler Bestandteil der Introvision, die es vorab entsprechend einzuüben gilt.

2.8 Zusammenfassung

Wie Grawe (1998, 2004) festgestellt hat, bietet das in der heutigen Psychologie vorherrschende Modell der Selbstregulation des Handelns von Miller, Galanter und Pribram (1960) keine Erklärung dafür, wie sich die Entstehung innerer Konflikte im Rahmen dieses sogenannten TOTE-Modells erklären lässt

Ziel der Entwicklung der TMI durch die Verf. war es, eine (psychotherapie-)schulenübergreifende Grundlagentheorie der Entstehung innerer Konflikte und damit zugleich auch eine Grundlagentheorie der Entstehung von Gelassenheit zu entwickeln, um so die Wirksamkeit der Introvision theoretisch zu fundieren.

Die TMI beruht auf der Annahme, dass das introferente, d. h. das »hineintragende« (von lat. intro- ferre, hinein-tragen) Eingreifen in die eigenen mentalen Prozesse einen Zustand des inneren Konflikts erzeugt. Eingegriffen wird dabei in das epistemische Informationsverarbeitungssystem (EPiS). Im Zustand tiefer innerer Ruhe (absolute innere Ruhe, Flow-Erleben) verbunden mit heiterer Gelassenheit, großem Wohlbefinden und mühelosen Tun ist diese epistemische Informationsverarbeitung, die epistemische Intelligenz des Menschen außerordentlich leistungsfähig.

Beim introferenten Eingreifen werden – so die Annahme – epistemisch gültige durch ungültige Kognitionen überschrieben. Dabei wird die laufenden Informationsverarbeitung an einer bestimmten Stelle unterbrochen, die Aufmerksamkeit wird eingeengt, die vorhandenen gültigen (als richtig, zutreffend, stimmig eingeordneten) Kognitionen werden gehemmt, ignoriert und unterdrückt, während die »introferent hineingetragenen«, ungültigen (falschen, unzutreffende, unstimmigen) Kognitionen (Gefühle, Bilder, Gedanken etc.) sich selber imperiert werden. Um diese introferenten Kognitionen intern gegen die vorhandenen gültigen durchzusetzen, werden sie imperiert: d. h., gewissermaßen mit einem inneren Ausrufezeichen versehen und zugleich erhöhter Erregung (Adrenalin) und Anspannung gekoppelt. Gleichzeitig werden die dazu in Widerspruch stehenden gültigen Kognitionen ausgeblendet, ignoriert und deren Weiterverarbeitung gehemmt.

Dieses primäre introferente Eingreifen an einer bestimmten Stelle in den eigenen mentalen Prozessen kann zur Gewohnheit werden und schließlich automatisch ablaufen. Um den Auswirkungen eines solchen habituellen bzw. automatisierten Eingreifens entgegenzuwirken, ist es möglich, erneut (sekundär) einzugreifen, z. B. durch gute Vorsätze, durch dramatisieren oder auch herunterspielen. Im Alltag kennen wir eine Vielzahl unterschiedlicher Formen dieses introferenten Eingreifens – sich etwas einreden, dramatisieren, bagatellisieren, sich selber belügen oder auch vor etwas die Augen verschließen, um nur einige Beispiele zu nennen.

Ziel der Introvision ist es, den Prozess der Introferenz an einer bestimmten Stelle in der eigenen Informationsverarbeitung zu beenden – und so die Gelassenheit in der entsprechenden Situation wieder zu gewinnen.

Selbsttest

Das epistemische System (EPiS)

- Was ist das EPiS und was sind dessen Aufgaben?
- Warum ist es wichtig, dass die epistemische Gültigkeit der verwendeten Kognitionen und kognitiven Prozesse laufend überprüft wird?
- Wodurch zeichnen sich epistemisch gültige Kognitionen aus?
- Was bedeutet Kongruenz?
- Nennen Sie die vier Arten von epistemischen Defaults und erläutern Sie diese an folgendem Beispiel: Jemandem fällt der Geburtstag eines Freundes nicht ein.
- Stellen Sie sich vor, ein Schüler weiß, dass er nicht mehr genau weiß, was »Baum« auf Englisch heißt. Alles, was ihm dazu einfällt, ist »…ree…«. Was für eine Form von Default ist das? Und wie und womit könnte er dieses »…ree…« primär introferent überschreiben?
- In Kapitel 2.5 steht, dass das Überschreiben von epistemischen Fehlstellen durch introferente Kognitionen dazu führt, dass weitere Fehlstellen in der epistemischen Informationsverarbeitung entstehen. Erläutern Sie dies an einem praktischen Beispiel.

Mentale Introferenz

- Was bedeutet mentale Introferenz?
- Wie lässt sich die Entwicklung des introferenten Systems evolutionstheoretisch erklären?

- Erläutern Sie den Prozess des primären Eingreifens. Was bedeutet dabei der Begriff des Imperierens?
- In welchem Moment entsteht dabei der erste kleine innere Konflikt?
- Was bedeutet die Automatisierung des primären Eingreifens und zu welchen Folgen führt das?
- Was ist Ziel des sekundären Eingreifens? Erläutern Sie die verschiedenen Varianten an einem Beispiel!
- Generell: Was sind Vor- und Nachteile des introferenten Eingreifens?

Sokratische Lösung

- Was ist die Lösung des Sokrates?

Andere Theorien

- Stellen Sie eine Ihnen bekannte andere Theorie der Entstehung von inneren Konflikten (▶ Kap. 4.1) dar und diskutieren Sie Gemeinsamkeiten und Unterschiede zur TMI.
- Diskutieren Sie die Stärken und Schwächen des entdeckenden Lernens aus Sicht der TMI. Welche Folgerungen ergeben sich daraus für den Unterricht?
- In Kapitel 2.1 wurden sieben offene Fragen aufgeführt. Bitte listen Sie diese Fragen auf und beantworten Sie diese aus Sicht der Theorie der mentalen Introferenz.
- Greifen Sie eine dieser Fragen auf und diskutieren Sie aus mindestens zwei unterschiedlichen Sichtweisen.

3 Konstatierendes Aufmerksames Wahrnehmen (KAW) – ein Zustand des Nichteingreifens

> **Übersicht**
>
> Im vorangegangenen Kapitel ging es um das introferente Eingreifen in die eigenen Kognitionen. In diesem Kapitel befassen wir uns damit, was es heißt, *nicht* in die im Bewusstsein momentan aktivierten Kognitionen (erneut) einzugreifen. Dieses Nicht-Eingreifen wird hier als KAW bezeichnet, als Konstatierendes Aufmerksames Wahrnehmen. KAW ist die Grundlage der Introvision.
>
> Der Begriff des KAW, wörtlich genommen: »konstatierendes = nicht-eingreifendes aufmerksames Wahrnehmen« wurde von der Verf. im Rahmen unseres Langzeitforschungsprogramms (▶ Kap. 1) geprägt und anhand von vier Übungen pragmatisch operationalisiert und konkretisiert. Dieses Übungsprogramm ist inzwischen umfangreich praktisch erprobt.
>
> Diese KAW-Übungen lassen sich im Alltag in vielen Situationen anwenden, wenn es darum geht, gelassener zu werden, zum Beispiel im Bereich der Gesundheit, beim Sport, beim Lösen neuer Aufgaben ebenso wie beim Lernen und beim Meditieren.

3.1 Grundlagen und Merkmale des Konstatierenden Aufmerksamen Wahrnehmens

Der erste Schritt auf dem Weg zu mehr Gelassenheit im Alltag beginnt damit, herauszufinden, was KAW bedeutet und sich darin zu üben, häufiger eigene Kognitionen aufmerksam konstatierend wahrzunehmen.

Definition

KAW ist ein Prozess des konstatierenden, konstanten, aufmerksamen und weitgestellten Wahrnehmens von im Bewusstsein aktivierten Kognitionen. Diese einzelnen Teilbegriffe sollen im Folgenden näher erläutert werden.

3 Konstatierendes Aufmerksames Wahrnehmen (KAW)

Konstatierend. Das Wort konstatieren bedeutet im Alltag so viel wie »feststellen, bemerken« (Duden 1989, im Sinne von »so ist es«. Die lateinische Wurzel dieses Wortes ist »con-stare«, »still stehen, still da stehen« (Georges, 1902, Sp. 561). Kognitionen konstatierend wahrzunehmen, bedeutet also, diese gewissermaßen »so stehen zu lassen«, wie sie gerade sind – sie also weder (zusätzlich) zu überschreiben noch zu ignorieren.

Aufmerksam. Aufmerksamkeit lässt sich definieren als ein Zustand der Zuweisung begrenzter Bewusstseinsressourcen zu bestimmten Kognitionen (Birbaumer & Schmidt, 2002). Aufmerksamkeit geht aus physiologischer Sicht einher mit leicht erhöhter Energie.

Wahrnehmen. Das Wort Wahrnehmen stammt aus dem Althochdeutschen, dort bedeutete es ursprünglich etwas in »wara«, in »Aufmerksamkeit« nehmen.

Etwas konstatierend aufmerksam wahrzunehmen bedeutet also, die (begrenzten) Bewusstseinsressourcen der Wahrnehmung von Kognitionen zuzuwenden, ohne gleichzeitig in diese einzugreifen. Anders als in der Psychologie vielfach üblich, wird hier ein weiterer Wahrnehmungsbegriff verwendet. Wahrnehmen in diesem Sinne können wir unsere Sinneseindrücke, Handlungsziele, körperliche Empfindungen, Gefühle, Gedanken, abstrakte Erkenntnisse, Bilder etc. In diese nicht einzugreifen bedeutet, diese offen, interessiert, im positiven Sinne neugierig zu betrachten, »so wie sie sind«.

Kognitionen in diesem Sinne wahrzunehmen ist etwas anderes, als sie einfach nur zu repetieren. So wiederholen wir im Alltag zum Beispiel eine Telefonnummer so lange, bis wir sie eingegeben haben – und wenden unsere Aufmerksamkeit dann anderen Dingen zu. Kognitionen zu repetieren – seien es nun Telefonnummern, Mantras oder positive Selbstsuggestionen – bedeutet, diese auf Wiederholungsschleife (s. Baddeley, 1991) zu legen, um auf diese Weise andere, im Bewusstsein aktivierte Kognitionen kurzfristig zu überschreiben. Ein solches Repetieren ist etwas anderes, als sich diese Telefonnummer oder dieses Mantra offen und neugierig anzuschauen, in diese hineinzulauschen und sie zu betrachten.

KAW unterscheidet sich von manchen anderen Formen der offenen, nicht-wertenden Aufmerksamkeit durch zwei weitere Merkmale: »konstant« und »weitgestellt«.

Konstant. Der Begriff konstant bezieht sich darauf, dass beim KAW der Fokus (das Zentrum) der Aufmerksamkeit eine Zeit lang konstant auf dieselben Kognitionen gerichtet bleiben soll.

Weitgestellt. Der Begriff weitgestellt bezieht sich darauf, dass beim KAW – im Unterschied zur Konzentration – diejenigen Kognitionen, die nicht im Fokus der Aufmerksamkeit stehen, idealerweise *nicht* ausgeblendet werden.

Insgesamt lassen sich damit sechs Merkmale des KAW (Wagner, 2004) unterscheiden (s. Kasten), die in diesem Kapitel näher erläutert werden sollen.

3.1 Grundlagen und Merkmale des Konstatierenden Aufmerksamen Wahrnehmens

Sechs Merkmale des Konstatierenden Aufmerksamen Wahrnehmens (KAW)

Wird der Fokus der Aufmerksamkeit ein Weilchen lang konstatierend auf eine Kognition gerichtet, so bedeutet das, dass die Aufmerksamkeit in Bezug auf diese Kognition in ihrem Fokus zunächst zumindest ein paar Sekunden lang – idealerweise natürlich später auch länger – im Idealfall folgende Merkmale aufweist:

- *konstatierend*, d. h.: epistemisch feststellend im Sinne von »So ist es« (nämlich: diese Kognition) – also nicht introferent eingreifend
- *mit konstant bleibendem Fokus*, d. h. nicht (allzu oft) abschweifend
- *weitgestellt*: d. h. nicht engstellen
- *wahrnehmend*: wirklich hinschauen/hinhören/hineinspüren statt zu repetieren
- *andere inhaltliche Kognitionen* am Rande des Bewusstseins nicht aktiv ausblendend
- und *ohne aktiv-bewusst introferent einzugreifen um nach einer Problemlösung zu suchen*; (dies wird gegebenenfalls auf einen späteren Zeitpunkt vertagt.)

Zusammenfassend lässt sich Konstatierendes Aufmerksames Wahrnehmen definieren als ein mentaler Zustand, bei dem der Fokus der nicht-introferenten Aufmerksamkeit ein Weilchen lang konstant auf *eine* bestimmte Kognition gerichtet bleibt, ohne dass andere Kognitionen am Rande der Aufmerksamkeit introferent ausgeblendet werden. Subjektiv wird das KAW als ein Prozess des aufmerksamen Wahrnehmens (hinsehen, hinhören, hineinspüren, betrachten) erlebt. Introferenztheoretisch handelt es sich um einen Zustand, bei dem die laufende kognitive Informationsverarbeitung nicht zusätzlich durch introferentes Eingreifen verzerrt oder blockiert wird. Was das praktisch bedeutet, soll im Folgenden näher erläutert werden.

»Ist das nicht dasselbe wie …?«

KAW lässt sich im Kern als eine Form offener, weitgestellter und nicht-eingreifender Aufmerksamkeit auffassen, wie sie auch in verschiedenen anderen Ansätzen in der Psychologie beschrieben wird, zum Beispiel

- als »passive Konzentration« (in der Oberstufe des autogenen Trainings, Schultz, 1991)
- als »freischwebende Aufmerksamkeit« des Psychoanalytikers gegenüber seinen Patienten (Freud, 1940),
- als eine Form des »psychischen Geschehenlassen« bei der Entwicklung von Bildern in der Jungschen Psychotherapie (C. G. Jung, 1929),
- als eine Form der empathischen, wertschätzenden und kongruenten Aufmerksamkeit in der nicht-direktiven Beratung (Rogers, 2000)

- als eine Form des bewussten »Hineinspürens« in den eigenen Körper und die damit verbundenen Empfindungen, Gefühle und Erinnerungen, so z. B. in der Konzentrativen Bewegungstherapie (Brooks, 1991), in der Eutonie (Alexander, 1976) und bei Feldenkrais-Übungen (Feldenkrais, 1978),
- als Focusing (Gendlin, 1981),
- und als eine Form von Achtsamkeit (Heidenreich & Michalak, 2006; Grawe, 2004; Wagner, 2007) bzw. von Mindfulness (Kabat-Zinn, 1998).

Soweit bekannt, liegen bisher noch keine umfassenden systematischen empirischen Studien zu Gemeinsamkeiten und Unterschieden zwischen diesen verschiedenen Ansätzen vor – sowohl was die jeweiligen pragmatischen Regeln der Anwendung als auch deren praktische Ausführung betrifft.

Achtsamkeit und KAW

Die Theorie der mentalen Introferenz (▶ Kap. 2) lässt sich als eine Grundlagentheorie der Entstehung offener, nichtwertender Aufmerksamkeit und damit auch um eine Theorie der Entstehung von Achtsamkeit auffassen.

KAW und Achtsamkeit weisen eine Reihe von Gemeinsamkeiten und Unterschiede auf. Angesichts unterschiedlicher Definitionen und damit verbundener unterschiedlicher Traditionen von Achtsamkeit und »mindfulness« lässt sich derzeit nur schwer eine gemeinsame übergreifende Definition von Achtsamkeit finden. Etwas einfacher wird es, wenn man sich die pragmatischen Anwendungsregeln anschaut, die bei der Anleitung von Achtsamkeit häufig insbesondere Anfängern mit auf den Weg gegeben werden.

Ein häufig anzutreffender Unterschied liegt darin, dass in Anleitungen zur Achtsamkeit vielfach (z. B. Kabat-Zinn, 1998) darauf hingewiesen wird, (1) die Aufmerksamkeit auf die Wahrnehmung des Hier-und-Jetzt zu beschränken und (2) längeres Nachdenken und Gedankenkreise allgemein zu vermeiden. Für diese Hinweise mag es durchaus gute pragmatische Gründe geben, insbesondere dann, wenn es darum geht, Anfängern einige »rules of thumb« mitzugeben, die helfen können, das Auftauchen und Eskalieren akuter Konflikte (PT-Stufe 6–7) nach Möglichkeit zu vermeiden. Allerdings können diese – aus Sicht der TMI – auch zum Hindernis werden, wenn es darum geht, (1) akute oder auch chronische Konflikte tatsächlich aufzulösen, bei denen es vielfach um Erinnerungen an Vergangenes geht – oder auch (2) wenn es darum geht, sich gedanklich mit der Lösung sachlicher Probleme zu befassen. Diese beiden Einschränkungen gibt es beim Erlernen des KAW nicht. Bereits bei den ersten KAW-Übungen (KAW 1–3) können Erinnerungen an Vergangenes im Bewusstsein auftauchen; diese sollen zu Beginn zwar nicht im Zentrum der der Aufmerksamkeit stehen, jedoch – im Sinne des Weitstellens – auch nicht aktiv aus dem Bewusstsein ausgeblendet werden. Ein dritter wesentlicher Unterschied (3) liegt folglich darin, darin, dass bei der Anleitung zur Achtsamkeit typischerweise Hinweise auf das Weitstellen fehlen, während das Weitstellen ein wesentliches Merkmal des KAW ist.

Ziel der Entwicklung des KAW war es, eine Form der nicht-eingreifenden Aufmerksamkeit so zu operationalisieren, dass sich diese sowohl bei der Auflösung innerer Konflikte (▶ Kap. 5) als auch bei der Klärung sachlicher Probleme sowie in vielen anderen Alltagssituationen (▶ Kap. 3.4) anwenden lässt.

Ein weiterer, zentraler Unterschied besteht darin, dass bei dem Erlernen der Introvision – anders als bei vielen Anleitungen zur Achtsamkeit – besonderer Wert daraufgelegt wird, dass der Klient oder die Klientin das KAW anhand von entsprechenden Übungen (▶ Kap. 3.2) hinreichend erprobt hat, um diese Form der Aufmerksamkeit bei der Auflösung von Konflikten (▶ Kap. 5) entsprechend anwenden zu können.

KAW: first und second level

Wir Menschen sind – etwa ab der Pubertät – in der Lage, auf zwei Bewusstseinsebenen zu agieren – Ebene 1 und Ebene 2. In dem Gedankenexperiment nimmt der Wanderer die Umwelt und sich selber konstatierend wahr (Ebene 1). Gleichzeitig nimmt er gelassen wahr, dass das so ist (Ebene 2). Im Alltag können wir zum Beispiel in ein Hobby vertieft sein (Ebene 1) und wenn dann jemand uns fragt, was machst du da gerade, dann realisieren wir (Ebene 2), dass wir gerade in unser Hobby vertieft sind. Dies ist ein Beispiel für KAW auf Ebene 1 (Hobby) und auf Ebene 2 die Selbstwahrnehmung. Wir können gelassen wahrnehmen, dass wir gelassen sind.

In anderen Situationen können wir gelassen wahrnehmen (Ebene 2), dass wir nicht gelassen sind (Ebene 1). Zum Beispiel können wir uns aufregen (Ebene 1) und gelassen wahrnehmen, dass wir uns aufregen (Ebene 2).

Und in einer dritten Variante können wir gelassen sein (Ebene 1) und das gleichzeitig nicht gelassen wahrnehmen (Ebene 2) und imperieren. Zum Beispiel uns auf Ebene 2 sagen: So muss es immer sein!

Physiologischen Auswirkungen von KAW

Dass konstatierende Aufmerksamkeit tatsächlich zu einer Verringerung affektiver Erregung führen kann, zeigen die Ergebnisse neuerer hirnphysiologischer Untersuchungen.

Bei diesen wurden die Studienteilnehmer, umgangssprachlich ausgedrückt, »in die Röhre« geschickt, d. h. ihre Hirnfunktionen wurden laufend mit Hilfe funktioneller Magnetresonanztomographie aufgezeichnet. Währenddessen führten sie verschiedene Aufgaben aus, unter anderem die achtsame, d. h. nicht-wertende, konstatierende Wahrnehmung gegenwärtiger Gedanken, Gefühle und Körperempfindungen. Es zeigte sich, dass diese Form der Wahrnehmung zu einer veränderten Aktivierung in Gehirnregionen führte, die mit emotionaler Erregung und Regulation assoziiert sind.

So führten in einer Studie von Herwig, Kaffenberger, Jäncke und Brühl (2010) bereits elf Sekunden der konstatierenden Wahrnehmung im Vergleich zu kognitiver Selbstreflexion (»Denk über dich nach, reflektiere, wer du bist, welche Ziele du hast …«) und einer neutralen Bedingung (nichts tun) zu einer signifikant geringeren Aktivierung der linken Amygdala, die bei Furcht, Depression und anderen Emotionen eine zentrale Rolle spielt. Diese zeigte sich ebenso signifikant weniger aktiv, wenn in einer Studie von Lutz et al. (2014) die Betrachtung negativer Bilder von achtsam-konstatierender Wahrnehmung begleitet wurde. Zusätzlich waren hier auch den Hippocampus umgebende Bereiche und Teile der Insula weniger aktiv, die ebenfalls mit emotionaler Verarbeitung assoziiert sind. Außerdem zeigte sich während der Erwartung von negativen oder potentiell negativen Bildern eine stärkere Aktivität in präfrontalen Hirnregionen, die mit der Emotionsregulation in Zusammenhang stehen.

Gestützt werden diese Befunde von einer Studie, in der die konstatierende Wahrnehmung auf den Atem gerichtet war, während aversive Bilder gezeigt wurden (Doll et al., 2016). Auch hier zeigten sich eine geringere Aktivierung der Amygdala und eine stärkere Aktivierung fronto-parietaler Cortex-Regionen während der achtsamen im Vergleich zur neutralen Bedingung. Zusätzlich konnte gezeigt werden, dass je stärker die Abnahme der Amygdala- und die Zunahme der fronto-parietalen Aktivität war, desto stärker war auch die Reduktion der negativen Emotionen der Probanden. Die Aktivitätsveränderungen in den genannten Hirnbereichen scheinen also einerseits mit der konstatierenden Wahrnehmung, andererseits mit erfolgreicher Regulation negativer Emotionen im Zusammenhang zu stehen. Außerdem weisen die Regionen unter Achtsamkeit eine stärker zusammenhängende Aktivität auf.

Insgesamt gibt es mit diesen Befunden deutliche Hinweise darauf, dass konstatierende Wahrnehmung auf neuronaler Ebene zu einer stärkeren Emotionsregulation und – möglicherweise in der Konsequenz – zu einer geringeren emotionalen Erregung führt.

Operationalisierung des KAW durch vier Übungen

Ziel der folgenden KAW-Übungen ist es, zunächst einmal ein Gespür dafür zu bekommen, was »konstatierendes Wahrnehmen« ist, wie es sich anfühlt. Dann geht es darum, sich darin zu üben, die Aufmerksamkeit ein Weilchen lang konstatierend auf dieselben Kognitionen gerichtet zu lassen – und schließlich im dritten Schritt zunehmend auch solche Kognitionen ein Weilchen konstatierend zu betrachten, die mit viel automatisierter Introferenz verbunden sind, d. h. die sonst gewohnheitsmäßig ausgeblendet, überschrieben, überverallgemeinert, abgewertet, dramatisiert etc. werden. (Insofern entspricht KAW dem, was in anderen Kontexten als »nicht-wertende« Aufmerksamkeit bezeichnet wird.)

Lernen, etwas konstatierend wahrzunehmen, heißt also zu lernen, zumindest ein paar Sekunden aufzuhören – zusätzlich – in Bezug auf diese Kognitionen einzugreifen. Wenn wir introferentes Eingreifen damit vergleichen, dass jemand mit einer Hand im Wasser herumrührt, so bedeutet konstatierendes Wahrnehmen, ein Weilchen auf Ebene 2 aufzuhören, dies zu tun.

> Stellen wir uns vor, eine Person rührt mit der Hand im Wasser eines sehr kleinen Teichs herum – je länger sie rührt, desto mehr Wellen entstehen. Damit die Wellen nicht überlaufen und die Wasseroberfläche sich wieder beruhigt, ist es notwendig aufzuhören, etwas zu tun: nämlich die Hand zu bewegen. Dieses Nicht-Tun führt dazu, dass die Wellen allmählich auslaufen und das Wasser schließlich wieder still wird (sofern es keine andere Quelle für Wellen gibt). Natürlich bedeutet ein solches »Nicht-Tun« nicht, dass die Person überhaupt nichts tut. Während sie am Ufer hockt und die Hand still ins Wasser hängen lässt, atmet sie

weiter, denkt nach und summt vielleicht auch ein Lied dabei – nur eines tut sie nicht, nämlich die Hand im Wasser hin und her zu bewegen.

Die Erfahrung hat gezeigt, dass es zweckmäßig ist, den hier gemeinten Zustand der konstatierenden Aufmerksamkeit mit Hilfe von eigens dafür entwickelten Übungen pragmatisch (sensu Watzlawick et al., 1969) zu operationalisieren.

Diese Übungen wurden von der Verf. über zwanzig Jahre entwickelt (Wagner, 1984a, 1998b 1999b; vgl. auch Iwers-Stelljes, 1997) und vielfach erprobt. Dafür gab es mehrere Gründe:

Erstens gibt es – zumindest in unserem Kulturraum – keine einheitlichen Begriffe zur Bezeichnung unterschiedlicher Bewusstseinszustände. Deshalb ist es schwierig, das Gemeinte sprachlich eindeutig verständlich zu machen. Die Übungen sollen daher dazu dienen, praktisch zu zeigen, welche Möglichkeiten es gibt, die eigene Aufmerksamkeit zu verändern. Die damit gemachten Erfahrungen können dann als Referenzpunkte für praktisch voneinander unterscheidbare Zustände der Aufmerksamkeit genutzt werden; der anschließende Erfahrungsaustausch macht es dann möglich, etwaige Missverständnisse zu erkennen und auszuräumen.

Zweitens lassen sich mentale Zustände von außen nur sehr eingeschränkt beobachten. Wenn es um Fahrradfahren oder Tennis spielen geht, dann ist es möglich, Anfängern buchstäblich vor Augen zu führen, wie die gewünschten Fertigkeiten aussehen. Interne Bewusstseinsprozesse lassen sich von außen hingegen kaum beobachten; deshalb wurden die Übungen entwickelt, um die gemeinten Fähigkeiten zu veranschaulichen.

Und drittens lassen sich die Übungen auch dazu verwenden, das Repertoire der habituell bevorzugten Aufmerksamkeitsstile praktisch zu erweitern und so die eigene Aufmerksamkeitskompetenz zu fördern.

Langjährige Erfahrung mit der Durchführung dieser Übungen in Einzelberatungen und Seminaren zeigt außerdem:

Es gibt außerordentlich große interindividuelle Unterschiede in der Fähigkeit, das KAW auch tatsächlich absichtlich ein Weilchen lang durchzuführen, so wie dies auch für andere Formen kontrollierter Aufmerksamkeit (z. B. Broadbent, 1958) gilt. Das konstatierende Wahrnehmen gehört zu den grundlegenden Fähigkeiten des Menschen – genauso wie jeder Mensch im Prinzip gehen, sprechen oder singen kann. Ab und zu kommt es vor, dass eine Teilnehmerin oder ein Teilnehmer an einem Seminar die erste KAW-Übung macht und dann leicht konsterniert fragt, was denn bitte schön daran neu sei – *das* mache sie oder er schon immer so. Die Antwort darauf lautet: Ja, natürlich – aber manche Menschen brauchen mehr Übung, um diesen Zustand der Aufmerksamkeit wiederzuerkennen und absichtlich herstellen zu können. Insgesamt gibt es bei der Wahrnehmung außerordentlich große Unterschiede zwischen Individuen.

- Die Erfahrung zeigt, dass es einfacher ist, das KAW zunächst in alltäglichen Situationen zu üben, bevor es dann im Rahmen der Introvision zur Auflösung von Konflikten angewandt wird – so wie es hilfreich ist, erst einmal Trockenschwimmen zu üben, bevor man ins Wasser springt.

- Schließlich hat das regelmäßige Üben des KAW viele erfreuliche Auswirkungen im Alltag, wie die Erfahrung zeigt: Die Wahrnehmungsfähigkeit verbessert sich, die Konzentrationsfähigkeit nimmt zu, man lernt gerade im Zeitalter von Multi-Tasking und Internet wieder, sich in Dinge zu vertiefen, sich kurzfristig mental zu entspannen und Stress abzubauen und vielleicht häufiger Flow zu erleben.

In den folgenden Abschnitten werden zunächst die Merkmale des KAW beschrieben und dann die vier KAW-Übungen dargestellt.

3.2 Vier KAW-Übungen

Bei den folgenden vier Übungen stehen jeweils unterschiedliche Merkmale des KAW im Vordergrund: das Konstatieren (Übung I), das Weitstellen (Übung II) mit konstantem Fokus (Übung III) und schließlich das Zentrum des Angenehmen bzw. Unangenehmen (Übung IV).

3.2.1 KAW-Übung I: »Konstatieren«

Wichtigstes Ziel dieser Grundübung (Wagner, 1984a, 1987b, 1999a) ist es, sich erstens den Unterschied zwischen konstatierender vs. nicht-konstatierender (sprich: introferent eingreifender) Aufmerksamkeit bewusstzumachen und sich zweitens darin zu üben, diese konstatierende Aufmerksamkeit eine Zeit lang auf dieselbe Kognition zu richten.

Wie bereits weiter oben erläutert wurde, bedeutet konstatierend feststellend – im Sinne von »So ist es«. Dieses Konstatieren ist ein nonverbaler Prozess: Das Individuum registriert z. B. »So sieht das aus«, »So klingt das« oder »So fühlt es sich an«. Hilfsweise kann dies zusätzlich auch verbal so formuliert werden, aber dieses innere Sprechen hat nur die Funktion einer Hilfestellung – so wie jemand einem Anfänger beim Sport Hilfestellung gibt beim Erlernen einer Übung.

Am einfachsten ist es, epistemische Kognitionen konstatierend wahrzunehmen. Epistemische Kognitionen sind gekennzeichnet durch das subjektive Gefühl des So-ist-es (▶ Kap. 2). Deshalb wird das Konstatieren zunächst am Beispiel unterschiedlicher Sinnesempfindungen (visuell, auditiv und somatosensorisch) geübt; normalerweise fällt es dem Individuum leichter, *on-line* wahrgenommene (Klatzky, 1984) Sinneseindrücke konstatierend wahrzunehmen als abstrakt enkodierte Gedanken. (Später folgt dann das konstatierende Wahrnehmen einer abstrakt enkodierten epistemischen Kognition.)

Bei dieser Grundübung werden nacheinander visuelle, auditive und somatosensorische Sinnesempfindungen konstatierend wahrgenommen.

Visuelle Sinnesempfindungen sind optisch aufgenommene Informationen: Formen, Farben, Linien, Texturen und so weiter. Die Ausgangsfrage lautet: »Was *sehen* Sie im Moment tatsächlich?«

> In einem Seminarraum kann dies zum Beispiel eine grüne Tafel sein: also etwas Grünes, Rechteckiges mit einigen kleinen Unebenheiten und Schatten darauf. Gleichzeitig sind diese Sinneseindrücke gekoppelt mit dem Begriff »Tafel« und weiteren Assoziationen; diese sind integraler Bestandteil des Wahrnehmungsprozesses.

Ziel der Grundübung I ist es *nicht*, »nichts zu denken« (d. h. solche Gedanken auszublenden), sondern nur, den Fokus der Aufmerksamkeit auf die tatsächlichen Sinnesempfindungen gerichtet zu halten.

Auditive Sinneseindrücke sind die Wahrnehmung von Tönen, Klängen, Geräuschen sowie der Stille zwischen zwei Tönen. Töne und Geräusche können laut und leise sein, verschiedene Rhythmen und Klangfarben haben etc. Die Ausgangsfrage lautet: »Was *hören* Sie gerade?«

> In einem Seminarraum können dies beispielsweise das Summen technischer Geräte, Verkehrslärm, leise Geräusche, die aus den Bewegungen der anderen Teilnehmer entstehen, sein oder auch Schritte auf dem Gang.

Ziel ist es, in diese Geräusche so hineinzulauschen, als ob es sich dabei um eine »Sinfonie aus Alltagsgeräuschen« handeln würde, die gerade uraufgeführt wird.

Somatosensorische Sinneseindrücke beinhalten all diejenigen Empfindungen, die den eigenen Körper, die Berührung des Körpers mit seiner Umgebung und den Raum um den Körper herum betreffen. Die Ausgangsfrage hier lautet: »Was fühlen Sie tatsächlich in diesem Moment in Ihrem Körper und um Ihren Körper herum?«

> Zum Beispiel die Berührung der Füße mit dem Boden spüren, den Kontakt der Haut mit der Kleidung, den Lufthauch auf dem Gesicht, das Innere des Körpers und den Raum um sich herum.

Wahrnehmungspsychologisch gesehen sind diese somatosensorischen Sinnesempfindungen das Produkt unterschiedlicher sensorischer Reize: taktil, kinästhetisch, enterozeptiv, viszeral und propriozeptiv (Birbaumer & Schmidt, 2006); bei der Wahrnehmung des Raumes kommen dann auch noch andere Sinneseindrücke hinzu (z. B. Mikroschall, Wärmeempfindungen etc.) Die Leitfrage ist, was das Individuum in diesem Moment *tatsächlich* körperlich fühlt. Gerade bei der körperlichen Wahrnehmung kommt es des Öfteren vor, dass Individuen zwar theoretisch wissen, dass sie dieses oder jenes spüren sollten – z. B. die Berührung der Fußsohle mit dem Boden, aber diese nicht wirklich wahrnehmen (Alexander, 1976).

Darüber hinaus lässt sich diese Grundübung auch auf andere Sinnesempfindungen wie zum Beispiel Geschmack oder Geruch anwenden.

Bei der Grundübung wird das konstatierende Wahrnehmen von Sinnesempfindungen in den drei Sinnesmodalitäten nacheinander geübt. Dies ist eine wichtige Voraussetzung für die Introvision, weil die Kernsubkognitionen bei inneren Konflikten von Fall zu Fall unterschiedlich enkodiert sein können – visuell, auditiv, somatosensorisch, abstrakt und so weiter (▶ Kap. 4).

3 Konstatierendes Aufmerksames Wahrnehmen (KAW)

KAW-Grundübung: Konstatieren von Sinneseindrücken

Nachdem das Vorgehen beim KAW ausführlich erläutert worden ist, werden die Teilnehmerinnen und Teilnehmer gebeten, zunächst zwei Minuten lang aufmerksam konstatierend wahrzunehmen, was sie vor sich sehen.

Sehen: »Bitte richten Sie jetzt den *Fokus* Ihrer konstatierenden Aufmerksamkeit auf visuelle Sinneseindrücke – also auf das, was Sie im Moment tatsächlich vor sich sehen im Unterschied zu dem, was Sie sich dazu denken. Wenn Sie wollen, können Sie sich dabei im Raum umschauen und auch den Kopf dabei hin- und herbewegen. Die Leitfrage lautet: Was sehen Sie tatsächlich? Sie haben dafür zwei Minuten Zeit.«

Hören: »Bitte richten Sie nun Ihre Aufmerksamkeit konstatierend wahrnehmend auf das, was Sie im Moment *hören*. Stellen Sie sich vor, dass Sie gerade der Uraufführung einer Sinfonie aus Alltagsgeräuschen beiwohnen. Hören Sie aufmerksam hin, lauschen Sie in die Töne, Klänge und Geräusche hinein – und auch ggf. in die Stille zwischen zwei Tönen. Richten Sie den *Fokus* Ihrer Aufmerksamkeit auf die Töne und Rhythmen selber im Unterschied zu dem, was Sie sich dabei denken. Sie haben dazu wiederum zwei Minuten Zeit.«

Körperlich spüren: »Bitte richten Sie den *Fokus* Ihrer Aufmerksamkeit nun konstatierend wahrnehmend auf das, was Sie im Moment in Ihrem Körper und um Ihren Körper herum *fühlen* – im Unterschied zu dem, was Sie sich dazu denken. Sie haben dazu zwei Minuten Zeit.«

Zur Praxis der Übung

In der Praxis gibt es beim KAW im Allgemeinen zu Beginn einige Schwierigkeiten. Eine Kursteilnehmerin schrieb dazu:

> »Bei den visuellen Übungen hatte ich zu Beginn der Woche doch einige Schwierigkeiten, was die Konzentration betraf. D. h. bei den Versuchen, das rein Äußerliche von Sachen und Menschen zu betrachten, trat immer wieder ein Abschweifen ein, bei dem ich über das Objekt nachdachte. Bei Menschen z. B. fiel mir sehr oft auf, dass ihr Lippenstift überhaupt nicht zu dem Oberteil passte und dass man bei dieser Lippenstiftfarbe doch eher das und das tragen sollte. Ich machte mir also meine Gedanken zu den Sachen, die ich sah, und konnte nicht einfach unbewertend das Objekt an sich sehen. Nach zwei Tagen hatte sich dieses ungewollte Abschweifen allerdings schon gegeben, und mir fiel es leicht, KAW visuell auszuführen. Ich spürte geradezu, wie sich meine Gesichtsmuskeln entspannten, sobald ich bewusst mit einer KAW-Übung begann, und ich fühlte mich nach den zwei Minuten immer sehr erholt.«

In solchen Fällen mag es hilfreich sein, sich zunächst Teilziele zu setzen.

1. *Konstatierend vs. nicht-konstatierend:* Als Erstes geht es darum, konstatierende von nicht-konstatierender Aufmerksamkeit unterscheiden zu lernen. Der erste Schritt besteht also darin, darauf zu achten, was es heißt, dieses und jenes einfach bewusst zu konstatieren (»Die Lippen sind rot«, »Das sind helle Töne«, »Das fühlt sich weich an«). Oft schweift die Aufmerksamkeit dabei ab (»Dieser Lippenstift passt nicht zur

Kleidung – und das *darf nicht sein*! Ich brauche übrigens auch mal wieder unbedingt etwas Neues zum Anziehen, aber ich finde ja *nie* etwas Passendes …!« etc.). In diesem Stadium ist es bereits ein Erfolg, wenn es dem Individuum gelingt, nach einiger Zeit zu merken, dass es in Gedanken abgeschweift ist und die Aufmerksamkeit wieder sanft auf die konstatierende Wahrnehmung zurückzulenken.

2. *Sinnesempfindung vs. Gedanken:* Als Zweites geht es darum, zunehmend besser zwischen Sinnesempfindungen und den darauf bezogenen Gedanken zu unterscheiden. Ziel der Übung ist es nicht, »nichts zu denken«, sondern es geht darum, sich des Unterschiedes zwischen dem, was man tatsächlich sieht, hört oder spürt, und dem, was man sich dazu denkt, (wieder) bewusst zu werden. (Diese Fähigkeit wird bei der Introvision gebraucht, wenn es darum geht herauszufinden, *was* genau es ist, das einen an einer bestimmten Kognition stört oder irritiert – um auf diese Weise den Kern des Konflikts zu finden.) In diesem Stadium ist es bereits ein Erfolg, wenn es dem Individuum ab und an gelingt, diesen Unterschied klar zu erkennen und den *Fokus* der konstatierenden Aufmerksamkeit wieder erfolgreich auf die Sinnesempfindung zurückzulenken – so wie man das Zentrum des Scheinwerferlichts (den Lichtkegel) auf einen bestimmten Fleck richtet.

3. *Ein Weilchen lang:* Als Drittes geht es darum, dieses konstatierende Wahrnehmen der jeweiligen Sinnesempfindungen zeitlich ein wenig auszudehnen. (Dies ist für die Introvision später erforderlich.) Deshalb ist es sinnvoll, sich darin zu üben, eine Zeit lang dieselben Sinnesempfindungen konstatierend wahrzunehmen; dies kann u. U. nach mehreren Minuten zum Zustand der Versunkenheit und des Flow-Erlebens (PT-Stufe 2) führen (s. unten).

4. *Offenes Wahrnehmen:* Und schließlich geht es darum, wirklich aufmerksam, offen, neugierig-interessiert hinzuschauen, hineinzulauschen, hineinzuspüren – so wie ein Naturforscher, eine Fotografin, ein Künstler, eine begeisterte Architektin, ein Hobby-Eisenbahnfan sich das, was ihn oder sie interessiert, genau und lange anschaut (»Wie sieht dieser alte Türgriff aus?«, »Wie ist der Rhythmus dieses Liedes?«, »Wie fühlt sich diese Oberfläche an?«). Dieses offene Wahrnehmen lässt sich am ehesten als ein passives »In-sich-Aufnehmen« (Jacoby, 1994; Schultz, 1991) beschreiben.

Ein Ergebnis ist, dass das Individuum nach einem Weilchen plötzlich neue Einzelheiten entdeckt, die ihm zunächst nicht aufgefallen sind – ein unerwartetes Ornament auf dem Türgriff, ein bislang überhörtes Instrument beim Lied, eine neue taktile Qualität der Tischoberfläche. Kurz: Die Wahrnehmung wird auf diese Weise zunehmend differenzierter. Dazu schrieb eine Kursteilnehmerin:

> »Schon am dritten Tag aber konnte ich zu meiner Überraschung sehr viele kleine bzw. leise Geräusche hören, die mir vorher nie bewusst geworden sind. Beim Auf- und Zumachen der Bustüren z. B. gibt es tausend unterschiedliche Geräusche, die sich jedesmal wiederholen.« (1)

5. *Mentale Entspannung und Versunkenheit:* Das länger andauernde konstatierende Wahrnehmen derselben Kognition führt in vielen Fällen zu mentaler Entspannung (PT-Stufe 3).

> »Wenn ich z. B. einen sehr anstrengenden Tag hinter mir habe, setze ich das KAW so ein, dass ich mich dadurch entspanne. Ich richte in diesen Situationen den Mittelpunkt meiner Aufmerksamkeit auf körperliche Empfindungen, Bilder oder Geräusche und schalte damit sehr schnell ab.« (10)

Nach einer Weile kann es zu Versunkenheit, d. h. zunehmender Absorption (Dahme, 1993; Roche & McConkey, 1990) und Flow-Erleben (PT-Stufe 2) kommen. Dabei wird die Atmung ruhiger und gleichmäßiger, und die Muskulatur entspannt sich.

> »Die KAW-Übungen schienen mir anfangs ganz natürlich zu sein, so als ob ich sie schon immer mal zwischendurch gemacht habe. Als Beispiel möchte ich eine für mich ganz typische Sache nennen: Wenn ich als Beifahrer im Auto oder in der Bahn sitze, schaue ich gern aus dem Fenster und vergesse alles andere um mich herum. Ähnlich der Übung 1 in der visuellen Modalität.« (3)

6. *Verstärkte Durchblutung:* Das länger andauernde konstatierende Wahrnehmen der somatosensorischen Empfindungen einer bestimmten körperlichen Region kann u. U. zu einer verstärkten Durchblutung dieses Bereichs führen. Dieser Effekt tritt üblicherweise erst nach einigen Minuten ein. In vielen Situationen ist diese Auswirkung sehr erwünscht.

Achtung: Gegenindikation für das länger andauernde konstatierende Wahrnehmen einzelner Körperregionen

Es gibt zwei bekannte Gegenindikationen für das *länger andauernde* konstatierende Wahrnehmen von Sinnesempfindungen einzelner Körperregionen.

Akut entzündliche Prozesse: Wenn eine bestimmte körperliche Region längere Zeit (z. B. fünf bis zehn Minuten) aufmerksam konstatierend wahrgenommen wird, so fördert dies die Durchblutung in dieser Region. Dieser Effekt kann sich unter bestimmten Umständen negativ auswirken, und zwar dann, wenn eine akute Entzündung in diesem Körperteil vorliegt; dann nimmt der subjektiv erlebte Schmerz unter Umständen zu. Das ist derselbe Effekt, wie er auch eintreten kann, wenn eine Wärmflasche oder eine Heizdecke längere Zeit auf diesen Bereich (z. B. bei einer Blinddarmentzündung) gelegt werden.

Menstruation: Derselbe Effekt kann unter Umständen auch im Falle einer starken Menstruation eintreten: In diesem Fall kann ein länger andauerndes konstatierendes Wahrnehmen der entsprechenden Bauchregion unabsichtlich dazu führen, dass sich die Blutung allmählich verstärkt.

Wohlgemerkt: Diese Effekte treten im Allgemeinen erst nach einigen Minuten auf, so wie auch das Auflegen einer Wärmflasche nicht sofort die Schmerzempfindung verstärkt, sondern erst allmählich ihre Wirkung entfaltet.

---

7. *Unterschiedliche Schwierigkeiten mit den verschiedenen Modalitäten:* Es gibt erhebliche individuelle Unterschiede darin, in welcher Sinnesmodalität einem bestimmten Individuum das KAW leichter oder schwerer fällt. Dies hat viel mit biographischen Faktoren, bevorzugten Hobbys und anderen Faktoren zu tun.

Der allgemeine Ablauf der Übungen

Ort: Die Übungen können im Prinzip überall dort durchgeführt werden, wo das Individuum etwas Zeit und Muße dafür hat: im Stehen, Sitzen, Liegen oder Laufen – am Schreibtisch, beim Sport, im Konzert, beim Warten in einer Schlange oder im Bus auf der Fahrt zur Arbeit. Am Anfang ist es günstiger, das KAW in einer entspannten Situation zu üben; später macht es Freude, es auch in angespannteren Situationen zum Zwecke der mentalen Entspannung einzusetzen. Ziel ist es, das KAW allmählich zu einem integralen Bestandteil des Alltags werden zu lassen.

Vorab Entspannungsübung: Vor Beginn der KAW-Übungen kann es hilfreich sein, sich zunächst ein wenig zu entspannen. Für die körperliche Entspannung kommt im Prinzip jede Methode in Betracht, die den Teilnehmern bereits vertraut ist – so zum Beispiel das autogene Training (Schultz, 1960) oder die Progressive Muskelrelaxation (Bernstein & Borkovec, 1982; Jacobson, 1996). Die Teilnehmer können auch einfach mehrere Atemzüge lang ihren Atem beobachten, ohne sich dabei zu bemühen, den Atemfluss in irgendeiner Weise aktiv zu beeinflussen.

Für die geistige Entspannung ist es für Anfänger oft hilfreich, zunächst die Übung »Pakete packen« durchzuführen (▶ Kap. 1). Für Fortgeschrittene empfiehlt sich die Übung »Das integrierende KAW« (▶ Kap. 3.4.1) Diese vorhergehenden Entspannungsübungen sind für die Durchführung des KAW hilfreich, aber nicht notwendig. Viele Menschen finden es interessant und nützlich, »einfach so« immer wieder zwischendurch KAW zu machen – auf das, was sie gerade sehen oder hören oder spüren.

Abschluss: Zum Abschluss der Übungen können sich die Teilnehmenden, je nach Umständen, ein wenig dehnen, räkeln und strecken – in erster Linie dann, wenn es darum geht, wieder richtig wach zu werden – d. h. aus einem Zustand der beginnenden Entspannung (PT-Stufe 3) oder des Flow-Erleben wieder in den Zustand des Alltagswachbewusstseins (PT-Stufe 4) zurückzukehren. Anschließend sollten die Teilnehmer sich ein paar Minuten Zeit nehmen, um ihre Erfahrungen mit dieser Übung in ihrem KAW-Tagebuch (▶ Kap. 5.3) schriftlich festzuhalten und sich dann ggf. mit anderen darüber auszutauschen.

Umgang mit Störungen

Emotionen und akute Konflikte: Bei akuten Konflikten und Emotionen kann es schwierig sein, konstatierend wahrzunehmen, d. h. die Aufmerksamkeit von den introferenten Prozessen loszulösen. Wenn das »Pakete packen« in dieser Situation nicht hilft, ist es am sinnvollsten, diesen Konflikt mit Hilfe der Introvision zu bearbeiten (▶ Kap. 4–6).

Gewohnheitsmäßiges Abschweifen: Abschweifende Aufmerksamkeit bedeutet genau genommen lediglich, dass die Aufmerksamkeit sich nicht mit dem befasst, womit sie sich befassen sollte. Schweift die Aufmerksamkeit gewohnheitsmäßig ab, ist es sinnvoll herauszufinden, womit sie sich stattdessen befasst – und dies dann aufmerksam konstatierend zu betrachten oder den Konflikt mit Introvision aufzulösen.

Eine zweite Möglichkeit, Häufigkeit und Dauer des Abschweifens zu verringern, liegt in einer geschickten Auswahl der wahrzunehmenden Objekte. Generell gilt, dass je interessanter, komplexer, abwechslungsreicher, neuer und angenehmer ein Gegenstand ist, desto eher zieht dieser die Aufmerksamkeit unwillkürlich auf sich (Birbaumer & Schmidt, 2006). Also lässt sich die Aufmerksamkeit vor allem am Anfang auf etwas lenken, was das betreffende Individuum gern wahrnimmt und noch nicht kennt: Bilder mit vielen interessanten Einzelheiten anschauen, neue, komplexe und angenehme Musik hören, vielfältige Oberflächen mit geschlossenen Augen ertasten, den Geschmack einer Lieblingsspeise aufmerksam wahrnehmen oder eine neue Umgebung beim Laufen konstatierend betrachten.

Mentale Blockaden: Manchmal fällt es schwer, konstatierend wahrzunehmen, weil dahinter Imperative stehen, die sich auf das konstatierende Wahrnehmen selber beziehen, zum Beispiel: »Ich *muss* KAW machen«, »Es *darf nicht sein*, dass ich das nicht kann«. In diesem Fall empfiehlt es sich, Introvision anzuwenden.

Weitere Sinnesempfindungen

Neben Sehen, Hören und Fühlen lassen sich auch andere Sinnesempfindungen konstatierend wahrnehmen: Geschmack und Geruch beispielsweise ebenso wie Oberflächen ertasten oder Temperaturunterschiede spüren.

Tee schmecken lernen
»Ich entschied mich dafür, anstatt jeden Morgen die gleichen, unterschiedliche Teesorten auszuprobieren und in sie ›hineinzuschmecken‹.

Das Ergebnis war überraschend. Ziemlich schnell erhielt ich ein Gespür dafür, wann ein Tee zu lange gezogen hatte oder mir nicht schmeckte, weil zu viele Aromastoffe ihn ungenießbar machten. Tatsachen, die mir vor Beginn dieser KAW Übungen nicht weiter aufgefallen waren. (…) Besonders interessant fand ich, welche Geschmacksnuancen in einem Getränk existieren, welches man seit Jahren zu sich nimmt und dennoch nicht bewusst wahrgenommen hat. (…)

Meist führte ich die Übung zwei Minuten durch. Zu Beginn in der somatosensorischen Modalität mit konstantem Fokus auf den Mund und die Zunge. Später begann ich stärker weit zustellen und den Rest meines Körpers mit einzubeziehen. Wie es sich anfühlt, wenn der Tee die Speiseröhre hinunterläuft oder wie sich die Wärme im Magen oder im restlichen Körper ausbreitet, verknüpfte ich mit dieser Übung zu ertasten.

Auch wenn es biologisch wahrscheinlich nicht erklärbar wäre, so hatte ich z. B. das Gefühl, mit der Speiseröhre und dem Magen »schmecken« zu können. (46)

Zusammenfassung

Bei diesen ersten drei KAW-Übungen (sehen, hören, spüren) und den Erweiterungsübungen (Geschmack, Geruch etc.) geht es im Kern darum zu entdecken, was konstatierende Aufmerksamkeit ist – und sich darin zu üben, diese konstatierende Aufmerksamkeit absichtlich auf unterschiedlich enkodierte Kognitionen zu richten.

Da beim introferenten Eingreifen die Aufmerksamkeit automatisch enggestellt wird (▶ Kap. 2), geht es als Nächstes darum zu lernen, was es heißt, dies zu unterlassen – in anderen Worten, die Aufmerksamkeit weitgestellt zu lassen.

3.2.2 KAW-Übung II: Weit- und Engstellen

Beim introferenten Eingreifen – so die TMI – wird automatisch die Aufmerksamkeit engestellt (▶ Kap. 2). Was bedeutet das? Technisch gesehen sind in einem gegebenen Moment eine Reihe von Kognitionen im Arbeitsspeicher und damit auch (potentiell) im Bewusstsein aktiviert. Aufmerksamkeit ist grundsätzlich selektiv (Brickenkamp, 2002), aber der Ausschnitt der Kognitionen im Arbeitsspeicher, auf den die Aufmerksamkeit gerichtet wird, kann größer oder kleiner sein. Die Aufmerksamkeit engzustellen bedeutet, einen relativ hohen Teil dieser Kognitionen aus der Aufmerksamkeit aktiv auszublenden und den Fokus des »inneren Scheinwerfers« gleichsam auf einen kleinen Ausschnitt zu konzentrieren.

Im Zustand innerer Ruhe (d. h. ohne dass aktiv introferent eingegriffen wird) ist die Aufmerksamkeit eher weitgestellt, d. h. es wird viel von dem wahrgenommen, was im Arbeitsspeicher aktiviert ist. In mancherlei Hinsicht ähnelt das dem, was beim Fotografieren der Verwendung von Weitwinkel vs. Teleobjektiv entspricht: Im ersteren Fall wird ein breiter Ausschnitt aus der Landschaft aufgenommen, sagen wir die Dorfkirche samt den umliegenden Häusern, und im zweiten Fall nur die Kirchturmspitze.

Die Fähigkeit des »Weitstellens« ist im Alltag in vielen Situationen sinnvoll einzusetzen. Erstens führt das Weitstellen selbst oft bereits zu einer leichten mentalen Entspannung. Zweitens hilft es, in vielen Situationen den Überblick zu behalten – zum Beispiel in einer Sitzung die Gruppe als Ganzes im Auge zu halten, bei einem Vortrag das Publikum insgesamt anzusprechen und beim Mannschaftssport die Bewegungen der anderen mit einzubeziehen. Es gibt Untersuchungen, die zeigen, dass diese Fähigkeit eine wesentliche Voraussetzung dafür ist, eine Schulklasse erfolgreich zu führen (Kounin, 2006). Weiterhin hilft das Weitstellen zu verhindern, dass sich ein Individuum in einen Konflikt weiter hineinsteigert – beispielsweise bei akuter Angst, bei Juckreiz oder Lärmüberempfindlichkeit (mehr dazu ▶ Kap. 6.4).

Ziel der beiden KAW-Übungen zum Weitstellen (II und III) ist es nicht, dass das Individuum von nun an idealerweise nur noch mit weitgestellter Aufmerksamkeit durch die Welt gehen sollte. Vielmehr sind sowohl Weitstellen als auch Engstellen Fähigkeiten, die – wie Entspannung und Anspannung – beide im Alltag gebraucht werden. Aber so, wie es nützlich ist zu lernen sich zu entspannen, so ist es ebenfalls sinnvoll zu üben, die Aufmerksamkeit (wieder) weitzustellen.

In der KAW-Übung II geht es zunächst darum, mit dem Weit- und Engstellen zu experimentieren, um herauszufinden, was das bedeutet. Dies geschieht auch hier wieder zunächst in den drei Modalitäten: visuell, auditiv und somatosensorisch.

Der Ablauf der KAW-Übung II

Diese KAW-Übung umfasst zwei Teile: Im ersten Teil geht es darum, mit dem Weit- und Engstellen in der jeweiligen Modalität zu experimentieren – und mal einen kleinen Ausschnitt konstatierend wahrzunehmen und dann möglichst »alles«. Ziel ist es herauszufinden, wie sich das jeweils anfühlt, welche Erfahrungen sich damit verbinden. Im zweiten Teil der Übung geht es dann darum, gezielt das Weitstellen in der jeweiligen Modalität zu üben. Dabei steht es dem Individuum frei, den Fokus der Aufmerksamkeit hin- und herschweifen zu lassen, um so eine bessere Übersicht zu bekommen oder ihn auch schon auf eine Kognition zentriert zu halten (s. Übung III). Wichtig ist, einen Eindruck davon zu bekommen, was es bedeutet, die Aufmerksamkeit weitzustellen – unabhängig davon, wie verschwommen der jeweilige Sinneseindruck auch sein mag.

Anschließend werden die Erfahrungen mit dieser Übung wiederum schriftlich festgehalten und ggf. mit anderen ausgetauscht.

KAW-Übung II: Einführung in das Weitstellen der konstatierenden Aufmerksamkeit

In dieser Übung geht es um eine Einführung in das Eng- und Weitstellen der konstatierend-wahrnehmenden Aufmerksamkeit im Bereich des Sehens, Hörens und somatosensorischen Wahrnehmens. In jedem Bereich sollen Sie zunächst damit experimentieren, was Weit- und Engstellen der konstatierenden Aufmerksamkeit bedeutet, indem Sie ein paar Mal eng-, weit- und wieder engstellen. Im zweiten Schritt (nach etwa einer Minute) sollen Sie dann die konstatierende Aufmerksamkeit ein Weilchen lang weitgestellt lassen.

Sehen: Bitte nehmen Sie jetzt aufmerksam konstatierend wahr, was Sie sehen. Um sich das Weitstellen zu erleichtern, können Sie zunächst Ihre Aufmerksamkeit ein paar Sekunden umherschweifen lassen, bis es Ihnen gelingt, den Raum als Ganzes in Ihrer Aufmerksamkeit zu halten. In der zweiten Minute richten Sie Ihre konstatierende Aufmerksamkeit weitgestellt auf »alles«, was Sie gleichzeitig sehen können (zwei Minuten).

Hören: Bitte nehmen Sie jetzt zwei Minuten lang aufmerksam konstatierend wahr, *was* Sie gerade hören. Beim Engstellen achten Sie auf eine einzige Geräuschquelle oder einen bestimmten einzelnen Klang. Beim Weitstellen versuchen Sie, alle Geräuschquellen gleichzeitig in Ihrer Aufmerksamkeit zu halten.

Somatosensorisch wahrnehmen: Bitte nehmen Sie nun zwei Minuten lang aufmerksam konstatierend den Raum um sich herum und Ihren Körper wahr. Beim Engstellen achten Sie nur auf eine spezielle Stelle am Körper (z. B. den rechten großen Zeh oder die Körpermitte, *falls Sie dort nicht gerade eine akute Entzündung haben*), beim Weitstellen auf den Körper als Ganzes und auf den Raum um den Körper herum.

Visuell weitstellen

Im Bereich der visuellen Aufmerksamkeit bedeutet Weitstellen, sozusagen »alle« momentan verfügbaren visuellen Sinneseindrücke in der Aufmerksamkeit zu belassen – egal, wie unscharf oder verschwommen diese auch sein mögen.[1]

Dazu ist es hilfreich, zunächst die Augen und die Aufmerksamkeit kurz im Raum umherschweifen zu lassen – von oben nach unten, von rechts nach links, und anschließend zu versuchen, die verschiedenen Sinneseindrücke gleichzeitig in der Aufmerksamkeit zu behalten: die Decke des Raums und den Fußboden und die Wände links und rechts und natürlich auch das, was sich dazwischen befindet – eine Tafel, eine Dozentin, andere Teilnehmer und Teilnehmerinnen, Stühle und Tische und so weiter. Dieses Umherschweifen dient als Hilfsmittel vergleichbar der »Hilfestellung« beim Sport. Hierbei wird die Fähigkeit des Arbeitsspeichers genutzt, Informationen etwa drei Sekunden lang zu speichern (Pöppel, 1997). Dieses Weitstellen ist somit ein Ergebnis der Aufmerksamkeitssteuerung und *nicht* einer besonderen Einstellung der Augen.

Beim Laufen im Freien bedeutet visuelles Weitstellen, den Weg vor sich, den Himmel und den Boden und das, was sich rechts und links befindet, gleichzeitig wahrzunehmen – also einen Blickwinkel von etwa 160 Grad zu haben und ein entsprechendes Bild zu sehen.

Weitstellen beim Joggen im Wald

»Das Weitstellen ohne konstanten Fokus gelang mir leichter als wenn ich einen konstanten Fokus hatte. Diese Übung machte ich entwerder, wenn ich im Wald spazieren oder laufen ging. Da meine Laufstrecke fast ausschließlich immer dieselbe ist, machte ich die Übung auf einem engen Waldweg. Die Schönheit dieses Weges ist mir erst durch das Weitstellen bewusst geworden und zwar dadurch, dass ich nicht nur Einzelheiten, sondern mehrere visuelle Eindrücke gleichzeitig aufnahm. Mir fällt in diesem Zusammenhang das Sprichwort »den Wald vor lauter Bäumen nicht sehen« ein. Während man ohne KAW möglicherweise in eben benannte Umstände gelangen kann, sah ich beim Weitstellen dagegen nicht nur einzelne Bäume, sondern auch den Wald als Ganzes.« (16)

Das Weitstellen lässt sich mit entsprechender Übung auch in den Alltag integrieren, wie das folgende Beispiel aus dem Bereich des Sports zeigt.

Weitstellen beim Klettern in der Wand

»In meiner Tätigkeit als Klettertrainer und leidenschaftlicher Sportkletterer habe ich mir vorgenommen, das visuelle Weitstellen in mein Training zu integrieren. Dieses Vorhaben umzusetzen, war leichter als erwartet. Die Planung einer zu kletternden Route beginnt mit der Sichtung der zur Verfügung stehenden Griffe und Tritte. Bei der ersten Sichtung übersieht man jedoch fast immer eine oder mehrere der zur Verfügung stehenden Varianten. Nimmt man sich jedoch die Zeit, die gesamte Wand für eine gewisse Dauer konstatierend wahrzunehmen, so fällt das Bergsteigen leichter. Das ist aus folgendem Grund so: Während des KAW kehrt eine gewisse Ruhe in den Geist ein, was für das Klettern sehr zuträglich ist. Dieser Sport erfordert ein hohes Maß an mentaler und körperlicher Disziplin. Deshalb ist es sinnvoll, mit geringer Erregung und Anspannung an die Wand oder in den Berg zu gehen. Weiterhin ist das Bild der Wand mit ihren möglichen Griffen und Tritten noch sehr präsent in der Erinnerung, so dass ich zu jeder Zeit wusste, wo ich mich im Zweifel alternativ festhalten könnte.« (17)

Auditiv weitstellen

Auditive Sinneseindrücke umfassen Töne, Klänge und Geräusche des Alltags; dazu gehört auch die Stille zwischen zwei Tönen.

Auditiv weitzustellen bedeutet, die Klänge und Geräusche aus *unterschiedlichen* Quellen möglichst gleichzeitig in der konstatierenden Aufmerksamkeit zu behalten: zum Beispiel den Verkehrslärm von der Straße, das Summen eines PCs, Schritte auf dem Gang, Vogelgezwitscher. Bei Musik bedeutet das, in analoger Weise gleichzeitig unterschiedliche Stimmen, Melodien, Instrumente und Rhythmen aufmerksam konstatierend wahrzunehmen.

Am Anfang ist es dabei hilfreich, zunächst nacheinander in die verschiedenen Klangquellen hineinzulauschen, bis es gelingt, diese gleichzeitig in der Aufmerksamkeit zu behalten.

Weitstellen beim Laufen
»Das Weitstellen ohne konstanten Fokus übte ich auch in dieser Sinnesmodalität beim Laufen oder Spazierengehen. Neben Vogelgezwitscher hörte ich meine eigenen Schritte und meine Atmung, das Knirschen des Sandes unter meinen Schuhen, das Rascheln von Blättern durch den Wind. Diese Übung wirkte auf mich sehr entspannend, entlastend.« (16)

Allgemeiner gesagt: Beim auditiven Weitstellen geht es darum, den »Klangteppich«, der sich aus dem Zusammenspiel unterschiedlicher Klänge und Geräusche ergibt, als Ganzes konstatierend aufmerksam wahrzunehmen.

Somatosensorisch weitstellen

Bei der somatosensorischen Wahrnehmung geht es darum, im Idealfall den Körper als Ganzes und *den Raum um den Körper herum* (Alexander, 1976) in der Aufmerksamkeit zu behalten. Somatosensorische Wahrnehmung ist das Ergebnis der Verarbeitung einer Vielzahl unterschiedlicher sensorischer und auch zentraler Informationen: zum Beispiel propriozeptive (Raum-Lage-Wahrnehmung), taktile (Berührung der Haut mit der Umwelt), kinästhetische (bewegungsbezogene), viszerale (eingeweidebezogene), thermale (wärmebezogene) und mechanische (berührungsbezogene) Reize ebenso wie Informationen über den umgebenden Raum, die aus unterschiedlichen Quellen (Gleichgewichtsorgan, Mikroschallwellen, Wärmesensoren etc.) stammen.

Wenn das somatosensorische Weitstellen schwerfällt, kann eine Übung helfen, bei der die Aufmerksamkeit jeweils ein Weilchen lang konstatierend nacheinander auf einzelne Körperteile gerichtet wird (s. unten). Dabei hilft es, sich zunächst den Raum um sich herum bewusstzumachen und dann einzelne Körperpartien bewusst wahrzunehmen, bis sich daraus ein Gesamteindruck des eigenen Körpers im Raum ergibt, unabhängig davon, wie klar oder verschwommen dieser im Einzelnen auch sein mag.

Weitstellen im Seminarraum
»Ich empfand die zwei Minuten, in denen die Übung stattfand, als sehr eindrucksstark. Mit geschlossenen Augen fühlte ich den Raum, meine Kommilitoninnen rechts und links von mir und dann wieder den gesamten Raum. Es ging eine Energie von der Gruppe aus, ich spürte die Wärme, welche die Gruppe ausstrahlte. Weitgestellt fühlte ich mich wieder an meinem Platz, hinter mir die Wand, unter mir der Stuhl, auf dem ich saß.« (5)

Weitstellen beim Spazierengehen
»Ich versuchte, eine andere Möglichkeit zu finden, um mich selbst und den Raum somatosensorisch wahrzunehmen, da ich mit ruhigem Hinsetzen keinen Erfolg zu haben schien. Dieses gelang mir, als ich auf dem Nachhauseweg beim Spaziergang die Augen schloss, mich auf meinen Fuß bzw. das Gefühl des Auftretens konzentrierte und dabei weiter ging. Zu meiner Überraschung nahm ich mir entgegenkommende Menschen, Laternenpfähle oder auch Zäune, wenn ich vom Fußweg abkam, deutlich wahr und konnte sogar nach einiger Zeit mit geschlossenen Augen ausweichen.« (1)

Weitstellen bei Schmerzen im Rücken und im Unterleib
»Des Weiteren habe ich festgestellt, dass Schmerzreize beim Eng- und Weitstellen für mich eine interessante Rolle spielen. Ist ein Schmerzreiz im Körper vorhanden, wandert die Aufmerksamkeit beim Engstellen auf der somatosensorischen Ebene automatisch dorthin und es gelingt mir nur durch erneutes Weitstellen, die Aufmerksamkeit von dort wieder abzulenken. Dies habe ich mir einige Male zunutze gemacht. Zum einen, um verspannte Muskelpartien z. B. im Rücken aufzuspüren, um sie gezielt zu entspannen (…) und zum anderen, um Schmerzreize wie z. B. Unterleibsschmerzen durch Weitstellen zu lindern.« (8)

Weitstellen bei einem Familienstreit im Auto
»Letztes Wochenende fuhr ich mit meinen Eltern und meinem Bruder zum Geburtstag meines Onkels. Die Autofahrt dauerte etwa vier Stunden, und wie das so ist, wenn die Familie auf engem Raum stundenlang zusammensitzt, kann es, jedenfalls bei uns, schon mal vorkommen, dass kleinere Streitereien aufkommen, sei es über den Weg, die falsche Ausfahrt oder die Planung des Geburtstages meines Onkels. Jedenfalls war ich zwischendurch sehr genervt und wollte nur meine Ruhe haben. In diesem Moment fiel mir ein, ich könnte ja mal versuchen, weitzustellen und es hat zumindest ein bisschen geklappt. … In dem Moment habe ich gemerkt, dass ich eine Art eng geschnürte Fessel um meinen Hals etwas lockern konnte, ich hatte wieder etwas mehr Platz zum Luftholen.« (30)

Weitstellen beim Yoga
»Im Allgemeinen fielen mir die Übungen recht leicht, da ich über eine 15-jährige Erfahrung mit Yoga verfüge und eine Ausbildung in Körpertherapie nach Wilhelm Reich gemacht habe, wodurch ich darin geübt bin, somatosensorisch konstatierend weitzustellen. Ich habe festgestellt, dass ich beim Yoga (während der Übungen) enggestellt habe, das Weitstellen erst nach den Übungen eintrat. Nun habe ich die Erfahrung gemacht, dass das Weitstellen während der Übungen zu einem ganz anderen Zeitempfinden führt. Kamen mir drei Minuten für eine Übung vorher ganz lang vor, so verstrichen sie in meinem Empfinden jetzt schneller. Die Übungen sind überhaupt leichter geworden.« (23)

Übrigens kann es für manche Teilnehmer, die gewohnheitsmäßig weitstellen, interessant sein, auch mal das Engstellen zu üben – dies geschieht jedoch außerhalb dieser Übungsserie. Für die Introvision ist, wie oben bereits ausgeführt wurde, das Weitstellen von entscheidender Bedeutung, insbesondere dann, wenn die Subkognitionen mit hoher Erregung und Anspannung gekoppelt sind.

Deshalb geht es in der folgenden dritten KAW-Übung darum, dieses Weitstellen zu vertiefen.

3.2.3 KAW-Übung III: Weitgestellt mit konstantem Fokus

Als Nächstes geht es nun darum, die Aufmerksamkeit weitgestellt zu lassen und gleichzeitig den Fokus dieser Aufmerksamkeit konstant auf *eine* Kognition gerichtet zu lassen.

Vergleicht man das Bewusstsein mit einer Theaterbühne (z. B. Baars, 1998; kritisch dazu s. Albrecht, 1990) und die Aufmerksamkeit mit einem herkömmlichen Bühnenscheinwerfer, dann bedeutet das, dass das »Zentrum des Scheinwerferlichts« konstant auf dieselbe Kognition, z. B. auf das Gesicht des Helden, gerichtet bleibt. Andere Kognitionen nicht auszuschließen, bedeutet im Sinne dieser Bühnenmetapher, dass es bei dem KAW *nicht* darum geht, gewissermaßen die anderen Figuren, die um den Helden herumtanzen, von der Bühne zu stoßen. Ziel ist es vielmehr, einfach das Zentrum des Scheinwerferlichts konstant nur auf den Helden gerichtet zu halten.

Ablauf der KAW-Übung III

Bei dieser KAW-Übung soll der Fokus der weitgestellten konstatierenden Aufmerksamkeit wiederum nacheinander auf visuelle, auditive und somatosensorische Sinneseindrücke gerichtet werden (z. B. einen Fleck an einer Wand, das Summen eines Geräts oder den rechten großen Zeh, vorausgesetzt, dass dieser nicht gerade akut entzündet ist – s. oben).

> ### KAW-Übung III: Weitgestellt mit konstantem Fokus
>
> Ziel dieser Übung ist es, die konstatierend-wahrnehmende Aufmerksamkeit weitgestellt zu lassen und zugleich den *Fokus* der Aufmerksamkeit konstant auf einen Ausschnitt daraus, eine bestimmte Kognition, zu richten.
> Die Übung beginnt mit dem gezielten *Weitstellen*, und danach wird unter Beibehaltung des Weitstellens der »Brennpunkt« der Aufmerksamkeit auf eine (in der Regel vorher ausgewählte) Kognition gerichtet.
> Diese Übung wird, wie inzwischen gewohnt, wiederum zunächst bezogen auf das *Sehen*, dann auf das *Hören* und schließlich auf *somatosensorische* Empfindungen durchgeführt.
> Schauen Sie sich das, was im Fokus der weitgestellten Aufmerksamkeit steht, sorgfältig an, lauschen Sie in die entsprechenden Töne hinein, spüren Sie in den betreffenden Körperteil aufmerksam hinein (jeweils 2 Minuten).

Im Folgenden finden sich einige Erfahrungsberichte mit dieser Übung.

Auditives Weitstellen mit konstantem Fokus

Vogelgezwitscher im Innenhof
»Relativ leicht fiel mir das Weitstellen mit konstantem Fokus in Bezug auf den akustischen Sinn. Der konstante Fokus war in dieser Woche das Vogelgezwitscher im Innenhof außerhalb meiner Wohnung. Es war nur sehr leise zu hören. Ich versuchte beim KAW dann nach und nach weitere Geräusche aufzunehmen, wie entfernte Autogeräusche oder Stimmen aus der darüber liegenden Wohnung. Mein Radius schien im Vergleich zum Visuellen deutlich größer zu sein.« (16)

Das Ticken einer Uhr
»Das akustische Weitstellen fiel mir in den ersten Tagen sehr schwer. Ich bemühte mich, meinen Fokus auf den Straßenlärm vor meiner Wohnung zu richten. Da waren jedoch zu viele Geräusche, weshalb ich das Fenster schloss. *Stattdessen richtete der Autor den Fokus seiner Aufmerksamkeit auf das leise Ticken einer Uhr.*
Im Laufe der zweiten Woche habe ich festgestellt, dass der Straßenlärm auch durch das geschlossene Fenster sehr gut zu hören ist. (Zuvor war ich der Meinung, ich hätte gute Isolierverglasung, die den Schall fast komplett absorbiert.) Zum Ende der Woche habe ich das Fenster wieder offengelassen und habe mich über die Fülle an Geräuschen, die in mein Zimmer drangen, gefreut.« (17)

In der Sauna
»In dieser Woche habe ich meine akustischen KAW-Übungen sowohl in der Bahn als auch in der Sauna und dem Entspannungsraum gemacht. Ich habe in jeder Situation, die mir an-

gemessen erschien, für einige Minuten KAW auf meinen akustischen Sinn gemacht und viele interessante Beobachtungen gemacht. So konnte ich beispielsweise die Dusche des Nassbereichs von dem Entspannungsraum der Sauna aus hören. Ich bilde mir sogar ein, dass ich für einige Zeit die einzelnen Wasserstrahlen, die auf das Blech der Wanne trafen, isolieren konnte. Weiterhin konnte ich in der Bahn hören, auf welchen Platz die hereinkommenden Menschen sich in der Bahn setzten. Diese Beobachtung fand ich sehr spannend und ich habe mich gefreut, solche Fortschritte zu machen.« (17)

Klassische Musik
»Für das akustische Wahrnehmen habe ich mir zu Hause am Anfang eine CD mit klassischer Musik vorgespielt. Erst habe ich weitgestellt und mir die Musik des Orchesters als Ganzes, als einen Klangteppich angehört. Danach habe ich mir einzelne Instrumente herausgewählt und versucht, ihrer Melodie zu folgen. Dies ist mir nicht besonders schwergefallen, da ich selbst seit Jahren in Orchestern gespielt habe und die einzelnen Instrumente gut voneinander trennen kann, aber einer Melodie eines einzelnen Instrumentes so lange und klar zu folgen, war eine neue Erfahrung für mich. Ich war erstaunt, wie viel man heraushören kann.« (18)

Visuelles Weitstellen

In der S-Bahn
»Ich fokussierte auf einen Punkt auf der gegenüberliegenden Sitzreihe, auf ein Detail des Musters der Bezüge oder eine hervorstechende Besonderheit (ähnlich einem Forscher, der die Struktur oder Oberflächenbeschaffenheit eines Objekts untersucht). Danach stellte ich meinen Blickwinkel weit (bis 160°), um alles in meiner Umgebung (zwar etwas verschwommen) wahrzunehmen. Den Fokus behielt ich aber weiterhin auf dem zuvor von mir gewählten Detail.« (19)

Ein Ast am Baum
»Der konstante Fokus war innerhalb dieser Woche ein bestimmter Ast eines Baumes, der sich vor meinem Fenster befindet. Diesen Ast als konstanten Fokus haltend, habe ich versucht, zunehmend »mehr« von besagtem Baum wahrzunehmen. Dabei war es zunächst recht mühsam, den Fokus zu halten und gleichzeitig auch andere Teile des Baumes wahrzunehmen. Zu Beginn der Woche hatte ich den Eindruck, den Baum wie ein 3-D-Schaubild anzusehen. Zum Ende der Woche hin war es mir möglich, den bestimmten Ast im Fokus, zusätzlich die zum Ast gehörigen Zweige und Blätter und deren wellenförmige Bewegung im Wind aufzunehmen, die ich zuvor nie wahrgenommen hatte.« (16)

Am Strand
»Ca. zehn Minuten, Modalität visuell, weitgestellt mit konstantem Fokus direkt am Wasser, ca. 15.00 Uhr. Fokus war mein schwimmender Sohn. Diese Übung klappte sehr gut und machte mir sehr viel Spaß. Es war wieder so, dass ich sehr viel wahrgenommen habe und dieses Bild auch jetzt noch gut in der Erinnerung habe, z. B. zu sehen, wie er schwimmt und was für Mundbewegungen er vor lauter Konzentration macht. Das fällt mir sonst weniger auf, da ich oft nicht so genau hingucke und mir dann oft noch andere Gedanken durch den Kopf gehen.« (23)

Somatosensorisches Weitstellen

Im Schwimmbad und bei Müdigkeit
»Besonders erfolgreich und angenehm habe ich diese Übungen im Bereich des Fühlens empfunden. Zum Beispiel im Schwimmbad war es für mich ein ganz schönes Erlebnis, mich auf meine Bewegungen zu konzentrieren und die Arbeit meines ganzen Körpers zu spüren.

3 Konstatierendes Aufmerksames Wahrnehmen (KAW)

Durch KAW konnte ich erfolgreich nach dem Haushalt die Müdigkeit in meinen Beinen beseitigen. Einmal ist es mir auch gelungen, während der Übung die Rückenschmerzen zu verringern.« (20)

Der folgende Bericht stammt von einer Studentin, die seit zweieinhalb Jahren eine Form des Stockkampfes trainiert. Zu diesem Training gehört auch das Sparring, bei dem es gilt, den Kopf des Gegners (der einen Helm trägt) zu treffen.

Beim Stockkampf

»Am Ende des Trainings steht in der Regel das Sparring mit Helm und Stock. ... Es geht darum, einen Treffer zum Kopf des Gegners zu setzen, ohne dabei selbst getroffen zu werden. Nach einem Kopftreffer wird der Kampf kurz unterbrochen, die Gegner gehen je zwei Schritte zurück. Dann geht es weiter. Ein Durchgang besteht aus ca. 15–20 solcher Runden. Der ›Ehrgeiz‹ zu ›gewinnen‹ wird dadurch verstärkt, dass es trotz des Helms recht unangenehm ist, getroffen zu werden. Man gerät aus dem Gleichgewicht, der Kopf wird von Schlägen mit dem Boxhandschuh erschüttert, zur Seite oder nach hinten geschleudert.

Wenn ich ein paar Treffer einstecken muss, passiert es schnell, dass ich nicht mehr richtig nachdenke. Ich erkenne meine Fehler nicht mehr und gehe zu schnell in die nächste Runde. Die Folge ist, dass ich immer wieder die gleichen Fehler mache. Die Luft unter dem Helm wird immer dünner und heißer, mein Blickfeld verengt sich.

Die ersten Situationen, in denen ich das KAW im Training angewandt habe, waren nach Sparrings, die nicht so gut für mich ausgingen oder besonders anstrengend waren und die mich sowohl psychisch als auch physisch ›umgehauen‹ haben.

Ich erinnere mich nicht mehr, ob ich es bewusst gemacht habe, ich weiß nur noch, dass ich somatosensorisch weitgestellt habe, um mich zu beruhigen und meinen Atem zu verlangsamen. Später habe ich mir das visuelle und somatosensorische Weitstellen in den kurzen Pausen zwischen den Kämpfen angewöhnt.

Auf der visuellen Ebene habe ich den Sichtwinkel (der durch den Helm um ca. 20 % verkleinert wird) so groß wie möglich gestellt, so dass ich wahrnehmen konnte, was sich um mich herum abspielte. Dabei habe ich den Fokus meiner Aufmerksamkeit auf den Gegner gerichtet – genauer seine Waffe bzw. seine Faust und seinen Kopf. Durch das gleichzeitige Weitstellen sehe ich auch, was seine Füße machen, wohin sie sich als Nächstes bewegen könnten, was seine unbewaffnete Hand macht und ob mir Hindernisse (Wände, andere Personen, Dinge auf dem Fußboden etc.) im Wege stehen; dies würde ich bei enggestellter Wahrnehmung nicht sehen. Das Weitstellen auf der somatosensorischen Ebene bietet eine weitere Hilfestellung: (…) Ich spüre in den Raum und dessen Begrenzung hinein, während der Fokus auf mir selber – meinem Schwerpunkt, meiner Waffenhand, meiner Deckung – liegt. Ich muss dadurch mich nicht jedesmal umschauen (und damit dem Gegner eine gute Gelegenheit geben, einen Treffer zu landen), um zu sehen, ob ich mich in der Nähe eines Hindernisses befinde, da ich den Raum spüren kann. Wenn ich einen schmerzhaften Treffer abbekomme, hilft mir das Weitstellen, dem Schmerz nicht so viel Platz einzuräumen.

Insgesamt bewirkt das weitgestellte KAW Folgendes:

- Mein Atem beruhigt sich.
- Mein Puls beruhigt sich.
- Ich sehe/spüre, was um mich herum geschieht.
- Ich habe Gelegenheit mich zu sammeln.
- Der Kreislauf: Treffer → Durcheinander → blinde Aktion → … wird unterbrochen.
- Ich kann mit ›Niederlagen‹ besser umgehen.
- Das Training wird effektiver.

Es gelingt mir nicht in jeder Situation, das KAW anzuwenden. Aber wenn ich es tue, hilft es mir dabei, nicht jedesmal die gleichen Fehler zu machen (z. B. Deckung zu offen, Stock zu tief etc.) bzw. diese zwischenzeitlich zu erkennen.« (21)

Weiterführung: Weitgestelltes konstatierendes Wahrnehmen von Gedanken und Gefühlen

Nach einiger Erfahrung mit dem weitgestellten KAW von Sinnesempfindungen folgen dann zwei Übungen zum KAW von Gedanken und Gefühlen.

> **Weitgestelltes KAW mit konstantem Fokus auf auf einen überwiegend abstrakt enkodierten Gedanken, eine aktuelle Frage, einen Sachverhalt**
>
> Ausgangspunkt für diese Übung ist eine Frage, ein Thema, ein Begriff, eine Idee, eine Geschichte, ein Fall, – kurz: etwas, was das Individuum gegenwärtig interessiert. Um es am Anfang nicht zu schwierig werden zu lassen, sollte die Kognition im Zentrum des KAW (der Gedanke, die Geschichte etc.) möglichst nicht mit einem akuten Konflikt verbunden sein.
> Bei dieser Übung steht im Fokus der weitgestellten Aufmerksamkeit der jeweilige, überwiegend abstrakt enkodierte Gedanke (Frage, Idee, Sachverhalt). Das Zentrum des »Bühnenscheinwerfers« der Aufmerksamkeit soll also konstant auf den entsprechenden Gedanken gerichtet bleiben, und dann gilt es »nur noch« abzuwarten, was dazu im Bewusstsein auftaucht – ohne in diese weiteren Kognitionen (idealerweise) introferent einzugreifen. Unter Umständen kann es hilfreich sein, die einzelnen Ideen, Bilder etc. stichwortartig auf einem Zettel festzuhalten.
> Das ist eine Vorgehensweise, die in unterschiedlichen Kontexten als »brain storming mit sich selbst«, als »freie Assoziation«, als »Sich-Vertiefen« beschrieben worden ist.

Dies ist eine sehr wirkungsvolle Übung, wenn es darum geht, eine kreative Idee zu entwickeln, die Lösung eines Problems zu finden, einen Aufsatz zu schreiben oder eine Idee zu verstehen.

Anders als beim normalen Nachdenken wird hier ein Weilchen lang darauf verzichtet, wie gewohnt strukturierend, kommentierend oder wertend in die im Bewusstsein auftauchenden Gedanken einzugreifen. Aus Sicht der TMI ist dies eine sehr gute Übung zur Förderung der epistemischen Informationsverarbeitung (▶ Kap. 2). Dadurch, dass das Zentrum der konstatierenden Aufmerksamkeit bei dieser Übung eine Zeit lang konstant und konstatierend auf dieselbe Kognition gerichtet bleibt, werden die vielen damit zusammenhängenden weiteren epistemischen Kognitionen (Wissen, Erkenntnisse, Begriffe, Handlungen), die sonst durch habituelles Eingreifen routinemäßig blockiert, ausgeblendet oder überschrieben würden, aktiviert und (überwiegend) epistemisch weiterverarbeitet.

Diese Übung kann im Laufe eines Tages mehrfach durchgeführt werden: am Morgen auf die Frage, was heute zu tun ist, um dann anschließend den Tag zu planen, vor der Lektüre eines Artikels auf den zentralen Begriff in der Überschrift – und hinterher auf die Frage, was einem davon im Gedächtnis geblieben ist.

Die Verarbeitung von Gelesenem
»Wenn ich viel gelesen habe, dann mache ich zwischendurch die Augen zu, atme ein paar Mal tief durch und richte dann den Fokus meiner Aufmerksamkeit konstatierend auf den zentralen Begriff, um den es dabei gegangen ist. Ich habe dann das Gefühl, dass mir vielerlei sehr schnell »durch den Kopf« geht, ohne dass sich dabei etwas Bestimmtes in den Vordergrund des Bewusstseins schiebt. Es ist vielmehr so, als ob eine große Menge sich irgendwie außerhalb meines Bewusstseins verarbeitet … Wenn ich mich dann am nächsten Tag an den Schreibtisch setze, bin ich oft ganz erstaunt, dass sich – sozusagen über Nacht – neue Gedanken formiert haben, die mir dann ohne mein aktives Zutun aus der Feder fließen.« (44)

»Wie geht es mir?«
»Das gedankliche KAW habe ich auch ab und zu eingesetzt. Natürlich bei den Beratungsgesprächen, aber auch mal, wenn es mir schlecht geht. Das klappte ganz gut. Manchmal bin ich wirklich erstaunt, was das KAW dann bewirkt. Einmal war ich sehr genervt. Da bin ich joggen gegangen und habe mich im Wald auf eine Bank gesetzt und dort sitzend KAW gemacht, unter der Fragestellung: wie geht es mir und habe es konstatierend wahrgenommen. Danach fühlte ich mich wesentlich besser und konnte mit der Situation besser umgehen.« (23)

Weitstellen bei einem akuten Problem
»Beim Fokus auf ein ›abstraktes Problem‹ haben sich z. T. spontane Einsichten und neue Lösungen ergeben. Manchmal auch nur eine Relativierung des Problems und eine auf das Thema bezogene Ruhe und Entspanntheit.« (22)

Weitstellen beim Einkaufen
»Beim Einkaufen hat sich das Weitstellen als stressmindernd und zeitsparend erwiesen, insofern als ich nicht an den einzelnen Dingen hängenblieb und nicht die automatische Frage: ›Brauch ich das oder nicht?‹ auftauchte. Ich denke, das Weitstellen hat eine Reizminderung hervorgerufen. Ich habe festgestellt, dass auf eine Zeit konstatierenden aufmerksamen Wahrnehmens immer ein tiefer erleichternder Atemzug folgt und die Atmung danach tiefer ist.« (23)

Weitgestelltes KAW mit konstantem Fokus auf Gefühle

Wie die oben (s. Kasten) zitierte Studie von Herwig et al. (2009) gezeigt hat, führt bei geübten Personen das konstatierende Wahrnehmen von eigenen Gefühlen und körperlichen Empfindungen oft zu einer kurzfristigen Abnahme der inneren Erregung.

Ausgangspunkt für die Übung »KAW auf Gefühle« ist die Frage: »Wie fühle ich mich jetzt?« Ziel ist es dabei, die Aufmerksamkeit konstatierend auf das gerade vorherrschende Gefühl oder die eigene Stimmung zu richten. Dieses Gefühl soll weitgestellt, d. h. in Verbindung mit den vorhandenen körperlichen (somatosensorischen) Empfindungen ein paar Sekunden lang aufmerksam konstatierend wahrgenommen werden. Entscheidend dabei ist, die Aufmerksamkeit weitgestellt zu lassen und nicht in das vorhandene Gefühl einzugreifen – weder es aufzubauschen noch es zu werten oder wegzudiskutieren.

Hinweis: Insbesondere bei stärkeren Emotionen besteht die Gefahr, dass sich jemand unabsichtlich (sprich: gewohnheitsmäßig) in das entsprechende Gefühl hineinsteigert. In diesem Fall ist es besser, die Übung abzubrechen und später (▶ Kap. 5) Introvision auf den dahinterstehenden inneren Konflikt anzuwenden.

Wie fühle ich mich?
»Nachdem ich das KAW auf Gefühle entdeckt habe, setze ich es immer wieder einmal zwischendurch ein. Zum Beispiel zwischendurch, wenn ich am Computer arbeite, oder wenn ich nach einem langen Tag nach Hause komme, oder auch morgens beim Aufwachen. Ich frage mich dann, was ist das vorherrschende Gefühl, das ich jetzt habe? Gestern war es z. B. einfach »Hunger« – das hat mich überrascht, weil mir vor lauter Arbeit gar nicht bewusst geworden war, wie lange ich nichts gegessen hatte, und dann habe ich eben etwas gegessen.« (44)

Auswirkung des Weitstellens: mentale Entspannung

Die häufigste Auswirkung des Weitstellens ist eine Zunahme an mentaler Entspannung; warum das aus Sicht der TMI so ist, wurde in Kapitel 2 bereits erläutert.

>»Mir ist aufgefallen, dass ich, wenn ich weitgestellt habe, gelassener bin als sonst. Dadurch nehme ich mich und meine Umwelt anders wahr. Menschen gegenüber bin ich distanzierter, aber aufmerksamer. Distanziert in der Weise, dass ich mich nicht mit der Freude und dem Leid anderer identifiziere und mich dadurch weniger imperiere.« (13)

Eine zweite Auswirkung ist eine zunehmende Komplexität der Wahrnehmung.

Ein Klangteppich
»Beim Weitstellen machte ich ebenfalls eine neue Erfahrung. Ich stellte fest, in welch einer Komplexität ich fähig war, wahrzunehmen. Der Klangteppich, den ich bewusst wahrnahm, verschaffte mir Wohlbefinden und ein gewisses Maß an Entspannung. Ich lernte in einer neuen Art und Weise zu hören.« (13)

Verbesserte Wahrnehmungsfähigkeit
»Beim Weitstellen bemerkte ich eine Veränderung der Lichtwahrnehmung. Je weitgestellter ich sah, umso heller wurde es. An der Peripherie des Sehens wurde es neblig. Die Wirkung des KAW, egal auf welche Sinnesmodalität ich es angewandt habe, setzte bislang Tage später ein, nicht unmittelbar nach der jeweiligen Übung. Mir fiel es dadurch auf, dass ich plötzlich mehr registrierte als vorher. Wegstrecken, die ich häufiger am Tag zurücklegte, bekamen ein anderes Gesicht. Was mich daran erstaunte, war, dass ich in der jeweiligen Situation, in der ich mehr wahrnahm als sonst, nicht bewusst weitgestellt hatte. Um das Weitstellen zu üben, las ich während des Gehens in einem Buch und konnte trotz des Lesens das Geschehen um mich herum wahrnehmen und, wenn Hindernisse in meiner Gehrichtung auftauchten, rechtzeitig adäquat reagieren.

Inzwischen ist es so, dass ich nur noch an das Wort ›Weitstellen‹ zu denken brauche, dann stelle ich automatisch weit.« (13)

Bessere räumliche Orientierung
»Da ich eine Hündin habe und häufig Waldspaziergänge mache, passiert es mir häufig, dass ich mich in unbekannten Gegenden verlaufe, was meine Freude am Spazierengehen trübt. Ich bin dann so in meinen Gedanken versunken, dass ich weder angrenzende Straßen noch andere markante Punkte wahrnehme. Durch die Anwendung von KAW auf Hören und Sehen fällt mir die Orientierung in unbekannten Gegenden leichter. Das Weitstellen habe ich als eine Art akustische und visuelle Bestandsaufnahme genutzt und Geräuschen (Straßenverkehr, Sägewerk, Kanuverleih) und visuellen Eindrücken (Ausflugslokale, Wegweiser) Richtungen zugeordnet, was mir die Orientierung erleichtert hat.« (13)

Bei der nächsten und letzten KAW-Übung wird die Fähigkeit, konstatierend weitgestellt wahrzunehmen, dazu benutzt, um das Zentrum des Angenehmen bzw. Unangenehmen genauer zu betrachten.

3.2.4 KAW-Übung IV: Das Zentrum des Angenehmen oder des Unangenehmen

In der folgenden Übung geht es darum, das konstatierende Wahrnehmen auf das zu richten, was in einer bestimmten Situation das Zentrum des Angenehmen bzw. Unangenehmen ist. Wichtig ist, dass dabei die Aufmerksamkeit weitgestellt ist und bleibt – vor allem dann, wenn es um das Zentrum des Unangenehmen geht. Angenehm und unangenehm sind Gefühle, die aus TMI-Sicht bestimmte Konstellationen des introferenten Eingreifens markieren (▶ Kap. 7). Ziel dieser Übung ist, im Sinne von Gendlin (1981) die Essenz, den Kern einer Angelegenheit zu suchen und diesen konstatierend wahrzunehmen.

Aus didaktischen Gründen wird diese Übung zunächst am Beispiel von etwas Angenehmen durchgeführt.

> **Vorübung: Die Essenz eines schönen Frühlingstags**
>
> Um zu verdeutlichen, was damit gemeint ist, wird zunächst eine kurze Vorübung (nach Gendlin, 1981) durchgeführt. (Diese folgende Übung funktioniert natürlich nur dann, wenn die Erinnerung an einen warmen Frühlingstag für das betreffende Individuum selber tatsächlich angenehm ist; ansonsten ist sie entsprechend abzuwandeln.)
>
> Die Frage lautet: »Was ist für Sie die *Essenz* eines schönen Frühlingstags?« Diese Frage zielt darauf ab, dass das Individuum in sich selbst hineinspürt, hineinlauscht, hineinschaut und sich fragt: »Was ist für mich gefühlsmäßig das Zentrum des Angenehmen daran, die Essenz eines schönen Frühlingstags?« Es geht also nicht um eine Definition (»mindestens 24 °C, sechs Stunden Sonnenschein«) oder um Erklärungen (»Wirklich schön ist ein Tag nur dann, wenn...«.), sondern es geht darum, mit Hilfe des KAW herauszufinden, was für einen persönlich die Essenz, der Kern eines schönen Frühlingstages ist – welches Bild, welcher Klang, welche Szene oder abstrakter Gedanke im Zentrum des Angenehmen steht.
>
> Für manche Menschen ist dies z. B. Wärme auf der Haut, Sonne auf grünen Blättern, Vogelstimmen, sanfter Fahrtwind oder ein Gefühl der Freiheit.

Das Zentrum des Angenehmen konstatierend wahrnehmen

Nach dieser kurzen Vorübung geht es darum, das Zentrum ein Weilchen lang weitgestellt konstatierend wahrzunehmen.

> **KAW-Übung IV-1: Das Zentrum des Angenehmen**
>
> 1. Zur Vorbereitung dieser Übung gilt es zunächst, sich an eine besonders schöne Situation zu erinnern – eine Situation, in der sich das Individuum außergewöhnlich wohl gefühlt hat im Sinne von Freude, Wohlbehagen, des Sich-im-

Einklang-Fühlen mit der Welt. Es geht hier nicht um Situationen lärmender Ausgelassenheit – so wie etwa bei Teenagern, die beim Anblick ihrer Lieblingsband kreischen –, sondern eher um ein ruhiges, tiefes inneres Gefühl des Wohlbefindens.

2. Stellen Sie Ihre Aufmerksamkeit dann zunächst weit. Als Nächstes erinnern Sie sich an die ausgewählte Situation. Nehmen Sie diese konstatierend wahr und fragen Sie sich, was daran die Essenz, der Kern, das Zentrum des Angenehmen war. Richten Sie darauf konstant den Fokus Ihrer weitgestellten Aufmerksamkeit. Fragen Sie sich von Zeit zu Zeit erneut, was an diesem Kern oder Zentrum das besonders Angenehme ist bzw. war – und nehmen Sie dies konstatierend wahr (fünf Minuten).

Bei dieser Übung geht es zum ersten Mal nicht mehr um *on-line* präsente Sinnesreize, sondern um *Erinnerungen*, d. h. Kognitionen, die aus dem Langzeitgedächtnis abgerufen werden. Erfahrungsgemäß kann die Suche nach einer sehr angenehmen Situation und dann nach der Essenz dieses Angenehmen ein wenig Zeit brauchen.

Das Bild meiner mich anlächelnden Tochter
»Mit dieser Übung begann ich, indem ich zunächst angenehme Kognitionen heranzog. Ich versuchte das Zentrum des Angenehmen eines inneren Bildes, das ich gespeichert hatte, zu erfassen. Es war das Bild meiner mich anlächelnden Tochter. Ich fragte mich innerlich, was das Angenehme an meinem inneren Bild ist. Ich spürte dabei ein angenehmes Kribbeln in der Magengegend, ein Gefühl der Wärme und ohne dass ich das bewusst gesteuert hätte, musste ich selbst lächeln. Im Zentrum stand dabei das Wärmegefühl, was ich unmittelbar im Anschluss an das Kribbeln spürte. Diese Übung nutzte ich sodann in Situationen, in denen ich mich ärgerte und das Gefühl des Ärgers mich wiederum ärgerte.« (16)

Gottesdienste in Taizé
»Diese Form des Wahrnehmens ermöglicht es mir, die Schönheit meiner Umwelt sowie glückliche und besinnliche Momente im Miteinander mit anderen Menschen intensiver zu erleben und zu genießen. Dies ist mir insbesondere durch eine Koppelung mit positiven Erinnerungen und Erlebnissen möglich. So hat mir mein Aufenthalt in Taizé vor einigen Wochen dazu verholfen, innere Ruhe zu finden und die Kostbarkeit des Lebens wiederzuentdecken. In jenem Kloster in Frankreich, welches zugleich eine Begegnungsstätte für viele junge Leute ist, fällt zunächst einmal der offene, tolerante und liebevolle Umgang auf, welchen die dort hingereisten Menschen untereinander pflegen. Zudem zeichnen sich die Gottesdienste sowie die während dieser Andachten gesungenen Lieder durch einen sehr meditativen Charakter aus. Während meines Aufenthaltes habe ich das KAW auf das Zentrum des Angenehmen dazu eingesetzt, die positiven Eindrücke und Erlebnisse zu intensivieren. Außerdem habe ich es dadurch geschafft, die beglückende Wirkung der gemeinsamen Gesänge zu erhöhen und mich stärker in ein kontemplatives Gebet versenken zu können.« (15)

Entspannung im Alltag als Stressabbau
»Fast immer wurde während der Übung meine Atmung ruhiger und tiefer, was ich als äußerst angenehm empfand. Wenn ich wegen irgendeiner Sache innerlich aufgeregt war, was bei mir oft mit Herzrasen verbunden ist, beruhigte sich mein Herzschlag und wurde langsamer. Deshalb habe ich angefangen, die KAW-Übung ›Weitstellen mit Fokus auf eine angenehme Erinnerung‹ als Entspannungstechnik in meinen Alltag einzubauen; ich mache sie zwar nicht täglich, aber regelmäßig, z. B. wenn ich mich gestresst fühle, um wieder zur Ruhe zu kommen oder abends nach der Uni, um mich etwas zu erholen.« (28)

3 Konstatierendes Aufmerksames Wahrnehmen (KAW)

Kindheitserinnerungen beim Geruch von Linden
»Konstatierendes aufmerksames Wahrnehmen auf das Zentrum des Angenehmen hat bei mir im Wesentlichen Gerüche intensiviert, Bilder aktualisiert, Zusammenhänge neu erfahrbar gemacht, Erinnerungen hervorgeholt, den Blick geklärt und zu einem Zustand der Erholung geführt. Beispielsweise hat der Bereich der Linden an der Universität, als Zentrum des Angenehmen, über die Intensivierung des Geruches, zu einem Bild aus meiner Kindheit geführt (eine Linde auf unserem Grundstück in Berlin), von dort zum Federballspiel mit meiner Schwester unter dem berauschenden und betörenden Geruch der Linde und zum Herzklopfen wegen des Spiels. Ich fühlte mich erholt und um eine Kindheitserinnerung reicher, die ich schon verloren glaubte.« (23)

Das Zentrum des Angenehmen: Geborgenheit, Freiheit, Glück
»Das Zentrum des Angenehmen konnte ich nach wiederholtem Suchen immer reduzieren auf einen umfassenden Begriff wie Geborgenheit, Freiheit, Heimat, Glück oder Liebe zum Leben.« (23)

Einige Kursteilnehmer und -teilnehmerinnen berichten, dass unter Umständen nach einer Weile bei dieser Übung »unter« der angenehmen Kognition unangenehme Kognitionen auftauchen können. Dies lässt sich aus Sicht der TMI damit erklären, dass die angenehme Kognition dazu verwendet wurde, um die darunter liegende unangenehme Kognition zu überschreiben. Falls man das verhindern möchte, sollte man darauf achten, das KAW auf epistemische Kognitionen zu richten.

Das konstatierende aufmerksame Wahrnehmen des Zentrums des Angenehmen bewirkt die Reaktivierung von angenehmen Erinnerungen; das kann dazu führen, dass damit gleichzeitig auch die Immunabwehr innerhalb von Minuten verbessert wird. Die Studien beispielsweise von, Schneider et al., (1991; vgl. dazu auch Petermann & Kusch, 2004) haben gezeigt, dass dabei die Anzahl der T-Zellen innerhalb kurzer Zeit signifikant ansteigen kann. Das lässt sich aus Sicht der TMI damit erklären, dass durch das KAW der mit der positiven Erinnerung (»schöner Sommertag«) gekoppelte physiologische Zustand (»erhöhte Immunabwehr«) in gewissem Umfang reaktiviert wird. Entscheidend ist dabei, dass es sich dabei um eine früher bereits tatsächlich erlebte Situation handelt – und nicht nur eine, die man sich lediglich »einbildet«. Wichtig ist, diese angenehme Erinnerung konstatierend wahrzunehmen und nicht introferent einzugreifen (»So schön muss das wieder werden«!): Das introferente Eingreifen würde, ▶ Kap. 2, diese positive Auswirkung wegen der damit verbundenen erhöhten Erregung und Anspannung beeinträchtigen. Im Alltag lässt sich diese Übung sozusagen als »Mini-Urlaub« zur Erholung einsetzen.

Das Zentrum des Unangenehmen

Auf die gleiche Art und Weise kann man auch mit Hilfe des KAW die Kognition »im Zentrum des Unangenehmen« suchen: das, was jeweils das (besonders) Unangenehme an einer gegebenen Situation ist. Dies kann ebenfalls z. B. ein Bild, ein Ton, ein abstrakter Gedanke oder eine somatosensorische Empfindung sein. (Bei einem IVK ist aus Sicht der TMI das Zentrum des Unangenehmen die Subkognition zu dem jeweiligen Imperativ; ▶ Kap. 4).

3.2 Vier KAW-Übungen

> **Vorübung: Das Zentrum des Unangenehmen an einem kalten, nassen Wintertag**
>
> So wie oben das »Zentrum des Angenehmen« an einem warmen Frühlingstag gesucht wurde, geht es hier nun darum, die Essenz des Unangenehmen an einem kalten nassen Wintertag zu finden (vorausgesetzt, dass man dies als unangenehm empfindet).

Im Rahmen dieser KAW-Übungsserie geht es zunächst einfach darum, zu üben und herauszufinden, was die (subjektive) Essenz des Unangenehmen jeweils ist und diese kurz (ein paar Sekunden lang) konstatierend wahrzunehmen.

Eine Seminarteilnehmerin schrieb dazu:

> »Bei der Frage nach der Essenz eines kalten Tages schossen mir viele Assoziationen durch den Kopf, wie Nässe, Schnee, kalte Füße, kalte Hände, das Gefühl, wenn die Hände wieder auftauen, wenn sie zuvor eingefroren waren, grau-weiße Landschaft, zittern etc. Ich wiederholte diese Frage innerlich und dann blieb das Gefühl von Nässe und Kälte.« (16)

Anschließend sollen die Teilnehmer diese Übung an einem selbstgewählten Beispiel durchführen. Dabei ist insbesondere darauf zu achten, dass die konstatierende Aufmerksamkeit weitgestellt ist und bleibt.

> **KAW-Übung IV-2: Das Zentrum des Unangenehmen aufmerksam konstatierend wahrnehmen**
>
> 1. *Vorbereitung:* Wählen Sie zunächst etwas aus, was für Sie leicht unangenehm ist: eine Wahrnehmung oder eine Erinnerung.
> 2. *Weitstellen:* Stellen Sie zunächst Ihre Aufmerksamkeit in der entsprechenden Modalität weit.
> 3. *Das Zentrum des Unangenehmen konstatierend wahrnehmen:* Behalten Sie die Weitstellung bei und schauen Sie sich das Unangenehme an, lauschen Sie hinein, spüren Sie hinein. Fragen Sie sich dabei, was ist es, das daran gefühlsmäßig nicht sein darf und nehmen Sie die dazugehörige epistemische Subkognition (»Es kann sein, dass ...«) ein, zwei Sekunden lang aufmerksam konstatierend wahr.

Mit dieser letzten Übung sind wir bereits mitten im Übergang von »einfachem« KAW zur Introvision. Wie man mit dem »Zentrum des Unangenehmen« umgeht, wird in den folgenden beiden Kapiteln ausführlich beschrieben werden.

3.3 Die Praxis des KAW

Als Nächstes sollen einige praktische Tipps zum Üben des KAW gegeben werden.

3.3.1 Hinweise zum Üben des KAW

Dauer der Übungen: Die hier gemachten Zeitangaben sind nur als grobe Richtschnur für den Anfang gemeint. Mit zunehmender Erfahrung werden viele die Übungen länger durchführen, um Versunkenheit und Flow zu fördern, und diese auch häufiger anwenden – bis das KAW schließlich zu einem festen Bestandteil des Alltags geworden ist.

Die Übungen einplanen: Zu Anfang ist es sinnvoll, die Übungen in den Tagesablauf einzuplanen – entweder zu einem bestimmten Zeitpunkt oder für eine bestimmte Situation, in der der »Kopf« dafür frei ist: z. B. im Bus, beim Laufen, beim Warten in einer Schlange oder vor dem Einschlafen.

Übungen variieren: Je interessanter, neuer, angenehmer und komplexer das ist, worauf sich der Fokus der konstatierenden Aufmerksamkeit richtet, desto leichter fällt einem im Allgemeinen das KAW. Mit zunehmender Erfahrung kann es umgekehrt eine Herausforderung sein, zunehmend einfachere, altvertraute und emotional neutrale Gegenstände bzw. Klänge und Geräusche konstatierend wahrzunehmen.

»Was einem in dem Sinn kommt«: Mit fortschreitender Erfahrung kann es auch interessant sein, einfach aufmerksam konstatierend zu beobachten, was einem »in den Sinn kommt«.

Gegebenenfalls Introvision darauf anwenden, was einen davon abhält, KAW zu üben: Geschieht es öfter, dass die KAW-Übung »vergessen« wurde oder das Individuum »keine Lust dazu« hatte, dann ist es sinnvoll, sich anzuschauen, was einen daran hindert, das zu tun. Dabei kann die Standbildmethode (▶ Kap. 5) hilfreich sein, verbunden mit der Leitfrage: »Was geht mir durch den Kopf, nachdem ich mir gesagt habe, jetzt könnte ich eigentlich eine KAW-Übung machen?«

Das KAW-Tagebuch: Ziel der Aufzeichnung der Erfahrungen mit den KAW-Übungen ist es, die eigenen Erfahrungen festzuhalten und im Rückblick Entwicklungen erkennen und Fortschritte einschätzen zu können; ansonsten vergessen viele rasch, welche Probleme sie am Anfang mit dem KAW hatten. Nützlich ist dafür ein kleines Heft o. ä., in das stichwortartig Folgendes eingetragen wird:

- Tag, Zeitraum, Ort der Durchführung;
- Art der KAW-Übung (z. B. KAW 4: Zentrum des Unangenehmen);
- Kognition im Fokus der jeweiligen KAW-(Teil-)Übung inhaltlich benennen und die angesprochene Modalität notieren (a: akustisch, v: visuell, s: somatosensorisch, g: gedanklich-abstrakt):
- Erfahrungen (positiv, negativ) während Übung notieren;
- Qualität der Übungsdurchführung einschätzen – auf einer Skala von »0« (gar nicht gelungen) bis »10« (optimal);

- Allgemeinbefinden vorher und nachher einschätzen (Skalenwert von 0 bis 10, wobei 10 höchstes Wohlbefinden bedeutet) und ggf. Stichworte dazu notieren;
- Sonstiges, Bemerkungen (ggf. Grund, warum das KAW an diesem Tag nicht durchgeführt wurde).

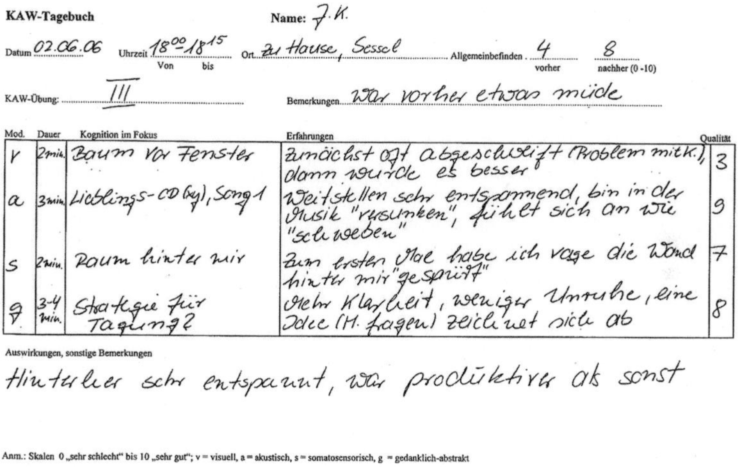

KAW-Tagebuch Name: J. K.

Datum 02.06.06 Uhrzeit 18⁰⁰–18¹⁵ (Von bis) Ort zu Hause, Sessel Allgemeinbefinden 4 (vorher) 8 (nachher (0 -10))

KAW-Übung: III Bemerkungen war vorher etwas müde

Mod.	Dauer	Kognition im Fokus	Erfahrungen	Qualität
v	2 min.	Baum vor Fenster	zunächst oft abgeschweift (Problem mit K.), dann wurde es besser	3
a	3 min.	Lieblings-CD (xy), Song 1	Weitstellen sehr entspannend, bin in der Musik "versunken", fühlt sich an wie "schweben"	9
s	2 min.	Raum hinter mir	Zum ersten Mal habe ich vage die Wand hinter mir "gespürt"	7
g	3-4 min.	Strategie für Tagung?	mehr Klarheit, weniger Unruhe, eine Idee (M. fragen) zeichnet sich ab	8

Auswirkungen, sonstige Bemerkungen

Hinterher sehr entspannt, war produktiver als sonst

Anm.: Skalen 0 „sehr schlecht" bis 10 „sehr gut"; v = visuell, a = akustisch, s = somatosensorisch, g = gedanklich-abstrakt

Abb. 3.1: Beispiel für ein KAW-Tagebuch

3.3.2 Längerfristige Auswirkungen der KAW-Übungen: Erfahrungsberichte

Im Folgenden sollen einige Beispielberichte verdeutlichen, welche Auswirkungen das regelmäßige Durchführen von KAW-Übungen über mehrere Wochen oder auch länger haben kann.

Der folgende Bericht stammt von einem Studenten, der seit der Schulzeit große Probleme damit hatte, das, was er gelernt hatte, zu behalten. Das Abitur hatte er mit Mühe und Not und erst nach einer »Ehrenrunde« geschafft. Das gleiche Problem trat dann im Studium wieder auf, als er für die Zwischenprüfung lernen musste. Wenn er abends versuchte, sich daran zu erinnern, was er an diesem Tag gelesen hatte, fiel ihm kaum etwas ein. Dann übte er fünf Wochen lang KAW und beschloss dann, das KAW beim Lesen von Texten für das Studium anzuwenden. Vor dem Lesen entspannte er sich zusätzlich mit Hilfe des KAW.

Besser lernen und behalten

»Ich versuchte, auch wenn kurzfristig keine Prüfung anstand, drei Tage lang so viel wie möglich zu lesen (an den gleichen Orten wie vorher) und fasste abends dann (das Gelesene, Anm. der Verf.) noch einmal zusammen. Überaus bemerkenswert war dabei zunächst, dass ich überhaupt nicht wusste, wo ich anfangen sollte. Im Gegensatz zu den vier Wochen vorher vor meiner Zwischenprüfung, wo ich, zumindest am Anfang, krampfhaft versucht habe, überhaupt etwas in Erinnerung zu rufen, konnte ich alles wiederholen. Ich hatte höchstens darin Probleme, meine Gedanken zu ordnen, da es nur so sprudelt, was ich nach kurzem Überlegen und Sortieren aber in den Griff bekam. Selbst kleinere, unbedeutende Details, an die zu erinnern mir während der Base-line-Erhebung die Note »eins« eingebracht hätten, kamen mir wieder ins Gedächtnis. Dieses tolle Ergebnis hatte ich an jedem der drei Tage nach den KAW-Übungen, an denen ich meine Aufmerksamkeit testen wollte, bekommen. Ich dachte daran, was mir dieser Fortschritt im Laufe meines Studiums, welches sich in der Endphase befindet, jetzt alles bringen könnte und hätte bei diesen Gedanken in die Luft springen können. Die gesparte Zeit beim Lernen und die ungestressten Prüfungsvorbereitungen waren zwei bedeutende Faktoren für mehr Lebensqualität.« (25)

Besser einschlafen, Müdigkeit verringern
»Ich setze die KAW-Übungen nach Bedarf ein. Zur Veranschaulichung nenne ich einige Beispiele.

- Manchmal habe ich Einschlafprobleme, weil mir zu viele Gedanken über die Geschehnisse des Tages im Kopf herumgehen. Ich stelle meine Aufmerksamkeit im somatosensorischen Bereich weit, d. h. ich konstatiere die Lage meines Körpers im Bett und die damit einhergehenden Kognitionen. In den meisten Fällen hilft diese Übung beim Einschlafen.
- Bei Müdigkeit tagsüber bzw. in unpassenden Situationen habe ich eine Möglichkeit gefunden, wieder wacher zu werden. Ich wende KAW auf eine angenehme Kognition an – sozusagen auf das Zentrum des Angenehmen. Da bei mir die visuellen Kognitionen in der Wahrnehmung dominieren, empfinde ich es als angenehm, mir dabei mit der Standbildmethode schöne Erinnerungen zu betrachten. Diese Übung hat den Effekt, dass ich mich danach eindeutig wacher fühle.« (43)

Musik neu und anders hören
»Im Alltag sind mir Veränderungen durch die KAW-Übungen ansonsten vor allem beim Musikhören und bei Konzert- und Opernbesuchen aufgefallen. Ich habe begonnen, meine akustische Aufmerksamkeit weitzustellen und dann damit experimentiert, einzelne Stimmen aus dem Orchester in den Fokus zu nehmen. Dadurch klingen Musikstücke immer wieder anders.« (24)

KAW »in der Röhre« (MRT)
»Für mich am eindrücklichsten war bisher die KAW-Erfahrung im MRT (Magnetresonanztomograph). Während der letzten Untersuchungen in der Röhre, die ca. 45 Minuten gedauert haben und ohne KAW abliefen, habe ich mich öfter verspannt und mit blöden Gedanken zu tun gehabt. Die jetzige Untersuchung hat 90 Minuten gedauert und war ein positives Erlebnis. Mit Beginn der Diagnostik habe ich die Klopfgeräusche (der Maschine) konstatiert und dabei ein intensives Klang- bzw. Rhythmuserlebnis erfahren. Interessant war auch, dass ich während der Untersuchung kein Zeitgefühl empfunden habe, obwohl ich hellwach und aufmerksam da war. Die Situation hatte eine besondere Intensität, die ich mit stark/zart beschreiben würde. (Ich kann diese Erfahrung leider nicht besser formulieren bzw. ausdrücken). Gedanklich ging es mir ähnlich mit der Intensität. Ich habe zu Beginn das KAW für kurze Zeit auf einen bedrohlichen Gedanken gerichtet, der mich schon bald nicht mehr beschäftigt hat, und war dann einfach ›nur‹ da und habe die Gegenwart empfunden.

Für mich war es insgesamt eine gute Erfahrung, weil eine durch die Vergangenheit belastende Situation jetzt positiv von mir erlebt wurde.« (26)

KAW zur Entspannung und Sammlung
»Am Anfang konnte ich KAW nur dann erfolgreich machen, wenn ich allein gewesen bin und vorher Entspannungsübungen gemacht hatte. Am Ende war es mir möglich, überall KAW zu machen, auch mit vielen Menschen in meinem Umfeld. Mittlerweile mache ich KAW zur Entspannung und um meine Sinne zu sammeln. Gerade in großen Stresssituationen benutze ich diese Methode häufig, um wieder zu den wesentlichen Dingen zurückzufinden.« (18)

KAW bei Unwohlsein während einer Klausur
»Während der Klausur im letzten Semester konnte ich mich kaum auf die Aufgaben konzentrieren, da es in dem Raum unangenehm heiß gewesen ist, und ich deswegen unter

Kopfschmerzen und einem allgemeinen Gefühl des Unwohlseins litt. Da ich so nicht weiter an der Klausur arbeiten konnte, versuchte ich mich durch somatosensorische Wahrnehmungen von den unangenehmen Gefühlen, die ich hatte, abzulenken. Am Anfang verstärkte ich diese Gefühle ungewollt, da ich mich auf sie konzentrierte. Dann aber gelang es mir weitzustellen und andere Dinge wahrzunehmen, die mich von meinen Kopfschmerzen und der Hitze ablenkten. Ich schaffte es, so weitzustellen, dass ich die Klausur zu Ende schreiben konnte.« (18)

Der folgende Bericht veranschaulicht das Prinzip des Weitstellens während einer schmerzhaften Prozedur – hier das Zupfen von Augenbrauen.

KAW bei Schmerzen
»Sechs Minuten KAW in der Modalität akustisch, sitzend beim Augenbrauenzupfen um 10.00 Uhr, weitgestellt mit dem Fokus Radio. Das Augenbrauenzupfenlassen ist leicht schmerzhaft. Ich habe festgestellt, wenn ich mich beim Zupfen auf Geräusche konzentriere, entspanne ich mich deutlich und das Zupfen gestaltet sich deutlich weniger schmerzhaft.« (23)

Der folgende Bericht stammt von einer Krankenschwester, die während ihres Studiums der Erziehungswissenschaft ein Praktikum in einer Kindertagesstätte absolvierte.

KAW in der Mittagspause und beim Einschlafen
»Die Methode des KAW zur Entspannung ist eine Anwendung, die ich gerne nutze, um dem Alltagsstress zu entfliehen. Ich habe zum Beispiel im Juli/August ein Praktikum in einer Kindertagesstätte absolviert, in der ich die Betreuung von ca. 30 Kindern mit übernahm. Mir stand eine Pausenzeit von 30 Minuten täglich zu. Zunächst kam mir dies als zu wenig vor, um abzuschalten oder Abstand zu gewinnen und ich habe die ersten Tage keine Pause in Anspruch genommen.

Dann habe ich aber überlegt, diese Zeit für KAW-Übungen zu nutzen. Ich habe mir an einem kleinen Alsterlauf eine ruhige Stelle gesucht und jeden Tag verschiedene Übungen des KAW ausprobiert, um von der lebhaften lauten Umgebung der Kindertagesstätte Abstand zu bekommen und Stress abzubauen. Die Wirkung war sehr effektiv, ich habe gelernt, schnell abzuschalten und umzudenken, und die 30 Minuten, die mir zur Verfügung standen, haben mich entspannt, ich fühlte mich danach wieder frisch und ausgeruht, bereit für neue Aktivitäten mit den Kindern.

Gerade im Sommer war die Sonnenwärme auf der Haut als somatosensorische Übung sehr angenehm, aber auch die visuelle Wahrnehmung der Natur und auditiv der Fokus auf Vogelgezwitscher schafften Entspannung. Zu Beginn der Übungen hatte ich Probleme, länger als drei Minuten den Fokus zu halten, ohne mich zum Beispiel von Blicken vorbeispazierender Passanten stören zu lassen. Mit der Übung der visuellen Wahrnehmung habe ich dann zunehmend differenziert meine Umgebung gesehen und habe gelernt, den Fokus für fünf Minuten und länger zu halten. Während anfangs die Randerscheinungen unscharf waren, hat sich (mit zunehmender Übung) der Weitblick geschärft.

Während ich im Alltag eher verlernt habe, die Schönheit und Vielschichtigkeit der Natur wahrzunehmen, hat das KAW geholfen, wieder ein Bewusstsein dafür zu gewinnen. Auch meine somatosensorische Wahrnehmung hat sich durch das Üben des KAW verbessert. Diese Methode des KAW hilft mir, abends den Kopf freizubekommen, um ruhig und entspannt einschlafen zu können. Der Fokus der Aufmerksamkeit liegt dabei auf meinem eigenen Herzschlag, weitgestellt empfinde ich meinen Körper nach. Zunächst hatte ich Schwierigkeiten, die Wahrnehmung auf das Fühlen in den eigenen Körper zu beschränken, da Reize von außen mich schnell abgelenkt haben, aber inzwischen gelingt es mir, detailliert einzelne Körperpartien nachzuempfinden. Allerdings brauche ich den Fokus auf den Herzschlag, um bei der somatosensorischen Wahrnehmung zu bleiben.« (27)

Wichtig ist dabei, dass die konstatierende Aufmerksamkeit weitgestellt bleibt.

KAW im Tagesablauf

»Meine persönlichen Erfahrungen mit KAW sind sehr positiv. Ich wende KAW ca. 3-mal täglich an. Dabei beginne ich morgens, nach dem Wachwerden, in der somatosensorischen Modalität. Ich konzentriere mich dabei auf Dinge wie z. B. die Berührung der Bettdecke auf meiner Haut oder die Schwere meines Körpers in Bezug zur Matratze und die jeweilige Tiefe, die mein Körpergewicht in sie hineindrückt. Dabei versuche ich ganz bewusst, jede einzelne Wölbung der Matratze durch meinen Körper zu spüren. Diese Übung führe ich ca. drei Minuten durch. Danach stehe ich auf und fühle mich einfach gut. Mittags bzw. nachmittags setze ich mich dann irgendwo hin, meist ins Freie und wende KAW in der visuellen weitgestellten Modalität an. Dabei suche ich mir stets neue Dinge als Fixpunkte aus, z. B. kleine Steine, Staub oder Schmutz auf Fensterbänken oder Autos, die geparkt sind. Wichtig ist für mich dabei, dass sich außerhalb meines Fixpunktes etwas bewegt, wie ein Ameisenhaufen oder Pollen und Blätter, die vom Wind herumgewirbelt werden. Auch diese Übung führe ich ca. drei Minuten durch. Danach bin ich viel entspannter. Diese Übung hilft mir, viele Dinge des Alltags aus einer anderen Perspektive zu betrachten. Abends, bevor ich zu Bett gehe, wende ich die dritte KAW-Modalität an. Dabei setze ich mir Kopfhörer auf und tauche in die Musik ab. Die auditive Modalität fällt mir am leichtesten. Dies ist der Grund, warum ich sie abends anwende. In letzter Zeit lege ich mich erst ins Bett und setze mir danach den Kopfhörer auf und genieße. Durch die schnell einsetzende Entspannung werde ich schnell müde und schlafe beruhigt ein.« (45)

Zusammenfassung

Wie die Erfahrungsberichte zeigen, lässt sich das weitgestellte konstatierende aufmerksame Wahrnehmen in den unterschiedlichsten Bereichen anwenden. Insbesondere das Weitstellen der Aufmerksamkeit führt dabei oft zu einer raschen mentalen Entspannung.

3.4 KAW für Fortgeschrittene: KAW-Anwendungen im Alltag

So schön und entspannend die Anwendung von KAW auf Sinnesempfindungen auch sein mag – im Alltag haben es die meisten von uns in erster Linie mit dem Aufnehmen und Verarbeiten von Gedanken zu tun: Nachrichten lesen, Mails schreiben Herausforderungen bewältigen, Pläne machen und Ideen entwickeln.

Wie lässt sich KAW auf diese Prozesse anwenden? Seit der Veröffentlichung der zweiten Auflage des vorliegenden Buchs hat die Verf. eine Reihe von neuen KAW-Anwendungen im Alltag entwickelt und mit verschiedenen Gruppen praktisch erprobt. Bei diesen KAW-Anwendungen[2], wie sie hier – im Unterschied zu den KAW-Übungen (▸ Kap. 3.2) – genannt werden, handelt es hier überwiegend um länger andauernde Anwendungen von KAW in bestimmten Alltagssituationen

Gemeinsames Ziel dieser KAW-Anwendungen ist es, in Zeiten von Multitasking und zunehmender Digitalisierung des Alltags wieder zu lernen, sich längere Zeit in etwas zu versenken. Grundlegende Voraussetzung für die folgenden KAW-Anwendungen ist es, fähig dazu zu sein

1. den Fokus der konstatierenden Aufmerksamkeit längere Zeit konstant auf etwas gerichtet zu halten
2. gleichzeitig den Raum um sich herum weiterhin weitgestellt wahrzunehmen
3. und Kognitionen, die außerhalb dieses Fokus am Rande der Aufmerksamkeit auftauchen, nicht aktiv auszublenden.

3.4.1 KAW-Anwendung 1: Den Kopf frei bekommen: integrierendes KAW oder der »mentale Screenshot«

In den bisherigen KAW-Übungen (▶ Kap. 3.2) ging es aus praktischen Gründen darum, den Fokus des KAW auf diejenigen Kognitionen zu richten, die in einer bestimmten Modalität enkodiert sind (z. B. sehen oder hören), freilich ohne dabei anders enkodierte Kognitionen am Rande der Aufmerksamkeit aktiv auszublenden. Bei dem integrierenden KAW geht es nun darum, den Fokus des KAW nach Möglichkeit gleichzeitig oder auch kurz nacheinander auf die im jeweiligen Moment gerade aktivierten unterschiedlich enkodierten Kognitionen (sehen, erinnern, spüren, denken etc.) zu richten. Ziel der folgenden KAW-Anwendung ist es, den Arbeitsspeicher zu entlasten und den Kopf frei zu bekommen für das, was gerade ansteht.

Schritt 1

Der erste Schritt besteht darin, einen mentalen »Screenshot« zu erstellen – einer Momentaufnahme dessen, was gerade im eigenen Bewusstsein aktiviert ist – Gedanken, Bilder, Gefühle, körperliche Empfindungen und all dieses gleichzeitig aufmerksam konstatierend wahrzunehmen.

Schritt 2

Darunter sind normalerweise einige Kognitionen, die einem gewissermaßen besonders ins Auge fallen, weil sie quasi mit einem inneren Ausrufezeichen gekoppelt sind: Diese springen gewissermaßen auf und nieder, um Aufmerksamkeit auf sich zu ziehen. Introferenztheoretisch sind dies Kognitionen, die mit erhöhter Erregung gekoppelt sind: unerledigte Aufgaben, »Wann fährt die nächste Bahn?«, »Das muss ich noch tun«, über längerfristige Probleme (»Das ist ärgerlich«) bis hin zu Dauerkonflikten (»Der Kollege regt mich auf!«).

Diese, vielleicht vier oder fünf, unterschiedlichen Gedanken, Bilder, Erinnerungen oder körperlichen Empfindungen werden zunächst nacheinander kurz konstatierend wahrgenommen. Dann wird das, was mit der relativ höchsten Erregung (Arouser) verbunden ist, eine Weile lang konstatierend weitgestellt wahrgenommen,

ohne alles andere aktiv auszublenden. Von Fall zu Fall kann darauf eine Blitzintrovision gemacht werden.
Der folgende Bericht veranschaulicht, was damit gemeint ist.

»Heute Morgen habe ich, während der PC hochgefahren wurde, integrierendes KAW gemacht. Meine mentale Momentaufnahme zeigt: Anspannung, Gedanken an bestimmte Dinge, die heute zu erledigen waren, sowie Angst vor einer unangenehmen Mail. Diese Angst drängte sich als erstes in den Vordergrund, deshalb habe ich darauf Blitzintrovision gemacht (›Ja, es kann sein, dass sie kommt‹). Anschließend machte ich KAW nacheinander auf die zu erledigenden Aufgaben, dies führte schnell zu praktischen Lösungen. Dann kam das KAW auf die Anspannung; auf diese Daueranspannung mache ich öfter KAW; das KAW heute Morgen führte dazu, dass ich mich spontan etwas entspannter hinsetzte. Ein erneuter ›Screenshot‹ zeigte dann, dass ich mich jetzt auf den Tag freute – und nun entspannt und weitgestellt anfangen konnte, meine Mails zu lesen.« (51)

Diese KAW-Anwendung lässt sich in vielen Situationen im Alltag durchführen. Am Anfang eines Tages, zwischendurch oder auch am Abend (▶ Kap. 6) – und natürlich auch vor Beginn der Introvision (▶ Kap. 5.1.1).

3.4.2 KAW-Anwendung 2: »Und wo, bitte schön, bleibt das Positive?« Sich in etwas Gutes, Angenehmes, Schönes vertiefen ohne Unangenehmes auszublenden

Weiter oben (KAW-Übung IV-1, ▶ Kap. 3.2.4) wurde bereits beschrieben, was es heißt, KAW auf die Essenz von etwas Angenehmem oder Schönem oder Gutem anzuwenden. Ausgangspunkt für diese KAW-Übung war die Erinnerung an eine Situation, in der man etwas angenehmes erlebt hat. Die Erinnerung an die entsprechende Situation dient in diesem Zusammenhang gewissermaßen nur als Krücke, als eine Hilfsmaßnahme, um die Erinnerung an die Essenz des Angenehmen zu reaktivieren; es ist dafür nicht notwendig, die Situation selber in allen Einzelheiten zu erinnern. Aus Sicht der TMI – so die Hypothese – führt das KAW auf die Essenz von etwas Angenehmen zur Reaktivierung der entsprechenden Erinnerungen und auch, und darauf kommt es letztendlich an, zur Reaktivierung der damit gekoppelten physiologischen Prozesse (z. B. »Erhöhung der Immunabwehr«).

Entscheidend dabei ist, dass es sich um eine Situation handelt, die man tatsächlich erlebt hat – und nicht um etwas, das man sich in seiner Fantasie bloß ausmalt (»Wenn ich erst mal groß bin, dann…!«). Ebenso wichtig ist es dabei auch, dass das Ziel nicht ist, vorhandene negative Gefühle oder Bilder oder Ängste damit zu überschreiben; vielmehr geht es darum, den Fokus der konstatierenden Aufmerksamkeit sanft auf die entsprechenden epistemischen Kognitionen zu lenken, ohne unangenehme Kognitionen auszublenden. Einzelne Fallberichte deuten darauf hin, dass das häufige Anwenden von KAW auf die Essenz von etwas Angenehmen dazu beitragen kann, Heilungsprozesse zu beschleunigen.

Die im Folgenden beschriebene KAW-Anwendung 2 »Sich in etwas Positives versenken« baut auf dieser KAW-Übung auf bei gleichzeitiger Erweiterung des Anwendungsbereichs.

Schritt 1

Im ersten Schritt geht es darum, sich zu überlegen, was im Mittelpunkt dieser KAW-Anwendung stehen soll. Entscheidend ist, dass es sich um epistemische Kognitionen, etwas das man selber kennt, erkennt, erfahren hat, spürt, nicht etwas, das man sich ausmalt. Das kann beispielsweise »das Schöne und Gute sein, das einem im Umgang mit anderen Menschen begegnet«, wie Plotin, ein Philosoph aus dem zweiten Jahrhundert n.Chr. schrieb:

> »Man muss anfangen mit einer Konzentration des Gedankens um ein bestimmtes äusseres Thema, und zwar das Schöne und Gute, das einem im Umgang mit anderen Menschen begegnet ist, jedoch nicht die äusseren Werke, die sie gemacht haben, sondern die Schönheit und Güte der Seele, von denen ihre Werke zeugen, I. 6, 9.« (Plotin, zit nach Jansen, 1970, S. 103)

Das Schöne und Gute kann auch die abstrakte Schönheit einer mathematischen Idee sein, die Essenz eines Bildes aus dem Museum ebenso wie positive eigene Erfahrungen mit Musik, die Essenz des Sich Vertiefens in ein Hobby, in die eigene Bewegung (Sport), den Geschmack einer ausgezeichneten Speise, die Essenz der Schönheit einer Landschaft und vielerlei mehr. Wichtig ist, dass dieses »Schöne, Gute, Angenehme« subjektiv mit einem Gefühl, einem Erleben von mehr oder weniger tiefer Gelassenheit verbunden (PT-Stufe 1–3) ist, das erhöht die Wahrscheinlichkeit, dass das KAW auf dieses Zentrum der Aufmerksamkeit mit zunehmender innerer Ruhe verbunden sein wird. (Sofern dies nicht möglich ist, empfiehlt sich zunächst (Blitz-)Introvision durchzuführen. Ziel dieser Anwendung ist es nicht, vorhandene weniger angenehme Kognitionen damit zu überschreiben (das – so die TMI – erhöht die Konfliktspannung längerfristig) und Ziel ist es auch nicht, sich dabei zu *imperieren*, »das muss ich wieder erleben«.

Schritt 2

Die Essenz des Guten, Angenehmen, Schönen finden (s. KAW-Übung IV-1) und in den Fokus der weitgestellten konstatierenden konstanten Wahrnehmung stellen und dabei weitgestellt bleiben.

Schritt 3

Sich eine Zeit lang in diese Essenz des Positiven vertiefen, etwaige Erkenntnisse, an die man sich nachher erinnern möchte, zur Entlastung des Arbeitsspeichers ggf. auf einem Stück Papier notieren.

Schritt 4

Erfahrungen damit ggf. festhalten und mit anderen teilen. Noch einmal: Es geht nicht darum, sich in etwas hineinzusteigern, für etwas zu schwärmen, zu beginnen, sich auszumalen, was passieren würde, wenn die Welt immer so schön wäre wie jetzt – es geht um konstatierendes Wahrnehmen von epistemischen Kognitionen.

3.4.3 KAW-Anwendung 3: Die Lösung sachlicher Probleme, oder: das epistemische System arbeiten lassen, ohne bewusst introferent einzugreifen

Im Alltag wenden wir normalerweise bei der Lösung sachlicher Probleme bestimmte Problemlösestrategien an. Das beinhaltet in der Regel, in die eigenen mentalen Prozesse bewusst imperierend einzugreifen (Methoden, die beschreiben »erstens Ziel definieren, zweitens Analyse, drittens Ergebnis« oder die Imperierung »Bloß nicht wieder denselben Fehler machen wie damals!«). In dieser Übung geht es darum, auszuprobieren, was passiert, wenn wir dieses *bewusste* Eingreifen in die eigene Informationsverarbeitung eine Zeit lang unterlassen und stattdessen nur das Zentrum des KAW auf die Frage zu richten, um die es geht. Dieses KAW auf die entsprechende Frage führt mutmaßlich dazu, dass entsprechende Kognitionen, die damit in Verbindung stehen, mit etwas erhöhter Erregung gekoppelt werden und deshalb im Bewusstsein auftauchen (siehe Birbaumer & Schmidt, 2003).

Das Vorgehen im Einzelnen

Der erste Schritt besteht darin, die Frage zu formulieren, die einen beschäftigt, (zum Beispiel: »Was soll ich tun im Fall von XYZ?«) oder »Wo liegt das Problem?«, »Was tun bei…?«). Es genügt, dafür ein oder zwei Stichworte festzuhalten. Dann wird die Aufmerksamkeit vorab auf die Umgebung weitgestellt und der Fokus des KAW auf die offene Frage gerichtet. Die Kunst besteht nun darin, eine Zeit lang bewusst darauf zu verzichten, über diese Frage in der sonst üblichen Form nachzudenken – das kann später nachgeholt werden. Es reicht aus, den Fokus der weitgestellten Aufmerksamkeit konstant auf das selbstgewählte Stichwort zu richten, und ggf. etwaige auftauchende Ideen und Anregungen auf einem Stück Papier festzuhalten, um den Arbeitsspeicher zu entlasten. Auf diese Art und Weise wird dem eigenen mentalen Apparat, d. h. der eigenen epistemischen Informationsverarbeitung (▶ Kap. 2) die Möglichkeit gegeben in dem großen weiten Netzwerk unserer Gedanken und Gefühle (LeDoux, 1998) die einschlägigen Wissensbestände, Erkenntnisse, Bilder, Ideen und Empfindungen zu aktivieren und mit einander zu verknüpfen, ohne dass wir – wie sonst meist üblich – darin (zusätzlich) introferent eingreifen.

> **Beispiel: Präsentation**
> »Bei der Arbeit an einer Präsentation habe ich wiederholt ›KAW auf eine Leerstelle‹ gemacht. Am Anfang ging es um die Frage der Grundstruktur dieser Präsentation, sozusagen das Gerüst. Statt wie sonst gleich anzufangen, eine Gliederung zu entwerfen und diese dann mehrfach wieder zu überarbeiten, umzustoßen und neu anzufangen, setzte ich mich stattdessen in meinen Lieblingssessel und nahm den vorgegebenen Titel dieser Präsentation in den Fokus (›Präsentation zu …?‹) Ich schaute diese Frage konstatierend aufmerksam an, mit Papier und Bleistift neben mir, und ließ sie auf mich wirken und tat – außer KAW zu machen und weitzustellen auf meine Lieblingsmusik – nichts. Nach mehreren Minuten hatte ich

plötzlich die grobe Gliederung vor Augen, mit entsprechenden Stichworten, die ich dann notierte – und später umsetzte. Diese Präsentation wurde ein großer Erfolg.« (50)

Insbesondere bei komplexeren Problemen empfiehlt es sich, dieses KAW länger durchzuführen, eine halbe oder dreiviertel Stunde zum Beispiel, und dann auch nicht sofort eine Antwort zu erwarten. Manchmal taucht diese Antwort erst am nächsten Morgen auf – und manchmal auch erst später.

Auf dieselbe Art und Weise lässt sich das KAW auch anwenden, um das, was man gerade gelernt hat, zu vertiefen, sich auf das Schreiben schwieriger Texte vorzubereiten oder am Abend den Tag Revue passieren zu lassen. Das Besondere besteht darin, auf diese Weise Gedanken, Einsichten, Bilder und Gefühle: von dem epistemischen Informationsverarbeitungssystem (▶ Kap. 2) verarbeiten zu lassen, ohne, wie sonst üblich, in diesen Prozess bewusst introferent einzugreifen.

3.4.4 KAW-Anwendung 4: Mehr über den Prozess des introferenten Eingreifens erfahren: sich selbst beim introferenten Eingreifen zuschauen

Die folgende Anwendung des KAW hat zwei Ziele: Erstens geht es darum, einen anschaulichen Begriff davon zu bekommen, was mit Grundbegriffen der TMI, dem introferenten Eingreifen, Überschreiben, Imperieren, Ausblenden und Hemmen gemeint ist. Sie ist als Anleitung dazu gedacht, diese oft blitzschnell ablaufenden Prozesse in uns selbst liebevoll-konstatierend zu entdecken und zu beobachten, »so wie sie sind«. Tun wir dies öfter, so führt dies dazu, dass sie entautomatisiert werden und vielfach von allein aufhören – und dies führt »wie von selbst« dazu, dass wir das, was wir gerne tun, noch etwas müheloser (und fließender und somit besser) tun als zuvor.

Nehmen Sie etwas, das Sie gerne und oft und zur eigenen Entspannung tun, vielleicht etwas, worin Sie auch gerne ein wenig besser werden möchten: zum Beispiel Sudoku lösen, Gedichte schreiben oder auch Gedichte auswendig lernen, laufen, am Auto schrauben, am Computer spielen, Bogen schießen lernen (Herrigel, 2003), im Garten arbeiten, ein Musikinstrument spielen, zeichnen, mathematische Probleme lösen oder ähnliches. Es sollte etwas sein, das Sie (auch) alleine machen können und in das Sie sich gerne vertiefen. Und falls das möglich ist, so notieren Sie bitte etwaige Beobachtungen, Fortschritte und Ergebnisse dieser KAW-Übung.

Die Aufgabe besteht darin, diese angenehme Tätigkeit wie gewohnt durchzuführen und konstatierend wahrzunehmen, was Ihnen dabei *in Bezug auf diese Tätigkeit* durch den Kopf geht.

1. Suchen Sie sich ggf. einen Ausschnitt aus dieser Tätigkeit aus, der Sie interessiert: beim Klavierspielen zum Beispiel eine Stelle, an der Sie sich gewohnheitsmäßig »verspielen«, beim Zeichnen, was Ihnen durch den Kopf

geht, wenn Sie ein neues Bild beginnen, beim Laufen durch den Wald der Lauf über unebenes Terrain.
2. Nehmen Sie konstatierend und weitgestellt wahr, was Ihnen dabei durch den Kopf geht: die vielen blitzschnell ablaufenden Gedanken, inklusive etwaiger Bilder, Gefühle, Töne – ohne einzugreifen.
3. Achten Sie insbesondere auf blitzschnelle Bewegungen des automatischen introferenten Eingreifens, die Ihnen auffallen – und nehmen Sie diese aufmerksam konstatierend wahr, »so wie sie sind«. Anders ausgedrückt: verzichten Sie darauf, sich bewusst zu imperieren, ›das muss ich anders machen‹.
   - Beispiel 1: wenn Ihnen auffällt, dass Sie sich gewohnheitsmäßig ärgern, dann wenden Sie die Standbildmethode an (▶ Kap. 5.2) und beobachten Sie in der Erinnerung an eine bestimmte Situation, *wie* diese innere Bewegung des Sich-Ärgerns vollzieht, das Einengen der Aufmerksamkeit, das »miese Gefühl«, das Ansteigen der Anspannung etc. Beobachten Sie diese Bewegung »so, wie sie ist« – schauen Sie sich diese an, spüren Sie in sie hinein.
   - Beispiel 2: wenn Ihnen auffällt, dass Sie gewohnheitsmäßig und blitzschnell bestimmte Lösungsstrategien verwerfen, bestimmte Ideen ausblenden und bestimmte Gedanken überschreiben, dann sehen Sie sich das – ggf. ebenfalls mit Hilfe der Standbildmethode – ebenso konstatierend weitgestellt an, wie den Prozess des Sich-Ärgerns.
   - Beispiel 3: dasselbe gilt für unwillkürliche oder auch willkürliche muskuläre Anspannungen, die blitzschnelle Einschätzung der Umwelt beim Laufen etc.

Ziel ist es, auf diese Weise die verschiedenen Formen des Überschreibens, Hineintragens, Imperierens und Ausblendens, des Enger- und Weiterstellens der Aufmerksamkeit zu entdecken, zu explorieren und in sich selbst zu beobachten – und diese dann auch bei anderen Menschen, in Texten und Schriften wiederzuerkennen. Ein zweites und ebenso wichtiges Ziel ist es, auf diese Weise: sprich durch das wiederholte konstatierende Wahrnehmen, das *automatische* Ablaufen dieser Eingreifprozesse zu de-automatisieren – und somit viele kleinen unnötige Anspannungen und Blockierungen aufzulösen.

Insofern handelt es sich um *Introvision auf die eigenen automatischen Prozesse des Eingreifens bei der entsprechenden Tätigkeit*, um die es hier geht.

3.4.5 KAW-Anwendung 5: KAW auf den Prozess des Sich Imperierens

In diesem Buch wird sehr viel über den Prozess des Sich Imperierens gesprochen. Ziel der folgenden KAW-Anwendung IV ist es, jetzt an dieser Stelle diesen Worten im übertragenen Sinne Taten folgen zu lassen. Das heißt konkret, sich diesen Prozess des Sich Imperieren in sich selber konstatierend aufmerksam und selbstverständlich auch weitgestellt anzuschauen, in ihn hineinzuspüren, ihn ein paar Sekunden oder auch ein paar Minuten lang konstatierend zu betrachten.

In diesem Fall empfiehlt es sich, die Standbildmethode anzuwenden, eine ausführliche Beschreibung findet sich in (▶ Kap. 5.1.2).

Schritt 1

Nehmen Sie als Ausgangspunkt ein konkretes Beispiel, eine bestimmte Situation, in der Sie sich etwas bestimmtes imperieren.

Schritt 2

Lassen Sie diese Situation vor Ihrem »inneren Auge« langsam abrollen und halten Sie diesen »Film« genau an dem Punkt an, an dem Sie sich etwas (einen Satz, ein Bild o. ä.) imperieren.

Schritt 3

Richten Sie Ihre Aufmerksamkeit konstatierend weitgestellt darauf, was in diesem Moment innerlich geschieht. Wichtig ist hierbei weniger, was Sie sich imperieren, sondern *wie* Sie das tun. Es geht hier gewissermaßen um das Gefühl des Sich Imperierens, genauer: die Essenz des Sich Imperierens (s. KAW-Übung 4). Achten Sie darauf, dass Sie dabei im Modus des Konstatierens bleiben (»Aha, so ist es!«) und nicht unwillkürlich erneut introferent eingreifen (»Ich muss aufhören, ... so zu denken!«). (5–10 Minuten).

Das gleiche Vorgehen lässt sich im Prinzip auch anwenden auf den, wenn man so will, Gegenspieler des Imperierens, nämlich auf den Prozess des Ausblendens, Hemmens und Blockierens (▶ Kap. 2).

Für Menschen, die sich mit Forschung befassen, kann diese KAW-Anwendung ein hilfreiches Instrument sein, um differenziertere Hypothesen zum komplexen Ablauf dieser mutmaßlich genetisch angelegten, kulturell geprägten und vielfach überlernten komplexen Prozesse (Stichwort: Konditionierung) auf physiologischer, psychologischer und mentaler Ebene zu entwickeln.

3.4.6 KAW-Anwendung 6: »KAW auf alles« *oder multimodales KAW*

In der Literatur über Entspannung, Meditation und mystische Erfahrungen (z. B. Bock,1991; mehr dazu ▶ Kap. 1.1.3, PT-2) finden sich eine Vielzahl von Berichten über Erfahrungen von außergewöhnlichen Bewusstseinszuständen. Auf der Grundlage der TMI lässt sich postulieren, dass solche außergewöhnlichen Zustände das Ergebnis der zeitweisen großflächigen Deaktivierung gewohnheitsmäßiger und automatischer introferenter Prozesse sind.

Für die praktische Anwendung des KAW für Fortgeschrittene lässt sich daraus die Hypothese ableiten, dass eine Grundlage dafür das weitgestellte Konstatierende

Aufmerksame Wahrnehmen »all dessen was gerade im eigenen Bewusstsein aktiviert ist« sein könnte. Damit kommen wir zur vierten Anwendung des KAW: »KAW auf alles«, was gerade im Bewusstsein aktiviert ist. Diese vierte KAW-Anwendung stellt gewissermaßen die Fortsetzung und Vertiefung von KAW-Anwendung 1 dar. Bei KAW-A 1 ging es zunächst nur um eine kurze Momentaufnahme des Bewusstseins (mentaler Screenshot). Bei diesem KAW-A 4 geht es nun darum, idealerweise für fünf oder zehn Minuten oder auch deutlich länger (sofern kein akuter Konflikt im Bewusstsein aktiviert ist) konstant »alles« das, was im eigenen Bewusstsein gerade aktiviert ist, insgesamt aufmerksam konstatierend wahrzunehmen. Dies kann von Fall zu Fall zu unterschiedlichen Ergebnissen führen, unter anderem zu einem Zustand der Versenkung (PT-Stufe 3) und der Versunkenheit (PT-Stufe 2-1).

Ausgangspunkt für diese KAW-Anwendung ist ein Zustand relativer innerer und äußerer Ruh; Ziel ist es, diese innere Ruhe zu vertiefen.

Schritt 1

Im Sinne eines »Screenshot« (s. KAW-Anwendung 1) »alles« konstatierend wahrnehmen, was gerade im Bewusstsein aktiviert ist. Sinneswahrnehmungen ebenso wie Gedanken, Erinnerung und Gefühle.

Im Unterschied zur KAW-Anwendung 1 (»Momentaufnahme«) geht es hier darum, die weitgestellte konstatierende Aufmerksamkeit eine Zeit lang auf »alles« zu richten, was gerade im Bewusstsein aktiviert ist, wobei das Zentrum der Aufmerksamkeit – ähnlich dem Zentrum des Sehens beim Auge – eine Weile lang konstant auf etwas angenehmes oder neutrales gerichtet bleiben soll. Diese Konstanz des Zentrums der Aufmerksamkeit – so eine Hypothese der TMI – erleichtert es, zur Ruhe zu kommen. (Falls das Zentrum der Aufmerksamkeit abgelenkt wird, z. B. durch das Auftauchen eines inneren Konflikts, dann empfiehlt sich, ggf. (Blitz-) Introvision darauf anzuwenden, ▶ Kap. 4 und ▶ Kap. 5).

Diese Anwendung kann verschiedenen Zielen dienen – der Vertiefung der inneren Ruhe (PT-Stufe 3-1) ebenso wie der Entdeckung von Kognitionen, die üblicherweise gewohnheitsmäßig ausgeblendet werden (z. B. einem Gefühl der Erschöpfung, eine kürzlich erlebte Freude, die Erinnerung daran, dass man jemandem etwas versprochen hat.)

Das Ergebnis dieser Anwendung kann die Vertiefung mentaler Ruhe sein, so wie sie Carl Albrecht beschrieben hat:

> »Zusammenfassend muß gesagt werden: Der Bewusstseinszustand der Versunkenheit ist in seiner restlosen Integration, in seiner durchgehenden Einheitlichkeit, in seiner Entleerung und in der hochgradigen Verlangsamung alles Erlebnisgeschehens der klarste und hellste Bewusstseinszustand, den wir kennen« (1990, S. 73). Ähnliche Beschreibungen finden sich in der Literatur über Entspannung (Jacobson, 1996; Schultz, 1991), Hypnose (Revenstorf, 2001) und Meditation (z. B. Bock, 1991; Kapleau, 1965; Shapiro, 1981; Varela & Thompson, 1992; Vaitl & Petermann, 2000). Csikszentmihalyi und andere haben denselben Zustand während des aktiven Handelns untersucht (Csikszentmihalyi & Czikszentmihalyi, 1991).

3.4.7 KAW-Anwendung 7: »KAW auf KAW«

Zu Beginn dieses Kapitels wurde darauf hingewiesen, dass sich zwei Ebenen von KAW unterscheiden lassen: »first order« und »second order« KAW. Wenn der Wanderer in der ersten Phase unseres Gedankenexperiments (▶ Kap. 2.3.1) die Bergwiese betrachtet, so ist dies zunächst KAW auf Ebene 1. Wenn er anfängt, sich zu etwas zu imperieren (Phase 2 des Experiments), so kann er dieses Sich Imperieren konstatierend aufmerksam wahrnehmen (KAW auf Ebene 2). Wenn er dann anschließend in Phase 3 erneut seine Umgebung konstatierend wahrnimmt (KAW auf Ebene 1), so kann er gleichzeitig auch konstatierend aufmerksam wahrnehmen, dass er dies gerade tut (KAW auf Ebene 2).

Im Folgenden soll diese Anwendung näher beschrieben werden.

Schritt 1: KAW (Ebene 1)

Diese Anwendung beginnt damit, zunächst etwas konstatierend wahrzunehmen (z. B. die eigene Lieblings-KAW-Übung durchzuführen, »KAW-auf-alles« (s. oben) oder auch KAW auf etwas Neues zu erproben).

Schritt 2: KAW (Ebene 2) auf KAW (Ebene 1)

Wenn man dann im Modus des Konstatierenden Wahrnehmens »angekommen« ist, dann umschalten auf Ebene 2 und konstatierend aufmerksam wahrnehmen, wie sich dieser Prozess, den wir KAW nennen, anfühlt, in ihn hineinspüren, ihn betrachten. Dabei wird der Prozess des KAW (Ebene 1) in den Fokus von KAW (Ebene 2) gestellt.

Alternativ dazu kann dabei auch die Standbildmethode (▶ Kap. 5.1.2) verwendet werden. Ausgangspunkt für die Standbildmethode (Schritt 1) ist in diesem Fall, sich an eine Situation zu erinnern, in der man das KAW (Ebene 1) gerne und erfolgreich anwendet. Im Sinne eines Standbilds wird dabei ein bestimmter Moment gewissermaßen »eingefroren«. Schritt 2 besteht nun darin, die – wenn man so will – Essenz des KAW (mehr zu diesem Begriff s. KAW-Übung 4, ▶ Kap. 3.2.4) konstatierend aufmerksam weitgestellt zu betrachten, in sie hineinzuspüren, diese zu betrachten (KAW Ebene 2).

Diese KAW-Anwendung kann dabei helfen, sich im doppelten Sinne in den Prozess des KAW zu vertiefen

3.4.8 »Choiceless awareness«

Zum Zeitpunkt der Überarbeitung dieses Buchs für die dritte Auflage ist der Begriff »choiceless awareness« sozusagen in »Mode« gekommen und wird derzeit von unterschiedlichen Autoren unterschiedlich interpretiert.

Aus Sicht der TMI lässt sich der Begriff »choice« interpretieren als introferentes Eingreifen. »Choiceless awareness« würde dann bedeuten, dass in die – momentan im Bewusstsein aktivierten Kognitionen – nicht (oder jedenfalls weitestgehend nicht) introferent eingegriffen wird – weder auf Ebene 1 noch auf Ebene 2 (s. oben, ▶ Kap. 3.4.7). Da viele Kognitionen gewohnheitsmäßig bzw. automatisch mit introferentem Eingreifen gekoppelt sind, lässt sich daraus schließen, dass ein solcher Zustand der »choiceless awareness« (PT-Stufe 1), des »mystischen Erlebens« (s. Bock, 1991) mutmaßlich ein sehr seltenes Ereignis ist, weil dieses voraussetzt, dass die entsprechenden Kognitionen, die automatisch mit Introferenz gekoppelt sind, entweder momentan weitgehend deaktiviert oder deren Koppelung mit Introferenz – zum Beispiel durch Introvision – dauerhaft gelöscht wurde (▶ Kap. 5).

Ein Beispiel für einen solchen Zustand der »choiceless awareness« hat der Philosoph Plotin vor ca. 1800 Jahren beschrieben:

> »Es gab nicht zwei, aber der Schauende war eins mit dem Geschauten, als ob es sich nicht um ein Schauen drehte, sondern um Einheit. Darum muss jeder, der von dieser Mischung geprägt worden ist, ein Bild davon bewahren. Er ist ja selbst eins geworden (gv) und hat nichts Trennendes, weder in seinem Innern noch im Verhältnis zu seinen Umgebungen. Nichts bewegt ihn mehr in dem Zustand, worin er sich befindet, keine Leidenschaft, kein Verlangen, auch kein Denken, Verstehen noch Selbstbewusstsein, wenn man es so sagen kann. Wie entrückt oder von Gott erfüllt befindet er sich in Ruhe, ohne Bewegung, ohne sich mit seinem Wesen gegen irgend etwas zu beugen oder um sein eigenes Selbst zu kreisen, ganz still, selbst eine vollkommene Ruhe (cs-cdcaLq)«, VI. 9, u.« (Plotin, zit. nach Hermann Ludin Jansen, S. 101)

3.5 KAW im Vergleich mit anderen Verfahren

Im Folgenden sollen einige Gemeinsamkeiten und Unterschiede zwischen dem KAW und anderen ähnlichen Verfahren dargelegt und diskutiert werden.

KAW und Introspektion

Als Erstes stellt sich die Frage, ob und inwieweit das KAW eine Form der Introspektion darstellt.

Innerhalb der Psychologie wird traditionell die Methode der Beobachtung psychologischer Abläufe in sich selbst als Introspektion (wörtlich: Hineinsehen) bezeichnet. Jahrhundertelang galt die Introspektion als der Königsweg der psychologischen Forschung, bis sie dann – parallel zum Aufkommen der experimentellen Psychologie – schließlich aus unterschiedlichen Gründen in Verruf geriet (Lyons, 1986). Die Kritik an der Introspektion richtete sich in erster Linie auf ihre Tauglichkeit bzw. Untauglichkeit als *Forschungs*methode.

So hatte Wilhelm Wundt, der Begründer der experimentellen Psychologie, die Anwendung der »inneren Wahrnehmung« als Forschungsmethode gerade deshalb kritisiert, weil diese ihren Gegenstand, nämlich das, was beobachtet wird, verändere (1888, 1892). Deshalb lasse sich die Introspektion als Forschungsmethode nur retrospektiv anwenden, nämlich bezogen auf die Erinnerung an bestimmte mentale Prozesse. Und Brentano hatte 1874 (Brentano 1874/1973) kritisch angemerkt, dass eine Wut, die introspektiv wahrgenommen wird, verraucht. In der Ägide des Behaviorismus war die Introspektion als Forschungsmethode tabu. In jüngerer Zeit werden jedoch auch wieder Selbstberichte, d. h. Ergebnisse der Introspektion, als Daten in psychologischen Experimenten mit herangezogen – auch und gerade in solchen Experimenten wie das von Libet (Libet et al., 1983; ▸ Kap. 7), die darauf abzielen, die Grenzen bewussten Handelns aufzuzeigen: Hier wurden wie selbstverständlich introspektiv gewonnene Daten mit herangezogen, nämlich zur Frage, wann die Versuchspersonen einen bestimmten Handlungsimpuls spürten. In der letzten Zeit finden sich so auch wieder häufiger Plädoyers dafür, die Introspektion zumindest in der Phase der Hypothesenbildung wieder stärker in die Forschung mit einzubeziehen (Baars, 1998; Kuhl, 1983; Witt, 2010).

Im Unterschied zur Forschung spielte und spielt die Methode der Introspektion im Bereich der Intervention (Beratung, Training, Psychotherapie) seit jeher eine wichtige Rolle. Die verändernde Wirkung der »inneren Wahrnehmung«, die nach Wundt die Tauglichkeit der Introspektion als Forschungsmethode einschränkt, steht hier im Mittelpunkt. Selbst die Psychoanalyse, die traditionsgemäß gegenüber bewussten Prozessen am kritischsten eingestellt ist, verwendet die Methode der »freien Assoziation« – in der Annahme, dass der Patient durchaus in der Lage ist, seine Assoziationen zu beobachten und zu verbalisieren. Und auch die behavioristisch orientierte Verhaltenstherapie hat Verfahren entwickelt wie z. B. die »verdeckte Konditionierung«, bei denen es um die Veränderung introspektiv erhobener Gedanken geht (Reinecker, 1999).

Die Methode des KAW lässt sich als eine spezielle Form der Introspektion auffassen, die zu Interventionszwecken verwendet wird, nämlich zur Reduktion von Spannungen und zur Auflösung von Konflikten und Blockaden. Wenn man so will, ist es Ziel der Introvision, sich genau den Effekt zunutze zu machen, den bereits Brentano vor anderthalb Jahrhunderten beschrieben hat: dass die Wut, die man in sich wahrnimmt, als Folge dieser inneren Wahrnehmung verraucht.

Im Unterschied zu den meisten anderen Verfahren wird bei der Methode des KAW das gemeinte Vorgehen sorgfältig operationalisiert und geübt. Normalerweise wird das Vorgehen der Introspektion selber im Allgemeinen nicht näher erläutert. Deshalb lässt sich vermuten, dass in vielen Fällen dabei auch introferente Prozesse (z. B. Überschreiben, Dramatisieren, Bagatellisieren) eine Rolle gespielt haben, die in der Vergangenheit die Brauchbarkeit der Introspektion zusätzlich weiter eingeschränkt haben mögen. Hinzu kommt, dass, wie wir heute wissen (z. B. Weiskrantz, 1999), eine Vielzahl psychischer Prozesse grundsätzlich oder weitgehend außerhalb des Bewusstseins ablaufen.

KAW und andere Entspannungs- und Meditationsverfahren

Im Folgenden sollen einige Gemeinsamkeiten und Unterschiede zu anderen Entspannungs- und Meditationsmethoden kurz angesprochen werden. Dabei ist vorab zu sagen, dass in jüngerer Zeit ein zunehmender Methodeneklektizismus zu beobachten ist, so etwa zum Beispiel beim Yoga, bei dem das ursprüngliche Konzept des Hatha-Yoga (Patanjali, 1990) heute vielfach mit anderen Methodenelementen – z. B. Suggestionen – angereichert wird.

Ziel der Untersuchung ist es deshalb lediglich, einige grundlegende Gemeinsamkeiten und Unterscheidungen skizzenhaft herauszuarbeiten, ohne dabei aus Platzgründen auf die Komplexität der jeweiligen Methoden genauer eingehen zu können.

- *Bewusst*: In einem sehr weiten Sinne lässt sich das KAW einordnen in eine Vielzahl anderer Verfahren innerhalb der Psychologie und der Pädagogik, die darauf abzielen, dem Individuum etwas bewusstzumachen, um so eine Veränderung zu erreichen.
- *Nicht-suggestiv*: Das KAW gehört zu den nicht-suggestiven Verfahren; das bedeutet, dass hierbei die Aufmerksamkeit auf epistemische Kognitionen gerichtet wird – so wie in einer Reihe von anderen Verfahren auch: bei der Progressiven Muskelentspannung (Bernstein & Borkovec, 1982; Jacobson, 1996), bei Feldenkrais-Übungen (Feldenkrais, 1978), bei der Eutonie (Alexander, 1976), bei der Achtsamkeitsmeditation (Kabat-Zinn, 1998), bei Hatha-Yoga-Übungen (Patanjali, 1990) und in der Oberstufe des autogenen Trainings (Schultz, 1991).

Im Unterschied dazu wird bei suggestiven Verfahren die Aufmerksamkeit auf introferent festgehaltene Vorstellungen gerichtet, so wird jedenfalls üblicherweise die Formel »Ich bin ganz ruhig« in der Grundstufe des autogenen Trainings (Schultz, 1991) von vielen Teilnehmern und Teilnehmerinnen verstanden; das gleiche gilt für Visualisierungsübungen bei Entspannungstrainings (Vaitl & Petermann, 2004), bei der Selbsthypnose (Revenstorff, 2001), der Alexandermethode (Steinmüller, Schaefer & Fortwängler, 2001) und bei anderen Formen der Autosuggestion (Coué, 1993). Hier findet sich – aus Sicht der TMI – ein interessanter Ansatzpunkt für empirische Untersuchungen zur den unterschiedlichen Auswirkungen von introferenten (selbstsuggestiven) vs. nicht-introferenten (konstatierend aufmerksam wahrgenommenen) Kognitionen auf physiologische Prozesse, wie z. B. affektive Erregungen und/oder Hemmungen.

- *Aufmerksam hinschauend*: Das KAW gehört zu den Verfahren, bei denen es darauf ankommt, sich die Kognitionen im Fokus der Aufmerksamkeit tatsächlich anzuschauen, sie zu betrachten, in sie hineinzuspüren und hineinzulauschen. Dieselbe Betonung der Offenheit findet sich beispielsweise in der Zen-Meditation (s. Kapleau, 1965),
- in der Achtsamkeitsmeditation (Kabat-Zinn, 1998) oder auch bei Feldenkrais- und Eutonie-Übungen ebenso wie bei der Progressiven Muskelentspannung. Umgekehrt gibt es auch Verfahren, die das Repetieren einer Kognition in das Zentrum stellen, zum Beispiel ein Mantra (Carrington, 1982), eine Gebetsformel oder einen guten Vorsatz (Schultz, 1991).

- *Konstanter Fokus*: Das KAW gehört zu den Verfahren, bei denen die Aufmerksamkeit auf einen konstanten Fokus gerichtet bleiben soll. Dies hat es mit vielen anderen körperorientierten Verfahrensweisen (Feldenkrais, 1978) gemeinsam, ebenso wie mit suggestiven Methoden, bei denen eine bestimmte Kognition vielfach wiederholt werden soll. Andererseits gibt es Meditationsmethoden, bei denen der Fokus der Aufmerksamkeit frei schweifen kann (z. B. Zen-Meditation).
- *Weitgestellt*: Das KAW gehört zu den Verfahren, bei denen es um weitgestellte Aufmerksamkeit geht. Die Bedeutung des räumlichen Weitstellens wurde insbesondere im Rahmen der Eutonie (Alexander, 1976) besonders herausgehoben, und die Bedeutung des Weitstellens in einem abstrakten Sinne stellt vielleicht auch den Hintergrund bestimmter buddhistischer Meditationsformen dar. Bei der Mehrheit der übrigen Verfahren wird dieses Weitstellen nicht besonders erwähnt.
- *Sinnesempfindungen und abstrakte Gedanken*: Viele der oben erwähnten Entspannungs- und Meditationsmethoden lassen sich danach unterscheiden, welche Arten von Kognitionen im Zentrum der Aufmerksamkeit stehen – so zum Beispiel somatosensorische Empfindungen oder innere Bilder. Beim KAW wird die konstatierende Aufmerksamkeit auf on-line wahrgenommene Sinnesempfindungen und später auf abstrakt enkodierte Gedanken gerichtet.

Ein Hauptziel bei der Entwicklung der Theorie der mentalen Introferenz war es, einen Beitrag dazu zu leisten, die Entstehung unterschiedlicher Bewusstseinszustände und die Schwierigkeiten bei der mentalen und körperlichen Entspannung theoretisch besser zu verstehen und empirisch differenzierter untersuchen zu können.

KAW und Konzentration

Die Gemeinsamkeit zwischen Konzentration und KAW liegt darin, dass es bei beiden darum geht, den Fokus der Aufmerksamkeit eine Zeit lang auf etwas Bestimmtes gerichtet zu halten – den Inhalt eines Buches, den Ablauf einer Filmszene oder den Geschmack einer Süßspeise. Ein wichtiger Unterschied zwischen Konzentration und KAW liegt in der Dimension des Eng- oder Weitstellens der Aufmerksamkeit. Als Konzentration wird im Alltag häufig eine Form des Engstellens der Aufmerksamkeit bezeichnet – und damit ein mentaler Zustand, der die Folge des aktiven introferenten Ausblendens anderer inhaltlicher Kognitionen ist. Insofern ist Konzentration dann etwas anderes als KAW.

KAW und Introvision

Als KAW wird hier eine bestimmte Form der Aufmerksamkeitssteuerung bezeichnet. Diese Form der konstatierenden, nicht-introferenten, Aufmerksamkeit kann im Prinzip auf alle möglichen bewusstseinsfähigen Kognitionen gerichtet werden – vage körperliche Empfindungen im Rücken, eine ungeklärte Frage, einen Lieblingssong, einen wissenschaftlichen Text oder eine angenehme Erinnerung.

Die Introvision ist im Grunde genommen eine spezielle Form der Anwendung des KAW – zunächst einmal, um den Kern eines akuten Konflikts zu finden und dann, um die mit dieser Kern-Kognition verbundene Introferenz dauerhaft zu löschen. Bei der Introvision wird das KAW also nicht mehr auf »irgendeine«, sondern gezielt auf bestimmte Kognitionen angewandt.

Was das theoretisch und praktisch bedeutet, soll in den folgenden drei Kapiteln ausführlich dargelegt werden.

3.6 Zusammenfassung

In diesem Kapitel wird das Konstatierende Aufmerksame Wahrnehmen (KAW) als eine praktische Methode vorgestellt, um sich kurzfristig mental zu entspannen, die eigene Aufmerksamkeit zu verbessern, Flow-Erleben im Sinne von PT-Stufe 1-2 zu fördern und zu lernen, sich in Dinge zu vertiefen. Außerdem ist die Übung des KAW zentrale Voraussetzung für die Auflösung von Konflikten durch Introvision. Neue Forschungsergebnisse (Herwig et al., 2010) zeigen, dass dieses konstatierende Wahrnehmen bereits innerhalb von 12 Sekunden zu einer hochsignifikanten Abnahme affektiver Erregung führen kann.

Das KAW wird hier pragmatisch dargestellt, d. h. anhand von vier eigens dafür entwickelten Übungen, die den gemeinten Bewusstseinszustand operationalisieren sollen. Konstatierend bedeutet hierbei »feststellend«, im Sinne von »So ist es« – dieser Sachverhalt, diese Wahrnehmung, diese Kognition. Eine Kognition konstatierend aufmerksam wahrzunehmen bedeutet, den Fokus weitgestellter konstatierender Aufmerksamkeit auf diese Kognition zu richten, ohne dabei andere Kognitionen aktiv auszublenden. Mit konstatierender Aufmerksamkeit ist gemeint, dass die Aufmerksamkeit nicht in introferente Operationen – bezogen auf die jeweiligen Kognitionen im Fokus der Aufmerksamkeit – eingebunden ist. Dazu gehört auch, dass die Aufmerksamkeit nicht introferent verengt wird.

Der Begriff der Wahrnehmung wird hier – im Anschluss an Wundt – im Sinne von innerer Wahrnehmung verwendet. Im subjektiven Erleben wird dieses Wahrnehmen als ein überwiegend passives Auf-sich-Wirken-Lassen empfunden. Diese Merkmale werden dann zunächst anhand von vier Übungen ausführlich erläutert, die bei der Einführung in die Introvision als pragmatische Operationalisierung des gemeinten Zustands dienen. Im Anschluss daran werden in Kapitel 3.4 weiterführende Formen der Anwendung von KAW für Fortgeschrittene, von einer Methode, den Kopf frei zu bekommen für anstehende Aufgaben (mentaler »Screenshot«), über die Lösung von sachlichen Problemen bis zur meditativen Versenkung (»choiceless awareness«).

Abschließend werden einige Gemeinsamkeiten und Unterschiede zur Introspektion und zu anderen Entspannungs- und Meditationsverfahren skizziert.

Selbsttest

- Was ist KAW? Und was bedeutet in diesem Zusammenhang »konstatierend«?
- Nennen Sie die sechs Merkmale des KAW und erläutern Sie diese auf dem Hintergrund der TMI.
- Was sind die vier Grundübungen des KAW?
- Warum soll bei den ersten drei Übungen die Aufmerksamkeit nacheinander auf unterschiedliche Arten von Kognitionen (visuell, akustisch etc.) angewandt werden? Bei welcher Art von Kognitionen fällt Ihnen das konstatierende Wahrnehmen besonders leicht?
- Wie lässt sich aus Sicht der TMI begründen, dass insbesondere das Weitstellen der konstatierenden Aufmerksamkeit oft kurzfristig zu deutlich spürbarer mentaler Entspannung führt?
- Worauf sollte man – aus Sicht der TMI – das KAW anwenden, um die Chance zu erhöhen, Flow zu erleben? Und warum?
- Wo sehen Sie Gemeinsamkeiten und Unterschiede zwischen KAW und (einer oder mehreren) anderen Formen »nicht-wertender« Aufmerksamkeit, die Sie kennen?

4 Den Kern eines akuten Konflikts finden: die erste Phase der Introvision. Die Theorie Subjektiver Imperative (TSI)

> »*In fact as I have come to realize what inner conflict means in terms of this feedback model, I have become more and more convinced that conflict itself, not any particular kind of conflict, represents the most serious kind of malfunction of the brain short of physical damage, and the most common even among ›normal people‹«*
> (Powers, 1973, S. 253).

Übersicht

Ziel der Introvision ist es, Konflikte und mentale Blockaden aufzulösen. In diesem Kapitel geht es vor allem um akute Konflikte, bei denen sich die Gedanken endlos im Kreis drehen. Ziel der ersten Phase der Introvision ist es, den kognitiv-affektiven Kern des Konflikts zu finden. Grundlage ist dabei die Theorie Subjektiver Imperative. In der zweiten Phase der Introvision (▶ Kap. 5) geht es dann darum, die mit diesem Kern verbundene Introferenz zu löschen und so den Konflikt zu beenden.

Als Erstes erhebt sich die Frage, was Konflikte sind (▶ Kap. 4.1). Dafür wurde auf der Grundlage der TMI eine neue, sehr allgemeine Definition entwickelt (»Default gekoppelt mit Affekt«), die mit fast allen gängigen Konflikttheorien in Übereinstimmung steht. Die Theorien unterscheiden sich vor allem darin, wie sie die Hauptursache der entsprechenden Defaults (Leerstellen, Widersprüche, Inkongruenzen, Diskrepanzen) erklären – z. B. in verdrängten Triebwünschen (Freud), überhöhten Ich-Idealen (Rogers), dysfunktionalen Meinungen (Meichenbaum) oder fehlenden Ressourcen (Lazarus) – und wie sie die Entstehung der Koppelung mit Affekt erklären.

Als Nächstes (▶ Kap. 4.2) geht es dann um eine allgemeine und übergreifende Theorie der Entstehung von Konflikten – die Theorie Subjektiver Imperative. Ziel der Entwicklung dieser Theorie im Rahmen des von der Verfasserin geleiteten Forschungsprogramms »Mentale Selbstregulation« (▶ Kap. 1) war es, die grundlegende Struktur innerer Konflikte zu erfassen – unabhängig davon, worum es bei dem jeweiligen Konflikt inhaltlich geht.

Grundlegende Annahme der TSI ist, dass Konflikte das Ergebnis der – antizipierten oder wahrgenommenen – Verletzung (mindestens) eines subjektiven Imperativs sind. Diese Annahme ist inzwischen durch eine Vielzahl von empirischen Untersuchungen (▶ Kap. 1) belegt. Subjektive Imperative lassen sich pragmatisch definieren als Sollvorstellungen, die mit dem *Muss-Darf-nicht*-Syndrom gekoppelt sind. Aus Sicht der TMI handelt es sich bei subjektiven Imperativen um epistemische und introferente Sollvorstellungen, die (zusätzlich) imperativisch festgehalten werden. Bei akuten Konflikten (PT-6) sind in der Regel mehrere solcher, miteinander zusammenhängender subjektiver Imperative beteiligt (»Imperativkette«).

Insgesamt lassen sich vier Grundformen von Imperativverletzungskonflikten unterscheiden, die zu unterschiedlichen Emotionen führen.

Die Introvision beginnt damit, konstatierend wahrzunehmen, was einem bei einem akuten Konflikt als erstes »automatisch« durch den Kopf geht – die Methode des Nachträglichen Lauten Denkens (Wagner, 1981b). In diesen Gedanken, Bildern und Gefühlen gilt es dann, den ersten implizit darin enthaltenen subjektiven Imperativ zu identifizieren. Dies geschieht auf der Grundlage von verbalen und nonverbalen Indikatoren (ITA), die zunächst für Forschungszwecke entwickelt worden sind und sich inzwischen in vielen Untersuchungen bewährt haben.

Als Nächstes werden dann die dahinterliegenden weiteren imperativischen Sollvorstellungen und die dazu gehörigen Subkognitionen exploriert. Wie die Tiefenstruktur eines Konflikts – Imperativketten, Imperativbäume und Kernimperative – aussehen kann, damit befasst sich der zweite Teil dieses Kapitels (▶ Kap. 4.2).

Ziel der ersten Phase der Introvision ist es, diese »Imperativkette« bis zur Kern-Subkognition zurückzuverfolgen. Leitfaden ist dabei die Suche nach den in der entsprechenden Konfliktsituation aktivierten subjektiven Imperativen.

Und schließlich ist es für eine erfolgreiche Durchführung der Introvision wichtig zu wissen, was dabei zu vermeiden ist – nämlich bei der Suche nach dem Kern des Konflikts erneut sekundär einzugreifen, d. h. Konfliktumgehungsstrategien (KUS) zu verwenden; diese Strategien werden im letzten Teil (▶ Kap. 4.3) behandelt.

In diesem Kapitel geht es nun um akute Konflikte (PT-6), bei denen sich die bewussten Gedanken im Kreis drehen, oft verbunden mit einem Gefühl von Ausweglosigkeit. Es geht um Entscheidungskonflikte, Umsetzungskonflikte oder auch Konflikte mit der Umwelt (▶ Kap. 1), es geht um Angst, Ärger, Gier, Hass, Depression, Verzweiflung, Eifersucht, Neid und ähnliche Emotionen. Zur Veranschaulichung soll im Folgenden das Beispiel von Redeangst benutzt werden, unter der viele Menschen (Kriebel, 1984) leiden. Vor einem Bewerbungsgespräch, einer mündlichen Prüfung, einem Fernsehauftritt oder einem Vortrag sind sie aufgeregt und nervös: Die Hände schwitzen, das Herz rast und je mehr sie sich bemühen, nicht aufgeregt zu sein, desto schlimmer wird es. Ziel der Introvision ist es, solche Konflikte aufzulösen und so die innere Ruhe wiederzugewinnen.

4 Den Kern eines akuten Konflikts finden: die erste Phase der Introvision.

4.1 Allgemeines über Konflikte

Was sind innere Konflikte? In Kapitel 1 wurden zunächst einmal pragmatisch drei Typen von inneren Konflikten unterschieden: Entscheidungskonflikte, Umsetzungskonflikte und Konflikte mit der Umwelt.

Eine allgemeine Definition von Konflikt: »Default gekoppelt mit Affekt«

Auf der Grundlage der TMI lässt sich Konflikt allgemein definieren als das Auftauchen eines kognitiven Defaults in den aktivierten Kognitionen gekoppelt mit Affekt.

> **Eine allgemeine Definition von Konflikt:**
> **»Default in aktivierten Kognitionen gekoppelt mit Affekt«**
>
> **Defaults...**
> sind (▶ Kap. 2) das, was dazu führt, dass laufende kognitive Prozesse hängenbleiben. Insgesamt lassen sich vier Grundformen von Defaults unterscheiden: Widersprüche, Inkongruenzen, Leerstellen und Diskrepanzen. Alle vier stellen Mängel dar, die den Ablauf eines kognitiven Prozesses stören: das Fehlen einer für das Weiterführen benötigten Kognition (Leerstelle), mangelnde Konsistenz der Kognitionen (Widersprüche), mangelnde Übereinstimmung mit anderen als kongruent eingestuften Kognitionen (Inkongruenz) und mit den internen Sollvorstellungen (unauflösbare Diskrepanz).
>
> **...in aktivierten Kognitionen...**
> Defaults führen erst dann zu einem Konflikt, wenn die entsprechenden Kognitionen aktiviert werden. (Nicht zu wissen, wann Karl der Große geboren worden ist, ist zunächst einfach ein Mangel an Wissen. Erst wenn jemand bei einem Fernsehquiz danach gefragt, wird aus diesem Mangel an Wissen ein Default.)
>
> **...gekoppelt mit Affekt**
> Koppelung mit Affekt bedeutet, dass die betreffenden Kognitionen selektiv mit erhöhter physiologischer Erregung (arousal), Anspannung bzw. Hemmung gekoppelt sind.

Ein Konflikt im Sinne dieser Definition liegt erst dann vor, wenn beides zusammenkommt: ein Default in den aktivierten Kognitionen *und* damit selektiv gekoppelter Affekt.

Ein epistemischer Default allein stellt noch keinen Konflikt dar: Man kann in aller Seelenruhe Rätsel raten, eine wissenschaftliche Hypothese untersuchen oder einen Widerspruch analysieren, ohne damit innerlich einen Konflikt zu haben. Solang die betreffenden Kognitionen nicht selektiv mit Affekt gekoppelt sind, handelt es sich nicht um einen Konflikt im Sinne dieser Definition.

Das Gleiche gilt für erhöhte Erregung, Anspannung oder Hemmung: Auch diese stellen für sich genommen keinen Konflikt dar. Wenn sich jemand vor einem Wettkampf aufwärmt (ansteigendes arousal) oder die Muskeln (z. B. im Fitnessstudio) anspannt, ist dies allein kein Anzeichen für einen inneren Konflikt. Erst dann, wenn ein Default *selektiv* gekoppelt ist mit erhöhtem Affekt, handelt es sich im Sinne der vorliegenden Definition um einen inneren Konflikt.

Innerhalb der Psychologie gibt es verschiedene Theorien zur Entstehung von Konflikten, von der Fehlerhaftigkeit des Denkens über situative Bedingungen bis hin zu affektiven Theorien.

Allgemeine Theorien zur Entstehung von Konflikten

Es gibt innerhalb der Psychologie eine Reihe von Theorien, die sich mit der Entstehung innerer Konflikte befassen. Diese Theorien lassen sich in drei große Untergruppen zusammenfassen, und zwar in (1) Theorien des fehlerhaften Denkens, (2) situative Theorien und (3) affektive Theorien.

1. *Theorien fehlerhaften Denkens:* Grundlegende Annahme dieser Theorien ist, dass das Endloskreisen der Gedanken eine Folge fehlerhaften Denkens ist, sei es, weil das Denken logische Fehler (Paradoxien) enthält oder weil es sich um inhaltlich falsche, irrationale oder dysfunktionale Auffassungen handelt.
   - *Paradoxien:* Eine erste Gruppe von Autoren (Bateson, 1973; Frankl, 1975; Selvini-Palazzoli, 1977; Watzlawick, Beavin & Jackson, 1969) sieht die Ursache in einer Paradoxie. Als Paradoxie wird innerhalb der Logik ein unauflöslicher Widerspruch bezeichnet. Nach Russell (1956) ist eine logische Paradoxie das Ergebnis einer unzulässigen Vermengung von Aussagen auf unterschiedlichen Ebenen.
   - *Irrtümliche Meinungen:* Eine zweite Gruppe von Autoren, insbesondere innerhalb der kognitiven Verhaltenstherapie (z. B. Ellis, 1978; Meichenbaum, 1977, 1991) sieht die Ursache von Konflikten in fehlerhaften, irrationalen oder dysfunktionalen Meinungen begründet eine Auffassung, die sich bereits in der griechischen Stoa (Epiktet, 1991) findet.
   - *Widersprüche und Inkonsistenzen:* Eine dritte Gruppe von Autoren sieht die Ursache von Konflikten in kognitiven Widersprüchen (z. B. Powers, 1973) oder Inkonsistenzen (z. B. Grawe, 1998).
2. *Situative Theorien:* Eine weitere Gruppe psychologischer Theorien sieht die Ursache für das Endloskreisen eher in der Umwelt bzw. in der Interaktion zwischen Umwelt und Individuum. Von diesen Theorien seien zwei hier beispielhaft erwähnt:
   - *Dilemmata*: Eine Reihe von Untersuchungen befasst sich mit den Auswirkungen von Dilemmata, etwa des berühmten Gefangenen-Dilemmas (s. dazu Powers, 1973) oder moralischer Dilemmata (z. B. Nevers, 1999; Reimers & Iwers-Stelljes, 2005). Die Ursache dieser Dilemmata wird dabei im Allgemeinen in der Umwelt gesehen, genauer in den objektiven Bedingungen, die das Dilemma hervorrufen. In mancher Hinsicht lässt sich

auch die psychoanalytische Theorie des unauflöslichen Widerspruchs zwischen Trieb und Moral als eine Dilemmatheorie auffassen.
- *Fehlende Handlungsressourcen:* Nach Auffassung kognitiver Stresstheorien (Lazarus & Folkman, 1984; Hobfoll, 1998) liegt die Ursache für das Endloskreisen im Fehlen von Ressourcen, die zur Bewältigung einer herausfordernden, bedrohlichen oder schädlichen Situation benötigt werden.
- *Widersprüchliche Interessen* von Individuen, Gruppen und Gesellschaften, die in verschiedenen soziologischen und politologischen Gesellschaftstheorien untersucht werden.
3. *Affektive Theorien:* Eine dritte Gruppe allgemeiner psychologischer Theorien sieht in erster Linie den Widerspruch zwischen kognitiven und affektiven Prozessen im Zentrum des Konfliktgeschehens.
- *Triebtheorien:* Aus tiefenpsychologischer Sicht (z. B. Freud) spielen bei inneren Konflikten affektive Triebwünsche eine zentrale Rolle.
- *Neuere Emotionstheorien:* Neuere empirische Untersuchungsergebnisse haben gezeigt, dass beispielsweise bei der Entstehung von Furcht subkortikale affektive Reaktionen gegenüber kognitiv-kortikalen Bewertungsprozessen zeitlich dominieren (LeDoux, 1989).

Die erste Gemeinsamkeit dieser verschiedenen Theorien liegt darin, dass sie im Zentrum von Konflikten das sehen, was hier als Default bezeichnet wird: Widersprüche, Inkongruenzen, Leerstellen und Diskrepanzen. Allerdings unterscheiden sie sich darin, *welche Art* von kognitivem Default sie im Zentrum sehen und worin aus ihrer Sicht die Ursache dafür liegt: Leerstellen (z. B. fehlende Handlungsressourcen, Lazarus & Folkman, 1984; Lazarus 1999), Widersprüche (z. B. kognitive Dilemmata), Paradoxien (Watzlawick et al, 1969) oder Diskrepanzen zwischen Trieb und Moral (Freud), inkongruente – sprich: irrtümliche Meinungen (Ellis, 1978) oder dysfunktionale Gedanken (Meichenbaum, 1991).

Die zweite Gemeinsamkeit liegt darin, dass sie implizit oder explizit von der Annahme ausgehen, dass es bei Konflikten eine enge Verbindung zwischen Kognitionen und Affekten gibt. Wiederum unterscheiden sie sich jedoch erheblich in der Frage, wie diese Verbindung von Kognition mit Affekt entstanden ist – z. B. als Folge der Verdrängung von Triebwünschen (Freud), als Ergebnis der kognitiven Einschätzung einer Situation als Herausforderung, Bedrohung oder Schädigung (primary appraisal, Lazarus, 1999) oder als Resultat der Konditionierung subkortikaler affektiver Reaktionen der Thalamus-Region (LeDoux, 1989).

Enger vs. weiter Konfliktbegriff

Die große Mehrheit dieser Konflikttheorien befasst sich in erster Linie mit dem, was hier als »akuter Konflikt« (im Sinne von PT-6) definiert worden ist – akute Ängste, Ärger, Dilemmata, Depression (z. B. Pongratz, 1961; Lehr & Thomae, 1965; Filipp et al., 2010).

Eine Reihe von Theorien, insbesondere aus dem Bereich der Tiefenpsychologie, geht darüber hinaus von der Annahme aus, dass es auch »verborgene« Konflikte gibt, die nicht – oder nur selten – im Bewusstsein auftauchen.

Nur einige wenige Theorien (z. B. Berlyne, 1960) gehen von der Annahme aus, dass Konflikte bereits sehr viel früher entstehen, weit unterhalb der Schwelle dessen, was im Alltag als »akuter Konflikt« bezeichnet wird. Die Theorie der Mentalen Introferenz (TMI) gehört zu dieser Gruppe von Theorien (▸ Kap. 2); hier wird angenommen, dass die erste innere Unruhe und der erste (kleine, im Alltag kaum merkliche) Konflikt bereits beim ersten introferenten Eingreifen entsteht.

Um im Folgenden Verwirrungen zu vermeiden: In diesem Kapitel geht es um Konflikte im engen Sinne, um das, was im PT-Modell als Psychotonusstufe 6 beschrieben wird. Solche akuten Konflikte können im Alltag eine Zeit lang aus dem Bewusstsein verschwinden – z. B. bei einer absorbierenden Tätigkeit (PT-Stufe 5) – tauchen jedoch früher oder später wieder im Bewusstsein auf, oft mehrfach innerhalb einer Stunde (Singer, 1988).

Das Endloskreisen der Gedanken

Eine Vielzahl von Untersuchungen zeigt, dass sich bei akuten Konflikten die Gedanken anscheinend oder scheinbar endlos im Kreis drehen.

> **Merkmale des Endloskreisens von Gedanken**
>
> In der Literatur finden sich sechs Merkmale des Endloskreisens von Gedanken:
>
> - *zirkulär:* Der Ablauf der Gedanken ist nicht linear, sondern zirkulär (Hoyer & Becker, 2000; Harel, 2001; Hughes & Brecht, 1978) und ähnelt damit rekursiven Schleifen (Hofstadter, 1985).
> - *rekurrierend:* Dieselben Gedanken tauchen wiederholt im Bewusstsein auf.
> - *intrusiv*: Die Gedanken »drängen« sich gewissermaßen auf. Ihr wiederholtes Auftauchen im Bewusstsein unterbricht, blockiert oder beeinträchtigt andere mentale Prozesse in unerwünschter Weise.
> - *eingeengte Wahrnehmungs- und Problemlösefähigkeit:* Das Endloskreisen geht mit eingeengter Wahrnehmungsfähigkeit (»Tunnelblick«) und reduzierter Problemlösefähigkeit einher.
> - *Gefühl der Ausweglosigkeit:* Das subjektive Gefühl, keinen Ausweg zu finden, in dieser Schleife »gefangen« zu sein.
> - *erhöhte Erregung und Anspannung:* Das Ausmaß der Erregung kann dabei variieren von gering bis stark (z. B. Angst, Ärger, Panik, Hilflosigkeit; Schwarzer, 2000).

In der Psychologie finden sich unterschiedliche Bezeichnungen für dieses Phänomen, je nachdem, welche Aspekte bei der Betrachtung im Vordergrund stehen: Sorgen und Grübeln (Becker, Goodwin, Hoelter et al., 2003; Hoyer, 2000; Hoyer &

Becker, 2000), »Spirale im Kopf« (Wegner, 1989, 1994), ruminative Gedanken bzw. Rumination (Nolen-Hoeksema, 1991; Smith & Alloy, 2009; Wyer, 1996), unerwünschte Gedanken (Bargh & Ulemann, 1989), kognitive Interferenz (Sarason, Pierce & Sarason, 1996), Intrusionen (Poldrack, Maercker et al., 1999), dysfunktionale Selbstaufmerksamkeit (Hoyer, 2000) und Probleme bei der mentalen Kontrolle (Wegner & Pennebaker, 1993). Oft ist es schwierig, diese endloskreisenden Gedanken tatsächlich wirksam zu beenden. Vielmehr tauchen sie oft wiederholt und ungewollt erneut im Bewusstsein auf (Singer, 1988). Dieses Phänomen des ungewollten Eindringens in laufende Gedankengänge wird auch als *Intrusion* bezeichnet.

> In jüngerer Zeit hat es eine Reihe von empirischen Untersuchungen gegeben, die sich mit unterschiedlichen Hypothesen zu Entstehung und Funktion des Endlosgrübelns befasst haben – so z. B. als eine Form des Selbstalarms (Tallis, Davey & Capuzzo, 1994), als Folge des Auftretens einer Diskrepanz zwischen erwartetem und tatsächlichem Fortschritt bei der Verwirklichung eines Ziels (Martin & Tesser, 1996; vgl. dazu kritisch Stöber, 1998), als Folge eines ungewollten Rebound-Effekts (Wegner, 1994; Wenzlaff & Wegner, 2000) oder dysfunktionaler Meta-Kognitionen (Papageorgiou & Wells, 2003; Wells, 1997), zur Vermeidung angstbesetzter Bilder (Borkovec, 1994), als Resultat einer Störung im attentional-kognitiven Bereich (Hoyer, 2000), wobei exzessives Grübeln zu verminderter Konkretheit der Problemlösung führt (Stöber, Tepperwien & Staak, 2000). Endloskreisende Gedanken sind im Alltag relativ häufig (Klinger, 1990; Singer, 1988).
>
> In übersteigerter Form finden sich endloskreisende Gedanken im Zusammenhang mit einer Vielzahl klinischer Symptome. Exzessives Sich-Sorgen-Machen und Grübeln stellt (laut DSM-5, American Psychiatric Association, 2018) das Hauptsymptom einer generalisierten Angststörung dar (Becker & Hoyer, 2005; Hazlett & Craske, 2003). Auch bei einer Vielzahl anderer Störungen wie beispielsweise Depressionen, Essstörungen und Alkoholabhängigkeit (Hoyer & Becker, 2000) bis hin zu posttraumatischen Belastungsstörungen ist exzessives Endloskreisen von Gedanken ein zentrales Symptom. Die Abgrenzung zwischen normalem Sich-Sorgen-Machen und übersteigertem Grübeln erweist sich aus empirischer Sicht als schwierig. Borkovec (1994) geht davon aus, dass es sich dabei nur um einen primär quantitativen Unterschied handelt. Hoyer (2000) vertritt hingegen die Auffassung, dass exzessives Sichsorgenmachen das Resultat dysfunktionaler Selbstaufmerksamkeit ist, die sich sehr wohl von funktionaler Selbstaufmerksamkeit abgrenzen lässt.
>
> Es gibt eine Reihe von Theorien, die das Endloskreisen als Folge einer unaufgelösten Paradoxie (Hughes & Brecht, 1978) auffassen, etwa bei Doppelbindungen in der zwischenmenschlichen Kommunikation (Bateson, 1973; Watzlawick et al., 1969), als rekursive Schleifen bei der Abarbeitung von Algorithmen (Hofstader, 1985) und »Spiralen im Kopf« (Wegner, 1989). In diesem Fall wird die Ursache des Endloskreisens in Widersprüchen gesehen, die aus der Selbstrückbezüglichkeit von Kognitionen und der unzulässigen Vermischung zweier logischer Ebenen (Russell, 1956) resultieren. Bateson hat übrigens später (1973) selbst auf die Grenzen seiner Paradoxie-Theorie hingewiesen, als er schrieb, dass eine Paradoxie, die durchschaut wird, keine Paradoxie mehr sei. Aber, so führt er weiter aus, auch wenn man die Paradoxie als Paradoxie durchschaue, heißt das noch nicht, dass das Endloskreisen in jedem Fall aufhöre.

Wie sich das Endloskreisen aus Sicht der TMI erklären lässt, soll in diesem Kapitel untersucht werden.

Grundlegende Annahme der Theorie Subjektiver Imperative

Die Theorie Subjektiver Imperative geht von der Annahme aus, dass akute Konflikten aus der – wahrgenommenen oder antizipierten – Verletzung mindestens eines subjektiven Imperativs resultieren.

Die Theorie Subjektiver Imperative wurde innerhalb unseres Forschungsprogramms ursprünglich als eine eigenständige Theorie mittlerer Reichweite entwickelt; diese Theorie führt die Fülle unterschiedlicher Konflikte auf einige grundlegende Phänomene (Imperative, Imperativketten, Imperativverletzungskonflikte) zurück (Wagner et al., 1984); sie diente als Grundlage umfangreicher empirischer Untersuchungen wie auch der Entwicklung von KAW und Introvision zu Auflösung von Konflikten (▶ Kap. 1). Um zu verstehen, wie sich die Entstehung solcher subjektiver Imperative im Rahmen der mentalen Selbstregulation erklären lässt, wurde von der Verfasserin anschließend die Theorie der Mentalen Introferenz entwickelt (▶ Kap. 2; ▶ Kap. 7). Gemeinsames Ziel der TSI und der TMI ist es, die Entstehung und Auflösung innerer Konflikte zu erklären. Während sich die Theorie Subjektiver Imperative mit dem – empirisch definierbaren – Phänomen der subjektiven Imperative befasst, stellt die TMI eine bestimmte Theorie dar, die u. a. darauf abzielt, Struktur und Funktion von subjektiven Imperativen im Kontext der mentalen Selbstregulation zu erklären. Der besseren Verständlichkeit halber werden im Folgenden beide Theorien in diesem Sinne miteinander integriert dargestellt.

Aus Sicht der TMI sind subjektive Imperative Sollvorstellungen, die mit der – ebenfalls imperierten – Selbstanweisung verbunden sind, diese Sollvorstellung nicht aufzugeben (▶ Kap. 2). Bei akuten Konflikten kreisen die Gedanken um Defaults, die letztendlich genau daraus entstehen, dass diese Selbstanweisung bzw. die betreffende Sollvorstellung auch dann noch (automatisch) introferent festgehalten werden, wenn sie inkongruent geworden sind.

Warum dies so ist, welche Art von Defaults dadurch auftreten können und was wir im Alltag tun, um diese Defaults irgendwie zu überbrücken, ohne sie dadurch wirklich beenden zu können – das soll in diesem Kapitel gezeigt werden.

Der besseren Verständlichkeit halber sollen im Folgenden die Begriffe »imperativische Sollvorstellungen« und »subjektiver Imperativ« synonym verwendet werden.

4.2 Ausgangspunkt: »Was geht Ihnen in der jeweiligen Situation durch den Kopf?«

In der ersten Phase der Introvision geht es darum, den Kern des Konflikts zu finden. Grundlegende Annahme für die Introvision ist, dass die subjektiven Imperative besonders leicht unter den bewussten Kognitionen auffindbar sind, weil sie mit erhöhter Erregung und Anspannung gekoppelt sind.

Ausgangspunkt für die Introvision ist das, was einem Individuum im Zustand des akuten Konflikts automatisch »durch den Kopf schießt«: Sätze, Gedanken, Bilder, die in diesem Moment gewohnheitsmäßig (Beck, 1971) aktiviert werden.

Es geht hier um den »O-Ton«, um das, was das Individuum in dem Augenblick tatsächlich zu sich sagt, innerlich spürt, sieht, hört. Es geht um die Kognitionen, die in der Situation automatisch im Bewusstsein auftauchen und nicht um das, was das Individuum nachträglich darüber denkt, theoretisiert oder kritisch reflektiert. William James nannte das den Bewusstseinsstrom (»*stream of consciousness*«; 1890/1981, 1983); dieser kann »inneres Sprechen« (Vygotskij, 1988) beinhalten ebenso wie abstrakte Erkenntnisse, Bilder (Borkovec, 1994; Paivio, 1986), Gefühle (Damasio, 2002) und sensorische Wahrnehmungen (Humphrey, 1995, Klatzky, 1984).

Die Methode des Nachträglichen Lauten Denkens

Die Introvision beginnt mit der Methode des Nachträglichen Lauten Denkens, so wie wir (Wagner, 1981b, 1986; Wagner, Uttendorfer-Marek & Weidle, 1977, 1979; Weidle & Wagner, 1982) sie Mitte der 1970er Jahre als Forschungsmethode entwickelt und angewandt haben.

> Grundlage war die Methode des Lauten Denkens, so wie sie seit 1932 (Claparède, 1932/1971) vor allem in der Denkpsychologie verwendet worden ist. Versuchspersonen zu fragen, was ihnen in einer früheren Situation durch den Kopf gegangen war, war damals – in der Ägide des ausgehenden Behaviorismus – eine neue Forschungsmethode, deren Entwicklung unter anderem durch den technischen Fortschritt, nämlich die Verfügbarkeit von Videorekordern, möglich gemacht wurde; heute wird sie als Forschungsmethode unter der Bezeichnung »stimulated recall« (Ericsson & Simon, 1993; Lyle, 2003) vielfach angewandt.
> Die Frage »Was ging Ihnen durch den Kopf, als Sie …« hat inzwischen auch außerhalb der Wissenschaft eine rasante Karriere gemacht. Sie gehört inzwischen zum gängigen Repertoire von Sportreportern, Talkshow-Moderatoren und Reportern, von denen kaum einer weiß, dass sie ursprünglich aus der Wissenschaft stammt. (Ja, wenn man Ideen patentieren lassen könnte …). »Was ging Ihnen durch den Kopf, als Sie das Tor knapp verfehlt hatten?« Inzwischen sind Sportler, Vorstandsvorsitzende und Politiker bestens darin geübt, auf diese Fragen besser nicht ehrlich zu antworten.

Bei der Introvision hingegen geht es genau darum, herauszufinden, welche Kognitionen einem in der entsprechenden Situation tatsächlich als Erstes »durch den Kopf gegangen« sind.

Die Methode des Nachträglichen Lauten Denkens (NLD): »Was ging Ihnen vorhin durch den Kopf, als Sie diesen Raum betraten?«

Ziel beim Nachträglichen Lauten Denken ist es, diejenigen Kognitionen wiederzugeben, die einem in einer bestimmten Situation »durch den Kopf« gegangen sind. Zur Unterstützung dieser Erinnerung (deshalb auch der Begriff des »stimulated recall«) können beispielsweise Videoaufzeichnungen verwendet werden. Gefragt wird nach dem, was der Person direkt in der Situation »durch den Kopf« ging, das, was sie in dem Moment zu sich selbst gesagt hat, vielleicht auch ein Bild, das dabei aufgetaucht ist – also um die »automatischen Gedanken« im Sinne von Beck (1971): Gedanken, Bilder, Gefühle. Es geht nicht darum, was die Person jetzt im Nachhinein darüber denkt, wie sie es einordnet oder bewertet, sondern vielmehr um das, was in der Medienwissenschaft als »Originalton« bezeichnet wird. So sagt ein Individuum kaum im ersten Moment zu sich selbst: »Mein Selbstwertgefühl war beeinträchtigt«, sondern es denkt zunächst z. B.: »Oh, ich habe mich blamiert! Wie schrecklich!«

Als Einführung in die Technik des NLD kann die folgende Übung dienen: Nach einer ausführlichen Erläuterung des NLD werden die Teilnehmerinnen und Teilnehmer gebeten, sich daran zu erinnern, was ihnen vorhin, als sie den

> Veranstaltungsraum betraten, »durch den Kopf« gegangen ist. »Was haben Sie in dem Moment zu sich selbst gesagt?« Das können beispielsweise Gedanken sein wie »Huch, das ist ja leer heute!« oder »Du meine Güte, ich bin fast zu spät« oder »Ich hoffe, er ist wieder da«, »Wo soll ich mich hinsetzen? Nur nicht neben die …!« etc.
>
> Diese »automatischen« Gedanken, (inneren) Bilder und Gefühle sollen die Teilnehmer dann individuell schriftlich festhalten. Ihnen wird ausdrücklich versichert, dass sie nicht verpflichtet sein werden, den Inhalt dessen, was sie dort niederschreiben, irgendjemandem zu erzählen. Anschließend sollen sie ihre Erfahrungen mit dieser Übung zu zweit oder zu dritt austauschen, bevor dann darüber im Plenum gesprochen wird.

Bei der Introvision geht es darum, im Sinne des NLD die Kognitionen wieder zu aktivieren, die dem Individuum in der jeweiligen Situation durch den Kopf gehen, auch und gerade dann, wenn der entsprechende Konflikt (z. B. Prüfungsangst) gerade nicht akut ist. Besonders wichtig ist dabei, was dem Individuum in dieser Situation als Erstes durch den Kopf schießt.

> **Beispiel Redeangst**
>
> Bei Redeangst lautet die entsprechende Frage: »Stellen Sie sich vor, Sie stehen vor einer Gruppe und sollen anfangen, eine Rede zu halten – was geht Ihnen in diesem Moment als Erstes durch den Kopf?«
>
> - Hilfe, ich schaffe das nie!
> - Es wäre schrecklich, wenn sie mir nicht zuhören!
> - Ich werde mich unsterblich blamieren!
> - Hoffentlich lachen die mich nicht aus!

Der nächste Schritt besteht darin, die in diesen Kognitionen enthaltenen imperativischen Vorstellungen herauszuhören.

4.3 Imperativische Sollvorstellungen – die imperierte Selbstanweisung: »Gib diese Sollvorstellung nicht auf!«

Subjektive Imperative sind, aus Sicht der TMI, das Ergebnis der internen Selbstanweisung: »Gib diese Kognition nicht auf!« Diese Selbstanweisung wird (zusätzlich) introferent festgehalten, d. h. mit erhöhter Anspannung und Erregung gekoppelt.

Gleichzeitig werden damit inkonsistente Kognitionen ausgeblendet. Dies können sowohl introferente (»hineingetragene«) als auch epistemische Kognitionen sein. Handelt es sich bei den überschriebenen Kognitionen um epistemisch ungültige, d. h. »hineingetragene« Kognitionen, dann dient das zusätzliche Imperieren der epistemisch gültigen Selbstanweisung dem Zweck, die »hineingetragenen« Kognitionen auszublenden und zu überschreiben.

Wenn sich die Rednerin in unserem Beispiel einen Ruck gibt, die Zähne zusammenbeißt und trotz ihrer Angst mit dem Vortrag beginnt, dann ist dieser Akt der Selbstüberwindung ein Beispiel für das erfolgreiche sekundäre Imperieren einer – in diesem Fall epistemisch gültigen – Selbstanweisung.

Handelt es sich hingegen um eine epistemisch ungültige Selbstanweisung – oder eine Selbstanweisung, die unter bestimmten Umständen ungültig (inkongruent) geworden ist – und wird diese trotzdem weiterhin introferent festgehalten, so führt dies unter Umständen zu akuten Konflikten.

Muss-Kognitionen

Ist eine Sollvorstellung mit der Selbstanweisung versehen, die betreffende Sollvorstellung nicht aufzugeben, entspricht das im Alltag dem, was mit dem Wort »muss« ausgedrückt wird. »Man *muss* an einer roten Ampel halten«, bedeutet: »Gib diese Sollvorstellung nicht auf (auch wenn du es eilig hast).« Und wenn jemand sagt: »Die Menschen müssen Rücksicht aufeinander nehmen«, bedeutet das: »Das ist eine Sollvorstellung, die nicht aufgebbar ist (auch wenn sich viele im Alltag nicht daran halten).« Und wenn jemand darauf besteht, dass er sonntags zum Frühstück frische Brötchen haben *muss*, so heißt dies, dass er diese Sollkognition ebenfalls mit der internen Selbstanweisung versieht, dass diese Vorstellung nicht aufgebbar ist, wobei diese (in diesem Fall vermutlich introferente) Selbstanweisung ebenfalls festgehalten wird.

> **Eine pragmatische Definition subjektiver Imperative**
>
> Pragmatisch gesehen lassen sich subjektive Imperative als Sollvorstellungen definieren, die im Individuum mit dem *Muss-Darf-nicht*-Syndrom (MDS) verbunden sind.

Um im Folgenden subjektive Imperative als solche kenntlich zu machen, werden in diesem Fall die Worte »*muss*« bzw. »*darf nicht*« kursiv gesetzt; diese kursive Schreibweise soll bedeuten, dass für das betreffende Individuum die jeweilige Sollvorstellung mit dem *Muss-Darf-nicht*-Syndrom gekoppelt ist – unabhängig davon, ob es sich hier tatsächlich um epistemisch gültige Muss-Kognitionen handelt oder nicht.

Das Muss-Darf-nicht-Syndrom

Zentrales Kennzeichen subjektiver Imperative ist das *Gefühl* (»felt sense« sensu Gendlin, 1981), dass etwas geschehen *muss* oder *nicht* eintreten *darf*.

4.3 Imperativische Sollvorstellungen – die imperierte Selbstanweisung

Dieses Gefühl von »*Muss*« bzw. »*Darf-nicht*« kann vielerlei subjektive Färbungen annehmen: drängend, bittend, hoffnungsvoll, entsetzt, abwehrend, getrieben, antreibend, sich getrieben fühlend, wollend, entschieden, ängstlich, furchtsam, begierig, hasserfüllt, wütend, begeistert, triumphierend, stolz, fordernd, aufgeregt, verlangend, auftrumpfend, flehend und so weiter.

Kurz gesagt: Eine imperativische Sollvorstellung ist eine Vorstellung, die sich für das Individuum imperativisch *anfühlt*, z. B. ich *muss* mich anstrengen, man *darf sich nicht* blamieren, die Politiker *müssen* endlich mal was tun, keiner *darf* mich so sehen, die Welt *muss* endlich verstehen, dass ... und der Frühling *muss* jetzt endlich kommen.

Aus Sicht der TMI ist dieses *Muss*-Gefühl (bzw. *Darf-nicht*-Gefühl) die subjektive Seite des Prozesses des Sichimperierens dieser Selbstanweisung (plus der betreffenden Sollkognition). Dieses interne Gefühl dient der Markierung des besonderen Status dieser Sollvorstellungen (zur Funktion von Gefühlen ▶ Kap. 7.4).

Empirisch gesehen ist das Gefühl von *Muss* oder *Darf-nicht* Teil des umfassenderen *Muss-Darf-nicht*-Syndroms (MDS) (Wagner, 2004). Als Syndrom bezeichnet man im wissenschaftlichen Kontext ein »Bündel von Symptomen«, die empirisch gesehen häufig gemeinsam auftreten; etwas als ein Syndrom zu bezeichnen, ist zunächst eher eine beschreibende denn erklärende Vorgehensweise. (Wie sich dieses *Muss-Darf-nicht*-Syndrom erklären lässt, dazu kommen wir weiter unten.)

> **Das *Muss-Darf-nicht*-Syndrom ist durch vier Merkmale gekennzeichnet:**
>
> 1. Das (subjektive) Gefühl von »*muss*« bzw. »*darf nicht*« (im Sinne von »so *muss* es sein/geschehen« bzw. »das *darf nicht* sein/passieren«).
> 2. Ein Gefühl von Dringlichkeit, Selbstalarm verbunden mit erhöhter physiologischer Erregung und Anspannung.
> 3. Ein Gefühl der – aktiven oder passiven – Nötigung: sich selbst oder anderen etwas als notwendig erscheinen lassen, unter Druck setzen oder unter Druck gesetzt fühlen. Dies kann einen aktiven Prozess bedeuten, bei dem das Individuum sich selbst unter Druck setzt oder antreibt. Zum Zweiten kann dies auch bedeuten, sich genötigt, angetrieben oder unter Druck gesetzt zu fühlen.
> 4. Einengung der Aufmerksamkeit und Wahrnehmung, sinkender Auflösungsgrad (sensu Dörner, 1999), d. h. reduzierte Differenzierung der kognitiven Prozesse bis hin zum Tunnelblick.

Das Ausmaß des MDS kann stark variieren – von kaum merklich bis zu sehr stark. Hat jemand z. B. Redeangst und der Termin ist noch in weiter Ferne, kann der flüchtige Gedanke daran (»Da *darf* ich mich aber nicht blamieren!«) mit so geringer Erregung verbunden sein, dass diese zwar physiologisch messbar ist, aber vom Individuum praktisch nicht wahrgenommen wird. Rückt der Termin dann näher, steigt im Allgemeinen das Ausmaß der damit verbundenen Aufregung allmählich an, bis hin zu schweiß-nassen Händen und Tunnelblick kurz vor Beginn der Rede.

Inhaltlich können sich imperativische Sollvorstellungen auf die eigene Person beziehen, auf andere Menschen oder auch auf die Umwelt, z. B. auf die eigene

Person: »Ich *muss* Examen machen, mir *darf das nicht* passieren!«, »Ich *muss* mich wohl fühlen!« oder auf andere Menschen: »Du *darfst* hier *nicht* rauchen!«, »Sag mir endlich, dass du mich liebst!«, »Die anderen *müssen* das so sehen wie ich!« und auf die Umwelt: »Morgen *muss* einfach die Sonne scheinen!«, »Dieses Gerät *darf jetzt nicht* ausfallen!«. Imperativische Sollvorstellungen können moralisch sein, neutral und auch – in den Augen des Individuums selbst – unmoralisch (»Ich *muss* klauen, was mir in die Finger kommt!«); sie können rational, willkürlich oder auch irrational sein, epistemisch gültig oder auch introferent hineingetragen (mehr dazu s. unten).

Die dazugehörige Subkognition: »Es kann sein, dass das nicht geschieht, was geschehen soll«

Als Subkognition wird diejenige Ist-Kognition bezeichnet, die mit der Soll-Kognition gemeinsam aktiviert wird. Erst wenn das EPS erkennt, dass die Möglichkeit besteht, dass das geschieht, was nicht geschehen soll (oder dass geschieht, was nicht geschehen darf), wird die entsprechende Sollvorstellung aktiviert.

Nehmen wir als Beispiel jemanden, der Angst davor hat, beim Klettern in den Bergen herunterzufallen. Fängt er an zu klettern (»Jetzt ist es möglich, herunterzufallen«), wird die entsprechende imperativische Sollvorstellung aktiviert (»Achtung, pass auf, dass du nicht abstürzt!«). Ist er wieder zurück aus den Bergen, wird diese Sollvorstellung normalerweise deaktiviert (es sei denn, er entwickelt eine Kletterphobie ... – d. h. die entsprechende Sollvorstellung wird aus anderen Gründen weiterhin aktiviert.) Allgemeiner gesagt: Eine bestimmte Sollvorstellung (»A soll geschehen«) wird innerhalb des EPS genau dann und genau so lange aktiviert, solange die dazugehörige Subkognition (»Es ist möglich, dass A nicht geschieht«) epistemisch gültig ist (▶ Kap. 2).

Andersherum gesagt – und das ist ein entscheidender Punkt bei der Introvision: Wenn eine bestimmte imperativische Sollkognition aktiviert ist, lässt sich daraus zurückschließen, dass auch die dazu gehörige Subkognition aktiviert ist.

Beispiele für Subkognitionen zu subjektiven Imperativen

Imperativische Sollvorstellung (Imp)	Subkognition (SK)
Die Zuhörer *müssen* begeistert sein!	Es kann sein, dass sie nicht begeistert sein werden.
Ich *darf* mich nicht blamieren!	Es ist möglich, dass ich mich blamiere.
Ich *muss* X-Y-Z zur Sprache bringen!	Möglicherweise bringe ich das nicht zur Sprache.
Mir *muss* jetzt spontan etwas Witziges einfallen!	Mir fällt im Moment nichts Witziges ein.

4.3 Imperativische Sollvorstellungen – die imperierte Selbstanweisung

Inhalte imperativischer Vorstellungen

Die hier zugrunde gelegte Definition von imperativischen Vorstellungen ist eine formale und damit inhaltsoffene Definition. Auf dieser Basis lässt sich empirisch untersuchen, welche Inhalte die Sollvorstellungen haben, die tatsächlich mit dem *Muss-Darf-nicht*-Syndrom gekoppelt sind.

Theoretisch gesehen kann im Prinzip jede Sollvorstellung zu einer imperativischen Sollvorstellung werden. De facto gibt es natürlich erhebliche Unterschiede in der Häufigkeit, mit der bestimmte Sollkognitionen imperativischen Charakter aufweisen. In einer Vielzahl empirischer Studien (▶ Kap. 1.3) hat sich gezeigt, dass dies sehr unterschiedliche Soll-Kognitionen sein können: rationale, juristische, ethisch begründete, technische und pragmatische Imperative (sensu Kant, 1785/1870) ebensowie individuelle, irrationale oder auch rein gefühlsmäßige Sollvorstellungen.

Im Unterschied zur Sichtweise der Psychoanalyse ist das Spektrum der potentiellen imperativischen Vorstellungen einerseits sehr viel breiter, weil dazu auch solche Sollvorstellungen gehören, die statt dem Über-Ich dem Es oder dem Ich zuzuordnen sind. Und im Unterschied zu Ellis, der den Begriff der Muss-Vorstellungen (Ellis, 1978) auf irrationale Vorstellungen eingrenzt, gehören aus TSI-Sicht zu den subjektiven Imperativen auch rationale Sollvorstellungen (z. B. die Regel, stets an einer roten Ampel anzuhalten).

Andererseits ist das Spektrum der tatsächlichen imperativischen Vorstellungen auch wiederum schmaler, als in den oben genannten Theorien angenommen wird. Aus introferenztheoretischer Sicht kann ein Individuum moralische Gebote befolgen, Wünsche hegen und bei Rot an einer Ampel halten – und zwar »einfach so«, d. h. ohne dass diese Sollvorstellungen imperativisch festgehalten werden. Ein Beispiel dafür findet sich in dem Bericht aus Mogadischu (▶ Kap. 1). »Einfach so« heißt, dass diese Sollvorstellungen Teil des epistemischen Systems sind und weder introferent festgehalten noch introferent mit anderen Kognitionen überschrieben werden.

> **Drei Arten von imperativischen Sollvorstellungen**
>
> Wie bereits erwähnt, lassen sich drei Arten von imperativischen Sollvorstellungen unterscheiden:
>
> - *Epistemisch gültige Imperative:* »Es *muss* wirklich sein, dass ...« Hier handelt es sich um epistemisch gültige Sollvorstellungen, die zusätzlich introferent festgehalten werden, um sie auf diese Weise gegen konkurrierende »hineingetragene« Sollvorstellungen durchzusetzen.
> - *Quasi-epistemische Imperative:* »Ich weiß ja, dass das nicht notwendig ist – aber es *muss* einfach sein!« In diesem Fall wird die »hineingetragene« Selbstanweisung (»Gib diese Sollvorstellung nicht auf!«) introferent festgehalten – und dabei gleichzeitig die epistemisch gültige Erkenntnis überschrieben, dass die betreffende Sollvorstellung auch aufgegeben werden könnte. Zum Beispiel: »Ich weiß ja, dass ich meine E-Mails auch später lesen kann, aber ich *muss* jetzt schnell mal hineinschauen.«

- *Kontra-epistemische Imperative:* »Ich weiß ja, dass das nicht geschehen darf – aber es *muss* sein!« In diesem Fall wird die epistemisch gültige Erkenntnis, dass die betreffende Sollvorstellung aufzugeben ist, mit der kontra-epistemischen Selbstanweisung überschrieben, sie nicht aufzugeben. Zum Beispiel: »Ich weiß ja, dass ich nicht länger am Computer spielen darf – aber ich *muss* das einfach tun.«

Wie in Kapitel 2 bereits ausgeführt wurde, sind subjektive Imperative aus Sicht der TMI Sollvorstellungen, die aus unterschiedlichen Gründen mit der – epistemischen oder introferenten – Selbstanweisung gekoppelt sind, diese Sollvorstellung nicht aufzugeben (▶ Abb. 2.5). Aus unterschiedlichen Gründen werden im Fall eines Imperativs beide, die Sollvorstellung und die dazugehörige Selbstanweisung, (zusätzlich) imperiert.

Neben den oben aufgeführten gibt es weitere Gründe für das imperativische Festhalten von Sollvorstellungen, zum Beispiel:

- *Automatisierte Introferenz*: »Ich muss, *weil ich/man/wir es immer so mache(n)*.« Hier ist es das gewohnheitsmäßige Festhalten der Selbstanweisung, die betreffende Sollvorstellung nicht aufzugeben, die zu dem Gefühl führt, man *müsse* es so machen, weil man es immer so gemacht hat – auf diese Weise entstehen Traditionen, kulturelle Bräuche und Rituale.
- *Starke affektive Aufladung*: »Das darf nicht sein, *weil es sich schlimm anfühlt*«. Hier ist die metakognitive Selbstanweisung, eine bestimmte Vorstellung nicht aufzugeben, das Resultat einer sehr starken affektiven Aufladung der Subkognition – etwa infolge eines traumatischen Erlebnisses.
- *Volitionales Muss*: »Es muss *so sein, weil ich/er/sie/es es so will!*« Dahinter steht eine weitere imperativische Vorstellung, nämlich: »Was ich will, dass *muss* auch geschehen!« – oder auch der Wunsch eines anderen (des Vaters, einer Lehrerin, eines Helden).

Buridans Esel lernt in der Pubertät, dass ein männlicher Esel stets an dem festzuhalten habe, was er einmal entschieden hat. Seitdem bleibt er stur dabei, stets nach links zu gehen: »Ich gehe nach links, weil ich nach links gehen will – und so *muss* es sein!« Er gibt zwar gern zu, dass die ursprüngliche Entscheidung für links, statt rechts eher zufällig gewesen sei, aber nun – so erklärt er jungen Eseln, die bewundernd zu ihm aufblicken – *muss* es einfach so sein, dass das geschieht, was er will.

Imperativische Sollvorstellungen erkennen und die dazugehörige Subkognition heraushören

Subjektive Imperative lassen sich anhand einer Reihe von sprachlichen und nonverbalen Merkmalen erkennen und erschließen. Diese Merkmale bilden die Grundlage für die imperativtheoretische Textanalyse (kurz: ITA; vgl. Wagner & Iwers-Stelljes, 1999), die sich inzwischen in einer Vielzahl von Studien (▶ Kap. 1) bewährt hat.

4.3 Imperativische Sollvorstellungen – die imperierte Selbstanweisung

Indikatoren für subjektive Imperative

In der nachfolgenden Aufzählung sind eine Reihe von sprachlichen und nichtsprachlichen Indikatoren zur Erschließung (Rekonstruktion) von subjektiven Imperativen aufgeführt.

> 1. **Alles, immer, nie...: Überverallgemeinerungen und Übertreibungen**
>   Dazu gehören Universalquantifikatoren (z- B. alles, immer, nie, ständig, andauernd, keine, keinesfalls, unbedingt, total) und etwas schwächere, sachlich nicht angemessene Übertreibungen (z. B. *besonders* wichtig, sehr zufrieden).
> 2. **Müssen**
>   Der Gebrauch von Verben wie müssen, nicht dürfen etc.
> 3. **Eindeutig wertende Ausdrücke**
>   Adjektive (z. B. schlimm, schrecklich, katastrophal, furchtbar, toll, spitze), und vergleichbare Metaphern.
> 4. **Weniger stark wertende Ausdrücke**
>   Im Vergleich zu 3. weniger stark wertende Phrasen, Adjektive, Bilder etc.
> 5. **Adressatenspezifische imperativistische Begriff**
>   Dies sind Wörter, die im Verständnis der Adressaten (sub-)gruppenspezifische positive oder negative Imperative signalisieren.
> 6. **Flüche, Schimpfwörter**
> 7. **Sätze, die ohne Sinnverlust mit einem inneren Ausrufezeichen versehen werden können**
>   z. B. Das passiert mir nicht noch einmal!
> 8. **Nichtrelevante Füllwörter**
>   z. B. eigentlich, irgendwie
> 9. **Die explizite Benennung eines Imperativverletzungskonflikts**
>   z. B. Da kommt Hass auf!, Ich habe Angst davor.
> 10. **Nonverbale (und verbal) Hinweise auf erhöhte Erregung und Anspannung**
>   z. B. ärgerlich, ängstlich, aufgeregt, sehr laut, sehr leise, seufzen, lachen, weinen, stottern, schneller sprechen etc.
>
> (leicht abgeändert aus: Wagner & Iwers-STelljes, 1999, S. 162

Diese Kategorien sind inzwischen in einer Vielzahl von empirischen Studien im Rahmen einer mehrstufigen imperativtheorertischen Textanalyse eingesetzt worden und haben sich dort bewährt.

Ziel der Entwicklung des imperativtheoretischen Textanalyseverfahrens (ITA; Wagner & Iwers-Stelljes, 1997) war es, ein Auswertungssystem zu entwickeln, um subjektive Imperative aus verbalen Äußerungen erschließen und rekonstruieren zu können. Inzwischen ist dieses Textanalyseverfahren in einer Vielzahl von empirischen Untersuchungen zur Analyse verschiedener Textsorten eingesetzt worden: von transkribierten Beratungsgesprächen über Interviewprotokolle bis hin zu Printmedien (▶ Kap. 1). Die ersten beiden Schritte bei ITA beinhalten die Identifizierung und Rekonstruktion imperativischer Vorstellungen. Zu diesem Zweck werden die jeweiligen Texte zunächst auf bestimmte sprachliche und nonverbale Kriterien hin untersucht, die als mögliche Indikatoren für imperativische Vorstellungen dienen. Im zweiten Schritt werden daraus dann im Rahmen einer Zusammenschau implizite und explizite subjektive Imperative rekonstruiert. Bei dieser Rekonstruktion hat es sich als wichtig erwiesen, dabei möglichst wortgetreu vorzugehen, d. h. genau dieselben Worte zu benutzen, die der Klient oder die Klientin verwendet hat.

Im Rahmen der Introvision dienen die entsprechenden Wörter und nonverbalen Reaktionen als Hinweise auf einen möglichen Imperativ. Mit zunehmender Erfahrung lernen die Klienten, introspektiv zu überprüfen, ob die entsprechende Sollvorstellung tatsächlich mit dem *Gefühl* von »So *muss* es sein« bzw »Das *darf nicht* geschehen« verbunden ist. Eine der wesentlichen Aufgaben des Introvisionsberaters oder der Introvisionsberaterin besteht darin, mit geschultem Ohr mögliche subjektive Imperative herauszuhören und diese – in Form der jeweiligen Subkognition (s. unten) – konstatierend-explorativ wiederzugeben.

Prinzipiell kann die Subkognition zwei Formen haben: »Es ist möglich, dass …« oder auch »Es ist so, dass …«. Im Zweifelsfall – d. h. wenn der Klient nicht genau weiß, ob es wirklich so ist bzw. war, empfiehlt es sich, die Subkognition in der Möglichkeitsform zu verwenden. (Mehr dazu ▶ Kap. 5).

Zusammenfassend lässt sich sagen, dass aus Sicht der Theorie der Mentalen Introferenz (TMI) subjektive Imperative das Ergebnis einer (zusätzlich) introferent festgehaltene Selbstanweisung sind, die betreffenden Sollvorstellungen nicht aufzugeben, d. h. nicht zu deaktivieren. Diese Selbstanweisung kann epistemisch gültig sein oder als (quasi- oder kontra-epistemische) Selbstanweisung introferent »hineingetragen« worden sein.

4.4 Imperativverletzungskonflikte (IVK)

Grundlegende Annahme der Theorie Subjektiver Imperative ist, dass sich die Gedanken im Zustand eines akuten Konflikts um die – wahrgenommene oder antizipierte – Verletzung eines (oder mehrerer) subjektiver Imperative drehen. Dass solche Imperativverletzungskonflikte mit erhöhter Erregung einhergehen, zeigt eine hirnphysiologische Untersuchung von Birbaumer und Mitarbeitern (1991).

> **Die hirnphysiologischen Auswirkungen eines Imperativverletzungskonflikts: Postimperativische negative Variation (PINV)**
>
> Was geschieht physiologisch im Falle eines Imperativverletzungskonflikts? Birbaumer und andere (Birbaumer & Schmidt, 1991, S. 491–495; Rockstroh, 1982) haben untersucht, was geschieht, wenn Versuchspersonen gelernt haben, dass sie einen unangenehmen Ton per Knopfdruck abstellen können – und ihnen dieses plötzlich nicht mehr gelingt. Diese Untersuchung (▶ Abb. 4.1) erinnert in ihrem Design an die Untersuchungen zur experimentellen Neurose (▶ Kap. 2; vgl. Bateson, 1978), nur dass in diesem Fall die Hirnströme gemessen wurden.

4.4 Imperativverletzungskonflikte (IVK)

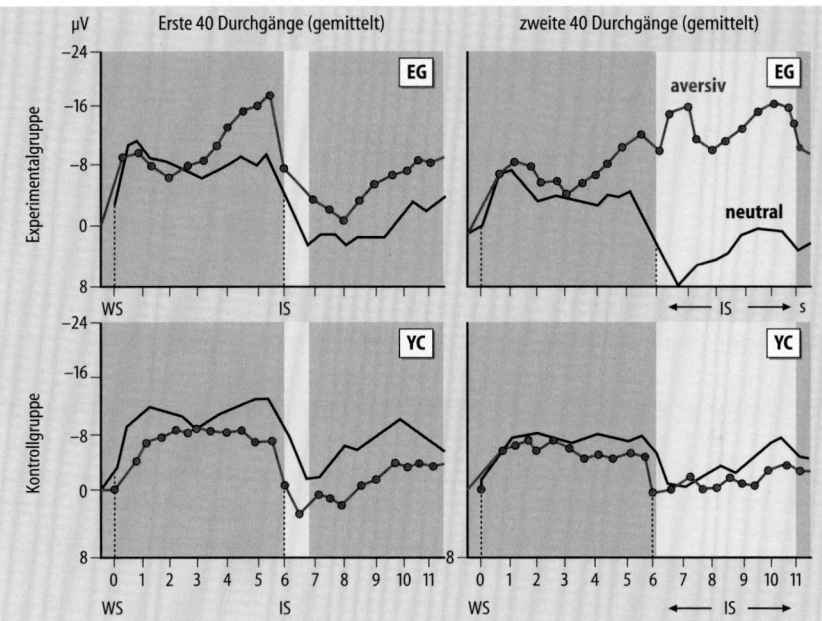

Abb. 4.1: Willenskontrolle und langsame Hirnpotenziale. Präzentrale LP in Mikrovolt für 2 Gruppen von Versuchspersonen in je 2 Versuchsbedingungen. Die Experimentalgruppe (EG, oben) verlor zwischen erster (links) und zweiter (rechts) experimenteller Periode die Kontrolle über den unangenehmen IS (imperativen Reiz, hellgrau). Die Kontrollgruppe (YC) hatte keine Kontrolle über den aversiven IS (hellgrau), sie erhält vor Beginn des Experiments die Instruktion, bei Beginn des IS nach Beendigung des 6 s dauernden Warnsignals (WS) eine Taste zu drücken. Die Versuchspersonen der EG konnten in der ersten experimentellen Periode den unangenehmen IS durch Tastendruck abstellen, in der zweiten blieb der IS 5 s bestehen, unabhängig von der Reaktion der Versuchsperson (gepunktete Linie). Als Kontrollbedingung erhielten alle Versuchspersonen einen neutralen IS (durchgezogene Linie), der ebenfalls von einem WS angekündigt wurde.
(aus Birbaumer & Schmidt 2006, S. 531)

Gemessen wurden dabei mit Hilfe des EEG Veränderungen in den sogenannten Langsamen Potentialen (LP) – diese spiegeln das Ausmaß der willentlichen Anspannung und motorischen Mobilisierung wider (Birbaumer & Schmidt, 1996, S. 524).

Die Versuchsablauf war im Prinzip sehr einfach. Die Versuchspersonen in der experimentellen Gruppe (EG) hörten zunächst 6 Sekunden lang einen bestimmten Warnton (WS); anschließend ertönte ein lauter, unangenehmer Ton, (»imperativer Reiz« – IS), den sie per Knopfdruck abstellen konnten. (Als Kontrollbedingung wurde bei jedem zweiten Durchgang, ebenfalls nach einem entsprechenden Hinweisreiz, stattdessen ein neutraler Ton verwendet.) Nach vierzig Durchgängen änderte sich die Situation plötzlich – egal, was die Versuchspersonen taten, sie konnten den aversiven Reiz fünf Sekunden lang nicht ausschalten.

Die Kontrollgruppe (YC) führe denselben Versuch durch – mit einem entscheidenden Unterschied. Sie erhielt lediglich die Anweisung, nach dem Ende des Warnhinweises (WS) und d. h. zu Beginn des Tons (IS) auf den Knopf zu drücken. Anders als die Personen in der Experimentalgruppe erwarteten sie also nicht, dass sie durch den Knopfdruck den unangenehmen Ton (IS) abschalten könnten – sie sollten einfach nur auf eine Taste drücken.

Birbaumer und Mitarbeiter fanden in diesem Fall ein spezifisches Erregungsmuster – die PINV (postimperative negative variation). Wie Abbildung 4.1 zeigt, stieg die Erregung bereits dann an, wenn die Versuchspersonen in der experimentellen Gruppe darauf warteten, dass der unangenehme Ton kommen würde – deutlich stärker als bei den Kontrollgruppe. Aus Sicht der Theorie Subjektiver Imperative (TSI) geschah das, weil sie sich – anders als die Kontrollgruppe – die Sollvorstellung (»Diesen unangenehmen Ton abstellen!«) imperierten (▶ Kap. 4). Und als das dann nicht mehr ging, entstand ein Imperativverletzungskonflikt (Realitätskonflikt) – und die Erregung war sehr viel stärker als bei der Kontrollgruppe, die den gleichen Ton zu hören bekam.

Vier Grundformen von Imperativverletzungskonflikten (IVK)

Worum drehen sich die Gedanken bei einem akuten Konflikt? Insgesamt lassen sich vier Arten von Imperativverletzungskonflikten unterscheiden: Realitätskonflikte, Imperativkonflikte, Undurchführbarkeitskonflikte und Konflikte zweiter Ordnung (Konflikt-Konflikte).

Die ersten drei Hauptformen unterscheiden sich darin, auf welcher Ebene der zentrale Default liegt: auf der Ebene der Soll-Vorstellungen (Imperativkonflikt), in der Diskrepanz zwischen Ist und Soll (Realitätskonflikt) oder auf der Handlungsebene (Undurchführbarkeitskonflikt). Die vierte Form beschreibt einen Konflikt zweiter Ordnung, der vor allem häufig in der Beratung auftaucht – den »Konflikt mit dem eigenen Konflikt« (Konflikt-Konflikt).

Bei Redeangst können die Gedanken darum kreisen, ob man lieber witzig oder seriös wirken möchte (Imperativkonflikt), ob die Rede so gut ankommt, wie sie ankommen sollte (Realitätskonflikt), ob einem die richtigen Worte spontan einfallen werden (Durchführungskonflikt). Und dann ärgert man sich auch noch, dass man immer noch Angst vor dem Reden hat (Konflikt-Konflikt).

Diese vier Grundformen können im Alltag auch zusammen auftreten.

Im Folgenden sollen diese vier Grundformen von Imperativverletzungskonflikten näher beschrieben werden.

Tab. 4.1: Grundformen von Imperativverletzungskonflikten (IVK)

Art des Konflikts	Die Gedanken kreisen um ...
Realitätskonflikt • Gewissheitskonflikt • Möglichkeitskonflikt	Diskrepanz zwischen IST vs. Imperativ
Imperativkonflikt • situationsbedingt • Imperativ-/Gegenimperativkonflikt	Defaults auf der Ebene von Sollvorstellungen (Imperative)
Undurchführbarkeitskonflikt • Leerstellenkonflikt • paradoxe Imperative	Default auf der Handlungsebene (Operate)
Konflikt-Konflikt	»Konflikt mit dem Konflikt« (Konflikt zweiter Ordnung)

4.4.1 Realitätskonflikte: »Die Wirklichkeit ist nicht so, wie sie sein müsste«

Bei einem Realitätskonflikt kreisen die Gedanken um die Inkongruenz zwischen Soll und Ist, zwischen subjektivem Imperativ und Ist-Kognition (Subkognition). Dabei lassen sich zwei Unterformen voneinander unterscheiden: Gewissheitskonflikt und Möglichkeitskonflikt.

Gewissheitskonflikt: »Es ist so, dass ... – und das *darf* nicht sein!«

Bei einem Gewissheitskonflikt drehen sich die Gedanken um eine unauflösbare Diskrepanz zwischen Ist und (imperativischem) Soll. Etwas ist geschehen (oder wird mit Sicherheit geschehen), das nicht geschehen *darf*.

> »Das habe ich getan, sagt mein Gedächtnis. Das kann ich nicht getan haben, sagt mein Stolz. Schließlich gibt das Gedächtnis nach.« (Nietzsche, 1910, S. 94)

Dieses Aperçu von Nietzsche trifft den Kern eines Gewissheitskonflikts. Das epistemische System erkennt, dass etwas geschehen ist, was nicht geschehen *durfte*.

Bei einem Realitätskonflikt drehen sich die Gedanken darum, dass etwas geschehen ist (oder gerade geschieht oder auch in Zukunft geschehen wird), was nicht geschehen *darf*.

Dies können traumatische Ereignisse sein, die das Individuum erlebt hat (vgl. Ehlers, 1999; Fischer & Riedesser, 1999; Maercker, Schützwohl & Solomon, 1999), es kann sich um Unrecht handeln, das das Individuum anderen zugefügt hat, um alte Kränkungen oder um Leiden an der Welt im Allgemeinen. Es können Ereig-

4 Den Kern eines akuten Konflikts finden: die erste Phase der Introvision.

nisse sein, die von vielen Menschen als schmerzlich, unangenehm oder schrecklich betrachtet werden – und es können andererseits auch Geschehnisse sein, die von der großen Mehrheit der Mitmenschen als nicht sonderlich aufregend erachtet werden.

> **Gewissheitskonflikte sind zum Beispiel**
>
> - *Ärger, Zorn, Wut, Hass:* Hier hat jemand anderes (oder auch man selbst) etwas absichtlich getan (oder tut es gerade), was er oder sie nicht hätte tun *dürfen*.
> - *Kummer, Trauer, Niedergeschlagenheit:* Hier geht es um einen Verlust, der (aus Sicht des Individuums) nicht mehr rückgängig gemacht werden kann.
> - eine bereits eingetretene *Schädigung* im Sinne der kognitiven Stresstheorie (Lazarus, 1993, 1999; Lazarus & Folkmann, 1984).
> - *Schuldgefühle:* Hier hat das Individuum etwas getan, was es aus moralischer Sicht nicht hätte tun *dürfen* – oder etwas unterlassen, was es hätte tun *müssen*.
> - *Neid:* Hier hat jemand anderes etwas, was man selbst gern hätte – und das *darf nicht* sein.

Der Dichter Christian Morgenstern hat einen solchen Gewissheitskonflikt in einem Gedicht liebevoll karikiert.

Die unmögliche Tatsache
Palmström, etwas schon an Jahren,
wird an einer Straßenbeuge
und von einem Kraftfahrzeuge
überfahren.

»Wie war« (spricht er, sich erhebend
und entschlossen weiterlebend)
»möglich, wie dies Unglück, ja –:
daß es überhaupt geschah?

Ist die Staatskunst anzuklagen
in bezug auf Kraftfahrwagen?
Gab die Polizeivorschrift
hier dem Fahrer freie Trift?

Oder war vielmehr verboten
hier Lebendige zu Toten
umzuwandeln – kurz und schlicht:
Durfte hier der Kutscher nicht –?«

Eingehüllt in feuchte Tücher,
prüft er die Gesetzesbücher
und ist alsobald im klaren:
Wagen durften dort nicht fahren!

Und er kommt zu dem Ergebnis:
»Nur ein Traum war das Erlebnis.

Weil,« so schließt er messerscharf,
»nicht sein *kann*, was nicht sein *darf*.«

(Morgenstern, 1910/1992, S. 125)

Palmström »löst« diesen Gewissheitskonflikt übrigens mit einer klassischen Konfliktumgehungsstrategie – er überschreibt die epistemisch gültige Kognition »Das ist passiert« mit der introferenten (kontra-epistemischen) Kognition: »So war es nicht – ich habe nur geträumt.«

Ärger erhöht den Schmerz

Eine neue Studie (Gray & Wegner, 2008) zeigt, dass ein unangenehmer Reiz als noch unangenehmer erlebt wird, wenn die Versuchspersonen (n=48) glauben, dass ihr Partner die schmerzhafte Aufgabe für sie absichtlich ausgesucht habe. Insgesamt gab es vier verschiedene Aufgaben – eine davon war, einzuschätzen, wie unangenehm ein leichter elektrischer Impuls sich auf der Haut anfühlt. Welche Aufgabe sie erhielten, hing angeblich von ihrem Versuchspartner ab. Wenn sie glaubten, dass ihr Versuchspartner diese unangenehme Aufgabe absichtlich für sie ausgesucht habe, empfanden sie den Impuls als signifikant unangenehmer (t=2,21, p = .03), als wenn sie meinten, die ausgesuchte Aufgabe sei Ergebnis eines PC-Problems.

Aus Sicht der TMI lässt sich dies damit erklären, dass der mit Ärger verbundene Imperativ (»Das *darf* doch nicht wahr sein, dass mein Partner mir absichtlich diese Aufgabe gibt!«) mit erhöhter Erregung und Anspannung verbunden ist. Auf diese Weise wird gewissermaßen »Öl ins Feuer« gegossen – und das Unangenehme als noch unangenehmer erlebt.

Möglichkeitskonflikt: »Es kann sein, dass ... – und das darf nicht sein!«

Bei einem Möglichkeitskonflikt kreisen die Gedanken darum, dass möglicherweise etwas geschehen ist (gerade geschieht, in Zukunft geschehen könnte), das – imperativisch gesehen – nicht geschehen *darf*. Im Unterschied zum Gewissheitskonflikt ist sich das Individuum in diesem Fall nicht sicher, ob das betreffende Ereignis bereits geschehen ist, gerade passiert oder in Zukunft eintreten könnte; es weiß lediglich, dass die Möglichkeit dazu real besteht – und das *darf* nicht sein. So kann beispielsweise ein Individuum nach einer Rede noch tagelang grübeln, ob diese auch gut angekommen ist; während der Rede kann es sich Sorgen machen, ob die Zuhörer sie verstehen und vor der nächsten Rede kann es sich bange fragen, ob ihm dafür tatsächlich eine zündende Idee einfallen wird.

Der Default ist hier die Folge des introferenten Festhaltens an dem subjektiven Imperativ, dass etwas Bestimmtes auf keinen Fall geschehen *darf* und der epistemisch gültigen Erkenntnis, dass das, was nicht geschehen *darf*, dennoch passieren kann. Genauer gesagt: In diesem Fall ist die Selbstanweisung: »Schließe aus, dass passiert, was nicht passieren *darf*« inkongruent mit der Realität: Man kann zwar viel tun, um die Wahrscheinlichkeit zu verringern, dass das geschieht, was nicht geschehen soll, aber es ist nicht möglich, dies in jedem Fall auszuschließen. Zum Beispiel: Es ist zwar möglich, viel dafür zu tun, dass man gesund bleibt – aber die Möglichkeit, dass man (trotzdem) krank wird, ist nicht mit hundertprozentiger Sicherheit auszuschließen.

> **Möglichkeitskonflikte sind zum Beispiel**
>
> - *Furcht und Angst:* Etwas könnte geschehen oder ist bereits geschehen, was nicht geschehen *darf* – oder etwas könnte nicht eintreten, was geschehen *muss*.
> - *Eifersucht:* Hier kreisen die Gedanken darum, dass ein anderer (die eigene Partnerin, der eigene Partner) etwas tun könnte, was er oder sie nicht tun *darf*.
> - *Hypochondrie:* Hier kreisen die die Gedanken weit überdurchschnittlich häufig um mögliche Krankheiten.
> - *Stress als Folge einer bedrohlichen Situation* (Lazarus & Folkman, 1984): Hier kreisen die Gedanken darum, dass ein Ereignis eintreten könnte, das auszuschließen nicht möglich ist.

Es gibt potentiell eine riesige Anzahl solcher Möglichkeitskonflikte. Je mehr ein Individuum über mögliche Gefahren weiß, desto häufiger können Möglichkeitskonflikte auftauchen – vorausgesetzt, die entsprechenden imperativischen Sollvorstellungen (»Schließe aus, dass das passiert ...!«) sind vorhanden.

4.4.2 Imperativkonflikte: »Es *muss* sein, es *darf* nicht sein«

Bei Imperativkonflikten kreisen die Gedanken um einen Default auf der Ebene der imperativischen Sollvorstellungen.

Situationsbedingter Widerspruch zwischen zwei Imperativen

Bei situationsbedingten Imperativkonflikten kreisen die Gedanken in den meisten Fällen um Widersprüche auf der Ebene der (handlungsleitenden) Sollvorstellungen. Solche Entscheidungskonflikte sind in der Regel situationsbedingt: Unter den gegebenen Umständen lassen sich die jeweiligen subjektiven Imperative nicht beide gleichzeitig einhalten oder erfüllen.

Bei Redeangst kann dies z. B. der Konflikt sein zwischen dem Imperativ, einen schwierigen und unangenehmen Sachverhalt so ausführlich zu erklären, dass ihn alle verstehen und dem zweiten Imperativ, möglichst kurz und unterhaltsam zu sprechen – ein Widerspruch, der oft nicht auflösbar ist. Weitere Beispiele für situationsbedingte Imperativkonflikte sind (1) nett sein und sich selbst durchsetzen, (2) im Beruf erfolgreich sein und viel Freizeit zu haben, (3) eine Entscheidung mit allen auszudiskutieren und rasch zu einem Ergebnis zu kommen. Diese imperativischen Vorstellungen widersprechen einander nicht grundsätzlich, sondern nur in bestimmten Situationen. Genauer gesagt: Sie sind zusammengenommen – sozusagen als Gesamtpaket – inkongruent mit der Realität.

4.4 Imperativverletzungskonflikte (IVK)

Situationsbedingte Imperativkonflikte sind der Stoff, aus dem die Dramen gemacht sind – auf der Bühne wie im richtigen Leben. Manche moralischen Dilemmata (z. B. Nevers, 1999; s. auch Powers, 1973), Rollenkonflikte und Antinomien im professionellen Handeln (Reimers & Iwers-Stelljes, 2005) und in der zwischenmenschlichen Kommunikation (Bateson, 1973; Berne, 1971) erweisen sich bei näherem Hinsehen als situationsbedingte Imperativkonflikte.

Exkurs: »Ich weiß nicht, was ich will«: ein fehlender Imperativ

In einigen Fällen ist die Ursache für einen Konflikt eine Leerstelle auf der Ebene der Sollvorstellungen. In diesen Fällen klagen die Klienten darüber, dass sie nicht wissen, was sie tun sollen – den Job aufgeben oder weitermachen, Kinder haben oder nicht, mit diesem Partner weiterleben oder sich trennen. Anstelle zweier (widersprüchlicher) Imperative gibt es in diesem Fall an der entsprechenden Stelle keinen handlungsleitenden Imperativ (und auch keine nichtimperativische Sollvorstellung). Dies ist erfahrungsgemäß meist die Folge eines tieferliegenden Imperativ-Gegenimperativkonflikts.

Imperativ-Gegenimperativkonflikt: logischer Widerspruch zwischen zwei Imperativen

Bei Imperativ-Gegenimperativ-Konflikten liegen zwei einander logisch widersprechende Imperative vor, z. B. »Ich *muss* meinen Job aufgeben!« und »Ich *darf* meinen Job nicht aufgeben!« Allgemeiner gesagt: Ein Gegenimperativ ist ein Imperativ, der das logische Gegenteil von dem beinhaltet, was ein vorhandener Imperativ besagt. Lautet der Imperativ z. B.: »Man *muss* x tun«, dann besagt der Gegenimperativ »Man *darf* x nicht tun«.

Was aus logischer Sicht unsinnig erscheint – nämlich zwei einander logisch ausschließende Sollvorstellungen imperativisch festzuhalten, lässt sich aus psychologischer Sicht durchaus erklären.

In dem obigen Fall sagte die Klientin, dass sie den Job aufgeben *müsse*, weil sie sich bei der Arbeit wie ein Versager fühle – und das *dürfe* nicht sein. Anderseits: Wenn sie ihren Job aufgeben würde, wäre das ebenfalls für sie ein Versagen (»Was, du schaffst es nicht einmal, diesen Job zu halten?) – und das *dürfe* auf keinen Fall sein. Dieses Beispiel zeigt, dass in solchen Fällen Imperativ und Gegenimperativ auf einen gemeinsamen, beiden zugrunde liegenden weiteren Imperativ zurückzuführen sind. In diesem Fall ist dies der Imperativ: »*Es darf nicht sein*, dass ich ein Versager bin!« Anders ausgedrückt: Bei genauerer Analyse erweisen sich die beiden logisch einander widersprechenden Imperative als Ausführungsimperative für den zugrunde liegenden Imperativ, kein Versager zu sein.

Die Erfahrung zeigt, dass die Konflikte, die in der Beratung auftauchen, häufig die Struktur eines Imperativ-Gegenimperativkonflikts haben. Das ist psychologisch verständlich, denn in einem solchen Fall ist die Einhaltung beider imperativischer Sollvorstellungen gleichzeitig grundsätzlich unmöglich – man kann nicht gleichzeitig einen Job aufgeben und nicht aufgeben.

4.4.3 Undurchführbarkeitskonflikte: »Es *muss* sein, dass ..., aber es geht nicht«

Bei einem Undurchführbarkeitskonflikt scheitert die Einhaltung der imperativischen Vorstellung daran, dass etwas *fehlt* – nämlich die entsprechenden Handlungsmöglichkeiten, um die Einhaltung der imperativischen Vorstellung zu erreichen. Die Ursache dafür können aus Sicht der TMI (▶ Kap. 2) (1) mangelnde, widersprüchliche, diskrepante oder inkongruente Handlungskognitionen sein (Leerstellenkonflikte) oder (2) auch in einigen Fällen eine unlösbare Diskrepanz, die aus dem introferente Festhalten der entsprechenden Sollvorstellung resultiert (»paradoxer Imperativ«).

Leerstellenkonflikte

Bei Leerstellenkonflikten kreisen die Gedanken darum, dass etwas fehlt – nämlich die epistemisch gültige Handlungskognition (Plan, Strategie, Taktik). Das Individuum weiß nicht, was sich tun lässt, damit der Istzustand (wieder) mit dem Sollzustand übereinstimmt.

> **Verschiedene Ursachen für Leerstellenkonflikte**
>
> - *fehlendes Wissen, Fähigkeiten, Pläne*, z. B. infolge mangelnder Ausbildung oder Erfahrung. Bei Redeangst kann das heißen, dass das Individuum einfach nicht weiß, wie eine Rede aufzubauen ist und deshalb drehen sich seine Gedanken im Kreis – auf der vergeblichen Suche nach einem angemessenen Anfangssatz. In anderen Fällen ist es so, dass es generell (noch) keine Lösung für das anstehende Problem gibt – z. B. um eine bestimmte Krankheit heilen oder ein vorliegendes technisches Problem meistern zu können.
> - *fehlende materielle oder energetische Ressourcen*: In diesen Fällen mag die Lösung des Problems durchaus bekannt sein, aber es fehlen die entsprechenden materiellen, ökonomischen, zeitlichen oder praktischen Voraussetzungen dafür. Ein einfaches Beispiel ist die Rednerin, die ihr Manuskript zu Hause vergessen hat und deshalb in Panik gerät.
> - *fehlende Möglichkeiten, andere dazu zu bringen, dass sie tun, was sie tun sollten oder müssten*: Hier grübelt das Individuum vergeblich darüber nach, wie es erreichen kann, dass andere das tun, was es von ihnen imperativisch erwartet.
> - *Widersprüche zwischen zwei gleichzeitig aktivierten Handlungen (widerstreitende Handlungstendenzen)* – zum Beispiel sich anspannen (um möglichst schnell zu laufen) und sich entspannen – um möglichst lange durchzuhalten.

Auf den ersten Blick erscheinen Leerstellenkonflikte weniger dramatisch als Imperativkonflikte. Im Alltag werden Leerstellenkonflikte eher verheimlicht, denn dramatisierend nach außen getragen. Auf den zweiten Blick zeigt sich, dass die Folgen solcher Konflikte ebenfalls gravierend sein können – und zwar dann, wenn das mangelnde eigene Können durch Auftrumpfen überspielt wird, das fehlende Wissen zum Studienabbruch führt und fehlende Erkenntnisse durch Meinungen ersetzt werden.

> Lazarus und andere (Lazarus & Folkman, 1984; Hobfoll, 1998) sehen die Hauptursache von Stress in solchen Leerstellenkonflikten: In einer herausfordernden, bedrohlichen oder schädigenden Situation (primary appraisal) erkennt das Individuum (secondary appraisal), dass die entsprechenden Ressourcen nicht ausreichen, um diese Situation zu meistern. Damit stellt Lazarus die Situation eines Leerstellenkonflikts in den Vordergrund seiner theoretischen Analyse von stresserzeugenden Situationen. Wenn man sich freilich die Beispiele genauer anschaut, dann finden sich darunter – imperativtheoretisch gesprochen – auch andere Formen von Imperativverletzungskonflikten.

Paradoxe Imperative oder: »Ich *muss* jetzt einschlafen!«

Paradoxe Imperative sind imperativische Sollvorstellungen, die genau deshalb undurchführbar sind, weil und solange das Individuum sie imperativisch festhält.

> Die Bezeichnung »paradox« wurde in Anlehnung an Bateson (1973) und Watzlawick et al. (1969, 1997; s. auch Russell, 1956) gewählt, die solche pragmatischen Paradoxien – sogenannte Doppelbindungen – in der zwischenmenschlichen Kommunikation ausführlich analysiert haben. »Paradoxe Imperative« sind in diesem Zusammenhang sozusagen interne Doppelbindungen in der Kommunikation des Individuums mit sich selbst.

Ein Beispiel für einen solchen paradoxen Imperativ ist »Ich *muss* jetzt ganz spontan sein!« Beim Reden kann sich jemand beispielsweise sagen, dass ihm jetzt ganz spontan eine witzige Bemerkung einfallen *muss*. Auch wenn ihm daraufhin ein wunderbarer Einfall kommen sollte, dann ist dieser Einfall eben nicht spontan gekommen, sondern als Ergebnis des entsprechenden Selbstbefehls – und somit nicht wirklich spontan.

Aus der Sicht von Watzlawick (Watzlawick et al., 1997) liegt hierin die Paradoxie: Auf (Selbst-)Befehl hin spontan zu sein, ist logisch gesehen unmöglich. Bestenfalls kann man in einer solchen Situation so tun, als ob man spontan sei – aber dann ist man, wie erfahrene Vortragskünstler und -künstlerinnen wissen, nicht wirklich spontan.

Weitere Beispiele für solche Paradoxien sind nach Watzlawick (1969): »Schlaf jetzt auf der Stelle ein!«, »Denk immer dran, dass du nicht an weiße Elefanten denken darfst!« (vgl. dazu auch Wegner, 1989) oder »Ich *muss* jetzt spontan lächeln!« (s. Beispiel in ▶ Kap. 6.1). Auch paradoxe imperativische Erwartungen an andere Menschen – so zum Beispiel die Aufforderung an den eigenen Partner oder Partnerin, einem jetzt spontan eine Liebeserklärung zu machen oder die Anweisung, für ein Foto jetzt ganz spontan zu lächeln (mehr dazu s. Berne, 1971) – gehören dazu.

Aus Sicht der TMI liegt die Ursache für die Unmöglichkeit, solche paradoxen Imperative zu erfüllen, in dem imperativischen Festhalten dieser Sollvorstellung. Dieses Festhalten (»Ich *muss* jetzt schlafen!«) ist mit erhöhter Erregung und Anspannung verbunden – und diese Erregung verhindert das Einschlafen, jedenfalls eine Zeit lang. Das Gleiche gilt für den paradoxen Selbstbefehl »Jetzt nicht rot werden!« Steigt einem bereits die Röte ins Gesicht, dann wirkt dieses Sich-Imperieren (»Bloß nicht rot werden!«) als ob man Öl ins Feuer gießt – die Röte nimmt zu.

4.4.4 Konflikt-Konflikte: »In Konflikt mit dem eigenen Konflikt«

Manchmal hat man einen Konflikt – und ärgert sich dann auch noch darüber, dass man diesen Konflikt (schon wieder) hat. Dieser Ärger ist ein Beispiel für einen Konflikt-Konflikt, einen Konflikt zweiter Ordnung (sensu Russell, 1956).

In diesem Fall hat das Individuum zunächst einmal einen Grundkonflikt (den Konflikt erster Ordnung) – also z. B. Redeangst. Gleichzeitig ärgert es sich über sich selbst, weil es Redeangst hat, es ermahnt sich streng, dass diese Angst aufhören *muss*, es hat Angst davor, dass diese Angst wieder auftaucht – das ist der Konflikt zweiter Ordnung (»Es kann doch nicht sein, dass ich nach so vielen Jahren immer noch Lampenfieber habe!«). Weitere Beispiele sind (1) Wut und Ärger darüber, dass man sich schon wieder aufregt, (2) Unzufriedenheit darüber, dass man sich schon wieder einmal nicht aufraffen konnte, zum Sport zu gehen oder (3) Angst davor, wieder einmal entscheidungsunfähig zu sein.

Konflikt-Konflikte sind das Resultat eines Imperativs zweiter Ordnung, der einem verbietet, den entsprechenden Grundkonflikt zu haben – ohne Erfolg. Konflikt-Konflikte treten im Alltag wie in der Beratung relativ häufig auf, vor allem dann, wenn Menschen sich bereits häufiger mit Psychologie beschäftigt haben.

Einen solchen Konflikt-Konflikt aufzulösen bedeutet im Prinzip, zunächst einmal zu konstatieren, dass der entsprechende Grundkonflikt vorhanden ist – (z. B. »Es-ist-so, dass ich nicht zum Sport gegangen bin«) – und diesem dann mit Hilfe der Introvision aufzulösen.

Tab. 4.2: Unterschiedliche Arten von Imperativverletzungskonflikten samt Subkognitionen am Beispiel Redeangst

Verbale Äußerung im Nachträglichen Lauten Denken, NLD	Art des Imperativverletzungskonflikts, IVK	Subjektiver Imperativ	Dazugehörige Subkognition
»Wie konnte mein Chef das nur von mir verlangen?« (empört)	Realitätskonflikt	»Es *darf* nicht sein, dass mein Chef das von mir verlangt.«	»Es kann sein, dass er es von mir verlangt hat«, oder »Er hat es von mir verlangt.«
»Es wäre entsetzlich, wenn ich stottern würde!« (ängstlich)	Möglichkeitskonflikt	»Es *darf* nicht sein, dass ich stottere.«	»Es kann sein, dass ich stottere.«
»Hilfe, ich weiß nicht, wie ich die Rede anfangen soll!«	Undurchführbarkeitskonflikt	»Es *darf* nicht sein, dass ich keinen Anfang weiß!«	Es ist so, dass (oder: es kann sein, dass) ich nicht weiß, wie ich anfangen soll.
»Es ist einfach lächerlich, dass es mir nicht gelingt, die	Konflikt-Konflikt	»Es *darf* nicht sein, dass ich meine Angst nicht loswerde.«	»Es kann sein, dass ich die Angst nicht loswerde.«

Tab. 4.2: Unterschiedliche Arten von Imperativverletzungskonflikten samt Subkognitionen am Beispiel Redeangst – Fortsetzung

Verbale Äußerung im Nachträglichen Lauten Denken, NLD	Art des Imperativverletzungskonflikts, IVK	Subjektiver Imperativ	Dazugehörige Subkognition
Angst loszuwerden!« (ärgerlich)			(Konflikt Ebene 2) »Ich habe Redeangst.« (Konflikt auf Ebene 1) – hier weiter explorieren (s. o.)

4.4.5 Der gemeinsame Kern des Imperativ-Verletzungskonflikts: eine unauflösbare Diskrepanz

Bei diesen Defaults, die bei akuten Konflikten auftauchen, handelt es sich um eine Diskrepanz (▶ Kap. 2), die unauflösbar (geworden) ist. Der Grund für die Unauflösbarkeit liegt in dem andauernden Imperieren an der betreffenden Sollvorstellung bzw. der Selbstanweisung, diese Sollvorstellung nicht aufzugeben, obwohl diese Sollkognitionen in der betreffenden Situation inkongruent mit der Realität (geworden) sind.

- Bei den *Realitätskonflikten* ist es die Realität (in der Wahrnehmung des Individuums), die nicht so ist, dass die Einhaltung der imperativischen Sollvorstellung möglich ist (Gewissheitskonflikt) oder mit Sicherheit in Zukunft möglich sein wird (Möglichkeitskonflikt).
- Bei *Imperativkonflikten* sind die beiden einander widersprechenden Imperative, zusammen – sozusagen als Doppelpack betrachtet – ebenfalls unmöglich zu verwirklichen; bei Imperativ-Gegenimperativkonflikten ist es der logische Widerspruch zwischen den beiden Imperativen, die deren Einhaltung unmöglich macht.
- Und wenn – und solange – die zur Durchführung eines Imperativs notwendigen Handlungsmöglichkeiten fehlen, ist es ebenfalls unmöglich, den Imperativ zu befolgen (*Durchführungskonflikte*); bei einem paradoxen Imperativ ist es das introferente Festhalten selber, das die Erfüllung der (ansonsten durchaus verwirklichbaren) Sollvorstellung verhindert.
- *Konflikt-Konflikte* sind aus dieser Sicht Spezialfälle von Durchführungskonflikten.

Für das epistemische System ist die Auflösung solcher Diskrepanzen einfach: Wenn die Sollvorstellung inkongruent geworden ist, wird sie (für die betreffende Situation) deaktiviert. Ist die Milch verschüttet, wird die entsprechende handlungsleitende Sollvorstellung (»Milch nicht verschütten«) für diese Situation deaktiviert und epistemisch anders abgespeichert (»Das hätte nicht passieren dürfen«). Und wenn der Bus einem vor der Nase davon gefahren ist, hört man auf, ihm hinterherzulaufen.

Wenn sich diese Person dann vornimmt, in Zukunft nach Möglichkeit zu vermeiden, die Milch wieder zu verschütten, dann bedeutet dies für das EPS, die epistemisch gültige Erkenntnis, dass die Milch – trotz bester Absichten – wieder auf dem Boden landen könnte, anders als beim introferenten Eingreifen gerade nicht auszublenden, sondern in die epistemische Informationsverarbeitung weiter mit einzubeziehen – und genau das erhöht die Chance, dass sie beim nächsten Mal nicht wieder verschüttet wird (»Sokratische Lösung«: Ich weiß, dass das was nicht passieren soll/darf/sollte ..., geschehen kann.«).

4.4.6 Die Theorie Subjektiver Imperative als Meta-Theorie der mentalen Selbstregulation

Aus der Perspektive der Theorie Subjektiver Imperative lassen sich viele Phänomene, die in anderen Theorien mit anderen Namen bezeichnet werden, als Folge von imperativischen Vorstellungen und daraus resultierenden Imperativverletzungskonflikten auffassen, z. B.

- die Konflikte zwischen Es und Über-Ich (Freud, 1969),
- die neurotischen Folgen der mangelhaften Bewältigung von Grundangst (Horney, 1970),
- die Diskrepanz zwischen überhöhtem Ichideal und Selbstwahrnehmung (Rogers, 1973),
- das Katastrophendenken (Beck, 1971),
- das (wahrgenommene) Fehlen notwendiger Ressourcen zur Bewältigung einer ungewissen, existentiellen Bedrohung (Lazarus, 1993, S. 13),

um nur einige wenige Beispiele zu nennen (mehr dazu s. Iwers-Stelljes, 1997).

> Die von Meichenbaum (1991) so bezeichneten dysfunktionalen Gedanken, die besonders häufig mit Emotionen und Stressreaktionen verbunden sind, lassen sich unschwer als Imperativverletzungskonflikte interpretieren, z. B. »Es ist so anstrengend, irgendetwas zu tun« oder »Ich bin nicht so gut wie die anderen« (1991, S. 64). Das Gleiche gilt auch für die von Ellis (Ellis, 1978; Ellis & Grieger, 1995; Ellis & Harper, 1976) beschriebenen irrationalen Annahmen (vgl. Schelp et al., 1990, S. 36) – und zwar nicht nur für das Muss-Denken, sondern auch für die globalen negativen Selbstbewertungen (z. B. »Ich tauge nichts«, »Ich bin wertlos«), die niedrige Frustrationstoleranz (»Ich kann das nicht ertragen«) und das Katastrophendenken (»Es ist absolut schrecklich, wenn ...«), in denen unschwer die darin impliziten imperativischen Vorstellungen erkennbar sind. Insofern lässt sich die Theorie Subjektiver Imperative als eine Meta-Theorie auffassen, die grundlegende Strukturen, die diesen unterschiedlichen Phänomenen gemeinsam sind, im Kontext einer strukturellen Theorie der mentalen Selbstregulation inhaltsunabhängig und damit domain-übergreifend analysiert.

Weshalb wird bei akuten Konflikten die betreffende inkongruente Sollvorstellung weiter imperiert? Der Grund dafür ist in der Tiefenstruktur des akuten Konflikts zu finden.

4.5 »Was daran ist das Zentrum des Unangenehmen?« Die Tiefenstruktur imperativischer Vorstellungen explorieren

Hinter einer imperativischen Vorstellung können weitere subjektive Imperative stecken. Im Folgenden soll diese Tiefenstruktur genauer dargestellt werden, so wie sie sich in vielen empirischen Untersuchungen und in klinischen Interviews zeigt.

Imperative können mit anderen Imperativen durch Wenn-dann-Annahmen verbunden sein. Eine solche Kette beginnt mit dem Imperativ, der im Zustand des akuten Konflikts sozusagen zuoberst im Bewusstsein auftaucht. Am Ende einer solchen Imperativkette steht häufig ein Kernimperativ.

Ein Imperativbaum ist eine hypothetische Struktur, die den Zusammenhang verschiedener Imperative mit einem Kernimperativ beschreibt. Im Folgenden sollen diese Phänomene ausführlicher dargestellt werden.

4.5.1 Imperativketten und Kernimperative

Die Theorie Subjektiver Imperative nimmt an, dass imperativische Vorstellungen durch Wenn-Dann-Annahmen mit weiteren subjektiven Imperativen verbunden sein können. Solche miteinander verbundenen Imperative werden als Imperativketten[1] bezeichnet (Wagner, 1986).

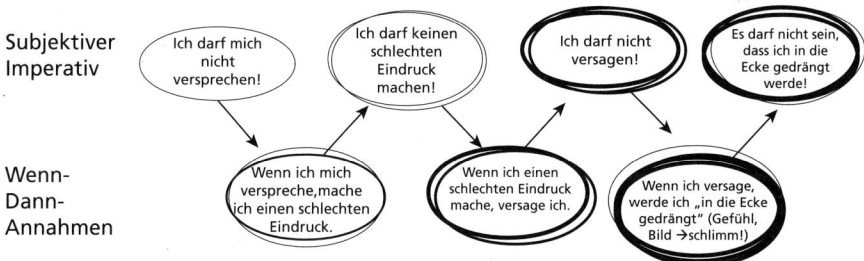

Abb. 4.2: Beispiel für eine »Imperativkette« bei Redeangst

Diese Annahme beruht auf den Ergebnissen verschiedener empirischer Studien, in denen die Versuchspersonen in Anlehnung an ähnliche Vorgehensweisen bei der Erfassung und Rekonstruktion subjektiver Theorien (Groeben, Wahl, Schlee & Scheele, 1988) mit Hilfe eines dafür entwickelten[2] fokussierten Interviewverfahrens (Iwers-Stelljes, 1997; Kosuch, 1994; Meuche, 1997; Wagner et al., 1988) zu den dahinterliegenden Imperativen befragt wurden.

Im Zentrum steht die Frage, was daran unangenehm, irritierend oder schlimm sei, wenn das geschehen würde, was – imperativisch gesehen – nicht geschehen *darf* (oder das, was geschehen *muss*, nicht eintritt). (Die umgekehrte Frage, nämlich warum der jeweilige Imperativ einzuhalten sei, hatte sich in der Beratungspraxis als vergleichsweise unergiebig erwiesen; sie führte im Allgemeinen lediglich dazu, dass die Befragten den Imperativ durch Anführen vieler guter Gründe noch verstärkten.

Dahinter steht die Annahme, dass die Nichteinhaltung einer imperativischen Vorstellung mit unangenehmen Gefühlen verbunden ist; deshalb wird nach dem gefragt, was daran gefühlsmäßig unangenehm ist.

Ein Beispiel für eine mögliche Imperativkette bei Redeangst

- Ich *darf* mich nicht versprechen! (Imperativ 1). Wenn ich mich verspreche, mache ich einen schlechten Eindruck. (Wenn-dann-Annahme 1)
- Ich *darf* keinen schlechten Eindruck machen! (Imperativ 2). Wenn ich einen schlechten Eindruck mache, dann bin ich ein Versager! (Wenn-dann-Annahme 2)
- Ich *darf* kein Versager sein (Imperativ 3:) Ein Versager zu sein heißt, (mit leiser Stimme) einsam in der Ecke zu stehen. (Wenn-dann-Annahme 3)
- Es *darf* nicht sein, dass ich allein in der Ecke stehe! (Kern-Imperativ). Allein in der Ecke zu stehen ist einfach schlimm. (Kern-Subkognition).

Am Ende einer solchen Imperativkette steht oft ein Kernimperativ.

Kernimperative: »Es ist wirklich schlimm, wenn ...«

Einen Kernimperativ erkennt man daran, dass die Vorstellung (die Subkognition), dieser Imperativ könnte nicht eingehalten werden, mit einem subjektiven »Schlimm«-Gefühl verbunden ist. Wenn der Interviewer oder die Beraterin das Individuum fragt, was daran schlimm sei, so lautet die Antwort sinngemäß: »Das ist einfach schlimm!« Und die mit solchen Kernimperativen verbundenen Bilder, Szenen, Erinnerungen, körperlichen Empfindungen und abstrakten Gedanken sind oft so eindrucksvoll, dass Außenstehende gut nachvollziehen können, dass diese mit einem stark ausgeprägten »Schlimm«-Gefühl verbunden ist.

Der Begriff des Kernimperativs ist somit ein relationaler Begriff; der Kernimperativ steht – relational gesehen – am Ende einer Imperativkette, und er beinhaltet eine Vorstellung, deren Nichteinhaltung zugleich für das Individuum mit (relativ) stärksten unangenehmen Gefühlen verbunden ist.

Beispiel Redeangst

Auf das Vorhandensein solcher Kernimperative sind wir im Rahmen einer empirischen Untersuchung zur Redeangst 1986 unvermutet gestoßen. Ausgangspunkt für diese Studie war die Frage, ob es möglich ist, Redeangst durch eine Beratung zur Auflösung von Imperativverletzungskonflikten zu reduzieren. (s. Kasten).

Auf Grund vorliegender kognitionspsychologischer Untersuchungen zur Redeangst (Kriebel, 1984) gingen wir davon aus, dass Redeangst auf entsprechenden kognitiven Imperativen wie »Ich *muss* einen guten Eindruck machen!« oder »Ich *darf nicht* nervös sein!« beruhen würde.

Zu unserer Überraschung zeigte sich in dieser Untersuchung (Wagner, 1987h; Schütze, 1989), dass sich bei neun der zwölf Versuchspersonen in der Experimentalgruppe innerhalb des Beratungsgesprächs am Ende der – relativ kurzen – Imperativkette ein Kernimperativ fand, der weit »tiefer« ging als ursprünglich angenommen. Diese Kernimperative haben eher tiefenpsychologische Qualität. Die entsprechenden Kern-Subkognitionen waren verbunden mit individuell sehr unterschiedlichen Bildern, körperlichen Empfindungen und Gefühlen (s. Kasten). Die Versuchspersonen waren, um das noch einmal zu sagen, normale Studentinnen, die bereit waren, an einer Studie zu Redeangst mitzumachen. Wenn manche Menschen sagen, sie hätten Todesängste ausgestanden, so kann dies – wie die Ergebnisse dieser Untersuchung zeigen – buchstäblich wahrer sein, als man gemeinhin annimmt.

Der Kern der Angst: Kernimperative bei Redeangst – Ergebnisse einer empirischen Untersuchung

Ziel dieser Untersuchung (Wagner, 1987a, 1987g, 1987h, 1987; Wagner et al., 1988, 1991) war es, die Wirksamkeit eines Beratungsgesprächs zur Auflösung von Konflikten zu überprüfen. 38 Studentinnen der Universität Hamburg mit Redeangst wurden zufällig einer von drei Gruppen zugewiesen: einer Experimentalgruppe (n=12), sowie zwei Kontrollgruppen (jeweils n=13). Alle Versuchspersonen hielten zunächst eine kurze Rede vor einer Videokamera, bei der es darum ging, einen vorher -gelesenen Text zusammenfassend wiederzugeben, und füllten einen Fragebogen zur Redeangst aus. Im Anschluss daran führten sie dann entweder jeweils einzeln ein Introvisionsberatungsgespräch durch (Experimentalgruppe), erhielten eine Einführung in Entspannungsmethoden (Placebo-Kontrollgruppe) oder kein Treatment (Kontrollgruppe 2). Danach hielten sie noch einmal eine kurze Rede vor einer Kamera und füllten wiederum einen Fragebogen zur Redeangst aus. Die Auswertung des Verhaltens (Expertenratings) und der Fragebogendaten zeigten bei vier von zwölf Mitgliedern der Experimentalgruppe eine dramatische Abnahme von Redeangst, und zwar im beobachtbaren Verhalten wie auch bei den Angaben im Fragebogen. Eine Reduktion in vergleichbarer Größenordnung fand sich bei keinem einzigen Mitglied in den beiden Kontrollgruppen. Im Nachhinein ist zu sagen, dass wir bei der Planung dieser Studie zu optimistisch waren, als wir erwarteten, dass bereits ein einziges Beratungsgespräch ausreichen würde, um die Redeangst bei der Mehrheit der Versuchspersonen erfolgreich abzubauen oder aufzulösen; inzwischen hat sich herausgestellt, dass dazu unter Umständen mehr Zeit nötig ist (Krause & Röder, 1990).

In neun der zwölf Beratungsgespräche fanden sich explizite Hinweise auf Kernimperative. Im Folgenden werden die entsprechenden Ausschnitte aus den transkribierten Beratungsgesprächen wiedergegeben. Die Fragen der Beraterin (»B«) sind stichwortartig in Klammern eingefügt. Im Folgenden sind die entsprechenden Ausschnitte aus den Transkripten der jeweiligen Beratungsgespräche wiedergegeben, um einen Eindruck von Art und Inhalt dieser Kernimperative zu vermitteln.

Angst, vernichtet zu werden:
»Die Angst erscheint mir im Moment am größten zu sein von diesem Bloßgelegtwerden durchdrungen zu werden. (43 Sek. Pause). Nackt, schutzlos, hilflos. (1:26 min. Pause). Vernichtet zu werden und zertreten zu werden.«

»Wie ein Loch«: Wut und Ohnmacht
(B: Dann schauen Sie sich das Gefühl der Wut und des Sichwehrens an. Pause 1:12 min.). »Ja, es sitzt im Bauch und es ist irgendwie auch wie'n Loch (…). Es ist ja fast so'n bißchen wie hilflos und lähmend, weil ich nicht weiß, wohin mit der Wut dann, über mich, über die anderen oder den anderen.«

»Wie im Feuer sein«
(B: Was daran ist schlimm, wenn die Anerkennung nicht kommt?) »Das ist natürlich ein ganz schöner Hammer … Das ist so'n Gefühl wie schämen, wie Scham, ne, Nacktheit und Scham. (…) Ich kann das nicht aushalten.« (B: Das Zentrum des Unerträglichen?) »Es ist wie im Feuer. Wenn Sie da reingehen, dann können Sie da nicht mehr ausweichen und so ist das eben, ne, und dann gucken alle auf mich … es wird mir unheimlich warm dabei, ne, aber eine Wärme, die nicht angenehm ist.«

»Wie so'n Stein auf dem Herzen«
»Da ist so ein Gefühl, sich klein zu fühlen, weinen zu wollen. (B: Da hineinschauen?) »Ich merke, dass ich da einen ganz dollen Druck habe. Wie so ein Stein oder ja, der liegt auf irgendetwas drauf. Das Gefühl habe ich da, da liegt ein Brocken drauf. (…) als wär das eine Faust, die sich um irgendetwas geschlossen hat. (B: In das Zentrum der Faust hineinspüren?) »Da ist Druck, nur Druck. (…) Er fühlt sich so an, als ob er auf dem Herzen draufliegt.«

»Schutzlosigkeit«
»Also ich merke jetzt so, körperlich, dass es regelrecht brennt, und ich hatte eben so die Fantasie so einer Eltern-Kind-Situation, also: wirklich auch meterhoch jemanden zu haben, der auf einen runterschaut, und so ein Gefühl von Erdrücktwerden. (…) Schutzlosigkeit. (…) Ich habe Angst, dass andere dann über mich hinwegrennen und mir quasi noch den Rest geben dann. (…) Dann ist alles aus.«

»Von tausend Knüppeln geschlagen«
(B: Richten Sie Ihre Aufmerksamkeit auf dieses Gefühl des Versagens.) (Pause 1:05 min.) »Ich hab so'n Bild so von tausend Knüppeln geschlagen, irgendwie total zusammengekauert irgendwo zu liegen.«

»Wie eine rote Hülle«
(B: Zentrum der Aufregung?) »Das ist so am Herzen und am Magen. Aber am allermeisten strahlt das so vom Herzen aus. Das sieht alles sehr rot aus. Das ist

immer wie so'n, wie sowas überschwappt, so pulsierend und so Blasen, die dann immer wieder platzen, und das geht dann hoch in den Hals. Das hämmert dann im Hals. Und manchmal wird mir schlecht. (…) Das war eben so, als wenn da so, als wenn das Rote sich so über mich rüber –, ja so überlegt, wie so'n Zelt, wie so'ne große Hülle. So, dass ich mich nicht mehr da drunter bewegen kann.«

»Wie ein kleines Bündel«
(B: Kern des Furchtbaren?) »Ich hab jetzt im Moment so'n Bild vor Augen, so, so ich liege so wie'n Bündel, und man macht was mit mir und ich werde immer kleiner dadurch. Ich versuche mich zu schützen, es geht nicht. (…) Ich spüre so Beklemmung… so'n Atemhalten, so'n Verkrampfen« (aus: Wagner, 1987h).

Idiosynkrasie: Die Inhalte der Kernimperative sind von Individuum zu Individuum unterschiedlich

Besonders bemerkenswert ist, dass die Inhalte der Kernimperative von Person zu Person höchst verschieden sind. Aus der Tatsache, dass jemand Redeangst hat, lässt sich somit kein Rückschluss darauf ziehen, welche Kognitionen für ihn oder sie den Kern des Konflikts bilden. Vielmehr sind die Bilder, Gefühle, körperlichen Empfindungen, Szenen und Gedanken individuell unterschiedlich und somit ideosynkratisch. Der Begriff Idiosynkrasie wird im Sinne des englischen Begriffs »ideosyncrasy« (charakteristische, individuelle Eigenheit des Individuums) verwendet.

Dieser Befund ist mittlerweile durch eine Reihe von weiteren empirischen Untersuchungen (▶ Kap. 1) sowie durch die Auswertung von Hunderten von Beratungstranskripten bestätigt worden. Eine theoretische Begründung dafür liefert die Theorie der Mentalen Introferenz (▶ Kap. 2).

Manche Kernimperative bestehen gewissermaßen nur aus einem »schlimmen« Gefühl oder Bild, verbunden mit dem dazugehörigen *Muss-Darf-nicht*-Syndrom, d. h. dem dringlichen Gefühl, dass das nicht (wieder) sein *darf*. Solche Kernimperative können möglicherweise aus einer sehr frühkindlichen, vorsprachlichen Phase stammen; in diesen Fällen ist das, was nicht sein darf, eher gefühlsmäßig oder bildlich denn sprachlich repräsentiert.

In den übrigen Fällen sind mit den »schlimmen« Bildern, Gefühlen oder Szenen im Allgemeinen bestimmte privatsprachliche Worte oder Begriffe verbunden. Auch diese sind von Fall zu Fall höchst unterschiedlich. Die jeweilige Angst, Erregung und Anspannung sind dann eng mit diesem speziellen Wort gekoppelt. Stellen wir uns einen Klienten vor, der Angst davor hat, »bloßgelegt« zu werden – dieser Klient würde die Frage, ob er Angst habe, sich zu blamieren, vermutlich mit großer Selbstverständlichkeit verneinen, weil das Wort »Blamage« bei ihm keine besondere Unruhe auslöst. Dies ist übrigens eine mögliche Erklärung für die Diskrepanz zwischen expliziter und impliziter Motivation.

> **Empirische Ergebnisse zu Kernimperativen**
>
> - Die einzelnen Kernimperative sind von Individuum zu Individuum unterschiedlich und damit hoch ideosynkratisch.
> - Kernimperative können unterschiedlich enkodiert sein: als Bilder, körperliche Empfindungen, auditive Eindrücke, erinnerte oder fantasierte Szenen, Gefühle und Emotionen, im Allgemeinen gekoppelt mit speziellen Worten oder Begriffen.
> - Diese jeweiligen Worte sind für das Individuum – quasi privatsprachlich – hoch bedeutsam (wie z. B. in der obigen Untersuchung »wie ein Bündel« oder »von tausend Knüppeln geschlagen«).
> - Es sind diese speziellen Worte und/oder Bilder, auditiven Eindrücke, körperlichen Empfindungen, Gerüche etc., die mit dem Gefühl des »Schlimmen« gekoppelt sind.
> - Erst die Aktivierung dieser privatsprachlich hochbedeutsamen Worte, Bilder, Gefühle etc. führt zur Aktivierung des dazugehörigen »Schlimm«-Gefühls.

Die ausgeprägte Idiosynkrasie der Inhalte der jeweiligen Kernimperative macht es erklärlich, wieso es bislang nicht gelungen ist, in mehr als hundertjähriger psychotherapeutischer Forschung, sich auf einige wenige grundlegende Motive oder Triebe zu einigen. Wahrscheinlich – so legen die oben berichteten Befunde nahe – gibt es keine speziellen inhaltlichen Kernimperative, die bei vielen Menschen gleichzeitig auftauchen.

»Loveless, helpless, worthless« – ungeliebt, hilflos, wertlos

Wenn dem so ist, dann lassen sich aus wissenschaftlicher Sicht nur relativ grobe Kategorien entwickeln, um die Vielfalt gewissermaßen vorübergehend zu bändigen, ohne damit wirklich in Anspruch nehmen zu können, jeden einzelnen Kernimperativ entsprechend angemessen zu erfassen. Eine solche grobe Kategorisierung findet sich beispielsweise bei Beck, der in diesem Zusammenhang einmal »helpless«, »loveless« und »worthless« nannte (Beck & Freeman, 1990). Aber es sind natürlich auch viele andere Kategorisierungen denkbar.

Iwers-Stelljes (1997) hat in einer imperativtheoretischen Metaanalyse achtzig Depressionstheorien daraufhin untersucht, welche Kernimperative (imperativtheoretisch gesprochen) aus Sicht der damals vorhandenen ca. 80 unterschiedlichen psychologischen Theorien bei reaktiven Depressionen postuliert werden. Um dieser Frage nachzugehen, wurden die Depressionstheorien zunächst daraufhin untersucht, ob eine Form von kognitiver Verdichtung oder Dringlichkeit bei Depresiven angenommen wird und in einem weiteren Schritt, welche Inhalte diesen Charakters als depressionsursächlich oder förderlich benannt wurden. Damit wurde also die strukturelle Charakteristik depressionskorrelativer Kognitionen inhaltlich aufgefächert. Ihre Analyse ergab, dass 23 unterschiedliche Kernimperative vermutet werden, die sich in fünf Hauptkategorien unterteilen lassen (1997, S. 272). Diese große Fülle an sehr unterschiedlichen in den psychologischen Theorien benannten Inhalten, die in ihrer Struktur als imperativisch angenommen werden können, lässt sich als eine indirekte Bestätigung der hohen Idiosynkrasie von Kernimperativen auffassen. Auf dieser theoretischen Grundlage hat Iwers-Stelljes anschließend ein Introvisions-Treatment für reaktiv Depressive entwickelt und empirisch getestet (Iwers-Stelljes 1997).

Folgerungen aus der Idiosynkrasie der Kernimperative für Beratung und Therapie

Der hohe Grad an Idiosynkrasie hat für die praktische Beratung erhebliche Implikationen. Im Kern folgt daraus die Notwendigkeit, jeweils die privatsprachlichen Worte exakt so aufzugreifen und wiederzugeben, wie die Klientin und der Klient sie selbst formuliert haben. Die in vielen Beratungsansätzen zu verzeichnende Praxis, das, was diese gesagt haben, in eigenen – und damit anderen – Worten wiederzugeben, mag ihre Berechtigung haben, wenn es darum geht, das Gesagte kognitiv einzuordnen. Es ist jedoch wenig hilfreich, wenn es darum geht, den Klienten zu ermutigen, den Kern des »Schlimm«-Gefühls selber zu explorieren – dieses ist (für ihn) untrennbar verbunden mit den jeweiligen spezifischen Worten, Bildern etc.

Schließlich macht die hohe Idiosynkrasie der Kernimperative es verständlich, dass sich eine Vielzahl unterschiedlicher psychologischer und psychotherapeutischer Theorien entwickeln konnte, die jede auf ihre Weise versucht, diese Kernimperative einer begrenzten Anzahl zugrunde liegender Triebe (z. B. Freud, Adler, Jung, Horney), Motive (z. B. Atkinson, 1975; Heckhausen, 1980) oder Prinzipien (z. B. Powers, 1973) zuzuordnen. Je nachdem, wovon und wie stark abstrahiert wird, sind eine Fülle unterschiedlicher Ordnungsprinzipien möglich, wobei diese jeweils nur begrenzte Erklärungskraft haben.

Vielleicht ist die Ursache dafür, dass diese Suche nach einem allgemein akzeptablen Ordnungssystem bislang erfolglos blieb, möglicherweise darin zu sehen, dass es in Wahrheit keine gemeinsame Ursache für die Entstehung bestimmter *inhaltlicher* Kernimperative gibt. Anders gesagt: Vielleicht ist die Herausbildung des jeweiligen Inhalts eines Kernimperativs das Produkt des Zusammenspiels unterschiedlicher Faktoren, bei denen letztendlich der Zufall eine mitentscheidende Rolle spielt.

4.5.2 Imperativbäume

Der Zusammenhang zwischen Imperativen lässt sich in Form einer *Baumstruktur* rekonstruieren. Als Baum wird in der Informatik eine bestimmte dynamische Datenstruktur verstanden, bei der hierarchische Beziehungen und rekursive Objektstrukturen verwendet werden. Der Zusammenhang zwischen aufeinander bezogenen subjektiven Imperativen lässt sich in diesem Sinne als eine »gerichtete« oder geordnete Baumstruktur auffassen.

Die Wurzel dieses Baums stellt der jeweilige Kernimperativ dar. Dieser Kernimperativ ist mit zwei oder mehreren zentralen Ausführungsimperativen verbunden, die ihrerseits mit weiteren Durchführungsimperativen verbunden sind. Einzelne

4 Den Kern eines akuten Konflikts finden: die erste Phase der Introvision.

imperativische Vorstellungen innerhalb desselben »Baums« können einander inhaltlich widersprechen.

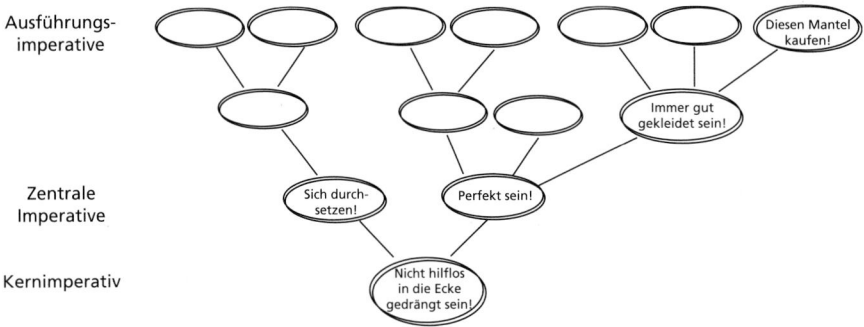

Abb. 4.3: Beispiel für einen Imperativbaum

Eine Imperativkette stellt einen Teilbereich eines Imperativbaumes dar. Eine Imperativkette (im oben beschriebenen Sinne) beginnt mit einem der »oberen« Imperative und reicht dann ggf. hinunter bis zu dem jeweiligen Kernimperativ. Der Begriff des Imperativbaums bezeichnet im Unterschied dazu die (hypothetische) Gesamtstruktur aller Imperative, denen ein gemeinsamer Kernimperativ zugrunde liegt. Ein Imperativbaum umfasst somit mehrere Imperativketten.

Individuen haben in der Regel mehr als einen Kernimperativ, insofern lassen sich – theoretisch gesehen – auch mehrere Imperativbäume rekonstruieren, die miteinander zusammenhängen können.

An diesem Modell (▶ Abb. 4.3) wird auch deutlich, wieso das Beenden des introferenten Festhaltens des Kernimperativs viele erfreuliche Nebenwirkungen haben kann: die Angst davor, »allein in der Ecke zu stehen« hört auf, gleichzeitig auch der Zwang, perfekt sein zu *müssen* und damit kommt es auch zu einem gelasseneren Umgang mit anderen Menschen. Belege für solche positiven »Nebenwirkungen« der Auflösung eines bestimmten Konflikts auf andere Verhaltensweisen finden sich in vielen Untersuchungen (▶ Kap. 1).

Insgesamt lassen sich – so ein weiterer Erfahrungswert – im Allgemeinen maximal drei bis vier »Schichten« oder Ebenen von Imperativen unterscheiden. Das bedeutet, dass eine gegebene Imperativkette im Allgemeinen nicht mehr als drei oder vier Imperative enthält.

> Eine Erklärung dafür findet sich in dem Modell von Powers (1973), der (aus anderen theoretischen Gründen) vier Ebenen von handlungsleitenden Sollvorstellungen annimmt. Powers (1973) unterscheidet insgesamt neun Ebenen der Informationsverarbeitung. Nach seinen Angaben sind Sollvorstellungen, so wie sie im TOTE-Modell von Miller et al. (1960) auftauchen, auf Ebene 6 einzuordnen; daraus ergibt sich, dass es in seinem Modell vier Ebenen handlungsleitender Sollvorstellungen gibt.

Diese Kürze von Imperativketten hat zur Folge, dass ein Beratungsgespräch in relativ wenigen Schritten zur Entdeckung eines Kernimperativs führen kann, vorausgesetzt, dass der Klient mitmacht und offen dafür ist (mehr dazu ▶ Kap. 5 u. ▶ Kap. 6).

4.5.3 Fazit: Introvision bedeutet aufzuhören, die epistemische Kern-Subkognition introferent wegzuschieben

An welchem Punkt beginnt das Endloskreisen der Gedanken? Wo liegt die Wurzel des Konflikts? Aus Sicht der Theorie der Mentalen Introferenz (TMI) liegt die Wurzel in dem introferenten Wegschieben, Beiseite-schieben, Nicht-wahrhaben-wollen der Kern-Subkognition. Als Kern-Subkognition wird die epistemisch gültige Subkognition bezeichnet, die dem Imperativ am Ende der Imperativkette zugrunde liegt. Das Endloskreisen beginnt aus Sicht der TMI genau an diesem Punkt: bei dem – erfolglosen – Versuch, die Kern-Subkognition auszublenden. Introferenztheoretisch ist dieses Wegschieben der Versuch, einen vorhandenen Default introferent zu beseitigen – nämlich die Diskrepanz zwischen einer inkongruent (gewordenen) Sollvorstellung, und einer epistemischen Ist-Kognition (s. oben).

Die Kern-Subkognition ist eine epistemisch gültige Ist-Kognition. In der Mehrzahl der Fälle ist dies die Erkenntnis, dass die Möglichkeit besteht, dass das, was keinesfalls geschehen *darf*, geschehen könnte (oder umgekehrt, dass das, was passieren *muss*, nicht geschehen könnte). In einem kleineren Teil der Fälle ist dies die epistemische Erkenntnis, dass das, was geschehen *müsste*, nicht geschehen ist (oder das, was *nicht* passieren *durfte*, eingetreten ist.)

Das, was »nicht geschehen *darf*« bzw. »geschehen *muss*« kann dabei unterschiedlich enkodiert sein: Es kann ein Bild sein, eine Szene, Töne oder Geräusche, Gefühle, somatosensorische Empfindungen, ein Geruch, ein Geschmack oder auch ein abstrakter Gedanke. Kern-Subkognitionen werden im Allgemeinen umgangssprachlich, persönlich, privatsprachlich ausgedrückt – so wie man mit sich selbst spricht: also eher »Ich fühle mich so klein mit Hut« als »Mein Selbstwertgefühl ist beeinträchtigt.«

Die »Lösung des Sokrates« (▶ Kap. 2) besteht darin, aufzuhören introferent einzugreifen – und das heißt in diesem Fall, zunächst damit aufzuhören, diese Kern-Subkognition automatisch introferent wegzuschieben, zu überschreiben etc. Dies ist bei einem »kleinen« Konflikt relativ einfach (s. Blitzintrovision, ▶ Kap. 5). Im Falle eines akuten Konflikts ist dies erheblich schwieriger, zum einen, weil die mit der Kern-Subkognition gekoppelten introferenten Prozesse stark automatisiert sind und zum zweiten, weil sie oft mit starkem negativem Affekt gekoppelt sind. Diese Koppelung ist es, die häufig zu dem stark automatisierten Reflex führt, hier erneut introferent einzugreifen: »Alles, aber das nicht ...!«

Deshalb ist es – so die TMI – erforderlich, durch länger andauerndes bzw. mehrfach wiederholtes KAW die Koppelung zu löschen und das automatisierte Eingreifen in Bezug auf die betreffenden Kognitionen zu de-automatisieren und schließlich zu beenden. Wie das praktisch aussieht, wird in Kapitel 5 ausführlich dargelegt.

4.6 In akute Konflikte sekundär eingreifen: Konfliktumgehungsstrategien (KUS)

Statt einen Konflikt aufzulösen, kann man in ihn auch erneut eingreifen. Diese Strategien des sekundären Eingreifens in konfliktrelevante Kognitionen, Emotionen und Handlungen werden hier als Konfliktumgehungsstrategien bezeichnet. Im Alltag findet sich eine Vielzahl solcher Strategien des introferenten Umgangs mit einem akuten Konfliktzustand (Iwers, 1992; Uttendorfer-Marek, 1984; Wagner, 1993a, 2004).

Ein Individuum, das Angst davor hat, eine Rede zu halten und weiß, dass es morgen vor einer großen Gruppe sprechen muss, kann versuchen, diese Angst zu ignorieren, zu rationalisieren, sich darüber zu beklagen, die Schuld dafür bei anderen Menschen suchen, es kann sich Mut machen oder sich in Panik hineinsteigern – kurz, es kann eine Vielzahl unterschiedlicher Konflikt-umgehungsstrategien anwenden. Der Begriff der Strategie wird hier (sensu Miller et al., 1960) als Bezeichnung für eine komplexere Meta-Operation verwendet – eine Meta-Operation, die aus mehreren Taktiken zusammengesetzt ist.

Bei der Durchführung der Introvision ist es wichtig, habituell angewandte Konfliktumgehungsstrategien als solche zu erkennen und diese zu deaktivieren, um den Kern des Konflikts zu finden, statt sich weiter mit den Gedanken im Kreis zu drehen.

> **Der Begriff der Konfliktumgehungsstrategie (KUS)**
>
> Der Begriff Umgehen wird hier in einem dreifachen Sinne gebraucht:
>
> 1. *Umgang:* Im weitesten Sinne sind damit Strategien dessen gemeint, was alltagssprachlich als Umgang mit einem Konflikt gemeint ist.
> 2. *Umgehung:* In einem zweiten Sinne lassen sich diese Strategien auffassen als Methoden, um »um den Konflikt herumzugehen«, ohne ihn wirklich aufzulösen – so wie beispielsweise Umgehungen im Straßenverkehr dazu dienen, eine Baustelle weiträumig zu umfahren, wobei diese weiter besteht.
> 3. *Teillösungsstrategie*: In einem dritten Sinne lassen sich viele dieser Strategien als Versuche auffassen, die auf eine Teillösung des Problems abzielen (z. B. Selbstberuhigung). Als Strategien (sensu Miller, Galanter & Pribram, 1960) werden dabei interne Meta-Operationen (Heckhausen, 1987) bezeichnet, die im Allgemeinen aus verschiedenen Teiloperationen zusammengesetzt sein können.

Im Alltag werden häufig verschiedene Konfliktumgehungsstrategien nacheinander angewandt (Lauterbach, 1994), zum Beispiel sich erst beklagen, dann einen guten Vorsatz fassen und schließlich resignieren.

Strategien können, aber müssen nicht zum gewünschten Ergebnis führen. Die Strategie des Ignorierens zum Beispiel ist in vielen Fällen nicht erfolgreich, wie jeder

4.6 In akute Konflikte sekundär eingreifen: Konfliktumgehungsstrategien (KUS)

weiß, der schon einmal im Alltag versucht hat, Sorgen aus seinem Bewusstsein zu verdrängen. Das hängt von verschiedenen Faktoren ab. Dazu gehören u. a. das Ausmaß, in dem das Bewusstsein durch andere Kognitionen absorbiert ist, sowie die Höhe der mit den jeweiligen Kognitionen gekoppelten Erregung.

Die Anwendung von KUS kann unter Umständen im Alltag sinnvoll sein – etwa dann, wenn die Zeit und die Ruhe fehlen, einen Konflikt von der Wurzel her aufzulösen. Ob und inwieweit eine gegebene Konfliktumgehungsstrategie das Problem verringert oder vergrößert, hängt dabei von den jeweiligen Umständen ab: Einen Konflikt zu ignorieren, statt sich hineinzusteigern, kann dazu beitragen, dass die damit gekoppelte Erregung zunächst abnimmt – oder jedenfalls nicht ansteigt. Umgekehrt kann ein Sich-Hineinsteigern und Sich-selbst-unter-Druck-Setzen dazu führen, eine mentale Blockade erfolgreich zu überwinden und endlich etwas zu tun.

Was Konfliktumgehungsstrategien nicht leisten können, ist, den eigentlichen Konflikt von der Wurzel her aufzulösen und so die innere Gelassenheit zurückzugewinnen.

4.6.1 Das Kategoriensystem zur Erfassung von Konfliktumgehungsstrategien (KUS-R)

Das vorliegende KUS-Kategoriensystem wurde ursprünglich im Rahmen von verschiedenen Forschungsprojekten (▶ Kap. 1) entwickelt.

> Ausgangspunkt war die Frage, was geschieht unmittelbar nachdem ein akuter Konflikt aufgetaucht ist – welche Umgehungsstrategien lassen sich in den Interviews, Gesprächen, Berichten, Erzählungen oder Protokollen finden. Nach Beginn der praktischen Arbeit mit der Introvision wurde es nach und nach auch um einige weitere Kategorien ergänzt, die im Wesentlichen nur introspektiv zu erfassen sind (z. B. Selbstberuhigung). Die daraus resultierende Liste (Wagner, 1993a) enthielt ursprünglich 19 Kategorien, die von der Verfasserin 2006 zu dem hier vorliegenden revidierten KUS-System zusammengefasst wurden. Deshalb die Kurz-Bezeichnung KUS-R.

Das Konfliktumgehungsstrategien-Kategoriensystem (KUS-R)

Umgang mit dem Konflikt als Ganzem

1. Ignorieren, ausblenden, verdrängen
2. Herunterspielen, abwerten, bagatellisieren, lächerlich machen
3. Aufbauschen, sich hineinsteigern, dramatisieren, überverallgemeinern

Affekte und Emotionen

4. Gefühle imperativisch äußern (z. B. klagen, Wut ausdrücken)
5. Sich innerlich selbst beruhigen

Kognitive Umgehungsstrategien

6. Theoretisieren, etikettieren (»labeling«)
7. Realität umdeuten, rationalisieren, sich etwas einbilden, sich Illusionen machen, sich selbst täuschen
8. Sich eine andere Realität wünschen (»Wenn die Welt nur anders wäre als sie ist ...«)

In Imperative eingreifen

9. Erneutes Sich Imperieren: Vorhandenen Imperativ bekräftigen (re-imperieren), neue Imperative bilden (»Ab morgen ...!«)
10. Hierarchisieren: einen subjektiven Imperativ zugunsten eines zweiten temporär außer Kraft setzen, Prioritäten bilden

Handlungsbezogene Umgehungsstrategien

11. Handeln mit dem Ziel der Konfliktumgehung
12. Resignieren: Handlungsabsicht aufgeben (»Da kann man halt nichts tun.«)

Erwartungsbezogene Umgehungsstrategien

13. Negative Erwartungen hegen (Pessimismus)
14. Sich Mut machen, auf einen glücklichen Ausgang hoffen (Optimismus)

Sonstiges

15. Andere Strategien

Das KUS-Kategorien-System (KUS-R) beginnt mit drei Kategorien zum *Umgang mit dem Konflikt als Ganzem*, also mit dessen kognitiven, emotionalen und konativen (handlungsbezogenen) Aspekten. Einen Konflikt kann man aus der Aufmerksamkeit wegschieben (Kategorie 1), herunterspielen (Kategorie 2) oder aufbauschen (Kategorie 3). Die folgenden Kategorien beschreiben dann Umgehungsstrategien, die sich auf einzelne Teilaspekte des Konflikts beziehen: Emotionen (4, 5), Kognitionen (6, 7, 8), Imperative (9, 10), Handlungen (11, 12) und Erwartungen an die Zukunft (13, 14) sowie Sonstiges (15).

Die einzelnen Konfliktumgehungsstrategien

Im Folgenden werden die einzelnen Kategorien des KUS-Systems dargestellt und näher erläutert.

4.6 In akute Konflikte sekundär eingreifen: Konfliktumgehungsstrategien (KUS)

Umgang mit dem Konflikt als Ganzem

- *KUS 1: den Konflikt als Ganzes ignorieren, ausblenden, wegschieben, verleugnen*
  Hier geht es darum, die Aufmerksamkeit von dem Konflikt als Ganzem wegzulenken. Im Alltag verfügen wir im Allgemeinen über eine Vielzahl von Strategien des Ignorierens: Ablenkung durch andere Tätigkeiten (Fernsehen, Computerspiele, Hobby, Arbeit), wegschieben, ausblenden, unterbrechen, verdrängen (Erdelyi, 1990; Wegner & Pennebaker, 1993). Ziel ist es, das Endloskreisen der bewussten Gedanken zumindest zeitweise zu unterbinden und so ein weiteres Sich-Hineinsteigern zu verhindern. Der Nachteil des Ignorierens liegt darin, dass damit zugleich auch die inhaltliche Befassung mit dem Problem zumindest verzögert wird. Zudem kann ein kontinuierliches Ignorieren eines Konflikts unter Umständen einen Rebound-Effekt auslösen (Wegner, 1994); dies bedeutet, dass die Gedanken, die ignoriert werden, später mit erhöhter Häufigkeit wieder auftauchen, weil sie ausgeblendet wurden. Die Strategie des Ignorierens kann auch zur Prävention eines akuten Konflikts eingesetzt werden; dabei werden die den akuten Konflikt auslösenden Reize selber ignoriert, übersehen oder ausgeblendet (»Ich schau da lieber gar nicht erst hin«).
- *KUS 2: den Konflikt als Ganzes herunterspielen, abwerten, bagatellisieren, lächerlich machen*
  In diese Kategorie gehören bagatellisieren, geringschätzen, herabsetzen, herunterspielen, untertreiben, sich innerlich distanzieren, sich über etwas lustig machen, etwas ins Lächerliche ziehen. Im Unterschied zum Sich-Hineinsteigern und Überverallgemeinern hat das Herunterspielen zum Ziel, das Ausmaß des betreffenden Konflikts kognitiv und emotional zu reduzieren und in seiner Bedeutung herabzusetzen.
- *KUS 3: den Konflikt als Ganzes aufbauschen, sich hineinsteigern, dramatisieren, überverallgemeinern*
  Sich in einen akuten Konfliktzustand hineinzusteigern bedeutet, den damit verbundenen Affekt – Wut, Ärger, Angst, Panik, Entsetzen – kontrolliert oder habituell zu erhöhen. Auf der kognitiven Ebene geht das Sich-Hineinsteigern Hand in Hand mit Übertreibungen, Überverallgemeinerungen und Katastrophenerwartungen (sensu Beck, 1971). Dieses Verstärken und Aufbauschen des Konflikts kann unterschiedlichen Zielen dienen – z. B. sich selbst von einem darunterliegenden Konflikt abzulenken, sich selbst oder andere unter Druck zu setzen – oder auch das Leben interessanter und aufregender zu machen.

Emotionsbezogene Umgehungsstrategien

- *KUS 4: Gefühle imperativisch ausdrücken*
  Bei dieser Strategie geht es primär darum, der aufgestauten Erregung »Luft zu machen«; dazu gehören klagen, anklagen, lamentieren, sich empören, das Ausdrücken von Wut und Verzweiflung etc. Entscheidend ist in diesem Zusammenhang, dass in diesem Fall der Ausdruck von Gefühlen verbunden ist mit dem weiterhin aktivierten Imperativ, dass es »einfach nicht sein *darf*, dass so etwas geschieht!«

- KUS 5: *sich selbst beruhigen*
  Diese Strategie zielt im Unterschied zum imperativischen Gefühlsausdruck darauf ab, die interne Erregung zu verringern – zum Beispiel durch Entspannung (»erst einmal tief Luft holen«), (»bis zehn zählen«), durch sportliche oder andere körperliche Betätigung (Joggen, Holz hacken) oder Ähnliches.

Kognitive Umgehungsstrategien

- KUS 6: *theoretisieren, umattribuieren, etikettieren*
  Beim Theoretisieren geht es darum, die Aufmerksamkeit vom Kern des Konflikts wegzulenken, indem man über dessen Ursachen und Bedingungen theoretisiert. Dadurch wird die Aufmerksamkeit eine Weile lang von der wahrgenommenen oder antizipierten Nichteinhaltung eines subjektiven Imperativs abgelenkt. Beispiele dafür sind Erklärungen (oder Pseudoerklärungen) wie, »Das liegt nur an meiner Erziehung«, oder: »Das ist typisch für diese Art von Gesellschaft«. Neuere hirnphysiologische Ergebnisse lassen vermuten, dass ein Nebeneffekt dieser Strategie eine leichte Beruhigung ist. Umattribuieren bedeutet, die Ursachenzuschreibung zu ändern – z. B. die Ursache für den Konflikt statt bei sich selbst bei anderen zu suchen – oder umgekehrt. Eine Sonderform dieses Theoretisierens stellt das Etikettieren (im Sinne von »labeling«) dar; dabei wird eine bestimmte Situation in eine bestimmte Kategorie eingeordnet (Schubladendenken) und damit das Darüber-Nachdenken beendet.
- KUS 7: *Realität verzerren, sich etwas einbilden, sich Illusionen machen, sich selbst täuschen*
  Diese Strategie zielt darauf ab, den Konflikt durch kognitive Verzerrungen, durch Selbsttäuschung oder durch das Entwickeln von Illusionen zu »bewältigen«. Im Zentrum steht dabei das Eingreifen in vorhandene Wahrnehmungen oder Wissensbestände, die kontrafaktisch verzerrt werden – dabei wird, sprichwörtlich, aus schwarz »weiß« gemacht – das Vorschieben falscher Gründe, sich etwas einbilden, sich selbst täuschen, sich Illusionen machen oder sich die Realität »schöngucken«.
- KUS 8: *sich eine andere Realität wünschen (»Wenn die Welt nur anders wäre, als sie ist...«)*
  Diese Strategie beinhaltet ein gedankliches Ausweichen in eine erwünschte andere Realität: »Ach, wenn die Welt nur anders wäre, als sie ist ... – dann gäbe es diesen Konflikt nicht mehr.« Im Unterschied zu KUS 7 wird in diesem Fall die Realitätswahrnehmung nicht verzerrt, sondern die Gedanken des Individuums kreisen um die Vorstellung einer anderen Art von Realität, wohl wissend, dass diese irreal ist – zum Beispiel: »Wenn die Menschen nur anders wären, als sie sind ...«, »Wenn ich das bloß nicht ... getan hätte ...«, »Wenn das doch bloß vorüber wäre ...«. Die primäre Funktion dieser KUS ist es, sich mit Hilfe solcher Wunschfantasien vom Imperativverletzungskonflikt abzulenken.

Imperativbezogene Umgehungsstrategien

- **KUS 9: re-imperieren, neue Imperative bilden**
  Sich eine imperativische Vorstellung zu re-imperieren bedeutet, sich diese erneut und mit Nachdruck zu imperieren (»Ja, das darf nicht sein!«), diese zu verstärken und so den Druck auf sich selbst (und auf andere) zu erhöhen. Eine weitere Strategie besteht darin, sich einen neuen, zusätzlichen guten Vorsatz zu imperieren, nach dem Motto: »Ab morgen werde ich ganz bestimmt ...!«
- **KUS 10: Hierarchisieren von Imperativen**
  Diese Strategie beinhaltet, einen von zwei (oder mehreren) Imperativen als dem anderen übergeordnet anzusehen und damit als vorrangig zu behandeln. Die als nachrangig betrachteten Imperative werden vorübergehend abgewertet oder suspendiert, jedoch nicht deaktiviert.

Handlungsbezogene Umgehungsstrategien

- **KUS 11: handeln mit dem Ziel der Konfliktvermeidung**
  Diese Strategie beinhaltet Handlungen, die dem Ziel dienen, durch Veränderung der Umwelt den Imperativverletzungskonflikt zu kontrollieren oder der Entstehung neuer Konflikte vorzubeugen. Ein Beispiel dafür ist ein Student, der zur Vermeidung von Prüfungsangst sein Studium aufgibt.
- **KUS 12: resignieren (»Da kann man halt nichts machen«)**
  Resignieren bedeutet festzustellen – oder sich einzureden –, dass es nicht möglich ist, die Situation durch (eigenes) Handeln zu ändern. Dies führt dazu, dass die entsprechende imperativische Zielvorstellung teilweise deaktiviert wird – und zwar, was das eigene Handeln angeht. Bestehen bleibt dabei jedoch die Erwartung an andere, die Umwelt oder das Schicksal, dass das, was ist (oder sein könnte), (weiterhin) nicht sein darf.

Erwartungsbezogene Umgehungsstrategien

- **KUS 13: negative Erwartungen hegen, katastrophalisieren**
  Diese Strategie besteht darin, in einer unsicheren Situation betont und nachdrücklich einen negativen Ausgang vorherzusagen – bezogen auf die Zukunft oder auch auf vergangene Ereignisse. Das ist die Strategie des Pessimismus, im Sinne von »Ich weiß, dass das schiefgehen wird (oder schon schiefgegangen ist)«.
- **KUS 14: positive Erwartungen hegen, sich Mut machen, auf einen glücklichen Ausgang hoffen**
  Diese Kategorie stellt das Gegenteil von KUS 13 dar: hier wird die Aufmerksamkeit auf den möglichen positiven Ausgang der Situation gelenkt, d. h. darauf, dass eigenes Handeln oder glückliche Umstände dazu führen, dass das, was den subjektiven Imperativ verletzt, aufhören oder nicht geschehen wird, im Sinne von »Es wird schon gut werden«.

Eine spezielle Unterform ist die Vorhersage eines negativen Ausgangs (»Hals und Beinbruch!«) als indirekte Form der positiven Erwartung, dass sich das nicht bewahrheiten wird (»sich immunisieren«: intendierter paradoxer Effekt).
- KUS 15: Sonstiges
In diese Kategorie gehören all diejenigen KUS, die nicht in die übrigen Kategorien passen.

Diese 15 Kategorien bilden das Konfliktumgehungsstrategien-System.

> **Beispiele für Konfliktumgehungsstrategien (KUS)**
>
> Stellen wir uns vor, eine berufstätige Frau ärgert sich, weil sie bei der Arbeit einen Fehler gemacht hat.
>
> - Als ihr die Sache zu Hause siedend heiß wieder einfällt, stellt sie den Fernseher an, um sich abzulenken. *(ignorieren)*
> - »Ach, was ist das schon …! Die sollen sich nicht so anstellen …! Das war doch überhaupt nicht wichtig …!« *(herunterspielen, abwerten, bagatellisieren, lächerlich machen)*
> - »Das ist wirklich schlimm! Das passiert mir immer! Das kann ich nie wieder gutmachen!« *(aufbauschen, sich hineinsteigern, dramatisieren, überverallgemeinern)*
> - Sie beklagt sich bei ihrem Ehemann: »Wie ärgerlich das darf auf keinen Fall wieder vorkommen das gefährdet meine ganze Karriere, das ist ganz schlimm …! Immer ich …!« *(Gefühle imperativisch äußern)*
> - Sie atmet mehrmals tief durch und entspannt danach gezielt ihre Muskeln, so wie es bei der Progressiven Muskelentspannungsmethode gelernt hat. *(sich innerlich selbst beruhigen)*
> - »Das liegt an meiner Kindheit; meine Eltern haben mir das nie beigebracht, das ist typisch für einen autoritären Führungsstil! Das ist wieder mal mein mangelndes Selbstvertrauen.« *(theoretisieren, etikettieren)*
> - »Eigentlich war das gar kein Fehler und überhaupt, der Chef ist daran schuld!« *(Realität umdeuten, rationalisieren, sich etwas einbilden, sich Illusionen machen, sich selbst täuschen)*
> - »Wenn ich das nur nicht gemacht hätte, wenn ich bloß einen anderen Chef hätte, wenn ich nur endlich schon im Lotto den Jackpot gewonnen hätte …« *(sich eine andere Realität wünschen)*
> - »Das darf mir wirklich nicht wieder passieren! Ab morgen werde ich ganz bestimmt zehnmal so vorsichtig sein wie bisher!« *(erneutes Sich-Imperieren)*
> - »Das ist zwar dumm gelaufen. Aber viel wichtiger ist jetzt erst einmal, dass ich mein Auto reparieren lasse!« *(hierarchisieren: einen subjektiven Imperativ zugunsten eines zweiten temporär außer Kraft setzen, Prioritäten bilden)*
> - »Morgen kündige ich in dem Saftladen!« *(handeln mit dem Ziel der Konfliktvermeidung)*
> - »Da kann man halt nichts tun, geschehen ist geschehen.« *(resignieren)*

- »Das wird mir bestimmt wieder passieren, ich werde das nie lernen, morgen wird es wieder schiefgehen!« (negative Erwartungen hegen)
- »Das wird beim nächsten Mal schon gutgehen!« (sich Mut machen, auf einen glücklichen Ausgang hoffen)

4.6.2 Konfliktumgehungsstrategien als Teillösungsstrategien

Konfliktumgehungsstrategien lassen sich, wie oben bereits ausgeführt, als Teil-Lösungen auffassen.

Die Teillösungsstrategien von KUS

Sie bestehen darin, auf Teilaspekte des akuten Konfliktzustands positiv, d. h. introferenzverringernd, einzuwirken, z. B.

- *innere Erregung und Anspannung senken* (z. B. durch ignorieren, bagatellisieren, sich innerlich beruhigen, Gefühle äußern, theoretisieren, resignieren);
- *sich selbst zur Änderung zwingen, indem man sich unter Druck setzt* (z. B. sich hineinsteigern, re-imperieren, neue Imperative bilden, negative Erwartungen dramatisieren);
- *das Ausmaß des Konflikts verringern durch Ausblenden relevanter Informationen* (z. B. ignorieren, rationalisieren, sich Illusionen machen, sich etwas einbilden, hierarchisieren);
- *das Wiederauftreten desselben IVKs vermeiden* (z. B. durch Vermeidungshandeln, durch neue imperativische Vorstellungen);
- *indirekt nach einer Problemlösung suchen* (z. B. theoretisieren, überverallgemeinern, rationalisieren).

Unterschiedliche Konfliktumgehungsstrategien haben unterschiedliche Auswirkungen. Einen Konflikt zu ignorieren, kann kurzfristig beruhigend wirken und langfristig eine Lösung des Problems verhindern; sich in eine Sache hineinzusteigern kann dazu führen, dass man endlich etwas tut, aber zugleich unter starker Anspannung steht.

> Ein Teil dieser Konfliktumgehungsstrategien entspricht dem, was in anderen theoretischen Kontexten als Verdrängungsmechanismen (Freud, 1969; vgl. Erdelyi, 1990), Stressbewältigungsformen im Sinne des Copings in der Stressforschung (Dörner, 1999; Hobfoll, 1998; Lazarus & Folkman, 1984), Reaktionsstile (sensitizing vs. repressive, vgl. Weinberger, 1990), Handlungskontrollformen (Kuhl, 1992), mentale Selbstkontrollstrategien (Wegner & Pennebaker, 1993), Schemaverarbeitungsprozesse (Bartlett, 1932) oder Selbstregulationsstrategien (Oettingen, 1997; Oettingen, Hönig & Gollwitzer, 2000) bezeichnet und untersucht wird, um nur einige Beispiele zu nennen.

Unterschiedliche Individuen bevorzugen im Allgemeinen unterschiedliche Konfliktumgehungsstrategien: Manche träumen vor allem von einer anderen Welt, während andere überwiegend negative Erwartungen bevorzugen. Die Häufigkeit, mit der bestimmte Konfliktumgehungsstrategien in bestimmten Situationen verwendet werden, ist durch die Sozialisation stark beeinflusst; Konfliktumgehungsstrategien werden – wie vieles andere auch – im Laufe der Erziehung gelernt, und sie unterliegen Rollenerwartungen, kulturellen Einflüssen und auch Modetrends – gestern galt es vielleicht, »cool« zu sein (KUS 2), während heute »Temperament« (KUS 3) angesagt sein kann; im letzten Jahr herrschte vielleicht der Pessimismus (KUS 3) vor, während in diesem Jahr Optimismus (KUS 14) demonstriert wird.

Individuen, Gruppen, Unternehmen und Kulturen unterscheiden sich voneinander darin, welche Konfliktumgehungsstrategien sie bevorzugt anwenden. Dies empirisch näher zu untersuchen könnte sehr aufschlussreich sein.

Aus Sicht der TMI sind Konfliktumgehungsstrategien Formen des sekundären Eingreifens mit dem Ziel, den Auswirkungen bereits vorhandener Introferenz entgegenzuwirken. Alternativ dazu ist es auch möglich, die verschiedenen Formen des introferenten Eingreifens in Bezug auf die betroffene Kognition zu beenden. Was das praktisch bedeutet, wird im nächsten Kapitel beschrieben werden.

4.7 Zusammenfassung

1. *Akute Konflikte lassen sich aus Sicht der Theorie der Mentalen Introferenz definieren als kognitiver Default gekoppelt mit Affekt.*
   1.1 Epistemische Defaults (Leerstellen, Widersprüche, Inkongruenzen, Diskrepanzen) sind kein Konflikt, und auch erhöhte Erregung weist, für sich genommen, nicht notwendigerweise auf einen Konflikt hin. Erst wenn beides mit einander gekoppelt ist, liegt im Sinne dieser Definition ein Konflikt vor.
   1.2 Eine kurze Übersicht über vorhandene Konflikttheorien zeigt, dass die meisten dieser Theorien diese beiden Elemente als konstitutiv für einen Konfliktzustand ansehen.
2. *Aus Sicht der TMI entstehen akute Konflikte als Folge des Sich-Imperierens von Sollvorstellungen samt der dazu gehörigen Selbstanweisung, diese Soll-Kognition nicht aufzugeben.*
   2.1 Diese imperativisch festgehaltenen Sollkognitionen sind für das Individuum mit dem Gefühl verbunden, »so *muss* es ein« bzw. »das *darf nicht* geschehen«: Deshalb werden sie auch als subjektive (d. h. vom Individuum imperierte) Imperative bezeichnet.
   2.2 Dieses *Muss-Darf-nicht*-Syndrom kann sowohl mit epistemisch gültigen Muss-Vorstellungen als auch mit quasi- und kontra-epistemischen Soll-Kognitionen verbunden sein, d. h. mit rationalen, vernünftigen, moralischen ebenso wie mit moralisch neutralen, unmoralischen bzw. irrationalen Sollvorstellungen, bezogen auf die eigene Person, auf andere Menschen und auf die Umwelt. Aus Sicht der TMI ist das *Muss-Darf-nicht*-Syndrom (MDS) Ergebnis des (automatisierten) Sich-Imperierens der Sollvorstellung(en).

3. *Grundlegende Annahme der Theorie Subjektiver Imperative ist, dass bei akuten Konflikten solche imperativischen Sollvorstellungen eine entscheidende Rolle spielen.*
   3.1 Bei einem Imperativverletzungskonflikt – so die Annahme – kreisen die Gedanken um einen Default, der aus der wahrgenommenen oder antizipierten Verletzung eines oder mehrerer subjektiver Imperative resultiert.
   3.2 Insgesamt lassen sich vier Grundformen von Imperativverletzungskonflikten unterscheiden: Realitätskonflikte (Diskrepanz Ist vs. Soll), Imperativkonflikte (Defaults auf der Ebene von Sollvorstellungen), Undurchführbarkeitskonflikte (Defaults auf der Handlungsebene) sowie Konflikt-Konflikte (»in Konflikt mit dem eigenen Konflikt«).
   3.3 Der gemeinsame Kern dieser Defaults liegt in der Diskrepanz, die aus introferentem Festhalten an einer inkongruent (gewordenen) Sollvorstellung resultiert.
4. *Die Theorie Subjektiver Imperative lässt sich als Meta-Theorie der mentalen Selbstregulation auffassen; viele der Phänomene, die in anderen psychologischen Theorien beschrieben werden (Triebverdrängung, Diskrepanz zwischen Ich-Ideal und Ich-Wahrnehmung, Katastrophendenken) lassen sich als Imperativverletzungskonflikte auffassen.*
5. *Ziel der Phase I der Introvision ist es, auf dem Hintergrund dieser theoretischen Annahmen den Kern eines akuten Konflikts zu finden.*
   5.1 Ausgangspunkt dafür sind die Kognitionen (Gedanken, Gefühle, Bilder etc.), die dem Individuum in der jeweiligen Situation »durch den Kopf« gehen. Diese können u. a. mit Hilfe der Methode des Nachträglichen Lauten Denkens aktiviert werden.
   5.2 Imperativische Vorstellungen lassen sich in Texten anhand von sprachlichen und nonverbalen Indikatoren erkennen (das »Imperativ-Indikatoren-System«) und auf dieser Grundlage erschließen bzw. rekonstruieren.
   5.3 Zu einer imperativischen Vorstellung gehört jeweils die Subkognition, nämlich die epistemisch gültige Erkenntnis, dass die Möglichkeit besteht, dass diese Vorstellung nicht eingehalten wird (oder dass dies bereits geschehen ist bzw. geschehen wird).
6. *Als Nächstes geht es bei der Introvision dann ggf. darum, die Tiefenstruktur eines vorhandenen Imperativverletzungskonflikts zu explorieren.*
   6.1 Hinter einem aktivierten Imperativ können weitere Imperative stecken, die durch Wenn-dann-Annahmen miteinander verbunden sind (Imperativkette).
   6.2 Am Ende einer solchen Imperativkette steht oft ein Kernimperativ. Die dazugehörige Subkognition ist in diesem Fall mit einem ausgeprägten Schlimmgefühl verbunden. Der Inhalt dieses Kernimperativs kann überwiegend visuell, auditiv, somatosensorisch oder auch abstrakt enkodiert sein. Worum es dabei konkret geht, ist von Individuum zu Individuum unterschiedlich (idiosynkratisch).
   6.3 Ein bestimmter Kernimperativ ist oft der Ausgangspunkt für mehrere Imperativketten (Imperativbaum).
7. *Ferner ist es bei der Introvision wichtig, sich bei der Suche nach dem Kern des Konflikts nicht durch Konfliktumgehungsstrategien ablenken zu lassen.*
   7.1 Konfliktumgehungsstrategien sind Strategien des sekundären Eingreifens in akute Konflikte mit dem Ziel, erstens irgendwie mit dem Konflikt umzugehen,

4 Den Kern eines akuten Konflikts finden: die erste Phase der Introvision.

ihn dabei zweitens auch zu umgehen und drittens für einen Teil der damit verbundenen Probleme eine Teillösung zu finden.
7.2 Häufig werden mehrere Konfliktumgehungsstrategien nacheinander angewandt, und dies geschieht oft gewohnheitsmäßig.
7.3 Individuen und Kulturen unterscheiden sich in den von ihnen bevorzugt angewandten Konfliktumgehungsstrategien.
7.4 Eine notwendige Bedingung für die Introvision ist es, bei der Suche nach dem Kern des Konflikts etwaige habituelle oder auch kontrolliert angewandte Konfliktumgehungsstrategien beiseitezulassen (»abzuschneiden«).

> **Selbsttest**
>
> - Wie lautet die allgemeine Definition von Konflikten aus Sicht der TMI?
> - Was sind die Merkmale des Endloskreisens von Gedanken – und was ist aus Sicht der TMI der Auslöser solcher Endlosschleifen?
> - Was ist das Nachträgliche Laute Denken und worauf ist dabei besonders zu achten?
>
> *Die Theorie Subjektiver Imperative*
>
> - Was sind die Merkmale subjektiver Imperative?
> - Gibt es auch epistemisch gültige subjektive Imperative?
> - Wie erklärt die TMI die Struktur subjektiver Imperative?
> - Was ist eine Subkognition?
> - Welche subjektiven Imperative gehören zu den folgenden Subkognitionen?
>   1. Es kann sein, dass ich rot werde.
>   2. Es kann sein, dass ich nicht gut bin.
>   3. Es kann sein, dass ich anfange zu stottern.
> - Beschreiben Sie, was eine Imperativkette ist und veranschaulichen Sie dies anhand eines Beispiels.
> - Skizzieren Sie, wie aus dieser Imperativkette ein Imperativbaum wird! Betten Sie die Imperativkette anhand einer kurzen Skizze mit ein paar Beispielen in einen Imperativbaum ein!
> - Was sind Kernimperative und wieso sehen diese von Person zu Person unterschiedlich aus?
> - Was sind Imperativverletzungskonflikte?
> - Um welche Formen von Imperativverletzungskonflikten handelt es sich bei den folgenden Beispielen?
>   1. »Mein Freund ist sauer auf mich ... – und das *darf nicht* sein!«
>   2. »Ich ärgere mich über mich selbst, weil ich mich schon wieder über Kleinigkeiten aufrege.«
>   3. »Es *muss* sein, dass ich in den Urlaub fliege, um mich zu erholen ... – aber es geht nicht, weil ich kein Geld habe.«
>   4. »Ich *muss* erfolgreich in meinem Job sein und ich *muss* viel Freizeit haben.«
>   5. »Ich *muss* jetzt spontan lächeln!«

6. »Bloß nicht schon wieder schlechtes Wetter im Urlaub!«
7. »Ich *muss* mich aufregen (sonst hört mir keiner zu), aber ich *darf* mich nicht aufregen (sonst werde ich krank).«

Konfliktumgehungsstrategien

- Welche Funktionen haben Konfliktumgehungsstrategien (KUS)? Nennen Sie drei verschiedene KUS-Kategorien und illustrieren Sie diese mit jeweils einem Beispiel für die folgende Ausgangssituation: Eine Studentin hat trotz Flugangst einen Flug nach Hawaii gebucht. Jetzt rückt der Termin näher, ihre Angst steigt...
- Beispiel: Ein Postbote öffnet die Gartenpforte und ein Hund läuft ihm entgegen. Folgende Gedanken könnten ihm kommen:
  a) Der beißt mich bestimmt!
  b) Der beißt mich sicher nicht!
- Um welche KUS handelt es sich in diesen Fällen?
- Kann man auch mehrere Konfliktumgehungsstrategien nacheinander anwenden?

Weiterführende Aufgabe

- Vergleichen Sie die Theorie Subjektiver Imperative mit einer anderen psychologischen Konflikttheorie und diskutieren Sie Gemeinsamkeiten und Unterschiede!

5 Die Durchführung der Introvision zur Auflösung eines Konfliktes

> **Übersicht**
>
> In diesem Kapitel geht es um die praktische Durchführung der Introvision. Das Vorgehen besteht im Wesentlichen aus zwei Phasen: erstens die dem Konflikt unterliegende Subkognition (Sk) zu finden und zweitens diese mit Hilfe des KAW von der damit verbundenen Introferenz zu entkoppeln.
>
> Diese beiden Phasen werden im folgenden Kapitel am Beispiel von Introvisionsberatungsgesprächen dargestellt. Beispiele zur Anwendung der Introvision als Methode des Selbstmanagements finden sich in Kapitel 6.

© Bernd Koether

Ziel der Introvision ist es, akute Konflikte und mentale Blockaden wieder aufzulösen. Wenn man die Seelenruhe mit einem spiegelglatten Meer vergleicht, wie dies Cicero getan hat (▶ Kap. 2), dann entspricht der akute Konflikt einem vom Sturm aufgewühlten Meer. Hierauf Introvision anzuwenden bedeutet, gewissermaßen bis auf den Grund dieses Konflikts hindurchzuschauen, ohne zusätzlich weiter introferent einzugreifen. Auf diese Weise – so zeigen die Erfahrungen und eine Vielzahl von empirischen Ergebnissen (▶ Kap. 1.3) – wird es möglich, dass sich das Wasser allmählich wieder beruhigt.

Übersicht über die Vorgehensweise der Introvision

Die Introvision ist eine Methode der mentalen Selbstregulation. Insofern ist Introvision vergleichbar mit Fußballspielen - auch wenn Trainer und Trainerinnen einen darin beraten, anleiten und schulen können - die Tore schießen die Fußballspieler und -spielerinnen selber (oder auch nicht). Daas gleiche gilt für die Introvision: Introvisionsberater und -beraterinnen können Klientinnen und Klienten in die Methode der Introvision einführen und diese in dem Prozess begleiten, aber nicht die Introvision für sie durchführen.

Aus praktischen Gründen wird hier zunächst die Durchführung der Introvision (s. auch Kosuch & Wagner, 2019) im Rahmen einer Beratung dargestellt werden; ein Dialog lässt sich besser aufschreiben als ein interner Prozess. Beispiele für Introvision als Methode des Selbstmanagements finden sich in Kapitel 7. Wie im Vorwort bereits erläutert wurde, wird im Folgenden – der sprachlichen Einfachheit halber – die Rede von *dem* Klienten und *der* Beraterin sein: Diese Formulierungen schließen Klientinnen und Berater mit ein.

Grundlage der Introvisionsberatung ist ein klientenzentrierter Ansatz (sensu Rogers, 1973); Aufgabe der Beraterin, des Coaches oder der Supervisorin ist es, den Prozess der Introvision im Klienten anzuregen, zu fördern und zu begleiten. Der Klient entscheidet, welches Problem er mit Introvision angehen möchte und es liegt letztendlich auch an ihm, ob er die Subkognition aufmerksam konstatierend wahrnehmen möchte oder nicht.

Notwendige Voraussetzung für eine erfolgreiche Introvision ist eine gründliche Einführung des Klienten in das Rational der Introvision und hinreichende Übung im KAW über mehrere Wochen (mehr dazu s. im Anhang). Die Beraterin sollte darüber hinaus, neben allgemeinen Beratungskompetenzen, insbesondere über hinreichende eigene Erfahrungen mit der Praxis der Introvision verfügen.

Im Folgenden werden, der besseren Verständlichkeit halber, neun »Schritte« (s. Kasten) bei der Introvision unterschieden. In der Praxis werden diese einzelnen Schritte mit entsprechender Übung zunehmend schneller durchlaufen, bis sie schließlich mit viel Erfahrung zu einem einzigen »Schritt« zusammenschmelzen: dem konstatierenden Wahrnehmen der dem Konflikt unterliegenden Kern-Subkognition.

Ablauf eines Introvisionsberatungsgesprächs

Voraussetzung für eine erfolgreiche Introvisionsberatung sind entsprechende Kenntnisse der Grundlagen und Vorgehensweisen (Grundkursus) und hinreichende praktische Erfahrungen mit dem KAW

Phase 0:: Vorbereitung (Entspannung, »Pakete packen«, die Lieblings-KAW-Übung (KAW III, »Screenshot«

Phase I: die dem Konflikt unterliegende Kern-Subkognition finden

1. konfliktrelevante Kognitionen aktivieren (NLD)
2. imperativische Vorstellung erkennen
3. die unterliegende Subkognition erschließen und konstatierend wiedergeben
4. gegebenenfalls die Imperativkette bis an den Anfang zurückverfolgen

5. Konfliktumgehungsstrategien »abschneiden«
6. bewusste Überlegungen zur Problemlösung auf später vertagen.

Phase II: die Kern-Subkognition ein Weilchen lang aufmerksam-konstatierend wahrnehmen

7. KAW auf die Kern-Subkognition
8. die Erfahrungen mit dem KAW besprechen
9. ggf. »Hausaufgaben«: KAW auf die Kern-Subkognition einmal pro Tag erneut anwenden (»Hausaufgaben«), bis der Konflikt sich aufgelöst hat

Abschluss

Im Folgenden werden die einzelnen Schritte der Introvision nacheinander erläutert.

5.1 Der Ablauf eines Introvisionsberatungsgesprächs

Im Folgenden wird der Ablauf einer einzelnen Introvisionsberatungssitzung dargestellt. Vorausgegangen ist – so wird hier angenommen – eine erfolgreiche ausführliche Einführung des Klienten in die theoretischen Grundlagen der Introvision, den praktischen Ablauf sowie hinreichende Praxis in der Durchführung der vier KAW-Übungen.

5.1.1 Einführung

In der Einführungsphase geht es darum, die entsprechenden Voraussetzungen für die Introvision zu schaffen. Dazu gehört, gemeinsam mit dem Klienten zu klären, auf welches Problem die Introvision angewandt werden soll. Im Zweifelsfall empfiehlt es sich, mit dem Problem zu beginnen, das den Klienten im Moment am meisten belastet (ggf. kann er diese Belastung auch auf einer Skala von 0 bis 10 einschätzen). Außerdem kann es sinnvoll sein, zunächst eine kurze Entspannungsphase durchzuführen – z. B. mit der Übung »Pakete packen« (▶ Kap. 1), mit einer KAW-Übung (KAW III in der Lieblingsmodalität), KAWScreenshot (▶ Kap. 3.4) oder anderen Entspannungsmethoden.

5.1.2 Phase 1: Die dem Konflikt unterliegende Subkognition (SK) finden

Ziel der ersten Phase ist es, die dem Konflikt unterliegende Subkognition zu finden. Im Falle von mehreren miteinander verbundenen Imperativen ist dies die Subkognition, die dem Imperativ am Ende der Imperativkette zugrunde liegt (▶ Abb. 5.1). Diese (Kern-)Subkognition ist die (epistemische) Erkenntnis, dass die Möglichkeit besteht, dass das, was nicht geschehen *darf*, geschieht – oder bereits geschehen ist.

Dafür ist es notwendig, zunächst die entsprechenden Kognitionen zu aktivieren, d. h. ins Bewusstsein zu holen.

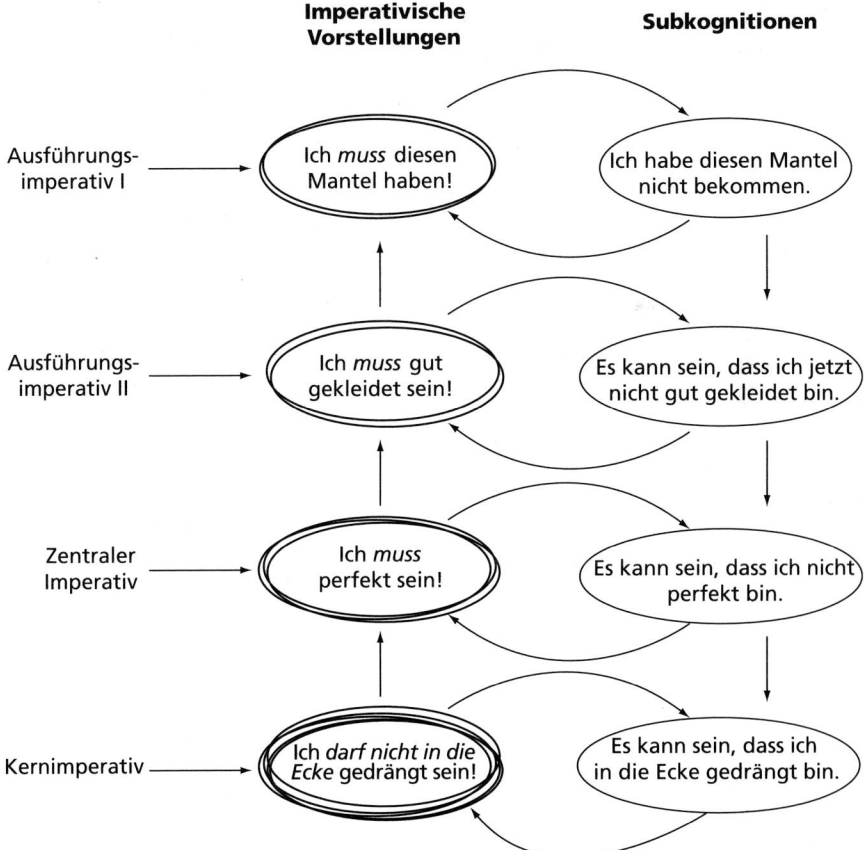

Abb. 5.1: Beispiel für einen Imperativverletzungskonflikt

Schritt 1: Die konfliktrelevanten Kognitionen aktivieren und konstatierend wahrnehmen: »Was geht Ihnen in der entsprechenden Situation als erstes durch den Kopf?«

Der erste Schritt besteht darin, dass der Klient nach Möglichkeit konstatierend wahrnimmt, welche Kognitionen ihm in der jeweiligen Situation durch den Kopf gehen.

Die Ausgangsfrage lautet: »Was geht Ihnen in der entsprechenden Situation als erstes durch den Kopf?« (▶ Kap. 4). Ziel ist es, auf diese Weise die »automatischen« Gedanken (sensu Beck, 1971) zu aktivieren. Damit sind die Gedanken gemeint, die dem Klienten in der jeweiligen Situation sozusagen automatisch »durch den Kopf schießen«; diese sollen möglichst wörtlich (sozusagen als »O-Töne«) wiedergegeben werden. Es geht hier also nicht um eine möglichst umfassende Beschreibung der objektiven Problemsituation. (Falls dies aus anderen Gründen erforderlich scheint, sollte dies außerhalb der Introvisionsberatung erfolgen.) Es geht vielmehr um die Gedanken, Bilder etc., die in der jeweiligen Situation automatisch im Bewusstsein des Klienten auftauchen; diese soll der Klient nach Möglichkeit konstatierend wahrnehmen (»So ist es: Das schießt mir dann als erstes durch den Kopf«).

- Bei einem akuten Entscheidungskonflikt sind die relevanten Gedanken in der Regel bereits aktiviert, wenn der Klient in die Beratung kommt. Deshalb reicht es hier im Allgemeinen aus, den Klienten zu fragen, »Was ist das Problem?«, »Worum geht es?« oder »Was geht Ihnen als erstes automatisch durch den Kopf, wenn Sie daran denken, dass ...?« Oft enthält bereits der erste Satz einen zentralen Imperativ, den sogenannten (s. weiter unten) Erstimperativ.
- Bei einem Umsetzungskonflikt handelt es sich häufiger um stark automatisierte Kognitionen, die situationsbezogen aktiviert werden können. Dazu soll der Klient sich eine Situation vorstellen, in der er zu sich sagt: »Jetzt könnte ich eigentlich ... tun« (z. B. zum Sport gehen, mit der Arbeit anfangen, aufräumen) – und sich fragen, was ihm dann als Nächstes blitzschnell durch den Kopf geht.
- Bei einem Möglichkeitskonflikt, z. B. bei Prüfungsangst oder Sorgen um etwas, ist die Frage zweckmäßig, was dem Klienten in dem Moment durch den Kopf geht, wenn er an die bevorstehende Prüfung denkt oder ihm (wieder) einfällt, dass ... etwas geschehen könnte, was nicht geschehen *darf*.
- Bei Konflikten mit der Umwelt (z. B. Ärger) kann es hilfreich sein zu fragen, was an der jeweiligen Situation für den Betreffenden ärgerlich oder irritierend ist, was ihm in dem Moment durch den Kopf ging, als das passierte, was ihn geärgert hat. In vielen Fällen kann hier die Standbildtechnik nützlich sein

> **Die Standbildtechnik**
>
> Die Standbildtechnik wurde von der Verfasserin in Anlehnung an ähnliche Übungen aus dem Bereich des mentalen Trainings im Sport für die Introvision weiterentwickelt. Beim Abspielen eines Videos bedeutet ein Standbild, dass der Film an einer bestimmten Stelle angehalten wird, so dass man das betreffende

Bild in Ruhe anschauen kann. In analoger Weise lässt sich die Erinnerung an eine bestimmte Situation – mit den dazugehörigen Wahrnehmungen, Gefühlen und Gedanken – im Bewusstsein aktivieren und dann vorübergehend »anhalten«. Die dazugehörigen Wahrnehmungen, Gefühle und Gedanken werden dann konstatierend betrachtet mit dem Ziel herauszufinden, was daran das Zentrum des Unangenehmen ist (s. KAW-Übung IV, (▶ Kap. 3) – in anderen Worten: was daran ist das gefühlsmäßig Unangenehmste, das »nicht sein darf«.

Zu Beginn kann man den »Film der Erinnerung« an die entsprechende Situation zunächst anschauen, bis man den Moment findet, der besonders unangenehm war bzw. ist. Dieses »Standbild«, d. h. die Erinnerung an diesen Moment, das Bild, die Gefühle, Töne oder die entsprechenden körperlichen Empfindungen – wird dann eine Weile im Bewusstsein festgehalten bei der Suche nach dem Zentrum des Unangenehmen.

Beispiel 1: ein spöttisches Lächeln

Nehmen wir an, jemand kommt mit einem unguten Gefühl aus einer Besprechung. Im Nachhinein lässt er oder sie dieses Gespräch innerlich Revue passieren und stößt dabei auf eine Szene, die für ihn bzw. sie besonders irritierend war: Nehmen wir an, dass es ein bestimmter Gesichtsausdruck des Vorgesetzten war, der ihn oder sie gestört hat. Dieser Gesichtsausdruck wird als »Standbild« festgehalten und dann konstaiterend aufmerksam betrachtet. Was daran hat die Irritation ausgelöst? Wann fing diese Irritation an? Schließlich stellt sich heraus, dass es ein kurzes spöttisches Lächeln war – gerade in dem Moment, als er oder sie das neue Konzept vorgestellt hatte. Was ging ihm oder ihr in dem Moment durch den Kopf? Das war der Gedanke (die Subkognition), dass der oder die Vorgesetzte möglicherweise nicht viel von diesem Konzept hält – und »das *darf* auf keinen Fall sein!

Beispiel 2: Juckreiz

Stellen wir uns eine Person vor, die unter Juckreiz leidet. Was ist der Kern, das Zentrum des Unangnehmen beim Juckreiz. »Das fühlt sich an wie ein Nadelstich«. Was ist das Zentrum des Nadelstichts? Ein »stechendes Gefühl«. Das Standbild ist in diesem Fall die Erinnerung an dieses »stechende Gefühl«. Aus introferenztheoretischer Sicht ist hier das Problem, dass dieses »stechende Gefühl« automatisch mit der Aktivierung erhöhter physiologischer Erregung und Anspannung verbunden ist – auf diese Weise wird unabsichtlich gewissermaßen »Öl ins Feuer gegossen« – der Juckreiz wird stärker. Das länger andauernde, wiederholte KAW auf das Zentrum des Unangenehmen kann – so zeigen Einzelfallstudien – dazu führen, dass der Juckreiz deutlich und dauerhaft nachlässt.

Im Zweifelsfall geht es bei der Introvision um den Imperativ, der als Erstes auftaucht bzw. im Zentrum des Unangenehmen steht (▶ Kap. 4).

Schritt 2: Die imperativische Vorstellung finden: »Was ist es, das (gefühlsmäßig) nicht sein darf?«

Als Nächstes geht es darum, möglichst die ersten imperativischen Vorstellungen in diesem Nachträglichen Lauten Denken herauszuhören. Imperative sind Vorstellungen, die subjektiv gesehen mit einem Gefühl von »*muss*« bzw. »*darf* nicht« verbunden sind (▶ Kap. 4). Dazu werden eine Reihe von sprachlichen und nonverbalen Indikatoren herangezogen, die sich in der Forschung bewährt haben. Entscheidend ist dabei das subjektive *Muss-Darf-nicht*-Gefühl.

Idealerweise hört die Beraterin diesen Imperativ heraus und gibt dann konstatierend die entsprechende Subkognition wieder. Wenn der Klient viele Imperative nacheinander äußert, dann wird die Beraterin versuchen, möglichst zentrale Imperative aufzugreifen.

Pragmatisch gesehen ist dies oft der Erstimperativ. Als Erstimperativ wird derjenige Imperativ bezeichnet, den der Klient als Erstes implizit äußert – oft im *ersten* Satz, nachdem ihn die Beraterin aufgefordert hat, sein Problem zu beschreiben oder darauf das Nachträgliche Laute Denken anzuwenden. Dass gerade am Anfang besonders häufig ein zentraler Imperativ auftaucht, lässt sich introferenztheroetisch damit erklären, dass dieser Imperativ mit besonders hoher Erregung gekoppelt ist – und solche Kognitionen ziehen aufmerksamkeitspsychologisch gesehen (Birbaumer & Schmidt, 2006) am ehesten Aufmerksamkeit auf sich.

In anderen Fällen kann es jedoch auch sein, dass der Klient ohne einen erkennbaren unmittelbaren Erstimperativ vieles und vielerlei zu seinem Problem erzählt und dabei eine Menge von imperativischen Vorstellungen auftauchen. Das kann unter Umständen das Arbeitsgedächtnis der Beraterin überfordern. In solchen Fällen lässt sich – pragmatisch gesehen – auch der Imperativ aufgreifen, den der Klient als Letztes geäußert hat und von dort aus die Imperativkette weiter explorieren. Bei der Anwendung der Introvision außerhalb einer Beratung ist es zweckmäßig, sich jeweils zu fragen, welche der jeweiligen Subkognitionen die relativ unangenehmste oder irritierendste ist – und damit zu beginnen.

Bei Konflikt-Konflikten (▶ Kap. 4) ist es notwendig, den Konflikt auf der ersten Ebene zu adressieren. Wenn sich der Klient zum Beispiel darüber ärgert (Konflikt zweiter Ebene), dass er Prüfungsangst (Konflikt erster Ebene) hat, heißt das, als Erstes zu konstatieren: »Es kann sein, dass Sie Angst vor der Prüfung haben«, und dann zu fragen: »Was geht Ihnen durch den Kopf, wenn Sie an die Prüfung denken?«

Schritt 3: Die Subkognition erschließen und konstatierend wiedergeben: »Es kann sein, dass ... (das geschieht, was nicht geschehen *darf*)«

Beim dritten Schritt geht es darum, aus dem Imperativ die diesem unterliegende Subkognition zu erschließen. Im Mittelpunkt der konstatierenden Aufmerksamkeit steht bei der Introvision nicht so sehr die imperativische Vorstellung selbst, sondern die ihr unterliegende Kern-Subkognition (▶ Kap. 4).

> Im Unterschied zu anderen Beratungsansätzen (z. B. Glaser & Bäuerle, 1972; Reinecker, 1999; Ellis, 1978) geht es bei der Introvision erst einmal nicht darum, die Realitätsange-

messenheit des Imperativs überhaupt infrage zu stellen, sondern vielmehr zu konstatieren, dass es sein kann – oder bereits so ist –, dass dieser Imperativ nicht eingehalten wird. Wenn die Introvision erfolgreich war, dann wird der Klient hinterher von allein realitätsinadäquate Erwartungen und Ziele aufgeben oder modifizieren. Einzige Ausnahme: wenn der Klient etwas für möglich hält, das faktisch unmöglich ist.

»Es kann sein, dass ...«

Die Beraterin gibt die Subkognition ihrerseits aufmerksam konstatierend wieder. Im Zweifel ist dabei die Formulierung der Subkognition als Möglichkeitsproposition vorzuziehen, z. B.:

- »Es kann sein, dass ...«
- »Möglicherweise wird ...«
- »Vielleicht ist ...«
- »Es besteht die Möglichkeit, dass ...«
- »Es gibt eine kleine Chance, dass ...«

In einigen Fällen kann die Subkognition auch lauten, dass es tatsächlich so ist, dass etwas war, ist oder sein wird, das imperativisch nicht sein oder geschehen *darf*. In unklaren Fällen (Ist es wirklich so? Oder übertreibt der Klient?) ist die Formulierung als Möglichkeitsproposition vorzuziehen; auf diese Weise wird an dieser Stelle in der Beratung eine längere Debatte darüber vermieden, was tatsächlich geschehen ist oder geschehen könnte. Introferenztheoretisch ist es die Erkenntnis, dass das geschehen könnte, was nicht geschehen darf, die den Klienten beunruhigt – unabhängig davon, wie groß tatsächlich die Wahrscheinlichkeit ist, dass dies faktisch eintreten könnte oder bereits geschehen ist.

Wortgetreu formulieren

Wie weiter oben (▶ Kap. 4) bereits ausgeführt, geht es bei der Introvisionsberatung darum, die Formulierungen des Klienten möglichst wortgetreu zu übernehmen. Das bedeutet, dass die Beraterin jeweils bei der Formulierung der Subkognition die zentralen Begriffe des Klienten aufgreift und diese wortgetreu konstatierend wiedergibt – mit einer Ausnahme freilich: Übertreibungen werden behutsam zurückgenommen. (Begriffe wie »alle, immer, nie« sind häufig (▶ Kap. 4) Anzeichen für imperativische Übertreibung.) Beispielsweise sagt der Klient »Wenn XYZ... geschieht, dann geht alles den Bach runter (und das darf nicht sein!!)«. In diesem Fall empfiehlt es, diese Übertreibung (»alles«) behutsam zurückzuführen und davon zu sprechen, dass es sein kann/sein könnte, dass »vieles den Bach runtergeht«.

Dieses wortgetreue Vorgehen steht in Widerspruch zur vielfach gängigen Beratungspraxis, die Äußerungen des Klienten – in Anlehnung an Carl Rogers (1973) – in eigenen Worten wiederzugeben. Diese Umformulierung ist bei der Introvision dysfunktional, weil hier die Introferenz jeweils bezogen auf spezielle Worte, Begriffe, Bilder etc. gespeichert ist (▶ Kap. 2; (▶ Kap. 4). Wenn der Klient für seinen Kernimperativ z. B. den Begriff »zertreten werden« verwendet, dann ist es dieses Bild, das für ihn mit hoher Erregung gekoppelt ist. Würde die Beraterin stattdessen ein anderes Wort verwenden (z. B. »untergehen«), würde der Klient vermutlich erwidern, er habe keine Angst davor, unterzugehen. Und subjektiv gesehen hat er damit recht, weil das Wort »Untergang« für ihn mit keinem sonderlich unangenehmen Gefühl verbunden ist. Vielleicht würde er freundlicherweise sogar zustimmen, dass abstrakt gesehen »zertreten zu werden« als eine Form der Angst vor dem Untergehen aufgefasst werden könnte, aber leider komme er »nun an dieses Gefühl nicht mehr heran«.

Die Subkognition konstatierend wahrnehmend wiedergeben

Die Beraterin gibt dann diese Subkognition des Klienten aufmerksam konstatierend-wahrnehmend wieder. Das bedeutet, dass sie selbst in diesem Moment diese Kognition aufmerksam konstatierend wahrnimmt – im Sinne einer behutsam konstatierenden Feststellung, »Ja, es stimmt, diese Möglichkeit existiert«, verbunden mit einer leicht fragenden, hineinspürenden, aufmerksamen Wahrnehmung dieser Möglichkeit.

Diese Vorgehensweise soll (im Sinne eines Modelllernens) dem Klienten helfen, das Gleiche zu tun. Zu vermeiden ist, dass der Klient daraus fälschlicherweise sich selbst suggeriert: »Ich weiß, dass es so kommt!«, oder dass er fälschlicherweise meint, die Beraterin würde nun mit ihrer gesamten Autorität als Psychologin und Expertin zum Ausdruck bringen wollen, dass das, was möglich ist, tatsächlich eintreten wird.

In manchen Situationen kann es auch der Beraterin schwerfallen, das »Schlimmstmögliche« des Klienten konstatierend wahrnehmend wiederzugeben; dann hat sie vermutlich ähnliche imperativische Vorstellungen, die es dann – außerhalb dieses Beratungsgesprächs – zu de-imperieren gilt.

Manchmal erwartet der Klient auch einfach – im Sinne sozialer Konventionen –, dass die Beraterin angesichts schwerer Probleme (Gewalt, tödliche Krankheit, Verbrechen) entsprechend imperativisch reagiert: entsetzt, erschüttert, voller Mitleid oder Abwehr. In diesen Fällen kann es erforderlich sein, dieses Problem auf der Meta-Ebene anzusprechen und das eigene Verhalten zu erklären und einzuordnen.

Im Idealfall führt dieses konstatierende Wiedergeben der Subkognition durch die Beraterin dazu, dass der Klient die Subkognition ein Weilchen lang aufmerksam konstatierend wahrnimmt. Die unmittelbare Folge eines solchen spontanen KAWs kann das – zumindest momentane – Aufhören des Endloskreisens der Gedanken sein. Der Klient, der bis dahin möglicherweise ein Argument nach dem anderen vorgebracht hat, hört plötzlich damit auf – es tritt ein Moment der Stille ein, ein Innehalten – so wie ein Läufer, der mitten im Laufen plötzlich stehen bleibt. Bei einfachen (»monomeren«; s. Meuche, 1997) IVK kann dieses kurze KAW bereits ausreichen, um das introferente Eingreifen zu beenden. Der Klient lacht vielleicht kurz, und stellt dann erleichtert und selbstverständlich (»matter-of-fact«) fest, »Ja, das kann wirklich sein …« – und damit ist das Endloskreisen beendet.

Bei komplexeren (»polymeren«) Imperativketten reagiert der Klient in diesem Stadium anders; auf die eine oder andere Weise wird deutlich, dass er daran festhält, dass das nun bestimmt *nicht sein dürfe*. Hier ist es sinnvoll, die dahinterliegenden weiteren Imperative zu explorieren.

Schritt 4: Gegebenenfalls die Imperativkette bis an ihren Anfang zurückverfolgen: »Was daran ist für Sie irritierend, unangenehm oder schlimm, wenn nicht …?«

Als Imperativkette werden zwei oder mehr Imperative bezeichnet, die durch Wenn-dann-Annahmen miteinander verbunden sind (▶ Kap. 4.5). Ausgangspunkt für die Exploration der Imperativkette ist die Frage der Beraterin, was daran für den Klienten subjektiv irritierend, unangenehm oder schlimm ist, wenn das geschieht, was nicht geschehen *darf* (oder das nicht geschieht, was geschehen *muss*).

> Die Wahl des jeweiligen Begriffs – irritierend, schrecklich, unangenehm – hängt in erster Linie davon ab, welche Worte oder Begriffe der Klient selbst wählt. Manche Klienten würden protestieren, wenn die Beraterin davon spricht, dass etwas schrecklich sei, akzeptieren jedoch die Bezeichnung irritierend. Bei anderen ist es genau umgekehrt – sie sprechen von schrecklich, schlimm oder entsetzlich.

Leitfaden: ein Gefühl von »… und das *darf nicht* sein!«

Ziel der Frage ist es, den Klienten zu ermutigen, in sich hineinzuschauen, hineinzulauschen, hineinzuspüren und aufmerksam konstatierend nach dem Zentrum des Unangenehmen Ausschau zu halten (s. KAW-Übung 4; ▶ Kap. 3.2.4) – also nach dem, was daran gefühlsmäßig »nicht sein *darf*«. Ausschlaggebend ist hierbei wieder das subjektiv erlebte Ausmaß des Gefühls des Unangenehmen und nicht die objektive Situationseinschätzung. Es geht um die »Essenz« des Unangenehmen – etwas, das »nicht eintreten oder nicht sein *darf*« – und dies kann bildlich, akustisch oder somatosensorisch enkodiert sein – z. B. ein Bild, eine Szene, eine körperliche Empfindung, ein Ton oder auch ein abstrakter Gedanke.

Nicht zusätzlich ausmalen

Ziel dieser Frage ist es nicht, den Klienten dazu zu bringen, sich das Schlimme nun zusätzlich neu in allen Einzelheiten auszumalen. Es geht lediglich darum, das, was dazu bereits gespeichert ist, konstatierend wahrzunehmen, nicht mehr und nicht weniger.

Nicht sich hineinsteigern, nicht dramatisieren

Ferner ist darauf zu achten, dass der Klient diese Subkognition *nicht* versehentlich dramatisiert oder sich in sie hineinsteigert (▶ Kap. 2, ▶ Kap. 4). Manche Klienten tun dies irrtümlicherweise, weil sie meinen, nur so ihre Angst z. B. bearbeiten zu können. Bei anderen geschieht dieses Sich-Hineinsteigern gewohnheitsmäßig; in diesen Fällen sollte vorab entsprechend das Weitstellen ausgiebig geübt werden.

Für die Introvision reicht es aus, das Gefühl des Unangenehmen nur schwach wahrnehmen zu können. Am Beispiel von Prüfungsangst heißt das, dass es bereits genügt, sich, fernab vor jeder Prüfung, nur vage an die Angst erinnern zu können. In mancher Hinsicht ist es sogar sinnvoll, Introvision auf Angst zu machen, wenn diese derzeit nicht akut ist.

Die Imperativkette bis zu ihrem Ende explorieren: oft ein Kernimperativ

Die Frage danach, was daran subjektiv unangenehm ist, wenn das eintritt, was *nicht* geschehen *darf*, wird gegebenenfalls mehrfach wiederholt, bis das Ende der jeweiligen Imperativkette gefunden worden ist. Am Ende einer solchen Imperativkette kann (muss jedoch nicht) ein Kernimperativ stehen. Da es in der Beratung jedoch überwiegend um solche Konflikte geht, die dem Klienten schon lange zu schaffen machen (s. Theorem der dicken Klöpse, ▶ Kap. 1), ist dies oft ein Kernimperativ.

Wie in Kapitel 4 bereits ausgeführt wurde, sind solche Imperativketten erfahrungsgemäß relativ kurz, d. h. maximal drei bis vier Imperative lang. Das hat zur Folge, dass ein erfolgreiches Introvisionsberatungsgespräch im Allgemeinen deutlich kürzer ist als andere Formen von Beratungsgesprächen, weil Beraterin und Klient relativ rasch zum Kernimperativ kommen.

Als Kernimperative (Wagner, 1988, 2004) werden solche imperativischen Vorstellungen bezeichnet, deren Nichteinhaltung subjektiv mit einem starken Gefühl des Unangenehmen verbunden ist. Pragmatisch gesehen lassen sich Kernimperative daran erkennen, dass das Individuum hier auf die Frage »Was ist daran unangenehm?« nur noch entgegnet, dass das eben »einfach absolut schlimm ist« – manchmal mit einem verwunderten Blick auf die Beraterin: »Was, das versteht die nicht??!« Der spezielle Inhalt der mit diesen Kern-»Schlimm«-Gefühl verbundenen Kognitionen, Bildern, Empfindungen, Szenen, Töne oder Ideen ist von Individuum zu Individuum unterschiedlich, wie in Kapitel 4 ausführlich dargelegt wurde.

Die Erfahrung zeigt, dass die Kernimperative den Klienten gewissermaßen wohlbekannt sind; es sind Kognitionen, die häufiger im Bewusstsein kurz auftauchen und dann normalerweise schnell wieder beiseite geschoben werden.

In einigen Fällen kann es sein, dass die dem Kernimperativ unterliegende Subkognition (SK) dem Klienten so unangenehm oder peinlich ist, dass er das auch vor der Beraterin nicht aussprechen mag. Um zu verhindern, dass der Klient deshalb Konfliktumgehungsstrategien verwendet, sollte von Beginn an klar sein (s. oben), dass es ihm ausdrücklich freisteht, stattdessen irgendeine andere Bezeichnung zu verwenden (»X«, »Silberdistel«). Entscheidend ist nicht, dass der Klient die Subkognition verbalisiert, sondern vielmehr, dass er sie aufmerksam konstatierend wahrnimmt.

Schritt 5: »Ja, aber ...«: Konfliktumgehungsstrategien »abschneiden«

Bis jetzt wurde gewissermaßen eine idealisierte Form eines solchen Beratungsgesprächs dargestellt. In Wirklichkeit werden viele Beratungsgespräche durch die Anwendung von Konfliktumgehungsstrategien (▶ Kap. 4) unterbrochen.

Nach der konstatierend-aufmerksamen Wiedergabe der ersten Subkognition durch die Beraterin reagiert der Klient oft so, wie er dies auch sonst tut: mit Erklärungen, neuen Imperativen, Klagen, er macht sich Hoffnungen oder reagiert pessimistisch – und vieles mehr. Introferenztheoretisch gesehen handelt es sich um sekundäres introferentes Eingreifen, das folglich nicht geeignet ist, den Konflikt aufzulösen; vielmehr wird dabei die Aufmerksamkeit erneut von der Subkognition weggelenkt.

Aufgabe der Beraterin ist es deshalb, solche Konfliktumgehungsstrategien (KUS) zu erkennen und sie »abzuschneiden«. Dies bedeutet, dass sich die Beraterin nicht auf die KUS einlässt – sie also weder unterstützt noch widerlegt. Stattdessen lenkt sie mit entsprechender Höflichkeit (»Es kann sein, dass das so ist«) die Aufmerksamkeit wieder auf die zuletzt gefundene Subkognition zurück, die sie noch einmal aufmerksam-konstatierend wiederholt.

Wenn Beraterin und Klient sich gemeinsam im Kreis drehen

Wenn das Beratungsgespräch beginnt, sich im Kreis zu drehen, ist es zweckmäßig (z. B. anhand einer Tonbandaufzeichnung) nach dem Punkt zu suchen, an dem die erste Konfliktumgehungsstrategie aufgetaucht ist – und dort wieder anzusetzen.

Im Zweifel empfiehlt es sich, bis zum Erstimperativ zurückzugehen und dort neu anzusetzen. Beispiele für solche Erstimperative sind: »Die Situation ist schlimm (… und das *darf* nicht sein!)«, »Ich *muss* diese Angst einfach loswerden«, »Mein Vorgesetzter ist einfach ein uneinsichtiger Mensch (… und das *darf* nicht sein!)«, »Ich kann mich nicht entscheiden (… und das *darf* nicht sein!)«.

Ungeübte Beraterinnen könnten dazu neigen, einen solchen Erstimperativ aufzugreifen und ihn sich zu eigen zu machen, z. B. in dem Sinne: »Ja, das *darf wirklich nicht sein* – und jetzt zeige ich Ihnen, wie Sie dieses Problem loswerden!« In diesem Fall bekommen die weiteren Schritte im Beratungsprozess die Funktion einer (gemeinsam geteilten) Konfliktumgehungsstrategie: Der Klient tut »alles«, um den Ausgangsimperativ zu erfüllen – und den dahinterliegenden Konflikt zu umgehen.

Dass dies nicht gelingt, zeigt sich dann spätestens am Ende des Beratungsgesprächs, wenn sich der Klient (und oft auch die Beraterin) erneut gedanklich im Kreis drehen (»Das KAW hilft nicht« – »Es hätte helfen sollen« – »Es hilft aber nicht …!«). Spätestens dann ist es sinnvoll, zum Erstimperativ zurückzugehen und diesen entsprechend aufzugreifen: »Ja, es kann sein, dass Sie die Angst nicht loswerden. Was daran ist unangenehm für Sie …?« Dies kann gelegentlich eine verblüffende Wirkung haben.

Eine ausführliche Diskussion solcher »paradoxen« Effekte findet sich unter anderen theoretischen Prämissen bei Frankl (1975) und Watzlawick et al. (1997).

Schritt 6: »Ja, aber …?« – Die Suche nach einer praktischen Problemlösung auf später vertagen

Eine weitere Reaktionsmöglichkeit des Klienten besteht darin, die Ebene zu wechseln und auf Fragen der praktischen Problemlösung zu sprechen zu kommen – beispielsweise erneut zu erörtern, was er denn morgen konkret tun soll.

An dieser Stelle ist es wichtig, dass die Beraterin dafür sorgt, dass diese Überlegungen vertagt werden – z. B. auf das nächste Beratungsgespräch, wenn der Klient das dann noch will. (Die Erfahrung zeigt, dass die Klienten höchst selten auf dieses Angebot zurückkommen – weil ihnen in der Zwischenzeit selber eine Lösung eingefallen ist).

Für eine erfolgreiche Introvision ist es wichtig, diese beiden Ebenen auseinanderzuhalten: die aktive, d. h. bewusste Suche nach einer Problemlösung vs. Introvision. Der Grund dafür liegt in der Begrenztheit des Arbeitsgedächtnisses: So wie die meisten von uns nicht gleichzeitig lesen und kopfrechnen können, können wir auch nicht gleichzeitig Introvision machen und aktiv (d. h. introferent) nach einer Problemlösung suchen.

5.1.3 Phase 2: Die Subkognition ein Weilchen aufmerksam konstatierend wahrnehmen

Nachdem die dem Konflikt unterliegende Subkognition gefunden worden ist, geht es in der zweiten Phase darum, diese mit Hilfe des KAW von der damit verbundenen Introferenz langfristig zu entkoppeln.

Anleitung zum KAW

Im Rahmen des Beratungsgesprächs ermutigt die Beraterin den Klienten, die (Kern-)Subkognition ein Weilchen lang aufmerksam konstatierend wahrzunehmen. Dabei sollte sie die Subkognition noch einmal möglichst wortgetreu formulieren. Im Allgemeinen bekommt der Klient dazu so viel Zeit, wie er möchte und braucht – das können eine oder fünf oder auch zehn Minuten sein. Üblicherweise signalisiert der Klient das Ende des KAW; erfahrene Beraterinnen können dies auch selbst anhand von nonverbalen Signalen erkennen – die Augen beginnen im Raum herumzuwandern, die Atmung verändert sich etc. (Gegebenenfalls kann auch zu Beginn vorab vereinbart werden, wie viel Zeit der Klient für die KAW-Übung zur Verfügung gestellt bekommt.) In dieser Zeit sollte die Beraterin ebenfalls KAW auf dieselbe Subkognition machen, wobei ein Teil ihrer konstatierenden Aufmerksamkeit auf den Klienten gerichtet bleibt.

Die tatsächliche Dauer des KAW hängt von verschiedenen Faktoren ab. Bei besonders »schlimmen« Kern-Subkognitionen reichen zu Beginn auch ein paar Sekunden KAW schon aus; dieses KAW wird dann eine Zeit lang täglich zu Hause erneut durchgeführt. Bei geringfügig introferent aufgeladenen Subkognitionen kann auch ein kurzes KAW während der Beratung schon ausreichen, um den Konflikt erfolgreich aufzulösen.

Auswertungsgespräch: »Was geschah, nachdem Sie sich vorgenommen hatten, mit dem KAW zu beginnen?«

Im Anschluss daran bittet die Beraterin den Klienten, zu berichten, was sich in diesen Minuten im Klienten abgespielt hat und wie er sich jetzt danach fühlt. Dieses Auswertungsgespräch hat sowohl diagnostische als auch beraterische Ziele:

Erstens geht es darum zu erkennen, inwieweit der Klient die Subkognition tatsächlich konstatierend aufmerksam wahrgenommen hat, oder ob er stattdessen erneut introferent eingegriffen hat, d. h. eine Konfliktumgehungsstrategie angewendet hat.
Zweitens soll es dem Klienten helfen zu verstehen, was gerade geschehen ist.

- *Missverständnisse*: Dies gilt zum einen dann, wenn der Klient offensichtlich die Aufforderung zum KAW missverstanden hat – dann ist dies eine gute Gelegenheit, dies (noch einmal) zu erläutern und ggf. zu demonstrieren. Im Einzelfall kann das sogar bedeuten, dass man den Klienten zunächst einmal das KAW allgemein oder einige Teilaspekte davon, wie z. B. das Weitstellen üben lässt.
- *Überraschend schnelle Konfliktauflösung*: Zum Zweiten gilt dies auch und gerade dann, wenn das KAW der Subkognition überraschend rasch erfolgreich war – und infolgedessen das unangenehme Gefühl einfach verschwunden ist. In solchen Fällen sind Klientinnen und Klienten manchmal zu unrecht frustriert, weil sie den Eindruck haben, sie hätten versagt, weil sie das unangenehme Gefühl jetzt nicht mehr »zu fassen« bekommen. Hier sollte die Beraterin erklärend eingreifen und dazu ermutigen abzuwarten und konstatierend zu beobachten, ob sich das eigene Verhalten in der entsprechenden Situation tatsächlich geändert hat (s. unten).
- *Keine spürbare Verbesserung*: In anderen Fällen entsteht eine mögliche Frustration genau aus dem gegenteiligen Grund, nämlich weil sie sich die Subkognition ein Weilchen angeschaut und in sie hineingespürt haben und sich – nichts tut. Hier ist es notwendig, den Klienten zu ermutigen, dieses KAW morgen zu wiederholen und zu erläutern, warum sich in diesem Fall eine Veränderung nur sehr langsam einstellt.
- *»Schlimme« Subkognition*: In einer weiteren Gruppe von Fällen ist wiederum die Subkognition so stark mit unangenehmen und »schlimmen« Gefühlen gekoppelt, dass es dem Klienten und der Klientin schwer fällt, länger als ein, zwei Sekunden aufmerksam konstatierend hinzuschauen. Hier ist es zweckmäßig, sie darin zu bestärken, dass sie dieses unangenehme KAW ruhig mit Hilfe ihrer bevorzugten KUS unterbrechen können – vorausgesetzt, dass sie es am nächsten oder übernächsten Tag wiederholen; gleichzeitig sollte man ihnen Mut machen, dieses KAW zu wiederholen, indem man ihnen den Verlauf mit Hilfe von Abbildung 5.2 (s. u.) illustriert.

Und schließlich kann es drittens auch sein, dass sich der Klient explizit oder implizit weigert, KAW auf die Subkognition zu machen. In diesem Fall ist es sinnvoll, mit dem Klienten darüber zu sprechen, was ihn dazu bewegt, sich zu weigern. Liegen Missverständnisse in Bezug auf das KAW vor? Weiß er nicht, worauf er KAW machen soll? Hat sich der Konflikt vielleicht schon aufgelöst (s. oben)? Hilfreich ist es in diesem Zusammenhang, den Klienten zu bitten, dass er erzählt, was in ihm abgelaufen ist, nachdem die Beraterin ihn aufgefordert hatte, KAW zu machen. Unter Umständen lässt sich dann daran ein neues Explorationsgespräch anknüpfen: »Was ist es, das Sie davon abhält, diese Kognition aufmerksam konstatierend zu betrachten?« Diese Frage führt manchmal direkt zu dem darunterliegenden Kernimperativ.

»Hausaufgaben«: KAW auf die Kern-Subkognition

Wie weiter oben bereits ausgeführt wurde, kann es notwendig sein, das KAW auf die Subkognition wiederholt durchzuführen, bis die Koppelung dieser Kognition mit Introferenz erfolgreich gelöscht worden ist.

Dies bedeutet, dass das KAW im Sinne von »Hausaufgaben« unter Umständen außerhalb der Beratung vom Klienten selbstständig durchgeführt werden sollte. Aus lerntheoretischer Sicht lässt sich das wiederholte konstatierende aufmerksame Wahrnehmen der Subkognition als Lernprozess auffassen. Ziel dieses Lernprozesses ist es, die (automatische) Koppelung dieser Kognition mit Introferenz allmählich zu löschen; stattdessen soll der Klient lernen, auf die Aktivierung dieser Subkognition nicht (mehr) automatisch oder gewohnheitsmäßig introferent zu reagieren.

Wie oft das KAW (im Sinne eines verteilten Lernens) auf die Subkognition anzuwenden ist, hängt erfahrungsgemäß von mehreren Variablen ab. Eine davon ist das Ausmaß der affektiven Aufladung der Subkognition, die sich subjektiv im Ausmaß des damit verbundenen »Schlimm«-Gefühls widerspiegelt; eine zweite Variable ist vermutlich die Häufigkeit und Dauer des wiederholten introferenten Eingreifens bezogen auf diese spezielle Kognition. Erfahrungsgemäß kann es ein paar Tage bis zu mehreren Wochen dauern, bis die Koppelung eines solchen traumatisch besetzten Kernimperativs dauerhaft erreicht ist.

Es empfiehlt sich, mit dem Klienten zu besprechen, wann und wo er dieses KAW der Subkognition durchzuführen plant. In der Mehrheit der Fälle geschieht dies einmal täglich, aber andere Formen sind auch möglich: von einem sehr kurzen KAW mehrmals täglich bis zu einem längeren KAW alle zwei oder drei Tage. Wichtig ist, dass dieses KAW einen Platz im Alltag bekommt – entweder in einen strukturierten Tagesplan eingebaut oder aber »zwischendurch«, z. B. bei einer Tasse Tee, beim Warten auf den Bus, bei der Fahrt mit der U-Bahn, beim Musikhören, beim Spazierengehen durch den Park oder beim Entspannen am Abend – oder wann immer sich ein wenig Zeit und Muße dafür findet. Außerdem ist es hilfreich, wenn sich der Klient den Satz, d. h. die Kern-Subkognition aufschreibt oder die Beraterin das für ihn tut; manche Klienten »vergessen« die Kern-Subkognition sonst schnell wieder.

Falls es ein darauf folgendes weiteres Beratungsgespräch gibt, sollte die Beraterin zu Beginn fragen, wie es dem Klienten mit seinem Problem in der Zwischenzeit ergangen ist und welche Erfahrungen er mit dem KAW gemacht hat.

Das konstatierende aufmerksame Wahrnehmen der Subkognition ist im Falle der Introvision kein Selbstzweck, sondern ein Mittel zum Ziel. Ist das Ziel erreicht, d. h. der Konflikt beendet, dann ist auch das gezielte konstatierende aufmerksame Wahrnehmen der jeweiligen Subkognition nicht weiter erforderlich.

5.1.4 Abschlussphase des Beratungsgesprächs

In der Abschlussphase geht es um Folgendes:

- Rückmeldung des Klienten (»Wie fühlen Sie sich?«) und dies ggf. aufmerksam konstatierend mit ihm reflektieren, insbesondere dann, wenn der Klient eine

Weile braucht, um von dem KAW des Zentrums des Unangenehmen wieder in das Alltagswachbewusstsein (PT-Stufe 4) zurückzufinden;
- den Ablauf der Sitzung und das Vorgehen der Introvision und die Ergebnisse der Sitzung gemeinsam reflektieren. Übergreifendes Ziel ist es, den Klienten langfristig zu befähigen, Introvision selbständig anzuwenden. Dazu gehört auch, ihm zu helfen, die in dieser Sitzung gemachten Erfahrungen zu verstehen und einzuordnen und offene Fragen zu klären;
- die anstehende Hausaufgabe erläutern: die Subkognition noch einmal klar formulieren und ggf. schriftlich festhalten (Karteikarte); Sinn, Ziel und Zweck der Hausaufgabe erläutern; das Vorgehen (»Wann und wo?«) planen; die Art des schriftlichen Erfahrungsberichts besprechen;
- organisatorische Fragen, zum Beispiel in Bezug auf das nächste Treffen, klären.

Den Abschluss dieses Beratungsgesprächs sollte eine kurze, inhaltliche Zusammenfassung des Gesprächs durch die Beraterin – und ggf. auch durch den Klienten – bilden.

5.2 Auswirkungen der Introvision

Im Folgenden geht es um die Auswirkungen der Introvision: erst um die unmittelbar subjektiv erlebbaren Auswirkungen des KAW und dann um die Merkmale einer erfolgreichen Konfliktauflösung.

5.2.1 Unmittelbare Auswirkungen während des KAW

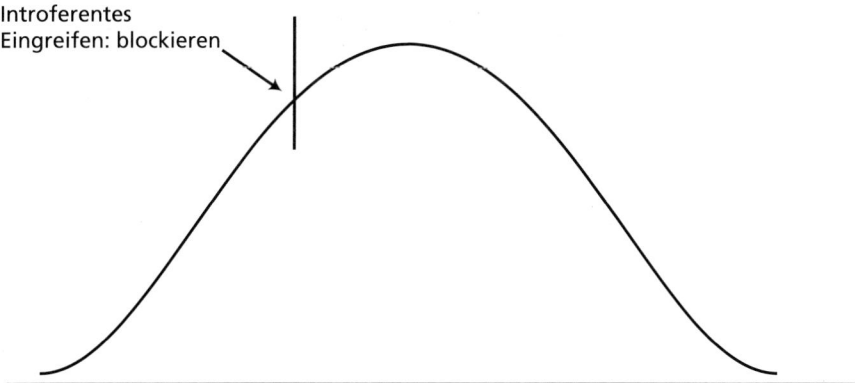

Abb. 5.2: Verlauf der Erregung über Zeit

Wie werden die unmittelbaren Auswirkungen des KAW subjektiv erlebt? Hierbei lassen sich – grob gesagt – vier Fallgruppen unterscheiden.

A. Überraschend schnelle und deutliche Abnahme der Erregung

Dies sind die Fälle, in denen die Ergebnisse der Introvision manchen vorkommen »wie ein Wunder« – vorher war die Erregung hoch und dann nimmt sie dramatisch, manchmal innerhalb von Minuten, ab.

> Ein Beispiel dafür findet sich in den Erzählungen von Michael Crichton, in denen er über seine Angst vor einem Elefantenangriff in Afrika berichtet. Nachdem er stundenlang im Zelt wachgelegen und sich Sorgen über einen möglichen Angriff von Elefanten gemacht hatte, taucht schließlich tatsächlich ein Elefant vor dem Zelt auf. Crichton beschreibt, wie er schließlich Mut fasste, aus dem Zelt schaute und einem Elefanten direkt ins Auge blickte, der drei Meter vom Zelt entfernt friedlich im Unterholz fraß. Die Überlegungen, was zu tun sei, führten zum Ergebnis, dass es am vernünftigsten war, im Zelt zu bleiben. Alles andere – um Hilfe rufen, zu versuchen, den Elefanten zu verscheuchen oder wegzulaufen – könnte den Elefanten zu sehr reizen. Als ihm das klar wird, legt er sich seelenruhig ins Bett. »Wir können nichts daran ändern‹, sagte ich, ›also können wir ebenso gut schlafen.‹ Und das tat ich. Ich schlief beinahe augenblicklich ein, und noch im Einschlafen hörte ich das Tier da draußen durchs Unterholz brechen.« (Crichton, 2001, S. 66)

Es gibt viele ähnliche Erfahrungen mit der Anwendung der Introvision, bei denen das Konstatieren der Subkognition zu einem deutlich spürbaren und relativ raschen Abfall der damit verbundenen Erregung führte (▶ Kap. 6). Vermutlich handelt es sich hierbei um Fälle, in denen ein höherer Anteil der Erregung auf kontrolliertes, d. h. willkürliches Eingreifen im Zusammenhang mit entsprechenden Konfliktumgehungsstrategien zurückzuführen ist.

B. Vorübergehender leichter Anstieg der subjektiv erlebten Erregung mit dann erst allmählich folgender Abnahme

In anderen Fällen kann es vorkommen, dass die subjektiv erlebte Erregung, das »gefühlte« Ausmaß des Unangenehmen zunächst einmal leicht ansteigt. In diesen Fällen handelt es sich vermutlich um Subkognitionen, die bislang im Alltag weit überwiegend erfolgreich ausgeblendet wurden. Wenn die Aufmerksamkeit sich dann eine Zeit lang konstatierend auf diese Subkognitionen richtet, ohne dass diese wieder schnell ausgeblendet werden, erlebt das Individuum subjektiv zunächst einen gewissen Anstieg der Erregung, bevor dieser dann (u. U. bei wiederholtem KAW) allmählich abnimmt und schließlich gelöscht wird (▶ Abb. 5.2). Hinzu kommt, dass Aufmerksamkeit generell dazu führt, dass die Kognition, auf die sich die Aufmerksamkeit richtet, klarer, deutlicher und differenzierter wahrgenommen wird – und das gilt auch für die Subkognition eines IVK.

> B: »Und wie geht es dir dabei, wenn du konstatierst ›Es kann sein, dass ich nicht die Kontrolle habe?‹«
> K (nach einigen Minuten des KAW): »Das ist ganz komisch. Also, das ist irgendwie so, dass es dann (stockt) … dann habe ich so ein Gefühl so ›ding!‹, irgendwie so Glühbirnen und alles Mögliche im Kopf, was so ›peng‹ und ›Alarm, Alarm!‹ macht. Also, dieser Satz an sich ist schon ganz wild.«

Das Gleiche kann auch geschehen, wenn der Klient das KAW als »Hausaufgabe« durchführt, wie in dem folgenden Beispiel einer Studentin.

»Ich lag abends im Bett, war entspannt und dachte daran, KAW auf die Kern-Kognition, die bei der Beratung herausgekommen war, zu machen. Ich habe mir ganz vorsichtig diesen Gedanken angesehen und war überrascht, wie schnell und stark ich darauf reagierte. Was ich sehen konnte war noch ganz undeutlich und vage, trotzdem begann mein Puls schneller zu werden. Obwohl ich im Bett lag, dachte ich, mir würde der Boden unter den Füßen weggezogen, ein unruhiges Flattern ging durch meinen Körper und ich hatte das Gefühl, mein Hals schwillt nach außen und nach innen an.« (20)

In solchen Fällen ist es erstens wichtig, dass der Klient den Unterschied zwischen Dramatisieren und Konstatieren kennt. Manche Klienten meinen irrtümlicherweise, dass sie das »Schlimm«-Gefühl zunächst einmal deutlicher spüren müssten, bevor sie es auflösen könnten und verwenden dazu die Technik des Sich-in-etwas-Hineinsteigern. Zweitens ist es wichtig, darauf zu achten, dass die konstatierende Aufmerksamkeit von Anfang an tatsächlich weitgestellt ist und bleibt (s. KAW-Übung 3). Das Weitstellen dient dazu, die mit der Aufmerksamkeit verbundene Erregung möglichst weit zu »streuen«, d. h. zu diffundieren.

Und drittens sollte der Klient wissen, dass es zu einem *leichten* Ansteigen der Erregung und des Gefühls des Unangenehmen kommen kann. Das ermöglicht es ihm, dieses Phänomen als Zeichen einer beginnenden Konfliktauflösung zu verstehen. Zur Veranschaulichung lässt sich das Beispiel eines schreienden Babys heranziehen: Wenn die Eltern sich diesem Kind liebevoll zuwenden und es auf den Arm nehmen, schreit es zunächst oft noch ein wenig lauter, bevor es sich dann allmählich beruhigt.

Diese mit der dem Kernimperativ unterliegenden Subkognition verbundenen physiologischen Phänomene – erhöhte Erregung, Anspannung und dergleichen mehr – klingen in vielen Fällen erst allmählich ab. Dafür ein Beispielbericht:

Abklingendes Herzklopfen

In diesem Fall ging es um die Subkognition eines Kernimperativs, der lautete: »Es *darf nicht* sein, dass ich nicht alles planen kann.« Die Klientin entschied sich dafür, das KAW auf die entsprechende Subkognition vor dem Einschlafen durchzuführen – gefolgt von mehreren Minuten KAW auf on-line wahrgenommene akustische und somatosensorische Kognitionen (KAW-Übung 1) zur anschließenden Entspannung.

»In den ersten Tagen gestaltete sich die Durchführung der KAW-Übung problematisch; da diese Kognition mit einem sehr hohen Anspannungsniveau gekoppelt war, konnte ich die KAW-Übung anfänglich nicht länger als ca. zwei Minuten machen, teilweise musste ich die Übung abbrechen, weil ich mich sehr unwohl gefühlt habe. Zu Beginn der KAW-Übungen waren die damit verbundenen Gefühle (Gefühl des Getriebenwerdens, Gefühl der Machtlosigkeit, Gefühl der Hilflosigkeit) und körperlichen Reaktionen (v.a. schneller Herzschlag) belastend für mich. Somit benötigte ich im Anschluss viel Zeit für die entspannenden KAW-Übungen »danach«, um einschlafen zu können. Jedoch haben sich diese KAW-Übungen »danach« als nützlich erwiesen.

Im letzten Teil der ersten Woche konnte ich die KAW-Übung auf die konfliktrelevante Kognition schon länger und etwas gelassener durchführen, jedoch war das damit verbundene Anspannungsniveau weiterhin sehr hoch.

In der zweiten Woche hatte ich subjektiv das Gefühl, dass die körperlichen Reaktionen weniger wurden und der Herzschlag während der Durchführung der KAW-Übung nicht mehr in extremer Schnelligkeit zu spüren war. Eine lange Dauer der anschließenden KAW-Übung mit dem Ziel der Entspannung war weiterhin nötig, um einschlafen zu können.

> Zusammenfassend kann ich feststellen, dass diese zwei Wochen zur Auflösung des Konflikts nicht ausgereicht haben, jedoch hat sich das Anspannungsniveau deutlich gesenkt.« (2)

Erste Verbesserungen haben sich jedoch bereits gezeigt: Sie kann im Alltag mit Problemen, die damit in Zusammenhang stehen, etwas gelassener umgehen und diese rufen nicht mehr so schnell die belastenden Gefühle hervor.

Nachlassende Übelkeit

Ein zweites Beispiel für die Auswirkungen des KAW auf die Subkognition eines Kernimperativs findet sich in folgendem Bericht, bei dem die Klientin es vorzieht, ihren Kernimperativ nicht genauer zu benennen.

> »… habe ich dann KAW-Übungen auf einen Kernimperativ gemacht, der gleich im ersten Beratungsgespräch aufkam. Dieser Kernimperativ kam auch in den folgenden Gesprächen wieder auf, obwohl die besprochenen Probleme ganz unterschiedliche waren. Hier wurde mir zwei Wochen lang bei den Übungen so übel, dass ich teilweise vor Ende der drei Minuten abbrechen musste. Das wurde schleichend besser, bis die Kognition irgendwann nicht mehr unangenehm war, sondern ich im Gegenteil gar nichts mehr an ihr fand. Seitdem hat sich für mich sehr vieles zum Guten verändert, wie angekündigt, aber langsam, Tag für Tag, und ich bemerke diese Veränderungen erst im Nachhinein. Oft merke ich, dass Situationen, die ›früher‹ schwierig waren, inzwischen ›einfach so‹ laufen.« (24)

C.   »Es tut sich kaum etwas – eine nur sehr allmähliche Abnahme der Erregung«

Drittens gibt es auch noch Fälle, in denen das Ausmaß der mit der Subkognition gekoppelten Erregung und Anspannung zwar nicht besonders hoch ist, sich diese jedoch nur sehr langsam löschen lassen. In diesen Fällen kann es vorkommen, dass ein Individuum wiederholt KAW anwendet und in den ersten Tagen kaum eine Veränderung spürt. Zwar steigt die Erregung nicht besonders an, aber sie flacht auch nicht merklich ab. Dies scheint besonders häufig dann der Fall zu sein, wenn die Subkognition lang andauernde gespeicherte körperliche (Miss-)Empfindung beinhaltet. In diesen Fällen kann es durchaus sinnvoll sein, das KAW dennoch weiterzuführen – mit zunehmender Zeitdauer sollten sich freilich erst subtile, dann später auch deutlicher spürbare Veränderungen einstellen. Und mit zunehmender Erfahrung wird der Klient auch zunehmend sicherer darin, solche Empfindungen als Anzeichen für einen erfolgreich laufenden De-Imperierungsprozess wiederzuerkennen.

D.   »Ich spüre nichts mehr – war das schon alles?«

Viertens kommt es des Öfteren vor, dass das mit der Subkognition verbundene Gefühl des Unangenehmen sich schon »verflüchtigt«, kaum dass das Individuum damit begonnen hat, seine Aufmerksamkeit konstatierend auf die betreffende Subkognition zu richten. Dies kann den Klienten verunsichern, weil er nicht genau weiß, ob damit die gewünschte Entkopplung bereits stattgefunden hat, oder ob er sich das nur einbildet. In diesem Fall empfiehlt es sich, pragmatisch gesehen, ein paar Tage abzuwarten und zu sehen, ob sich die spontane Verhaltensänderung in der Praxis einstellt (s. unten); falls nicht, dann ist es zweckmäßig, noch einmal Phase 1 der Introvision zu durchlaufen und dabei darauf zu achten, ob nicht vielleicht Klient und Beraterin beim ersten Mal einer Konfliktumgehungsstrategie aufgesessen sind.

Zusammenfassend lässt sich festhalten, dass sich die subjektiv erlebten Auswirkungen des KAW anhand des Modells einer allgemeinen Erregungskurve veranschaulichen lassen (▶ Abb. 5.2). Häufig nimmt die subjektiv erlebte Erregung zunächst etwas zu, bevor sie dann allmählich abnimmt und verschwindet. Der mögliche subjektiv erlebte, leichte Anstieg zu Beginn lässt sich als eine normale Folge länger andauernder Aufmerksamkeit erklären. Wenn das Individuum zuvor die Subkognition jeweils sehr rasch routinemäßig ausgeblendet haben sollte und dies nun nicht mehr tut, kann der Eindruck entstehen, die subjektiv erlebte Erregung sei stärker als zuvor. In solchen Fällen ist das Weitstellen von besonderer Bedeutung.

Ausmaß und Geschwindigkeit dieser Veränderung können jedoch auf der Zeitschiene und im Ausmaß der Veränderung deutlich variieren – von dramatischer Abnahme über allmähliche Veränderungen bis zu einem sehr raschen Verschwinden.

5.2.2 Merkmale einer erfolgreichen Konfliktauflösung

Als Nächstes stellt sich die allgemeinere Frage, woran sich eine erfolgreiche Konfliktauflösung erkennen lässt. Im subjektiven Erleben ist das Aufhören eines speziellen Konflikts ein eher unspektakuläres Ereignis – so wie das Aufhören einer Grippe etwa: Ist die Grippe ausgeheilt, geht das Leben einfach normal weiter. Dies soll im Folgenden näher erläutert werden.

Auswirkungen auf die konfliktrelevanten Kognitionen:
Das Endloskreisen der Gedanken hört auf

In Bezug auf die konfliktrelevanten Gedanken bedeutet das (1) das Aufhören des Endloskreisens der Gedanken, (2) eine deutliche Verringerung der damit gekoppelten Erregung, Anspannung und Hemmung sowie der jeweiligen Emotionen, (3) das Aufhören des »Tunnelblicks«, das heißt, die Wahrnehmung wird wieder weiter, (4) die Wiederherstellung der normalen Handlungsfähigkeit, (5) das entblockierte Weiterlaufen des epistemischen Problemlöseprozesses. Und schließlich gehört dazu auch (6) die Konfliktprävention: Der frühere Konfliktzustand taucht in Zukunft in entsprechenden Situationen nicht wieder auf.

Unmittelbare Folgen erfolgreicher Konfliktauflösung: Das Entschwinden der konfliktrelevanten Kognitionen aus der Aufmerksamkeit

Eine unmittelbare Folge erfolgreicher Konfliktauflösung ist, dass der jeweilige Konflikt aus der Aufmerksamkeit und später auch aus dem Langzeitgedächtnis entschwindet.

Wie schnell das geschieht, hängt von verschiedenen Faktoren ab: (1) Häufigkeit und Dauer der Koppelung dieser Kognitionen mit Erregung und Anspannung (»Überlernen«) sowie (2) das Ausmaß, in dem diese Erregung und Anspannung durch entsprechende Konfliktumgehungsstrategien zusätzlich (und oft unabsichtlich) erhöht wird. Wenn die mit einem Konflikt verbundene Erregung in erster Linie die Folge von Konfliktumgehungsstrategien ist, dann kann Introvision dazu führen, dass diese sehr rasch abnimmt (s. oben). Dies kann am Anfang zu Verwirrung führen, weil manche Klienten meinen, sie hätten etwas falsch gemacht, weil die vormals mit diesen Kognitionen verbundenen Gefühle plötzlich abnehmen und »verschwinden«.

Der Grund dafür ist aus aufmerksamkeitspsychologischer Sicht leicht erklärbar: Je geringer die damit verbundene Erregung ist, desto eher wendet sich die Aufmerksamkeit wieder anderen Dingen zu – anderen ungelösten Fragen oder offenen Problemen. Ob und inwieweit sich der Konflikt selbst dann bereits aufgelöst hat, lässt sich am besten direkt in der entsprechenden Situation erkennen (s. unten).

In anderen Fällen, in denen die Koppelung bestimmter Kognitionen mit Erregung, Anspannung und Hemmungen langfristig erfolgt ist (z. B. Kernimperative), ist es notwendig, das KAW häufiger zu wiederholen, bis diese Koppelung gelöscht ist. Ist dies erfolgreich geschehen, dann führt dies dazu, dass das Individuum nach einiger Zeit vergisst, warum es sich eigentlich früher einmal über dieses oder jenes so aufgeregt hat und warum es damals eigentlich so viel Angst gehabt hat.

Das Fehlen eines unmittelbar erlebten speziellen Glücksgefühls

Die allmähliche Auflösung eines Konflikts wird folglich subjektiv als ein eher unspektakulärer Prozess erlebt.

Der Grund dafür liegt in der besonderen »Konstruktion« der Aufmerksamkeit. Die Aufmerksamkeit richtet sich unwillkürlich jeweils auf die Kognitionen, die mit besonders hoher Erregung und Anspannung verbunden sind (s. Birbaumer & Schmidt, 2006). Nimmt diese – mit einer bestimmten Kognition verbundene – Erregung und Anspannung bei der Introvision allmählich ab, so wird dies gerade *nicht* als besonders aufregend erlebt – genauso wie das allmähliche Abebben eines Sturms im Allgemeinen auch nicht als besonders spektakulär erlebt wird, oder das allmähliche Aufhören einer Krankheit. Insofern ist die unmittelbare Auswirkung der Introvision häufig gerade *nicht* ein großes Glücksgefühl, eine innere Hochstimmung, ein kognitives »Heureka«. Manchmal lacht der Klient einfach, strahlt und sagt: »Natürlich, das kann sein.« Und dann wenden sich seine Gedanken anderen Dingen zu. Lachen bedeutet Spannungsabfuhr. Bei automatisierter Introferenz kann das erste, länger andauernde KAW dazu führen, dass das damit gekoppelte »Schlimm«-Gefühl im ersten Moment subjektiv deutlicher erlebt wird, als unmittelbare Folge der fokussierten Aufmerksamkeit (s. unten). Später erlebt das Individuum dann manchmal subjektiv eine leichte Verringerung des ursprünglich »schlimmen« Gefühls. (Dass sich etwas geändert hat, wird im Allgemeinen erst später deutlich – und zwar dann, wenn das Individuum sich in derselben Situation wie vorher befindet.)

Verhaltenstheoretisch gesehen bedeutet dies das Fehlen eines unmittelbar wirksamen, deutlichen Verstärkers für das Anwenden der Introvision – beinahe könnte man sagen: leider. Vermutlich ist dieses unspektakuläre »Entschwinden« eines aufgelösten Konflikts aus der Aufmerksamkeit einer der wesentlichen Gründe dafür, warum diese Form der Konfliktauflösung über die Jahrhunderte immer wieder einmal entdeckt wurde und dann erneut in Vergessenheit geriet.

Erst mit zunehmender Erfahrung lernt ein Individuum, den Prozess des erfolgreichen Ablaufs der Introvision anhand von subtilen inneren Veränderungen frühzeitig in sich zu erkennen – genauso, wie dies ebenfalls bei viel Erfahrung mit der Anwendung einer bestimmten Entspannungsmethode geschieht.

Der Praxistest oder »The proof of the pudding is in the eating«

Wie lässt sich dennoch der Erfolg einer Konfliktauflösung praktisch überprüfen? Die Antwort darauf lautet: durch einen Verhaltenstest in der jeweiligen Situation.

Im Alltag lässt sich der Erfolg einer versuchten Konfliktauflösung am leichtesten dann beobachten, wenn die Situation wieder auftaucht, die früher zur Aktivierung des Konflikts geführt hat. Eine erfolgreiche Auflösung dieses Konflikts führt dazu, dass das Individuum in dieser Situation anders fühlt, denkt und sich verhält als zuvor – angemessener, gelassener, vielleicht auch kreativer. Diese Verhaltensänderung hat den Charakter des Selbstverständlichen, sie erfolgt gewissermaßen »von selbst«. Dem Individuum fällt diese Änderung des eigenen Verhaltens deshalb auf, weil es sich im Allgemeinen noch gut daran erinnert, wie es sich früher in der gleichen Situation verhalten und gefühlt hat.

Allgemeiner gesagt: Das Individuum wird nach erfolgreicher Konfliktauflösung in der betreffenden Situation deutlich gelassener und entspannter reagieren als zuvor; der Psychotonus sinkt, das Individuum handelt im Zustand des Alltagswachbewusstseins oder im Flow-Erleben.

»Der Kopf wird wieder klar«: das Entblockieren der epistemischen Informationsverarbeitung

Das Beenden der mit diesen Kognitionen gekoppelten Introferenz führt dazu, dass die epistemische Informationsverarbeitung wieder ohne Blockade weiterlaufen kann. Im Alltag zeigt sich dies daran, dass der »Kopf« wieder klar wird. Das führt dazu, dass das Individuum dann wieder in die Lage kommt, die vorhandene Situation aus unterschiedlichen Perspektiven zu betrachten, die gemachten Erfahrungen weiter zu verarbeiten und angemessen zu symbolisieren und neue Ideen und Lösungsmöglichkeiten zu entwickeln. Unter Umständen kann das auch bedeuten, dass das Individuum erkennt, dass es für diese spezielle Situation keine Lösung gibt – auch das kann erleichternd sein.

In einigen wenigen Fällen kann das auch dazu führen, dass das Individuum angesichts einer unauflösbaren Leerstelle oder eines Widerspruchs erneut selektiv primär introferent eingreift; dies erfordert jetzt jedoch nur einen sehr geringen inneren »Aufwand« an Erregung und Druck: gerade soviel, wie für eine einfache Entscheidung nötig ist.

Konfliktprävention

Die vielleicht wichtigste Folge einer erfolgreichen Konfliktauflösung ist die damit verbundene Konfliktprävention. Aus Sicht der TMI ist es möglich, Konflikte nicht nur besser zu bewältigen, sondern sie tatsächlich »von der Wurzel her« aufzulösen. Ist dies erfolgreich, so ist damit nicht nur der akute Konflikt beendet, sondern das Individuum wird normalerweise auch in Zukunft nicht wieder in den gleichen Konflikt geraten.

Beispiele für die praktische Durchführung von Introvision finden sich im folgenden Kapitel.

5.3 Blitzintrovision

Gemäß dem »Theorem der dicken Klöpse« (▶ Kap. 1) standen im Mittelpunkt dieses Kapitels vor allem die »großen«, akuten, belastenden Konflikte, weil diese bei den ersten Anwendungsversuchen der Introvision normalerweise als erste auftauchen.

Aber natürlich gibt es im Alltag auch viele andere Situationen, bei denen habituell primär introferent eingegriffen wird, ohne dass die meisten Menschen dies im Alltagsverständnis überhaupt als Konflikt bezeichnen würden (auch wenn sie dies aus Sicht der sehr weiten Definition von Konflikt der TMI sind): leichte Anspannungen, Irritationen, ein wenig Aufregung, leichte Ungeduld, ein verlegenes Zögern, eine Vermeidungsreaktion, ein Anflug von Furcht, ein kurzer Ärger, das Anspannen der Nackenmuskeln, das Unterdrücken von Wut – also eher die »daily hassles« (Kanner et al., 1981) statt akuter Konflikte im Sinne von PT-6.

Zwar können solche »kleinen Konflikte« im Allgemeinen rasch sekundär ausgeblendet und überschrieben werden, aber auch sie beeinträchtigen die Fähigkeit zu lernen, Probleme zu lösen und zu handeln. Sie unterbrechen den Zustand des Flows (PT-2) und können sich auf Dauer summieren – bis hin zu beginnendem Burn-out.

Der Kern des Problems liegt darin, dass beim Imperieren der entsprechenden Sollvorstellung die entsprechende Subkognition kurzfristig ausgeblendet und beiseitegeschoben wird. Dieses Beiseiteschieben der epistemischen Subkognition ist aus Sicht der TMI der Beginn der inneren Unruhe (bezogen auf die betreffenden Kognitionen). Sofern und solange dieses Beiseiteschieben überwiegend kontrolliert erfolgt, lässt es sich durch Blitzintrovision auch wieder kurzfristig beenden. Was lässt sich also tun, wenn sich z. B. jemand durch das Klingeln des Telefons gestört fühlt?

Blitzintrovision heißt, dass diese »beiseitegeschobene« Subkognition wieder konstatierend wahrgenommen wird: »Das Telefon klingelt – (*imperativisch*) das *darf* nicht sein, dass ich schon wieder gestört werde – (*konstatierend-wahrnehmend*): Es kann sein, dass ich gestört werde«.

Allgemeiner gesagt: Blitzintrovision bedeutet in solchen Fällen zu merken, dass man (wieder) kontrolliert introferent eingreift – und aufzuhören, die Subkognition beiseitezuschieben, d. h. diese Subkognition kurz aufmerksam konstatierend wahrzunehmen und sie damit wieder in die epistemische Informationsverarbeitung mit einzubeziehen. Wenn das dazu führt, dass die Anspannung rasch wieder absinkt, war die Blitzintrovision erfolgreich. Gelingt dies nicht, so sollte man (ggf. später) diese Subkognition länger konstatierend wahrnehmen und dabei dann nach dem »Kern des Unangenehmen« (▶ Kap. 3), d. h. dem darunterliegenden Imperativ (▶ Kap. 4) Ausschau halten – und diese Imperativkette bis zu ihrem Ende zurückverfolgen. In anderen Worten: Dann sollte man die »beiseitegeschobene« Subkognition weiter explorieren und ihr im Sinne der Introvision »auf den Grund gehen« und das heißt, die dahinter- und darunterliegende automatisierte Introferenz ebenfalls de-automatisieren und beenden, und dazu gehört auch, die Koppelung der Kern-Subkognition mit Affekt zu löschen. Tut man das nicht, begnügt man sich also auch in solchen Fällen immer wieder mit einer kurzen »Blitzintrovision«, wird diese wenig nutzen, weil die automatisierten Imperierungsprozesse weiterlaufen. Das wäre in etwa das Gleiche, als wenn man eine ausgewachsene Erkältung hat und dann einen Nasenspray verwendet: Das Medikament kann zwar vorübergehend die Symptome mildern, aber die Erkältung an sich wird dadurch nicht beendet.

Also: Blitzintrovision ist in solchen Fällen erfolgreich, in denen das primäre Eingreifen kontrolliert erfolgt; wenn man das bemerkt, lässt es sich durch konstatierendes Wahrnehmen der – habituell ausgeblendeten – Subkognition rasch beenden. Danach läuft die (epistemische) Informationsverarbeitung wieder weitgehend ungestört weiter.

»Blitzintrovision« in einer kritischen Situation: die Verhinderung eines Auffahrunfalls

Ob das erfolgreiche Verhindern eines möglichen Auffahrunfalls zu den »kleineren« oder den »größeren« Problemen des Alltags gehört, mag an dieser Stelle offen bleiben. In jedem Falle zeigt das nächste Beispiel, dass Introvision unter Umständen auch blitzschnell wirksam sein kann – ohne langandauerndes wiederholtes KAW. I. L. berichtet dazu:

> »Ich sitze im Auto auf dem Weg von der Uni nach Hause. Feierabendverkehr, es regnet, nur Sonntagsfahrer unterwegs, die es anscheinend gar nicht eilig haben. Ich bin genervt. Auf dem Kreisverkehr nehme ich die innere Spur, um noch einige Wagen zu überholen. Meine Ausfahrt kommt. Ich muss schnellstens die Spur wechseln. Die Lücke zwischen den Wagen neben mir ist klein, ich komme zwar rüber, bin aber viel zu schnell, muss bremsen, die Räder blockieren auf der nassen Fahrbahn, bremsen! – Oh nein, gleich fahre ich dem Auto vor mir hinten rein! Ein (konstatierender) Gedanke kommt: ›Kann sein, dass ich ihm gleich reinfahre.‹
> Spontan atme ich tief durch, die Anspannung verschwindet, ich reagiere, gehe von der Bremse, die Räder lösen sich, ich bremse erneut und nichts passiert.

In dem kritischen Moment kurz vor dem Auffahrunfall konstatierte ich die Möglichkeit des Reinfahrens automatisch, der Satz ›schoss‹ mir in den Kopf. So wurde meine Handlungsfähigkeit wiederhergestellt.«

Abschließend kommt I. L zu dem Fazit: »Nachdem ich mich seit nunmehr zweieinhalb Jahren mit KAW und Introvision beschäftige, scheint meine Fähigkeit zu konstatieren teilweise automatisiert zu sein.«

Der Übergang von Blitzintrovision zur Introvision

Der Übergang von der Blitzintrovision zur Introvision wird mit zunehmender Übung fließend. Wenn das konstatierende aufmerksame Wahrnehmen der Subkognition bei der Blitzintrovision nicht unmittelbar zu einem deutlich spürbaren Nachlassen der damit verbundenen Anspannung und Erregung führt, dann sucht man nach dem »Kern des Unangenehmen« (▶ Kap. 3), dem zugrunde liegenden, automatisch festgehaltenen subjektiven Imperativ (▶ Kap. 4) und der dazugehörigen Subkognition und nimmt diese konstatierend wahr – und so weiter, bis man zur Kern-Subkognition gekommen ist und diese ein Weilchen lang konstatierend wahrnimmt.

5.4 Zur Wirksamkeit des KAW im Rahmen der Introvision: einige neuere hirnphysiologische Ergebnisse

Im Kern geht es bei der Introvision – aus Sicht der TMI – darum, das habituelle bzw. automatische introferente Eingreifen zunächst zu de-automatisieren und dann zu beenden. Dass dies bei akuten Konflikten so schwierig ist, liegt – so eine weitere Annahme – daran, dass die Kern-Subkognitionen in diesen Fällen mit erhöhtem Affekt gekoppelt sind. Dass es tatsächlich möglich ist, die Koppelung von Kognitionen mit Affekt tatsächlich zu löschen und zum Beispiel Angst nicht nur zu hemmen, sondern wirklich zu beenden, wurde bis vor einigen Jahren von vielen klinischen Psychologen bezweifelt (Grawe, 2004). Inzwischen liegt eine neuere physiologische Untersuchung von Debiec et al. (2006) vor, die zeigt, dass sich die – gelernte – Verbindung eines Reizes mit der (Angst-)Reaktion bei Ratten labilisieren und damit löschen lässt.

Ziel der Introvision ist es, technisch gesprochen, die einem Konflikt unterliegende Subkognition langfristig von der damit verbundenen Erregung, Anspannung und Hemmung – beispielsweise Angst – zu entkoppeln.

Ist es überhaupt möglich, beispielsweise Angst, die mit bestimmten Kognitionen gekoppelt ist, wieder zu löschen? Bis vor einigen Jahren gingen Wissenschaftler davon aus, dass die Konsolidierung von Erinnerungen unumkehrbar ist. Konsolidierung bedeutet, dass aus vorübergehend gespeicherten Kognitionen (»Kurzzeitgedächtnis«) durch Protein-Synthese permanente Erinnerungen (»Langzeitgedächtnis«) werden. In anderen Worten: man glaubte, dass das, was einmal im Langzeitspeicher drin ist, dort auch dauerhaft bleibt. Inzwischen zeigen neuere Studien, dass dies so nicht stimmt. Vielmehr ist es möglich ist, langfristig gespeicherten Koppelungen gewissermaßen wieder aus dem Langzeitspeicher zu entfernen, wie die Studie von Debiec et al. (2006) gezeigt hat.

Die Koppelung von Kognitionen mit Affekt löschen: Ergebnisse eines Experiments mit Furchtkonditionierung bei Ratten

Debiec, Doyére, Nader & LeDoux (2006) haben gezeigt, dass Erinnerungen, die aus dem Langzeitgedächtnis abgerufen (reaktiviert) werden, anschließend erneut gespeichert (rekonsolidiert) werden müssen, um wieder im Langzeitgedächtnis zu gelangen. Daraus folgt, so Debiec et al., dass man – um solche Koppelungen aus dem Langzeitgedächtnis zu löschen, zweierlei braucht: (1) Zunächst muss man den auslösenden Reiz reaktivieren und (2) dann verhindern, dass die Koppelung dieses Reizes mit Angst erneut im Langzeitgedächtnis gespeichert (rekonsolidiert) wird.

Und genau dies haben Debiec et al. (2006) untersucht, und zwar mit Ratten, die zuvor gelernt hatten, Angst vor bestimmten Tönen zu haben.

> Als erstes lernten die Ratten, Angst vor einem bestimmten tiefen Ton (1 kHz) zu empfinden. An zwei Tagen hörten sie je viermal diesen Ton (CS1), jedesmal unmittelbar gefolgt von einem leichten unangenehmen elektrischen Impuls (US) am Fuß (primäre Konditionierung). Danach zeigte sie deutliche Angst (75 % Freezingverhalten).
>
> Am dritten Tag erklang erselbe tiefe Ton, diesmal jedoch jedesmal unmittelbar gefolgt von einem speziellen hohen Ton (CS2), ohne dass dem jedoch der leichte elektrische Impuls folgte (sekundäre Konditionierung). Dies geschah viermal. Anschließend zeigte sich, dass die Tiere bereits dann ängstlich reagierten, wenn sie den hohen Ton (CS2) hörten (über 50 % Freezingverhalten). Daraus folgern die Autoren, dass die Ratten eine entssprechende Assoziationskette gelernt hatten: CS2 (hoher Ton) → CS1 (tiefer Ton) → unangenehmer elektrischer Impuls (US).

Anschließend wurde zunächst untersucht, ob es möglich ist, diese konditionierte Furchtreaktion wieder aus dem Langzeitgedächtnis zu löschen. Am dritten Tag hörten die Ratten in der entscheidenden Experimentalgruppe einmal den tiefen Ton (CS1) und bekamen unmittelbar anschließend Anisomycin in die Amygdala infundiert. (Anisomycin ist ein Antibiotikum, das die Proteinsynthese blockiert – und auf dieser Proteinsynthese beruht die Speicherung (Konsolidierung) von Kognitionen im Langzeitgedächtnis.)

Als die Ratten 24 Stunden danach erneut getestet wurden, zeigten sie weder beim tiefen (CS1) noch beim hohen (CS2) Ton sonderlich viel Angst. Offenkundig war es erfolgreich gelungen, die erneute Speicherung (Rekonsolidierung) der Koppelung dieser Töne mit Angst im Langzeitgedächtnis erfolgreich zu verhindern. Die Tiere reagierten relativ angstfrei auf den hohen wie auf den tiefen Ton. (Entsprechende Kontrollexperimente zeigten, dass das Anisomycin keine Auswirkungen auf die Speicherung im Kurzzeitgedächtnis hatte: Drei Stunden nach der Gabe des Antibiotikums war die Angstre-

> aktion noch vorhanden; lediglich die langfristige Speicherung erfolgte nicht mehr.)
> Wenn man allerdings möchte, dass die Angstreaktion auf beide Töne gleichermaßen verschwindet, dann ist es freilich erforderlich, das Anisomycin im Anschluss an den tiefen Ton zu verabreichen. (Wir erinnern uns: Der tiefe Ton war es, den sie ursprünglich unmittelbar vor dem leichten Stromschlag gehört hatten.) Deshalb haben Debiec et al. weiterhin untersucht, was passiert, wenn das Anisomycin stattdessen das nach Erklingen des hohen Tons (CS2) verabreicht wird. Dabei zeigte sich, dass dadurch zwar die Angst vor dem hohen Ton weitgehend gelöscht wurde, aber die Angst vor dem tiefen Ton bestehen blieb.
> Mit der gebotenen Vorsicht lässt sich aus diesem Ergebnis schließen, dass es sinnvoll und zweckmäßig ist, in der Tat bei der Introvision bis auf den Kernimperativ und die damit verbundene Kern-Subkognition zurückzugehen, wenn es darum geht, die gesamte Imperativkette zu de-imperieren.

Die Untersuchung von Debiec erklärt im Übrigen auch, wieso sich Klienten nach erfolgreicher Auflösung eines Konflikts anschließend oft nicht mehr daran erinnern, was der Kern des emotional Unangenehmen daran für sie einmal gewesen ist. Das heißt nicht, dass sie den entsprechenden Vorfall selber (z. B. eine traumatische Erinnerung) vergessen haben; dieser ist vielmehr weiterhin im Gedächtnis gespeichert. Aus dem Langzeitgedächtnis verschwunden ist »nur« die Koppelung dieser Situation mit einem bestimmten Schlimmgefühl.

Im Übrigen suchen derzeit weltweit Labore nach einem Medikament für den Menschen, das dasselbe bewirken kann wie das Anisomycin bei den Ratten. Wir werden abwarten, was dabei herauskommt. Erfahrungsgemäß sind psychoaktive Medikamente allerdings meist mit Nebenwirkungen verbunden. Das, was in der Studie von Debiec et al. mit Hilfe einer chemischen Substanz erreicht wurde, erfolgt – so die Annahme der TMI – bei der Introvision mit Hilfe des KAW – und das ist, soweit bekannt (▶ Kap. 3) praktisch nebenwirkungsfrei.

Dass konstatierende Aufmerksamkeit zu einer unmittelbaren Verringerung der affektiven Aufladung – genauer gesagt, zu einer Reduktion der Aktivierung der Amygdala – führt, wird u. a. durch die Studie von Herwig et al. (▶ Kap. 3) belegt; weitere empirische Studien finden sich z. B. in Ott (2010). Diese und ähnliche Ergebnisse lassen vermuten, dass das KAW ähnlich wie das Anisomycin wirkt. Phase 1 der Introvision (Reaktivierung der Kern-Subkognition) führt zur Labilisierung der Koppelung dieser Kern-Subkognition mit Affekt, und das KAW in Phase 2 verhindert die erneute Speicherung (Rekonsolidierung) dieser Koppelung im Langzeitgedächtnis.

Normalerweise reagieren Menschen auf das Wiederauftauchen unangenehmer Bilder und Gedanken im Bewusstsein damit, sich erneut etwas dazu zu imperieren: sich ärgern, andere anklagen, sich beklagen etc. Dabei werden diese Erinnerungen erneut mit – zusätzlichem – Affekt gekoppelt. Beim KAW bleibt genau dieser Prozess aus: es wird kein zusätzliches »Öl ins Feuer« geschüttet, keine zusätzliche Anspannung und/oder Hemmung erzeugt.

Möglicherweise ist das der entscheidende Faktor, der die erneute Speicherung (Rekonsolidierung) im Langzeitgedächtnis verhindert. Was dabei aus dem Langzeitgedächtnis verschwindet, ist lediglich die Koppelung der jeweiligen Subkognitionen oder auch Sollvorstellungen mit Affekt. Das ermöglicht dann dem EPS, diese Kognitionen unblockiert weiterzuverarbeiten und entsprechende Lösungen zu finden. Dies entspricht zumindest genau dem, was Klienten nach dem Abschluss einer erfolgreicher Introvision erleben: »Plötzlich war mir klar, was zu tun ist.«

5.5 Vergleich von KAW und Introvision mit anderen Verfahren

Als Letztes geht es nun um die Frage nach Gemeinsamkeiten und Unterschieden zu anderen Interventionsverfahren im Bereich von Beratung, Coaching und Therapie. Dazu sollen im Folgenden aus Platzgründen nur einige kurze Bemerkungen gemacht werden.

Introvision und konstatierendes aufmerksames Wahrnehmen (KAW) als Methode des Selbstmanagements

Die Introvision wurde konzipiert als eine Methode des Selbstmanagements – eine Vorgehensweise, die sich erlernen und dann selbstständig im Alltag anwenden lässt. Introvision ist etwas, was man selbst tut – und nicht jemand anderes für einen. Genauso wie man auch nur selbst etwas lernen kann oder auch nur selbst autogenes Training durchführen. Andere – Lehrer, Trainer, Berater – können einen bestenfalls darin anleiten und unterstützen.

Deshalb ist es erforderlich, zunächst die Vorgehensweise der Introvision zu erlernen, und das braucht Zeit – so wie man Zeit braucht, beispielsweise autogenes Training oder auch Fahrrad fahren zu lernen. Dafür lassen sich einige Elemente daraus – z. B. bestimmte KAW-Übungen – relativ bald im Alltag anwenden (► Kap. 3), um so z. B. das eigene Lernen zu verbessern oder sich zwischendurch mental zu entspannen. Mit zunehmender eigener Erfahrung und Praxis wird die Introvision zu einem »Tool«, das in vielen Situationen des Alltags hilft. Und Introvision kann ggf. auch im Rahmen von Psychotherapie eingesetzt werden (mehr dazu an anderer Stelle).

Gemeinsamkeiten und Unterschiede zu anderen psychologischen Ansätzen

Die Introvision enthält Elemente des klientenzentrierten Ansatzes (konstatierende Grundhaltung, Orientierung am Klienten), der konstatierenden Aufmerksamkeit (so wie sie in vielen Ansätzen verwendet wird), der Entspannung (im Sinne der Reduktion von muskulärer Anspannung und Affekt), der Tiefenpsychologie (Suche nach der Kern-Subkognition), der Erweiterung der Wahrnehmungs- und Lernfähigkeit (Lernen lernen) und der Systemtheorie (Veränderung von Regelkreisen).

Die Besonderheit der Introvision liegt darin, dass ihr eine spezielle Theorie zugrunde liegt (genauer gesagt: zwei Theorien, die Theorie der Mentalen Introferenz, TMI (▶ Kap. 2.7) und die Theorie Subjektiver Imperative, TSI (▶ Kap. 4). Auf diesem Hintergrund wird eine spezielle, empirisch erprobte Vorgehensweise angewandt, um den mutmaßlichen Kern des Konflikts zu finden (Imperativanalyse, Erschließen der Kern-Subkognition). Die konstatierende Aufmerksamkeit (KAW; ▶ Kap. 3) wird weitaus ausführlicher als in den heute gängigen Methoden der Selbsthilfe anhand von Übungen konkretisiert und im Alltag vielfach erprobt und geübt; und im Unterschied zu den meisten anderen Verfahren wird das KAW ausdrücklich »ein Weilchen lang« und u. U. auch wiederholt angewandt, um die mit der Kern-Subkognition gekoppelte affektive Aufladung zu verringern und schließlich zu löschen.

In der breiten Palette unterschiedlicher psychologischer Selbstmanagementmethoden gehört die Introvision eher zu den »aufdeckenden« (sprich: introferenzverringernden), denn zu den »introferent eingreifenden« Verfahren, die z. B. mit Selbstsuggestion oder anderen Formen des Überschreibens arbeiten.

Vergleich der Introvision mit anderen psychologischen Verfahren

- Die Introvision weist eine Reihe von Gemeinsamkeiten mit *kognitiv-therapeutischen* Vorgehensweisen auf – so z. B. setzen beide bei den Kognitionen an, also bei dem, was dem Klienten in der entsprechenden Situation durch den Kopf geht; Unterschiede bestehen darin, wie dann mit diesen Kognitionen (u. a. auch den »hot cognitions«) umgegangen wird.
- Die Introvision weist eine Reihe von Gemeinsamkeiten mit der von Carl Rogers begründeten *klientenzentrierten* Beratung auf – so etwa in der konstatierenden Grundhaltung (Wagner, 1987s) und der klientenzentrierten Vorgehensweise – allerdings wird bei der Beratung strukturierter vorgegangen (gezielte Suche nach dem Kernimperativ, Konfliktumgehungstrategien »abschneiden«). Und statt das Gesagte in eigenen Worten zu wiederholen, gibt die Beraterin hier die vermuteten Kern-Subkognition wortgetreu wider. Die Gemeinsamkeit mit
- dem Focusing nach Gendlin (1981) besteht in der konstatierenden Aufmerksamkeit, die beide verwenden, aber das *konstatierende aufmerksame Wahrnehmen* wird bei der Introvision u. U. zeitlich deutlich länger und öfter vom Klienten durchgeführt als beim *Focusing*.
- Die Introvision hat die gleichen theoretischen Wurzeln wie andere *systemtheoretische* Ansätze (Verhalten als Teil eines Systems) – allerdings geht sie von der zusätzlichen Annahme aus, dass die Kognitionen, die das Verhalten steuern, das Produkt zweier verschiedener kognitiver Subsysteme sind: die Theorie der Mentalen Introferenz. Diese zusätzliche Theorie macht es möglich, aufzuzeigen, weshalb bestimmte Zielvorstellungen und Operationen auch dann noch beibehalten werden, wenn sie inflexibel oder aus anderen

Gründen dysfunktional geworden sind – und was sich dann tun lässt, um diese zu verändern. Kurz: Auf der Basis der Introferenztheorie lässt sich erklären, wie Veränderungen von Systemen möglich werden – nämlich durch die Auflösung von Introferenz.
- Das konstatierende aufmerksame Wahrnehmen, KAW, hat Ähnlichkeiten mit manchen *Entspannungs- und Meditationsverfahren*; jedoch wird bei der Introvision die konstatierende Aufmerksamkeit gezielt auf bestimmte Kognitionen (Kern-Subkognition) gerichtet, um so einen Konflikt aufzulösen.
- Die Introvision weist einige Gemeinsamkeiten mit *tiefenpsychologischen* Verfahren auf; allerdings wird hier die Kern-Subkognition – also die »hot cognition«, das »triebhaft besetzte Objekt«, das »verborgene Motiv« – nicht anhand von freien Assoziationen, Träumen oder Ähnlichem erschlossen, sondern mit Hilfe der imperativischen Vorstellungen selber (Wagner, 1993b) – also den »Geboten des Überichs« den »überhöhten Selbsterwartungen«, den unerfüllbaren Ansprüchen an andere, den Dogmen und Vorurteilen selber. Tiefenpsychologisch ausgedrückt: Bei der Introvision wird das, was »verdrängt« wird, anhand der weiterhin bewusst festgehaltenen Imperative erschlossen. Und außerdem – und darin besteht ein weiterer zentraler Unterschied – erfolgt dies bei der Introvision nicht durch Interpretation, sondern die vermuteten imperativischen Vorstellungen werden wortgetreu, d. h. anhand der von dem Klienten oder der Klientin selbst gebrauchten Worte bei der (impliziten) Benennung der imperativischen Vorstellungen, widergegeben – und zwar aus lernpsychologischen Gründen: Aus Sicht der TMI sind es genau die dabei auftauchenden jeweiligen konkreten und ideosynkratischen Bilder, Worte etc., die mit hoher Introferenz gekoppelt sind.

Ergebnisse einer theoretischen Metanalyse von Depressionstheorien

Iwers-Stelljes (1997) hat auf der Grundlage der TSI eine theoretische Metaanalyse aller damals auffindbaren Theorien (ca 80) zur Entstehung von Depressionen durchgeführt. Diese Analyse zeigte, dass sich die meisten der in diesen Theorien beschriebenen Phänomene und deren postulierte Ursachen und Wirkfaktoren mit Hilfe des theoretischen Konzepts der subjektiven Imperative erfolgreich zusammenfassend erklären lassen.

KAW und Introvision lassen sich darüber hinaus auch in vielen anderen, alltäglicheren Situationen einsetzen – beim Lernen, beim Sport, bei der Entspannung, zur Förderung von Gesundheitsverhalten etc. Mit zunehmender Übung ist es möglich, die Introvision zu einem selbstverständlichen Bestandteil des Alltags werden zu lassen. Eine wesentliche Voraussetzung für die Anwendung ist, dass man zunächst die Methode entsprechend gelernt hat – so wie man andere Vorgehensweisen auch erst einmal erlernen muss: das Autogene Training, das Lesen oder auch das Fahrradfahren. Ohne Übung und ohne Anleitung einfach mit dem Fahrrad loszustürmen kann unter Umständen dazu führen, dass man hinfällt – und das gleiche gilt auch für die Introvision; deshalb ist es erforderlich, insbesondere das KAW vorab entsprechend ausgiebig zu üben.

Im Übrigen braucht Introvision ein bisschen Zeit und ein bisschen (Frei-)Raum. Wenn man gerade unter akutem Schock steht, hohes Fieber hat oder zum Umfallen müde ist, ist vielleicht eine kurze Blitzintrovision möglich und sinnvoll, aber ein länger andauerndes KAW auf eine stark affektiv aufgeladene Kern-Subkognition sollte besser auf später verschoben werden.

Und natürlich gibt es viele Situationen des Alltags, in denen erst einmal etwas anderes vordringlicher ist als Introvision – z. B. anderen Hilfe zu leisten oder sich selber entsprechende Hilfe (Arzt, Psychotherapeut, Introvisionsberater o. ä.) zu holen. Und es gibt auch Situationen, in denen man erst einmal vorhandenen Leerstelle füllen sollte (z. B. durch Lernen) und dann sehen, ob dies bereits ausreicht, um den Default zu beheben.

Langfristig gesehen stellt sich die Introvision als eine vielfältig einsetzbare Form der mentalen Selbstregulation dar, die es ermöglicht, gelassener zu werden und in vorher schwierigen Situationen die innere Ruhe wiederzugewinnen.

5.6 Zusammenfassung

In diesem Kapitel wurde das Vorgehen der Introvision am Beispiel eines typischen Introvisionsberatungsgesprächs dargestellt und erläutert. Nach einer vorangegangenen ausführlichen Einführung in Introvision und das konstatierende aufmerksame Wahrnehmen, KAW (Grundkursus), beginnt ein Beratungsgespräch ggf. zunächst mit Phase 0 (Pakete packen, KAW-Weitstellen). In Phase I geht es darum, die dem Konflikt unterliegende Kern-Subkognition zu finden, d. h. (1) die konfliktrelevanten Kognitionen zu aktivieren (»Was geht Ihnen in der entsprechenden Situation durch den Kopf?«), (2) dabei den – ersten – subjektiven Imperativ herauszuhören (»Was ist es, das (gefühlsmäßig) nicht sein *darf*?«), (3) die Subkognition konstatierend-wahrnehmend wiederzugeben (»Es kann sein, dass das ... geschieht«), (4) ggf. die Imperativkette bis an ihren Anfang zurückverfolgen und (5) Konfliktumgehungsstrategien dabei »abzuschneiden«.

Phase II der Introvision besteht darin, die Kern-Subkognition ein Weilchen lang aufmerksam konstatierend wahrzunehmen. Ziel dabei ist, (1) die Koppelung dieser Kern-Subkognition mit erhöhter Erregung, Anspannung und Hemmung zu löschen und (2) die mit dieser Subkognition verbundenen automatisierten Operationen des introferenten Eingreifens (wegschieben, überschreiben etc.) zu de-automatisieren und zu beenden. Je nach Art und Ausmaß der Introferenz kann dies ein, zwei Sekunden dauern oder auch länger – im letzteren Fall empfiehlt es sich, das KAW über mehrere Tage oder, im Extremfall mehrere Wochen täglich zu wiederholen.

Unmittelbar erlebbare Anzeichen einer erfolgreichen Deaktivierung von Introferenz sind das Verschwinden des Gefühls des Unangenehmen zusammen mit dem Entschwinden der Subkognition aus der Aufmerksamkeit. Auf der Verhaltensebene führt die erfolgreiche Auflösung des Konflikts langfristig in den entsprechenden Situationen zu größerer Ruhe, Handlungsfähigkeit und damit – situationsspezifisch – zur Wiedergewinnung von mehr Gelassenheit. In manchen Situationen (kontrolliertes primäres Eingreifen) hilft bereits die Blitzintrovision (▶ Kap. 5.3), um unmittelbar wieder ruhiger zu werden.

Im Übrigen wurden in diesem Kapitel physiologische Untersuchungen zur Wirkungsweise der konstatierenden Aufmerksamkeit (▶ Kap. 5.1), Gemeinsamkeiten und Unterschiede zwischen Introvision als Methode des Selbstmanagements und anderen psychologischen Verfahren (kognitive Verhaltenstherapie, klientenzentrierte Beratung, systemische Ansätze, Entspannungs- und Meditationsmethoden, Tiefenpsychologie) erörtert.

Im folgenden Kapitel soll das Vorgehen der Introvision an einer Reihe von Beispielen praktisch veranschaulicht werden.

> **Selbsttest**
>
> - Was ist erforderlich, bevor ein Introvisionsberatungsgespräch durchgeführt werden kann – und warum?
>
> *Phase 1 der Introvision*
>
> - Nehmen wir an, jemand hat Angst vor dem Schreiben einer Hausarbeit und schiebt dies solange vor sich her, bis der Termin abgelaufen ist. Wie lautet die Anfangsfrage in diesem Fall bei der Introvsion?
> - Was ist die Standbildmethode?
> - Wann und in welchen Fällen wird in der Introvisionsberatung das, was der Klient gesagt hat, wortgetreu konstatierend widergegeben? Warum? Und inwiefern unterscheidet sich das von anderen Beratungsverfahren?
> - Warum ist es erforderlich, die Imperativkette bis an das Ende zurückzuverfolgen und dann KAW auf die Kern-Subkognition anzuwenden?
> - Was bedeutet es, Konfliktumgehungsstrategien »abzuschneiden«?
> - Was zeichnet einen »Erstimperativ« aus?

- Was sind Anzeichen dafür, dass es sich um einen Kernimperativ handeln könnte?

Phase 2 der Introvision

- Auf welche Kognition soll in Phase 2 das KAW angewandt werden? Und was ist das Ziel dabei?
- Woran kann festgestellt werden, ob ein Konflikt erfolgreich aufgelöst wurde?
- Was bedeutet »Blitzintrovision«?

Weiterführende Aufgaben

- Vergleichen Sie das Vorgehen der Introvision mit einem anderen Verfahren der mentalen Selbstregulation!
- Berichten Sie am Beispiel eigener Erfahrungen über Vorgehensweise und Auswirkungen der Introvision und diskutieren Sie diese!

6 Die Anwendung der Introvision in der Praxis

Die Introvision ist auf sehr unterschiedliche Themen und in verschiedenen Bereichen anwendbar. Das liegt daran, dass sie inhaltsoffen konzipiert ist und sich an den strukturellen Grundzügen von inneren Konflikten ausrichtet (s. TSI; ▶ Kap. 4). Worum sich diese dann inhaltlich drehen, ist höchst individuell und äußerst vielgestaltig. Dieses Kapitel soll eine Übersicht über die Bandbreite bisheriger Anwendungsbereiche und -themen geben und damit die Möglichkeiten der Introvisionspraxis veranschaulichen.

> **Übersicht**
>
> In diesem Kapitel geht es um praktische Beispiele für die Anwendung der Introvision im Alltag in unterschiedlichen Bereichen. Grundsätzlich lassen sich vier Bereiche für die Anwendung von Introvision unterscheiden:
>
> 1. *Gelassener werden im Alltag* – sich weniger anspannen, besser lernen, schneller einschlafen
> 2. *Stress, Konflikte und mentale Blockaden reduzieren und auflösen* – z. B. im Beruf, zur Gesundheitsförderung, bei pädagogischer Intervention, Beratung, Training, Coaching und Supervision;
> 3. *Handlungskompetenz optimieren* – z. B. professionelle Kompetenzen fördern und entwickeln, Leistungsfähigkeit verbessern;
> 4. *Anwendung im Kontext von Psychotherapie*.
>
> Im Folgenden geht es um Beispiele für die Anwendung der Introvision in den ersten drei Bereichen. (Auf die Anwendung von Introvision im Kontext von Psychotherapie wird hier nicht weiter eingegangen werden.)
>
> Der Anwendung vorangegangen war in jedem Fall eine mindestens mehrere Wochen dauernde Einführung in Grundlagen und Anwendung der Introvision (mehr dazu s. Anhang). Die Fülle der folgenden Beispiele etwa bei Arbeitsstörungen, Beziehungsproblemen oder Juckreiz veranschaulicht die breite Anwendbarkeit der Introvision. Selbstverständlich ist vor der Anwendung der Introvision eine Problemdiagnose erforderlich. Dabei gilt es, unter anderem abzuschätzen,
>
> - ob und inwieweit es sinnvoller ist, den jeweiligen Konflikt zunächst durch Veränderung der äußeren Situation zu beenden, bevor dann Introvision zur Konfliktprävention eingesetzt wird;

- ob und inwieweit das jeweilige Problem (z. B. Leerstellenkonflikt) zunächst besser durch den Erwerb von Kenntnissen und Informationen zu beenden ist;
- ob und inwieweit es sich um ein Problem handelt, das zunächst medizinisch abzuklären und ggf. auch zu behandeln ist z. B. starkes Herzrasen, körperliche Abhängigkeit (Sucht);
- ob und inwieweit es sich um ein Problem handelt, das Ergebnis einer akuten Psychose ist; in diesem Fall sind zunächst andere Formen der medizinischen und psychotherapeutischen Intervention erforderlich.

6.1 Anwendungsfelder

6.1.1 Größere Gelassenheit in Alltagssituationen

Das größte Anwendungsgebiet der Introvision ist zweifelsohne der Alltag, mit all seinen kleineren und größeren Herausforderungen. In Kapitel 6.2 finden sich hierzu zahlreiche Beispiele. Typische Themen sind hier z. B. Ängste (Beispiel 2), zwischenmenschliche Probleme (Beispiel 7), unangenehme Sinneseindrücke (Beispiel 17) und Entscheidungen (Beispiel 8). Im Entscheidungsprozess können subjektive Imperative zu einem Erregungsanstieg, zu kognitiven Blockaden und zur Handlungseinschränkung führen (Iwers-Stelljes, 2014; Iwers-Stelljes & Pollok, 2014). Mit der Introvision ist es möglich, die subjektiven Imperative aufzulösen und den Blick wieder frei werden zu lassen für Handlungsalternativen und deren Bewertung.

6.1.2 Lernen und Lehren

Die Anwendung der Introvision zur Förderung von Lern- und Lehrprozessen ist wissenschaftlich besonders gut untersucht (▶ Kap. 1.3.4). Hintergrund hierfür ist die Entstehungsgeschichte der Introvision, die mit der Untersuchung von Lehrern im Schulunterricht ihren Anfang nahm und durch die Erprobung von Studenten in universitären Seminaren wesentlich vorangetrieben wurde. Im Bereich Schule und Hochschule bieten sich daher vielfältige Anwendungsmöglichkeiten für KAW und Introvision. Einen Eindruck hiervon geben die Beispiele 3, 4, 5, 6, 12, und 16 (▶ Kap. 6.2. sowie »Besser lernen und behalten« (▶ Kap. 3.3.2).

Das KAW kann zur Verbesserung von Wahrnehmung und Aufmerksamkeit bei Schülern eingesetzt werden, wie es beispielsweise im Klassensetting oder im Rahmen individueller Lerncoachings erfolgt ist (Alam, 2009; Matthes, 2012, 2013). Diese sind wichtige Basiskompetenzen für erfolgreiches Lernen und die gezielte Anwendung von Lerntechniken.

Mit umfangreicher Forschung konnte die Wirksamkeit der Introvision zum Abbau von Rede- und Prüfungsangst (zwei empirische Untersuchungen: Berckhan,

1989; Berckhan, Krause & Röder, 1993; Krause & Röder, 1990; Schütze, 1989; Wagner, 1987a, 1987g, 1987h, 1987i; Wagner, Berckhan, Krause, Röder, Schenk & Schütze, 1991; Wagner, Berckhan, Schenk & v. Manikowsky, 1988, s. auch Beispiel 6 in ▶ Kap. 6.2) belegt werden.

Darüber hinaus kann die Introvision zur Reduktion von Lern- (Iwers-Stelljes, 2015; Iwers-Stelljes & Müller, 2013) oder Schreibblockaden (Klaffs, 2004; Möller, 2008; s. auch Beispiel 3 »Schreibprobleme« in ▶ Kap. 6.2) angewandt werden. Im Verständnis der Introvision liegen Lernblockaden subjektive Imperative zugrunde, wobei es verschiedene Möglichkeiten gibt, wie und warum diese im Lernprozess entstehen, z. B. zur Überbrückung mangelnden Wissens oder in Reaktion auf kränkende Erfahrungen in Bezug auf Lernen. Werden solche Imperative aktiviert, binden sie die Aufmerksamkeit und die Erregung steigt, was sich negativ auf das Lernen auswirkt. In der Folge können auch das Selbstwirksamkeitserleben und das Selbstkonzept beeinträchtigt werden (Iwers-Stelljes, 2015; Iwers-Stelljes & Müller, 2013). Im Speziellen wurde die Anwendung der Intovision bei Studierenden des Grundschullehramts mit Mathematikangst untersucht. Hierbei wurde angenommen, dass es im Zuge fehlender Kompetenzen und ungünstige Lernerfahrungen zu mentalen Blockaden im Sinne introferenten Eingreifens und subjektiver Imperative kommt und insofern die Introvision ein Mittel zur Auflösung der Mathematikangst sein kann (Iwers-Stelljes et al., 2014). In einer qualitativen Pilotstudie erlebten die Teilnehmer das Introvisionscoaching als hilfreich, um einen neuen Zugang zur Mathematik zu finden und mentale und emotionale Prozesse besser regulieren zu können.

Darüber hinaus kann mit KAW und Introvision auch der Erwerb berufsqualifizierender Kompetenzen im Studium gefördert werden, so z. B. die Selbst- und Sozialkompetenz von Lehramtsstudenten (Iwers-Stelljes (2006, 2008, 2012), Iwers-Stelljes & Luca (2008)) oder die Beratungskompetenz bei Studenten der Sozialen Arbeit (Kosuch, 2015).

Schießlich können durch KAW auch Lehrer beim gelasseneren Unterrichten unterstützt werden (Carstensen, 2010)

6.1.3 Beruf und Arbeit

Auch im Arbeitskontext wurde und wird Introvision und KAW vielfach angewendet. Welche Erfahrungen dabei in Bezug auf Stress- und Anspannungsregulation gemacht wurden, vermitteln die Beispiele 3 (Gruppenleitung) und 6 (Intensivstation) in Kapitel 6.2 (▶ Kap. 6.2) sowie eine Studie zur Prävention von Burn-out bei Krankenpflegeschülerinnen und -schülern (Mikoleit, 2006).

Weiter wurde die Anwendung der Introvision im Kontext von Arbeitsvermittlung bei Langzeitarbeitslosen und Fallmanagern untersucht (Löser, 2012; Pereira Guedes, Löser & Wagner, 2010). Ziel war es, die gesundheitliche Verfassung der Langzeitarbeitslosen durch die Wiedergewinnung innerer Ruhe und die Auflösung von inneren Konflikten zu verbessern und so langfristig ihre Vermittlungschancen auf dem ersten Arbeitsmarkt zu erhöhen. Die spezielle Klientel und die institutionellen Rahmenbedingungen erforderten große Flexibilität in der Ausgestaltung der Methoden und Zielsetzungen. Dennoch hatte das Introvisionscoaching einen hohen individuellen Nutzen für die Teilnehmenden (▶ Kap. 1.3.4).

Neben dem individuellen Nutzen hat die Introvision auch das Potential, sich positiv auf ganze Organisation auswirken (Iwers, 2017). Denn indem Imperierungsprozesse auf den verschiedenen Organisationsebenen erkannt und bearbeitet werden, lässt sich ein achtsameres Miteinander fördern.

6.1.4 Körperliche Beschwerden (Schmerzen, Juckreiz, Tinnitus)

Ein weiterer Bereich für die Anwendung von Introvision ist die Veränderung des Umgangs mit körperlichen Beschwerden wie Schmerzen, Juckreiz, Tinnitus, Migräne, Verspannungen und dergleichen mehr. Die Gemeinsamkeit liegt darin, dass diese körperlichen Missempfindungen von den Betreffenden häufig als außerordentlich unangenehm bis unerträglich empfunden werden.

Inzwischen liegen eine Reihe von empirische Studien zur Wirksamkeit von KAW und Introvision bei Alters- und Lärmschwerhörigkeit (Wagner et al., 2005; vgl. auch Buth, 2004, 2012; Ebers, 2002; Korpys, 2005; Schuldt, 2003; Staffeldt, 2005; Sylvester, 2004; Wagner & Buth, 2012), bei Tinnitus (Buth 2004, 2005, 2008, 2012; Sylvester, 2004) und bei chronischen Nackenverspannungen (Flick, 2005; Pape, 2006, 2008; Pereira Guedes, 2011) vor (▶ Kap. 1.3.4). Aber auch bei Migräne und Kopfschmerzen (Empl et al., 2017), bei Neurodermitis (s. Beispiel 20, ▶ Kap. 6.2), Juckreiz (s. Beispiel 21, ▶ Kap. 6.2) oder Ohnmacht (s. Beispiel 22, ▶ Kap. 6.2) wurde die Introvison schon erfolgreich angewendet.

Aus introferenztheoretischer Sicht ist das Grundprinzip der Intervention in diesem Bereich dasselbe wie bei der Anwendung auf andere, psychische, Konflikte. Es geht darum zu lernen, in die vorhandenen Kognitionen (Schmerzreiz, Tinnitus, Jucken) nicht unabsichtlich zusätzlich introferent einzugreifen und so unabsichtlich »Öl ins Feuer zu gießen«. Als Zweites geht es dann darum, einen möglichen darunter liegenden Konflikt mit Hilfe von Introvision aufzulösen.

Die Besonderheit liegt darin, dass in diesen Fällen – anders als bei vielen anderen Problemen – das Ausgangsniveau der vorhandenen Erregung bereits hoch ist. Bei einem akuten Juckreiz zum Beispiel oder einem andauernden Ohrgeräusch (Tinnitus) kann das introferente Eingreifen dazu führen, dass die vorhandene Erregung weiter ansteigt – und damit noch »schlimmer« wird. Und das ist genau der Punkt, an dem die Introvision ansetzt, nämlich dieses unabsichtliche Steigern der vorhandenen Erregung zu beenden.

> **Introvision bei Lärm**
>
> Zur Veranschaulichung dessen, was damit gemeint ist, soll im Folgenden zunächst ein Alltagsbeispiel dienen: Störung durch unerwünschten Lärm.
>
> - *Stellen wir uns vor, ein Hotelgast hört beim Schlafengehen den Lärm einer benachbarten Disko in sein Hotelzimmer dringen. Er fühlt sich gestört, ruft bei der*

Rezeption an und beschwert sich. Leider, so wird ihm bedeutet, könne man in diesem Fall nichts tun. Er legt sich wieder hin und bemüht sich nach Kräften, den unerwünschten Lärm zu ignorieren – vergeblich. Es wird immer schlimmer – und schließlich ist er hellwach und sitzt senkrecht im Bett.

Das Problem ist in diesem Fall, dass der unerwünschte Lärm die Aufmerksamkeit des Hotelgasts unwillkürlich auf sich zieht, und das introferente Eingreifen verhindert die sonst normalerweise erfolgende Habituation (Gewöhnung).

Das erste Mittel der Wahl ist hier das KAW, d. h. in die Musik aufmerksam konstatierend und *weitgestellt* hineinzulauschen – so als ob es sich um eine neue interessante Komposition handeln würde (s. KAW-Übung 3; ▸ Kap. 3). Diese Vorgehensweise bewirkt zweierlei:

- Erstens hört der (vergebliche) Versuch, den Lärm durch Engstellen aus dem Bewusstsein auszublenden, auf – und damit wird die (vorhandene) Erregung zumindest nicht weiter erhöht.
- Zweitens führt dieses länger andauernde Hineinlauschen dazu, dass die unbekannten Töne und Rhythmen vom epistemischen System aufgenommen und verarbeitet werden und schließlich als »bekannt« eingestuft werden. Diese Habituation bewirkt, dass sich die Aufmerksamkeit schließlich davon abwendet – und der Hotelgast ruhig einschlafen kann. Aufmerksamkeitspsychologisch ausgedrückt: Die Orientierungsreaktion klingt ab und Habituation setzt ein.

Orientierungsreaktion bedeutet, dass sich die Aufmerksamkeit unwillkürlich auf neue, ungewohnte oder unerwartete Reize richtet (Birbaumer & Schmidt, 2003, S. 518). Diese Orientierungsreaktion hat ursprünglich überlebenswichtige Funktion: bei unbekannten Geräuschen, körperlichen Empfindungen oder visuellen Eindrücken ist es sinnvoll, zunächst einmal herauszufinden, worum es sich handelt. Wenn das epistemische System dann die Gelegenheit bekommt, die in diesen neuen Reizen enthaltenen Muster zu verarbeiten, dann führt das zu dem Phänomen der Habituation – das heißt, in anderen Worten: die zunächst unbekannten, neuen und ungewohnten Muster werden als bekannt eingestuft – und die Aufmerksamkeit wendet sich anderen Dingen zu.

Das zweite Mittel ist die Introvision. Sollte sich zum Beispiel der Hotelgast habituell imperieren, dass es *nicht sein darf,* dass er morgen unausgeschlafen ist, so kann die Aktivierung der mit diesem Imperativ verbundenen Erregung die erfolgreiche Habituation verhindern. In diesem Fall ist es notwendig, diesen Imperativvermeidungskonflikt aufzulösen.

Daraus ergibt sich für den Umgang mit körperlichen Missempfindungen in vielen Fällen eine Doppelstrategie (KAW plus Introvision).

6.1.5 Sucht

Eine erfolgreiche Suchttherapie hat viele Facetten. Dass Introvision sowohl bei der Entwöhnung als auch bei der Rückfallprävention ein hilfreicher Baustein sein kann, zeigen Beispiel 18 und 19 zu Rauchen und Heroinabhängigkeit.

6.1.6 Sport und Musik

Ein weiteres Anwendungsgebiet der Introvision sind sportliche und künstlerische Aktivitäten. Auch hier kommt es im Zuge von Leistungsstreben, äußeren Erwartungen oder eigenen Ansprüchen oft zu Stress und mentalen Blockaden, die durch KAW und Introvision bearbeitet werden können. Daneben lässt sich durch KAW die Wahrnehmungs- und Konzentrationsfähigkeit verbessern, was sich förderlich auf Leistung und Regeneration auswirken kann. Im Sport wurde dies am Beispiel von Hochleistungsseglern (Benthien, 2011) und Kindern und Jugendlichen beim Springreiten (Struck, 2006) untersucht. Darüber hinaus finden sich Beispiele zur Anwendung im Kampf- (▶ Kap. 3.2.3 Beispiel »Beim Stockkampf«) und im Schulsport (▶ Kap. 6.2 Beispiel 10 »Angst vor einem Schwimm-Wettkampf«). In der Musik wurden Introvision und KAW zur Verbesserung beispielsweise beim Üben am Musikinstrument (Saure, 1996), zur Reduktion mentaler Blockaden beim Singen (Gnadt, 2009; Lampe, 2009) und im künstlerischen Prozess (Weinmann, 2009) eingesetzt.

6.1.7 Spiritualität

Ein herausragendes Feld der Anwendung von Introvision ist der Bereich der Spiritualität. Die Psychologie hat sich jahrzehntelang schwer damit getan, sich mit Spiritualität und mystischen Erfahrungen aus wissenschaftlicher Sicht zu befassen, wie Bucher (2014) darlegt. Erst in jüngerer Zeit hat sich das erheblich verändert.

Grob vereinfacht lassen sich aus psychologischer Sicht zwei verschiedene Begriffe von Spituatilität unterscheiden:

1. Spiritualität als eine bestimmte inhaltliche Domäne - eine bestimmte Glaubensrichtung, der sich Individuen zugehörig fühlen – ein in diesem Sinne spiritueller Christ ist jemand, der an Gott glaubt, in die Kirche geht und betet – unabhänig davon, ob er oder sie jemals den Zustand der Versunkenheit oder der absoluten inneren Ruhe erlebt oder auch nicht;
2. Spiritualität als ein Modus des Erlebens, so wie er in vielen religiösen und auch in nicht-religiösen Kontexten erfahren werden kann – unabhängig davon, ob das Individuum sich einer bestimmten religiösen Richtung oder Gemeinschaft zugehörig fühlt oder auch nicht.

Im Folgenden geht es um Spiritualität als ein besonderer Modus des Erlebens, also um PT-Stufe 1-2. In dem hier vorliegenden Buch finden sich an verschiedenen Stellen Beispiele für solch einen, manchmal auch als mystisch bezeichneten Zustand – der

Zustand der »leeren Unendlichkeit« eines Wanderers, der Zustand der Versunkenheit eines Mediziners in der Mittagspause (C. Albrecht, 1990) und der »absoluten inneren Leere« eines taoistischen Mönchs, (alle in ▶ Kap. 1.1) und das mystische Erlebnis des Philosophen Plotin (▶ Kap. 3.) sind nur einige Beispiele dafür.

> »Betrachtet man die Erfahrungsberichte von Mystikern aus unterschiedlichen Zeiten und Religionen, zu denen auch nicht-religiöse Menschen gehören (Bock, 1991), so weist vieles darauf hin, dass es sich bei echten mystischen Erfahrungen um Varianten des Zustands der ›absoluten inneren Ruhe‹ handelt, ein außergewöhnlicher Zustand umfassender Ruhe, Leere und Zeitlosigkeit, verbunden mit Gefühlen des Wohlbefindens, der Freude, der Liebe und des Eins-Seins mit sich selber, mit der Umwelt und – je nach religiösem Glauben – mit der Transzendenz, dem Universum, Gott, ein Zustand der Gelassenheit (Meister Eckhart), der sancta indifferentia der Qietisten, der ›Weite, die weder Bild noch Form noch Weise hat‹ (Johannes Tauler), die ›offene Weite – nichs von heilig‹ (Bodhidarma).« (Wagner, 2015, S. 98)

Dass auch Menschen ohne ausgeprägten religiösen Hintergrund ähnliche nachhaltige Erfahrungen machen können, belegen die Berichte von Roberts (1982) und Wren-Lewis, (1988).

Im Rahmen eines gemeinsamen interdisziplinären Projekts unter der Leitung von Erwin Möde (katholische Universität Eichstätt-Ingolstadt) und der Verf. fand im Sommer 2013 im Elsaß eine Fachtagung zum Thema »Spiritualität- Introvision-Heilung« (Möde, 2015b) statt. Ziel war es, gemeinsam mit Kolleginnen und Kollegen aus der Theologie, Medizin, Psychologie, Pädagogik und der Hirnforschung auszuloten, welche Rolle Introvision als Methode der mentalen Selbstregulation im Zusammenhang mit spiritueller Versenkung und der Förderung von Gesundheit spielen kann. Möde (2015a) kommt, als Theologe und Psychoanalytiker, nach einer ausführlichen Analyse unterschiedlicher Formen mystischer Erlebnisse zu dem Schluss, dass es einen »präzisen Grund für die Einführung der Introvisionsmethode in die vielfältigen Bereiche der angewandten Spiritualität und pastoralen Praxis gibt« (S. 90), nämlich die Abklärung der Motivation, die der spirituellen Praxis zugrunde liegt und die Auflösung der dieser Praxis zugrundeliegenden inneren Konflikte (S. 90 ff.).

Und genau das ist das Ziel der Introvision.

6.2 Anwendungsbeispiele

Ziel dieses Kapitels ist es, anhand von einzelnen Fallschilderungen ein anschauliches Bild davon zu geben, wie Introvision in der Praxis ablaufen kann. Die Beispiele stammen zum überwiegenden Teil von Studierenden aus den Seminaren der Verfa. an der Universität Hamburg; die große Mehrheit von ihnen ist neben dem Studium in unterschiedlichen Berufen tätig. Die folgenden Zitate stammen aus unveröffentlichten Hausarbeiten oder anderen schriftlichen Berichten. Zur Wahrung der Anonymität der Verfasserinnen und Verfasser (s. Vorwort) wurden die Namen weggelassen bzw. verändert.

Beispiel 1: »Mehr lächeln!« – ein paradoxer Imperativ

Das erste Beispiel dient dazu, den Unterschied zwischen klassischem Verhaltenstraining und Introvision zu verdeutlichen.

L. S. hatte sich vorgenommen, mehr zu lächeln. Sie war erst vor einigen Wochen nach Hamburg gezogen und hatte Schwierigkeiten, Freunde zu finden. An ihrem alten Wohn- und Studienort war es ihr schwergefallen, Freundschaften mit Einheimischen zu schließen und nun wollte sie unbedingt vermeiden, dass das Gleiche in Hamburg erneut passieren würde. So nahm sie sich vor, mehr zu lächeln.

> »Um leichter auf Leute zuzugehen, ist es meiner Meinung nach extrem wichtig, zu lächeln, um freundlich, entspannt und einladend zu wirken. Immer wieder fiel mir jedoch auf, dass ich teilweise über einen längeren Zeitraum nicht in der Lage war zu lächeln, weil ich in dem Moment, wo ich es vielleicht hätte tun sollen, so mit meinen Gedanken und mir selbst beschäftigt war, dass ich einfach nicht daran denken konnte. Die Gedanken waren teilweise so negativ und tiefgreifend, dass das Lächeln dort ›nichts zu suchen‹ hatte. Mittlerweile sind die negativen Gedanken, die mich so lange begleitet haben, aber nicht mehr vorhanden, und ich muss mich trotz allem immer wieder zu einem Lächeln zwingen. Ich würde gerne schon morgens mit einem Lächeln aufwachen, weiß aber nicht, wie ich das hinkriegen soll.«

Zunächst beobachtete sie zwei Wochen lang die Häufigkeit und Qualität ihres Lächelns und bewertete dieses täglich auf einer Skala von 1 (»sehr gut«) bis 6 (»ungenügend«). Der Durchschnittswert lag bei 3,2 und damit war sie unzufrieden.

> »Es ist für mich eine große Belastung, nicht meinen eigenen Vorstellungen zu entsprechen. Ich würde gerne, aber ich kann nicht über meinen Schatten springen, und ich weiß nicht, wie ich das ändern soll.«

Dies ist ein typischer Undurchführbarkeitskonflikt – ein »paradoxer Imperativ«, nämlich spontan lächeln zu *müssen* (▶ Kap. 4).

Sie beginnt Phase 1 der Introvision bei ihrem Imperativ: »Ich *muss* lächeln« und konstatiert, dass es sein kann, dass sie nicht lächelt. Auf die Frage, was daran für sie unangenehm oder irritierend ist, taucht der zweite Imperativ auf »Ich *muss* freundlich und einladend wirken«. Dahinter steht der zentrale Imperativ »Ich *darf* nicht allein sein!« und schließlich der Kernimperativ »Ich *will* geliebt werden!«

Auf diese Kern-Subkognition (»Es kann sein, dass ich nicht geliebt werde«) wendet sie dann zwei Wochen lang jeden Morgen eine halbe Stunde KAW an.

> »Hierzu habe ich mir immer morgens vor der Uni eine halbe Stunde Zeit genommen. Ich habe mich nach dem Frühstück auf mein Sofa gelegt und die Augen geschlossen. Meine Aufmerksamkeit habe ich, wie es die Vorgehensweise des KAW vorsieht, weitgestellt, um alle Gedanken wahrzunehmen. Dabei habe ich meinen Kernimperativ aber nicht aus den Augen gelassen. Immer wieder habe ich den Fokus auf den Imperativ gerichtet, um diesen zu entkräften. Dabei ging eine warme Welle durch meinen Körper. Dieses Gefühl war aber eher negativ. Ich kannte dieses Gefühl nur im Zusammenhang mit unerfreulichen Erlebnissen, die meinen Adrenalinspiegel in die Höhe getrieben haben. Ich musste mich dazu zwingen, den Versuch nicht abzubrechen.«

Schon in den ersten Tagen führt diese morgendliche Introvisionsübung dazu, dass sie sich hinterher »seltsam entspannt« fühlt – und spontan mehr lächelt; sie gibt sich selbst dafür in den ersten Tagen die Note »sehr gut«, und der Durchschnittswert für die gesamte Woche liegt bei 1,7.

> »In den ersten Tagen habe ich durch die Auseinandersetzung mit dem Kernimperativ am Morgen ein seltsam entspanntes Gefühl gehabt. Ich konnte feststellen, dass mein Verhalten im Allgemeinen anders war, wobei ich allerdings nicht weiß, ob es dadurch kommt, dass ich jetzt ausgerechnet meinen Kernimperativ entkräftet habe, oder weil ich mich noch mal eine halbe Stunde vor Beginn des »Uni-Tages« auf das Sofa gelegt und entspannt habe.«

In der zweiten Woche der KAW-Übungen stellt sie fest, dass ihr das konstatierende Wahrnehmen des Kernimperativs und der Subkognition

> »… immer leichter (fällt) und dass das anfänglich negative »Warme-Wellen-Gefühl« einer Welle gewichen ist, die mich nicht mehr so erschreckt, weil ich dieses Gefühl ja nun kenne. Das Lächeln fällt mir im Allgemeinen nicht mehr ganz so schwer, weil ich es nicht mehr für so wichtig erachte. Es ist überraschend für mich, jetzt so eine etwas egalitäre Einstellung zu meinem »Sorgenkind« bekommen zu haben.«

Als sie in der dritten Woche aus anderen Gründen (Probleme mit ihrem Mitbewohner) noch einmal dieselbe KAW-Übung durchführt, entdeckt sie, dass das unangenehme Gefühl, das mit dem früheren Kernimperativ verbunden war, verschwunden ist.

> »Hier habe ich gemerkt, dass ich die eigentlich störende Kognition ›Ich will geliebt werden‹ gar nicht mehr so einfach ausmachen kann. Das Gefühl, das mich sonst immer, wenn auch zunehmend schwächer, begleitet hatte, war kaum noch zu finden. Sollte das etwa eine endgültige Lösung des Konfliktes bedeuten? Ich denke schon!«

Nach ihrer eigenen Einschätzung lächelt sie im Alltag nun häufiger. Gleichzeitig ist die Frage, wie oft sie lächelt, für sie weniger wichtig geworden.

> »Mir ist aufgefallen, dass mein Lächeln auch ohne groß darüber nachzudenken immer zur richtigen Zeit kommt und dabei nicht unecht oder aufgesetzt wirkt. (…) Auch wenn ich dadurch nicht mit einem »Dauergrinsen durch die Welt spaziere«, ist mir klar, dass es damit zu tun hat, in welcher emotionalen Verfassung man sich befindet. Mir ist auch deutlich vor Augen geführt worden, dass man nicht bei jeder Tätigkeit im Alltag lächeln muss. Manchmal habe ich es als entspannend empfunden nicht zu lächeln, sondern nur einen leeren Gesichtsausdruck zu haben.«

Vor allem aber hat sie nun schon eine Reihe von neuen Leuten kennengelernt und dabei die Erfahrung gemacht, dass sie nicht unbedingt lächeln muss, um Kontakte zu knüpfen.

> »Diese durch das KAW gewonnene Entspanntheit hat dazu geführt, dass ich nun schon eine Menge netter Leute kennengelernt habe, die mit mir zusammen studieren. Außerdem wurde meine Theorie widerlegt, die besagt, dass man unbedingt dauernd lächeln muss, um neue Leute kennenzulernen.«

Im Unterschied zu einem klassischen Verhaltenstraining ging es bei der Introvision darum, zunächst den Gedanken konstatierend wahrzunehmen, dass es sein kann, dass sie das nicht schafft, was sie unbedingt erreichen will – und dann die dahinterliegende Imperativkette konstatierend zu explorieren. Die De-Imperierung ihres Kernimperativs führte zur Auflösung der ursprünglichen Paradoxie, (mehr) lächeln zu müssen. Die damit einhergehende Reduktion der inneren Anspannung im Umgang mit Menschen hatte zur Folge, dass es ihr leichter fiel, diesen offen zu begegnen – und dabei auch häufiger zu lächeln.

Beispiel 2: Flugangst

A. L. war in ihrer Jugend gern geflogen. Dies änderte sich jedoch allmählich nach der Geburt ihres ersten Kindes im Jahre 1988. Als sie danach im Jahre 2003 mit ihrem Ehemann und Freunden zum ersten Mal wieder nach Rom fliegen sollte, litt sie unter starker Flugangst. Diese Angst begann an dem Tag, als der Flug – ein halbes Jahr im Voraus – gebucht worden war.

> »Es ging so weit, dass mir bereits schwindlig und leicht übel wurde, sobald ich nur ein Flugzeug am Himmel sah. Den Gedanken, dass ich auch bald in so ein Ding einsteigen sollte, fand ich nahezu unerträglich.«

Als dann schließlich der Flug unmittelbar bevorstand, litt sie unter Panik.

> »Am Flughafen wäre ich schließlich am liebsten weggelaufen. Ich bin dann mit zitternden Knien und flauem Gefühl im Magen in das Flugzeug eingestiegen und habe versucht, ganz rational zu sein. Die Panik, die ich dann jedoch beim Start bekam, ist kaum zu beschreiben. Die Angst vor der Höhe, gepaart mit dem Gefühl der Machtlosigkeit, beherrschte mich den ganzen Flug über. Ich fühlte mich irgendwie ausgeliefert, konnte selbst nichts tun.«

Dasselbe passierte zwei Jahre später, im Mai 2005, bei einem erneuten Flug nach Rom. Etwa zur selben Zeit lernte sie die Methode der Introvision im Rahmen eines Seminars kennen. Sie beschloss, diese Methode auf ihre Flugangst anzuwenden und übte zunächst mehrere Wochen lang täglich KAW.

> »Mein Bestreben bei der Introvision lag zunächst darin, meine subjektiven Imperative zu erkennen und zu formulieren. An dem im Seminar Gelernten orientiert habe ich dann folgendes Selbstgespräch so oder ähnlich mehrmals geführt und zwischendurch immer wieder KAW-Übungen gemacht:

- Ich habe Angst vor dem Fliegen.
- Es kann sein, dass ich Angst vor dem Fliegen habe. Was ist daran schlimm oder unangenehm?
- Ich habe Angst vor der Höhe und davor, dass ich keinen Boden mehr unter den Füßen habe.
- Es kann sein, dass … Was ist daran unangenehm?
- Ich fühle mich machtlos, fast ohnmächtig, wenn ich daran denke.
- Es kann sein, dass ich machtlos bin. Was ist das Unangenehme daran?
- Das Flugzeug könnte abstürzen und ich kann nichts machen. Ich bin irgendeinem Piloten vollkommen hilflos ausgeliefert.
- Es kann sein, dass das Flugzeug abstürzt und ich nichts machen kann.
- Ich muss dann sterben. Es darf nicht sein, dass ich sterbe.
- Es kann sein, dass ich sterben muss.

> Um diesen letzen Gedanken zuzulassen, brauchte ich vier Übungen. Als ich ihn dann formulieren und laut aussprechen konnte, war er gleichermaßen erschreckend wie befreiend. Das Gefühl ist kaum zu beschreiben. Es war so, als hätte sich in meinem Kopf und in meinem Bauch ein Knoten gelöst. Und das ganz plötzlich, obwohl ich doch darauf hingearbeitet habe. Ich war sicher, den Kernimperativ gefunden zu haben, der meine Phobie begründete.«

Sie war so überrascht und begeistert über diese Konfliktauflösung, dass sie beschloss, diese neue Angstfreiheit in der Praxis zu testen. Also buchte sie kurzentschlossen zusammen mit ihrer Freundin für Ende Juni 2005 einen Flug nach Italien, während die Ehemänner und Kinder im Auto dorthin fuhren.

»Ich habe sowohl den Hinflug als auch den Rückflug gut überstanden. Es ist zwar nicht so, dass mir beim Starten und bei zwischenzeitlichen Turbulenzen nicht doch etwas mulmig zumute war und absurderweise fühlte ich mich in 5000 Metern Höhe schon sicherer als noch in 800 Metern Höhe, aber die klassischen Angstsymptome blieben aus. Ich hätte im Mai noch nicht glauben können, dass ich im Juli ohne Angst in ein Flugzeug steige.«

Dies ist ein eindrucksvolles Beispiel für eine Form der Introvision, bei der es mehrere Sitzungen braucht, bis der Kern des Konflikts gefunden ist. In diesem Fall war es so, dass es im Wesentlichen reichte, dass A. L. aufhörte, die Subkognition (»Es kann sein, dass ich sterbe«) auszublenden. Und das restliche »mulmige« Gefühl ließe sich vermutlich durch ein paar weitere Anwendungen der Introvision auch noch auflösen.

Beispiel 3: Introvision im Berufsalltag: Probleme mit der Leitung einer Gruppe und Abbau von Prüfungsangst

L. P. wandte die Introvision auf verschiedene berufliche Probleme an. Zu diesem Zweck entwickelte er als Erstes sein persönliches »KAW- und Introvisions-Programm«. In den ersten zwei Minuten richtete er dabei seine konstatierende Aufmerksamkeit visuell auf das Zentrum des Unangenehmen – je nachdem, welches Problem er sich gerade vorgenommen hatte. Anschließend führte er dann zwei Minuten weitgestelltes auditives KAW (Geräusche seiner Umgebung) und zwei Minuten somatosensorisches KAW (z. B. Lendenwirbelbereich) durch. Dass dies jeweils exakt zwei Minuten dauerte, hing damit zusammen, dass er diese drei Übungen vorzugsweise in der U-Bahn durchführte: je eine Übung zwischen zwei Haltestellen.

Das erste Ergebnis war, dass das KAW auf das Zentrum des Unangenehmen bei ihm im Allgemeinen dazu führte, dass die mit der jeweiligen Kognition verbundene Anspannung rasch nachließ.

> »Ich stellte fest, dass schon zu Beginn die Anspannung nachließ, nachdem ich mir die unangenehmen Situationen gedanklich vorstellte. In der Regel verschwand das bedrohliche Gefühl nach wenigen Sekunden innerhalb der KAW-Übung.«

Als Zweites stellte er fest, dass diese sechsminütigen Übungen ihm halfen, sich wohler zu fühlen: entspannter, klarer und weniger erschöpft.

> »Außerdem stellte ich fest, dass ich nach mehreren Durchgängen (nach einem Uni-Tag, auf dem Weg nach Hause oder zur Arbeit) den Eindruck einer gestiegenen geistigen Klarheit entwickelte. Hinzu kam ein subjektives Gefühl der Entspannung und des Nachlassens von Erschöpfung.«

Daraufhin weitete er nach einigen Wochen die Anwendung dieser Übungen in seinen Berufsalltag aus.

> »Nach einigen Wochen entstand zunächst eine zunehmende Routine in der Durchführung der KAW-Übungen. Ich gebrauchte sie in Situationen, in denen die Anspannung zunahm oder sich subjektiv unangenehme Gefühle bemerkbar machten (Langeweile, Ärger, Befürchtungen). Hilfreich empfand ich die Tatsache, jederzeit einen Schnitt oder eine kleine Zäsur im Alltag vornehmen zu können, die zumindest bis auf wenige Ausnahmen zur Verbesserung meines Befindens beitrug.«

Abbau von Prüfungsangst

Diese täglichen KAW-Übungen wandte er dann auch auf seine Prüfungsangst an. Konkret ging es um eine Klausur in einem von ihm ungeliebten Fach, die in einigen Wochen anstand. Im Zentrum stand dabei die Subkognition, »Es könnte sein, dass ich die Klausur nicht bestehe«, die er immer wieder zwei Minuten lang konstatierend wahrnahm.

> »Hierfür formulierte ich den Satz (unterliegende Subkognition): ›Es könnte sein, dass ich die Linguistik-Klausur nicht bestehe!‹ Ähnlich einem buddhistischen Mantra hielt ich diesen Satz für die Dauer des KAW fest, betrachtete ihn wertfrei, akzeptierend.«

Dies führte dazu, dass seine Prüfungsangst allmählich abnahm und schließlich aufhörte.

> »Bezüglich meiner ersten Aufgabenstellung verlor ich zunehmend die Angst vor dem Nicht-Bestehen der Linguistik-Klausur. Es bildete sich verstärkt der Gedanke aus: ›Ja, es könnte sein, dass ich die Klausur nicht bestehe‹, allerdings löste dies nicht mehr ein Gefühl der Verzweiflung aus. Über die konkrete Situation der bevorstehenden Klausur hinaus löste auch die Beschäftigung mit Linguistik weniger aversive Gefühle aus als im Vorjahr.«

Der Erfolg zeigte sich in der Prüfungssituation selbst.

> »Im Vergleich zum Vorjahr ging ich entspannter in die Prüfungssituation und hatte auch ausreichend geschlafen. Insgesamt empfand ich mich weniger blockiert und konnte die Vorbereitung der Klausur und die Strukturierung besser durchführen.«

Probleme mit der Leitung einer Gruppe

Als Nächstes wandte er die Introvision auf Schwierigkeiten mit der Leitung einer Gruppe an. Als Teamsprecher gehörte es zu seinen Aufgaben, Gruppensitzungen mit Patienten zu leiten.

> »Innerhalb meiner Tätigkeit als Krankenpfleger moderiere ich Gruppen (18–24 Personen) von 30–60 Minuten Dauer auf einer psychotherapeutischen Station im Krankenhaus. Während der Gruppen kommt es zeitweilig zu verbalen Angriffen oder Entwertungen in Richtung des Teams oder gegen mich. In Zeiten mit bestimmter Klientenkonstellation (narzisstische Persönlichkeitsstörungen, emotional instabile Persönlichkeiten, Störungen vom Borderline-Typus) geschieht dies häufiger. Diese Momente stellen für mich Stresssituationen dar, verbunden mit erhöhter Anspannung und Einengung der Wahrnehmung (auch schon im Vorfeld).«

Im Rahmen seines KAW-Programms richtete er seine Aufmerksamkeit konstatierend auf eine bestimmte, von ihm besonders gefürchtete Situation in der Gruppe. Vorangegangene Introvision hatte gezeigt, dass im Zentrum seiner Befürchtung die Möglichkeit stand, dass er abgelehnt werden könnte.

> »In den KAW-Übungen visualisierte ich die Situation im Gruppenraum und betrachtete den Satz: ›Es könnte sein, dass ich abgelehnt werde!‹«

Diese zweite Konfliktsituation ließ sich allerdings durch Introvision weniger schnell auflösen als die oben besprochene Prüfungsangst.

»Während der KAW-Übungen drängten sich verstärkt Gedanken auf, die mich vom eigentlichen Fokus wegführten. Beispielsweise Befürchtungen, die Selbstbeherrschung in der Gruppe zu verlieren oder Klienten gegenüber ungerecht oder aggressiv zu werden. Nach ca. einem Monat verringerten sich allerdings diese Gedankenabschweifungen und es gelang mir, länger den Fokus zu halten (die befürchtete Situation in der Gruppe).«

Der Erfolg der Introvision wurde in seinem Verhalten in der Gruppe sichtbar.

»Wenn ich konkret die Moderation einer Gruppe übernahm (1–2 × pro Woche), hatte ich den Eindruck, selbstbewusster agieren und reagieren zu können. Gleichzeitig hatte ich das Gefühl, stärker die Interaktion der Klienten wahrnehmen zu können und weniger mit meiner eigenen Haltung beschäftigt zu sein. Schon auf dem Weg in die Gruppe empfand ich mich sicherer und gelassener.«

Schließlich trat eines Tages die befürchtete Situation ein, auf die er sich – wenn man so will – seit Wochen mit Hilfe der Introvision vorbereitet hatte.

In dieser Sitzung waren die Patienten aufgebracht und aggressiv, nachdem sechs von ihnen zuvor wegen unerlaubten Rauchens auf der Station abgemahnt worden waren. Er selber hatte, zusammen mit anderen, diese Abmahnungen unterschrieben. In der Gruppensitzung, die er als Teamsprecher moderierte, machten Patienten ihm und dem gesamten Team deshalb massive Vorwürfe.

»Obwohl die Situation in der einstündigen Gruppensitzung deutlich angespannt war, hatte ich selbst nicht das Gefühl verunsichert zu sein. Mein Eindruck war, auf jedes Argument, das z. T. aggressiv oder entwertend vorgebracht wurde, vernünftig zu reagieren und eine klare Position zu behalten. Am nächsten Tag wurde ich von meiner Kollegin (die an der Sitzung teilgenommen hatte) gelobt und wegen meines Verhaltens als souverän beschrieben.«

Sein abschließendes Fazit lautet: »Ich denke, dass dieser Erfolg auf meine vorangegangenen KAW-Übungen zurückzuführen ist und ich freier und selbstbewusster in Gruppen auftreten kann.«

Beispiel 4: Schreibprobleme: »Wenn ich etwas schreibe, dann lösche ich es gleich wieder«

J. V. hatte Probleme mit dem Schreiben von Hausarbeiten. Sie saß stundenlang am Computer, hatte Schwierigkeiten anzufangen, und wenn sie etwas geschrieben hatte, hatte sie meistens das Gefühl, es sei nicht gut genug.

»Man sitzt vor seinem Computer, vor seiner Hausarbeit, und kann nicht anfangen. Ich sitze dann einfach nur da oder schreibe ein Stück und lösch es dann gleich wieder, weil ich es nicht gutfinde. Ich bin nicht der Typ, der stattdessen putzt, fernsieht oder Ähnliches – dabei würde ich mir innerlich Vorwürfe machen. Ich sitze dann weiter vor meinem Computer und mache drei Schritte vor und 2 1/2 wieder zurück. Ich bin nie ganz zufrieden mit dem, was ich schreibe. ... Aus diesem Druck heraus dauern meine Hausarbeiten immer sehr lang, denn ich verändere sie bei jedem Lesen und beschäftige mich manchmal Stunden mit kleinen Absätzen. (...)
  Ein weiteres Problem, mit dem ich immer wieder zu kämpfen hatte, war, dass ich mich immer wieder so leicht habe ablenken lassen. Das mussten gar keine auffälligen Dinge sein. An einem Tag hat z. B. die Seitennaht meiner Hose, die sich irgendwie interessant anfühlte, immer wieder meine Aufmerksamkeit auf sich gezogen.«

Zunächst einmal führt sie zwei Wochen lang Tagebuch über ihr Arbeitsverhalten. Das Ergebnis ist: Sie braucht im Schnitt etwa 10–15 Minuten, bis sie »richtig« anfängt, und danach arbeitet sie etwa 65–70 Prozent der Zeit, wobei sie einen guten Teil davon damit verbringt, bereits Geschriebenes vielfach zu korrigieren.

Die Introvision zeigt ihr, zu ihrer eigenen Überraschung, dass hinter dem für sie zentralen Imperativ »Ich *muss* gut sein«, ein weiterer (Kern-)Imperativ steht, nämlich: »Es *darf nicht* sein, dass ich wenig wert bin.«

> »Über diese Erkenntnis war ich etwas überrascht. Die Verknüpfung zwischen ›gut sein‹ und ›etwas wert sein‹ war mir nicht bewusst.«

Auf diese Subkognition macht sie nun drei Wochen lang KAW.

> »In den drei Wochen der Interventionsphase habe ich täglich einige Minuten die Kognition ›weniger wert sein‹ konstatierend wahrgenommen. Das war zu Beginn nicht einfach. Ich habe mich am Anfang noch sehr leicht ablenken lassen und brauchte für die Übung absolute Ruhe. Außerdem konnte ich die KAW-Übungen nie besonders lange machen. Die KAW-Übungen gingen mit vielen Gefühlen einher. In der ersten Woche hatte ich regelmäßig ein bedrücktes Gefühl und teilweise spürte ich einen Druck im Hals. Vielleicht kann man das Gefühl mit dem sogenannten ›Kloß im Hals‹ umschreiben. Des Weiteren merkte ich manchmal nach den Übungen, dass meine Stirn in Falten lag oder ich die Zähne oder Lippen zusammengepresst habe. Beides lässt wohl auf eine erhöhte Anspannung schließen. Nach den Übungen war ich dann froh, wenn ich die Kognition wieder ›verlassen‹ konnte.
>
> Im Laufe der Zeit wurde es aber besser. Schon in der zweiten Woche ließen diese Anspannungsgefühle nach. Das bedrückte Gefühl war zwar teilweise noch da, aber insgesamt fiel es mir leichter, mich auf die Kognition zu konzentrieren und die Aufmerksamkeit auch ein Weilchen länger darauf zu richten.«

Auch wenn die Introvision vermutlich noch nicht bis zu Ende geführt worden ist, hat sich dennoch ihr Arbeitsverhalten insgesamt verbessert.

> »In erster Linie hat sich die Zufriedenheit mit den Ergebnissen verbessert. Ich lasse öfter Formulierungen stehen und fange nicht als Erstes damit an, schon Geschriebenes zu verbessern. Außerdem habe ich das Gefühl, kontinuierlicher zu arbeiten.«

Der Anteil der produktiven Arbeit steigt von 65–70 Prozent zunächst auf über 90 Prozent an und pendelt sich dann bei 85 Prozent ein. Und wenn dazwischen mal wieder Schwierigkeiten auftauchen, wendet sie darauf KAW an.

> »Wie schon angedeutet, gab es zwischendurch Tage, in denen ich in meine alten Muster verfallen bin und ›Löcher in meinen Bildschirm gestarrt‹ habe oder frustriert meine fertigen Texte gelesen habe. In den Momenten habe ich dann kurz Pause gemacht, den Computer ausgestellt und KAW angewendet. Das hat dann manchmal schon geholfen, und ich konnte mit meiner Arbeit weitermachen. Manchmal habe ich dann aber auch einfach den Computer ausgelassen und mich mit anderen Dingen beschäftigt. Der Unterschied zur Zeit vor der Interventionsphase lag dabei besonders in dem Gefühl dabei. Ich konnte den Schreibtisch ohne schlechtes Gewissen verlassen und hatte nicht permanent das Gefühl, eine riesige ›Baustelle‹, an der noch viel zu tun ist, zu hinterlassen.«

Abschließend schreibt sie, dass sich ihr Arbeitsverhalten bzw. ihr Arbeitsgefühl insgesamt verbessert habe.

> »Ich habe das Gefühl, die Arbeit macht sich jetzt leichter und die Texte schreiben sich leichter. Ich war während der Interventionsphase überrascht, wie schwer mir die Übungen am Anfang gefallen sind. Das Verfahren klingt an sich einfach, ist aber nicht leicht. Ich glaube, dass es mir leichter gefallen wäre, wenn ich eine(n) Betreuer(in) gehabt hätte. (…)

Durch das KAW hat sich das Verhältnis zu meiner Arbeit verbessert. Die Übungen haben mir geholfen, ohne inneren Druck zu arbeiten. Das Bestreben, gut zu sein, hat sich natürlich nicht aufgelöst, aber der Druck ist jetzt nicht mehr ständig präsent, während ich am Schreibtisch sitze.«

Beispiel 5: Wieder arbeitsfähig werden

Im folgenden Beispiel geht es wieder um Arbeitsschwierigkeiten, die jedoch eine andere Ursache hatten. Trotz bester Absichten schaffte B. G. es oft nicht einmal, sich an den Schreibtisch zu setzen, den Computer einzuschalten, die Bücher aufzuschlagen und anzufangen zu arbeiten.

In der ersten Phase des Interventionsprojekts beobachtete er zunächst zwei Wochen lang, wie viel Zeit er täglich mit Arbeit für das Studium verbrachte: Texte lesen, Referate schreiben etc. Es zeigte sich, dass dies durchschnittlich 1.4 Stunden waren. Dann wandte er Introvision an, um herauszufinden, was ihn davon abhielt zu arbeiten.

»Mit Hilfe der Aufzeichnungen aus meinem Tagebuch wurde mir ziemlich schnell klar, dass ich im Grunde kein Motivationsproblem hatte, sondern ein familiäres. Sie werden sicher verstehen, dass die Benennung dieses Problems im Rahmen dieser Hausarbeit mir zu intim erscheint.«

Statt zu arbeiten, grübelte er oft stundenlang über dieses Problem nach.

»Mir fiel auf, dass ich jede Möglichkeit zum Grübeln wahrnahm, sei es beim Essen, Radfahren etc. oder eben gerade auch immer dann, wenn ich etwas für die Uni zu erledigen hatte. Aber diese Thematik nahm mir einfach jede Energie, eben weil ich in diesen ständig kreisenden Gedanken gefangen war.

Mit dieser Erkenntnis war der Kernimperativ auch sehr schnell entlarvt und mir war es nun auch möglich, die darunterliegende Kognition zu formulieren.

Beim KAW war es anfangs sehr unangenehm für mich, so dass der Fokus zu Beginn nur einige Sekunden auszuhalten war. Ich stellte fest, dass je länger ich in der Lage war, die konstatierende Aufmerksamkeit auf das Zentrum des Unangenehmen zu richten, um so arbeitsfähiger wurde ich.«

Nach zwei Wochen war der Konflikt zwar noch nicht vollständig aufgelöst, aber seine Arbeitsfähigkeit war soweit wiederhergestellt, dass er täglich nun doppelt so lange für die Universität arbeiten und sich auf sein Examen vorbereiten konnte. Und dies obwohl sich die äußere Situation an sich nicht geändert hatte.

»Manche Konflikte sind einfach da, ohne dass die von dem Konflikt betroffenen Personen individuell etwas an der unangenehmen Situation ändern können. Es geht vielmehr darum, das ständige Kreisen der Gedanken und die damit verbundenen unangenehmen Emotionen zu beenden und so, wie in meinem Fall, trotz der bestehenden Problematik wieder handlungsfähig zu werden.«

Abschließend weist er noch einmal darauf hin, wie wichtig es in seinem Fall war, zunächst einmal herauszufinden, *wohin* seine Aufmerksamkeit abschweifte.

»Durch das parallele Verfassen des sogenannten Veränderungstagebuchs war es mir möglich, das so Offensichtliche sichtbar zu machen und es ganz an die Oberfläche zu holen. Hierzu passt die Redewise, dass man manchmal »den Wald vor lauter Bäumen nicht zu sehen vermag«, obwohl man sozusagen mittendrin steht.«

Inzwischen hat B. G. erfolgreich sein Examen absolviert.

Beispiel 6: Stress auf der Intensivstation

C. K. war neben dem Studium als Krankenschwester auf einer Intensivstation tätig. Was sie dort störte, war der Lärm, der von den vielen Geräten zur Überwachung des Zustands der Patienten ausging.

Als Erstes wandte sie darauf wiederholt KAW an. Sie lauschte nun absichtlich in diese Töne hinein, statt sich wie früher darüber zu ärgern. Dieses KAW war erfolgreich: Sie lernte, die einzelnen Warnsignale besser zu differenzieren und gleichzeitig verringerte sich der damit verbundene Stress.

Einige Monate später änderte sich ihre berufliche Situation. Im Zuge einer Fusionierung wurde »ihre« Station in ein anderes Krankenhaus verlegt und dort mit einer anderen Intensivstation zusammengelegt. Neben der Einarbeitung in veränderte Arbeitsabläufe bedeutete dies, dass sie es nun zum Teil mit neuen, sehr lauten Überwachungsgeräten zu tun hatte, die sich zudem nicht leiser stellen ließen.

> »Bei starker Arbeitsbelastung habe ich die Warnsignale als aggressiv und schrill empfunden, die mich zusätzlich zu der neuen Arbeitssituation angespannt haben. In den Stresssituationen haben sich die Geräusche in der Art verstärkt, dass ich zum Teil nichts anderes als die Geräusche im Ohr hatte und diese meine Aufmerksamkeit, immer verbunden mit negativer Anspannung und einem Druckgefühl, auf sich gezogen haben. Die Gesamtanspannung und der Stress erhöhten sich in mir.«

In dieser Situation führt sie wieder ihre KAW-Übungen durch. Auf diese Weise lernt sie zwar, die ihr neuen Töne einigermaßen konstatierend wahrzunehmen, ohne sich darüber zu ärgern, aber sie bleibt trotzdem weiter angespannt. Deshalb beschließt sie, auf dieses Problem Introvision anzuwenden und entdeckt dabei folgende Imperativkette:

> »Ich hatte für mich in Anspruch genommen, genau so schnell mit den neuen Stationsabläufen zurechtzukommen wie die Vollzeitarbeitskräfte. Auf der alten Station kannten die Kollegen meine Arbeit, ich hatte auf der neuen Station nun das Gefühl, ich müsse allen die Qualität meiner Arbeit beweisen. Es *durfte nicht* sein, dass sie schlecht von mir oder meiner Arbeit dachten. Und *es durfte schon gar nicht sein*, dass sie Recht hatten mit dieser Behauptung. *Es durfte nicht* sein, dass ich schlechter war als die anderen. Diese Vorstellung hat mich unter Druck gesetzt.«

Dann macht sie wiederholt KAW auf die Subkognition: »Es könnte sein, dass ich schlechter bin als die anderen.«

> »Auch hier hat das KAW geholfen, die Vorstellung zu betrachten, dass es sein konnte, dass ich schlechter war als die anderen. Ich habe gelernt, mit dieser Vorstellung umzugehen und arbeite seitdem gelassener.«

Ihr eigenes Fazit lautet, dass das KAW auf die Geräusche zwar auch einen Teil dazu beigetragen habe, die Spannung zu reduzieren. »Letztendlich jedoch war es die Introvision auf die Problemsituation, die den Druck von mir genommen – und auch die Geräusche wieder erträglich gemacht hat.«

Beispiel 7: Beziehungsprobleme: »Eine Freundschaft, die mir nicht guttat«

Bei dem folgenden Beispiel geht es um eine sehr belastende Beziehung, in der sich die betreffende Studentin eingeengt und unter Druck gesetzt fühlte. Ausgangspunkt für die Introvision war ein Realitätskonflikt: B. L. ärgerte sich über das Verhalten einer Freundin und ihre Gedanken drehten sich dabei im Kreis.

> »Bis zu diesem Zeitpunkt war ich von der Wirkung des KAW noch nicht überzeugt. Dies änderte sich, als ich in einem Beratungsgespräch mit meinen Kommilitoninnen ein mich sehr belastendes Thema ansprach. Es ging hier um eine Freundschaft, die mir nicht guttat, zu der ich aber nicht genug Abstand gewinnen konnte.«

Sie beschloss, auf dieses Problem Introvision anzuwenden und führte in diesem Zusammenhang ein Introvisionsberatungsgespräch in ihrer Kleingruppe mit zwei Kommilitoninnen.

> »In dem *Setting* kamen wir am Ende des Gesprächs zum Kernimperativ (›Es darf nicht sein, dass sie mich im Griff hat‹), auf den ich auch gleich KAW machte. Diese Übungen wiederholte ich zu Hause in den nächsten Tagen etwa 5- bis 6-mal.
> Sehr schnell stellte sich eine Änderung in mir ein. Ich begann, mich weniger über die betreffende Person zu ärgern und überhaupt weniger an sie zu denken. Von nun an machte ich die KAW-Übungen einige Wochen lang, wenn auch sehr unregelmäßig. Zum einen, weil mein Leidensdruck in Bezug auf dieses Thema schnell abgenommen hatte, und zum anderen, weil es für mich einfach immer weniger wichtig wurde. Ich habe jetzt weniger Kontakt zu diesem Menschen, ärgere mich nicht mehr und fühle mich nicht mehr verantwortlich und habe auch nicht mehr das Gefühl, dass sie mich im Griff hat, da ich mich diesem entzogen zu haben glaube.«

Das Fazit dieser Studentin ist: »Ich war sehr überrascht, wie schnell die KAW-Übungen ihre Wirkung taten und fühle mich seitdem angenehm befreit.«

Beispiel 8: Eine blockierte Entscheidung

Auch in dem folgenden Beispiel geht es um Lärm. Dieser Lärm geht von einer Bauschlosserei aus, die sich im Innenhof eines Wohnblocks befindet, in den die Studentin vor einem Jahr eingezogen ist. Dieser Lärm stört sie zeitweise so, dass sie nicht mehr arbeitsfähig ist. Andererseits hat sie viel Zeit und Geld in die Renovierung dieser Wohnung gesteckt und möchte deshalb nicht ausziehen.

Im Seminar wird ihr geraten, in das Zentrum dieses Lärms hineinzulauschen, um sich so an ihn zu gewöhnen (Habituation, s. weiter unten). Sie versucht dies auch, aber zunächst gelingt es ihr nicht so recht.

> »Wenn ich KAW-Hören in meiner Wohnung anwende, treten eine Reihe von Widerständen auf. Dadurch, dass ich den Lärmpegel, der mich dort umgibt unerträglich finde, war ich nicht motiviert, den Lärm konstatierend wahrzunehmen.
> Ich wollte dort am liebsten überhaupt nichts hören, jeglichen Lärm ignorieren. Die Bauschlosserei im Innenhof hat mir meinen Alltag dort verleidet. Ich sah anfangs gar nicht ein, warum ich aus diesem Permanentlärm noch den Ton, der mir am unangenehmsten war, herausfinden sollte.«

Sie entdeckt mit Hilfe der Introvision, dass es einen Imperativ gibt, der sie daran hindert, tatsächlich in den Lärm konstatierend hineinzuhören.

> »Ich befand mich in einem Konflikt, dem der Imperativ zugrunde lag: Ich *muss* hier wohnen bleiben! (Es *darf nicht* sein, dass ich nach einem Jahr schon wieder umziehe, zumal ich so viel in diese Wohnung investiert hatte!)
>
> Dieser Imperativ wurde jedes Mal erneut verletzt, wenn ich meine Wohnung betrat, auch wenn es ruhig war. Ich befand mich in einer Imperierungsschleife, die eskalierte. Ich steigerte mich in diesen Konflikt hinein und wurde handlungsunfähig. Ich konnte nicht mehr an meinem Computer arbeiten, weil ich dachte, dass es jeden Moment wieder laut werden könnte.«

Schließlich beschließt sie, in den Lärm, den sie nicht hören will, nun doch konstatierend hineinzulauschen – ohne sich dazu etwas zu imperieren. In anderen Worten: Sie hörte – zumindest zeitweise – auf, sich zu imperieren, dass es *nicht sein darf*, dass sie schon wieder umzieht.

> »Da der Leidensdruck immer stärker wurde, entschloss ich mich, KAW auf das Hören anzuwenden. Dabei machte ich eine Erfahrung, die mich verblüffte. Bereits nach zweimaliger Anwendung löste sich mein Konflikt. Ich schnitt die Konfliktumgehungsstrategie (KUS) des Ignorierens ab und achtete darauf, mir beim Konstatieren nichts zu imperieren. Ich widmete meine Aufmerksamkeit ausschließlich dem Konstatieren des Lärms. Das machte ich zwei Tage lang mehrmals täglich.
>
> Die Wirkung dessen spürte ich am dritten Tag. Ich beschloss auszuziehen. Dass das nicht sein *darf*, hatte keine Relevanz mehr. Auch dass ich so viel in die Wohnung investiert hatte, war plötzlich unerheblich. Das KUS- und Imperierungsgebilde reduzierte sich binnen kürzester Zeit und übrig blieb die sachliche Feststellung, auszuziehen.
>
> Ich fühlte mich wie ein Luftballon, aus dem die Luft gewichen war und der dadurch wieder seine ursprüngliche Form bekam.«

Sie zog tatsächlich aus und fühlte sich in der neuen, ruhigen Wohnung wieder wohl. Aus introferenztheoretischer Sicht haben in diesem Fall die epistemischen Problemlöseprozesse nach Auflösung des Imperativverletzungskonflikts (IVK) die Lösung produziert, die für sie die richtige war.

Beispiel 9: Schwierigkeiten mit dem KAW

Im folgenden Fall ging es um Schwierigkeiten mit dem KAW. Die betreffende Studentin machte einfach kein KAW, obwohl sie es sich immer wieder vornahm.

> »Im Rahmen eines Seminars zur Einführung in die Introvisionsberatung lernte ich die Anwendung des KAW kennen. Um einen Schein zu erwerben, musste ich eine Hausarbeit schreiben, die u. a. eine Dokumentation und Auswertung der Erfahrungen mit den einzelnen KAW-Grundkurs-Übungen beinhalten sollte.
>
> Immer wieder am Ende der Seminarsitzungen nahm ich mir also vor: ›Du *musst* jetzt jeden Tag deine KAW-Übungen machen!‹ – ohne den Vorsatz zu realisieren. Im Seminar nahm ich an den Übungen teil, aber sofort danach kreisten meine Gedanken nur noch darum, dass ich die Übungen eigentlich auch zu Hause machen *müsste*, es aber nicht tat und so doch keinen Schein bekommen könnte, aber das *dürfte doch nicht sein*, ab morgen sofort würde ich mit den Übungen anfangen usw. Saß ich dann beispielsweise in der Bahn und hätte Zeit für meine Übungen gehabt, schoss mir im gleichen Moment eine Ausrede in den Kopf, warum es gerade in diesem Moment nicht ginge. Selbst das Erstellen eigener Auswertungstabellen half mir bei der Umsetzung der Aufgabe nicht weiter, immer war anderes wichtiger oder ich zu müde oder – der Kreativität im Erfinden von Hinderungsgründen war keine Grenze gesetzt.
>
> Je weiter das Semester fortschritt, desto unangenehmer wurde der Gedanke an die heimischen KAW-Übungen und das Schreiben der Hausarbeit. Ich bekam einen richtigen Kloß

im Magen, der sich bis in den Hals ausdehnte und für Übelkeit sorgte, sobald ich daran dachte. Der Theorieteil der Arbeit war quasi geschrieben, ein Teil der Beratungsgespräche, die analysiert werden sollten, bereits transkribiert und bearbeitet – aber das KAW-Erfahrungskapitel war blockiert.

Irgendwann empfand ich die Situation als so ausweglos, dass ich mein Problem als Anliegen in ein Beratungsgespräch brachte. Im Laufe dieses Gespräches stießen wir auf einen tiefliegenden Imperativverletzungskonflikt.

Ab sofort war es kein Problem mehr für mich, die KAW-Übungen zu machen. Zunächst wendete ich das KAW auf die unterliegende Kognition meines Imperativverletzungskonfliktes an, kurz darauf dann auch immer wieder zwischendurch im Alltag. Die unangenehmen Gefühle und Teufelskreise der Gedanken waren verschwunden, als wäre nie etwas gewesen.«

Beispiel 10: Eine Introvisionsberatung mit einem zehnjährigen Jungen – Angst vor einem Schwimm-Wettkampf

In dem folgenden Beispiel geht es um die Angst eines zehnjährigen Jungen vor den Bundes-Jugendspielen. Seine Mutter, die die Introvision an der Universität Hamburg gelernt hatte, hat ihn darin unterstützt, auf dieses Problem Introvision anzuwenden. Sie berichtet:

»Erwähnenswert finde ich auch, dass ich mehrmals mit dieser Methode Erfolg hatte bei der Lösung eines Problems meines zehnjährigen Sohnes. Eines seiner Probleme bestand darin, dass er Angst hatte vor den Bundes-Jugendspielen, insbesondere vor dem Schwimmen. Er kreiste immer wieder um das Problem, dass er es nicht schaffen würde, fünfzig Meter zu schwimmen und ihn dann entweder alle auslachen würden oder er ertrinken würde. Das konstatierte ich dann wiederholt und bis zum Kernimperativ. Nach drei Tagen fing er an, nach Problemlösungen zu suchen (nicht hingehen, krankmelden, Verletzung simulieren), am vierten Tag bat er mich darum, mit ihm bis zu den Bundes-Jugendspielen schwimmen zu üben. Das taten wir dann täglich im Freibad, auch bei Regen. Die Bundes-Jugendspiele fielen dann aus, und als es einen neuen Termin nach den Ferien gab, konstatierte er selbst noch mal: ›Es kann sein, dass ich es nicht schaffe‹ und ging hin.«

Und natürlich hat er es geschafft, wie sie berichtet.

Beispiel 11: Blitzintrovision bei einer unangenehmen Begegnung

Die folgende Geschichte stellt ein weiteres Beispiel für eine Form der »Blitzintrovision« dar. C. N. hatte vor einiger Zeit wegen eines unangemessenen Schadensersatzanspruchs einen »bösen Brief«, wie er selbst schreibt, an die Mutter eines Klassenkameraden seines jüngsten Sohnes geschrieben. Nun sah er diese Frau aus ihrem Auto aussteigen, auf dem Weg zum Schlachter, zu dem er auch wollte.

»Sofort zog sich etwas in meinem Magen zusammen und ich wollte unbedingt ein Zusammentreffen beim Schlachter vermeiden. Sie hatte noch nicht auf diesen Brief reagiert, und ich wusste nicht, wie sie zu mir stand. Ich habe mich dann gefragt, was mir daran unangenehm war, sie zu treffen und was genau mit dem mulmigen Gefühl im Bauch einherging. Sofort kam mir der Satz hoch: Es kann sein, dass sie mich nicht mag. Sobald ich diesen Satz innerlich ausgesprochen hatte, löste sich das Gefühl im Bauch auf und ich fühlte mich entspannt und gelassen. Ich ging in das Geschäft und hatte keine Probleme, die Frau zu grüßen. (…) Es bleibt noch zu erwähnen, dass zwischen dem Erkennen der Frau und dem Auflösen des Gefühls im Bauch höchstens einige Sekunden vergingen.«

Seitdem wendet C. N., wie er berichtet, die Introvision nach Möglichkeit in jeder Situation an, in der er seine Gelassenheit verliert.

»Oftmals genügt schon das Benennen der unterliegenden Kognition (Subkognition), um einen großen Teil der Erregung aufzulösen. Dadurch bleibe ich handlungsfähiger und nehme vor allen Dingen die Realität mehr so wahr, wie sie ist und folge nicht meinen automatischen Reaktionen, die meist zu einer Realitätsverzerrung führen und dadurch eigentlich erst ein Problem heraufbeschwören.«

Beispiel 12: Blitzintrovision beim Lernen

»… Wenn ich einen Text lese, achte ich darauf, was passiert, wenn eine Leerstelle auftritt – wenn ich also etwas nicht verstehe. Meistens merke ich es erst ein paar Augenblicke später daran, dass ich mal wieder abgeschweift bin. Dann gehe ich zurück zu der Stelle, die ich nicht verstanden habe und nehme diese konstatierend wahr, vielleicht ein paar Sekunden oder auch länger. Ich sage mir: ›Es kann sein, dass ich das nicht verstehe‹ – und spüre, wie sich innerlich etwas entspannt – und dann warte ich einen Moment, na sagen wir, eine halbe Minute. In anderen Worten: Ich wende die Übung ›KAW auf einen Gedanken‹ an.

Es ist erstaunlich, was dann passiert – manchmal wird mir klar, dass ich das nicht zu verstehen brauche – und ich fahre ruhig fort, in anderen Fällen hole ich das Wörterbuch heraus und schlage nach   und merke, wie viel Zeit ich mir damit erspare, die ich sonst darauf angewandt hätte, diesen ›kleinen Konflikt‹ zu umgehen.

Und manchmal stoße ich dabei auf einen interessanten Widerspruch im Text selber, über den ich dann eine Weile nachdenke. Neulich hat mich mein Professor im Seminar dafür sehr gelobt, was ich über diesen Widerspruch zu sagen hatte – ich könnte, so meinte er, sogar meine Examensarbeit darüber schreiben.« (B.V.)

Beispiel 13: Traurigkeit beenden

Im nächsten Beispiel geht es ebenfalls um die Anwendung der Introvision im Alltag, diesmal in einem Fall länger andauernder Niedergeschlagenheit. Die betreffende Studentin verfügt ebenfalls über etwa zwei Jahre Erfahrung in der Durchführung von KAW und Introvision.

»Insgesamt wende ich das KAW immer häufiger automatisch an, wenn ich es benötige.

- Wenn ich das Gefühl habe, ich brauche jetzt eine Pause.
- Wenn ich merke, irgendetwas läuft schief.

Es kommt immer wieder vor, dass ich über längere Zeit traurig bin und nicht sagen kann, warum. Ich weiß zwar, dass etwas dahintersteckt, bin aber zu feige oder zu faul, es herauszufinden. Als sich vor ca. drei Wochen so eine Traurigkeit nicht von selbst erledigt hatte, begann ich, KAW auf das Zentrum des Unangenehmen zu machen. Dabei bin ich auf eine unterliegende Kognition (Subkognition) gestoßen, auf die ich KAW gemacht habe. Seitdem war die diffuse Traurigkeit verschwunden. Der Gedanke an die unterliegende Kognition (Subkognition) hat mich weiterhin traurig gemacht. Aber ich habe mich langsam an ihn gewöhnt. Nebenbei bin ich, glaube ich, auf einen Kernimperativ gestoßen: »Es *darf nicht* sein, dass etwas beendet wird, was ich schätze.«

Ihr abschließendes Fazit lautet: »Mir kam es vor, als wenn ich eine kleine Eigenberatung vorgenommen hätte«.

6.2 Anwendungsbeispiele

Beispiel 14: Ungestört lesen in der U-Bahn

Das nächste Beispiel zeigt, dass auch für die Bewältigung einer kleineren Störung im Alltag Introvision erforderlich sein kann.

Dieser Student wollte gern in der U-Bahn lesen, fühlte sich jedoch durch die Gespräche der anderen Fahrgäste darin gestört – und dass es so war, führte bei ihm zu einem Konflikt-Konflikt.

> »Denn es störte mich zum einen, dass ich nicht weiter meiner Lektüre folgen konnte, zum anderen, dass ich dem Gespräch in meinem Abteil folgen *musste*. (Der Inhalt vieler Gespräche in meiner U-Bahn ist zumeist langweilig oder einfach erschreckend.) Diese emotionale Reaktion erschwerte mir noch mehr, meine Konzentration auf meine Lektüre zu richten.«

Zunächst probierte er es mit dem KAW des Hineinhörens, aber das löste das Problem nicht. Dann wendete er auf diese Situation Introvision mit Hilfe der Standbildtechnik an.

> »Ich versuchte, mir eine Situation in der U-Bahn vorzustellen, in der ich lese und gestört werde. Während ich mir die Situation vorstellte, nahm ich alle Gefühle in mir wahr, ohne sie zu bewerten. Ich stellte fest, dass diese emotionale Reaktion ein Gefühl der Wut oder Angst war. Ganz klar konnte ich das Gefühl nicht deuten, aber es handelte sich auf jeden Fall um eine Mischung aus beidem. Diese Erkenntnis überraschte mich schon sehr, da ich mir erst nicht erklären konnte, wie und warum ich genau diese Empfindungen haben sollte, nur weil ich in der U-Bahn beim Lesen durch Gespräche gestört werde.
>
> Nachdem ich mich nun weiter auf diese Gefühlsregung konzentrierte, wurde mir so allmählich klar, warum es bei mir bei einer Störung zu einer solchen Reaktion kam. Ich war anscheinend von mir enttäuscht, dass ich es nicht schaffen konnte, die Gespräche um mich herum beim Lesen zu ignorieren, dies aber all den anderen Menschen in der U-Bahn sehr gut gelang.
>
> Aus dieser Enttäuschung entstand dann eine gewisse Wut auf mich selber, dass ich eine wohl so leichte Übung nicht auch meistern konnte. Gepaart mit dieser Wut stellte sich dann auch ein leichtes Angstgefühl ein, da ich mir wohl Sorgen machte, dass wenn ich schon nicht solch kleine Dinge lösen könne, an ganz anderen scheitern müsse.
>
> Diese Erkenntnis erstaunte mich, und ich nahm mir vor, mich diesbezüglich einfach nicht mehr zu sorgen.«

Bei den darauf folgenden U-Bahnfahrten überprüft er zunächst einmal, ob sich dieses Gefühl tatsächlich wieder einstellt, wenn er gestört wird. Er »lauert« dabei auf die nächste Störung, um dies überprüfen zu können. Introferenztheoretisch gesehen heißt das, dass er nun die Störungen selber und die damit verbundenen Gefühle konstatierend wahrnimmt, statt weiter introferent einzugreifen. Der Erfolg stellt sich bald ein:

> »Meine nächsten U-Bahnfahrten waren sehr eigenartig, da ich auf die Gefühlsregung schon wartete, wenn ich beim Lesen gestört wurde, da ich überprüfen wollte, ob es stimmte, was ich herausgefunden hatte. Durch dieses ›Lauern‹ fiel es mir am Anfang nun wieder deutlich schwerer bzw. war es mir unmöglich, meiner Lektüre bei einer Störung zu folgen. Aber nachdem ich meine Erkenntnis verifizieren konnte und diesem Gefühl nicht mehr eine solche Beachtung schenkte, ließ zum einen diese Gefühlsregung stark nach, zum anderen ließ ich mich nur noch ganz selten beim Lesen durch Gespräche stören.«

Als er eine Woche später im Seminar nach dem Fortschritt seines Introvisionsprojekts gefragt wurde, war er ganz überrascht, weil er in den letzten Tagen überhaupt nicht mehr gestört worden sei. Er fragte sich, ob das vielleicht daran gelegen haben könnte, dass inzwischen niemand mehr in der U-Bahn geredet hatte und nahm sich vor, diese Hypothese in den folgenden Tagen zu überprüfen. Dabei stellte er fest, dass natürlich weiterhin in der U-Bahn Gespräche stattfanden, nur war er inzwischen so erfolgreich in seine Lektüre vertieft, dass er es nicht mehr merkte.

Sein Fazit war: »Mir gelingt es jetzt nicht nur in der U-Bahn fast ungestört meiner Lektüre zu folgen, sondern auch an anderen, von Menschen stark frequentierten Orten, z. B. in der Mensa, entspannt zu lesen.«

Beispiel 15: Die Handschrift verbessern

Das folgende Beispiel zeigt, wie sich KAW und Introvision auf hochautomatisierte Bewegungsabläufe anwenden lassen. In diesem konkreten Fall ging es um das Schreiben mit der Hand, das mittlerweile vielen Menschen zunehmend schwerer fällt, weil sie in erster Linie am PC arbeiten. Das galt auch für die Studentin N. H., die im Hauptberuf als Dozentin tätig ist.

> »Im Rahmen der somatosensorischen Wahrnehmung habe ich im ersten Teil des KAW zunächst weitgestellt meinen Körper gespürt/konstatiert und dann speziell meine rechte Hand. Nach zwei Minuten habe ich einen Stift in die Hand genommen und in das Halten hineingespürt. Im dritten Teil (nach zwei Minuten) habe ich dann zwei Minuten lang meinen Namen und irgendwelche Sätze, die mir gerade eingefallen sind, geschrieben und ebenfalls die Bewegung des Schreibens konstatiert.
>
> Die Übung hat jeweils ca. zehn Minuten gedauert und ich habe sie fünf Tage lang morgens und abends durchgeführt. Während des KAW war es im ersten Teil so, dass die angespannte Bewegung für mich vom Unterarm über den Oberarm bis hin zum Schulterblatt spürbar war. Nach ca. einer Minute ist die Anspannung weicher geworden.
>
> Mit dem Beginn des Schreibens sind mir imperativische Vorstellungen/Gedanken aufgefallen, die ich beim Schreiben im Kopf habe. Auf diese Gedanken habe ich dann nach dem Schreiben, sozusagen wieder im ›Ruhezustand‹, KAW gemacht.«

Das Ergebnis ist, dass ihre Schreibbewegungen nach fünf Tagen »deutlich weicher« wurden und die mit Schreiben verbundenen imperativischen Gedanken »sich entschärft bzw. zum Teil aufgelöst haben.« Außerdem war es ihr vorher unangenehm gewesen, wenn ihr andere Menschen beim Schreiben zusahen. Nach den Übungen war für sie »das Schreiben unter Beobachtung« entspannter und deutlich leichter.

Beispiel 16: Eine Leerstelle beim Lernen

Der folgende Bericht stammt von einer Seminarteilnehmerin, die im Seminar die Aufgabe bekam, beim Lesen eines wissenschaftlichen Textes das konstatierende aufmerksame Wahrnehmen weitgestellt mit einem konstanten Fokus auf beim Lesen aufkommende Leerstellen anzuwenden – z. B. bei Fachbegriffen, deren Bedeutung sie nicht kennt oder bei Leerstellen, die aufgrund von Textverständnisproblemen auftreten.

> »Ich habe einen Text aus der psychologischen Fachliteratur für diese Aufgabe ausgewählt. Die erste Leerstelle trat nach ca. 30 Sekunden auf, als mein Blick an einem lateinischen Fachausdruck hängen blieb. Zunächst konnte ich ca. eine Minute weitstellen und diese Leerstelle

im Fokus behalten. Dann wurde der erste subjektive Imperativ aktiviert. ›Es *darf nicht* sein, dass ich kein Latein kann und mir dieses Wort nicht herleiten kann.‹ Ich formulierte innerlich: ›Es kann sein, dass ich kein Latein kann und mir dieses Wort nicht herleiten kann.‹ Auf die Frage, was das Schlimme daran sei, schoss mir durch den Kopf: ›Wenn man kein Latein kann, hat man keine humanistische Bildung und dann ist man nicht wirklich gebildet und dann ist man dumm.‹ Nun musste ich zunächst wieder weitstellen, da meine Aufmerksamkeit innerhalb weniger Sekunden dieser Wenn-dann-Kette gefolgt war und ich automatisch enggestellt hatte. Nachdem das Weitstellen nach einigen Sekunden gelungen war, tauchte ein Bild von einem verächtlich guckenden Lehrer aus meiner Vergangenheit auf und ein sehr unangenehmes Gefühl breitete sich in mir aus. Ich versuchte dies noch eine Weile wahrzunehmen und stellte fest, dass das Unangenehmste an diesem Bild die Verachtung im Gesichtsausdruck des Lehrers war. An dieser Stelle unterbrach ich die Übung und wendete in den folgenden Tagen das KAW mit einem konstanten Fokus mehrfach am Tag auf das ›Verachtungsbild‹ an, bis sich die Anspannung, die in diesem diffus unangenehmen Gefühl gesteckt hatte, vollständig auflöste. Inzwischen gelingt es mir lateinische Fachbegriffe ohne inneren Widerstand zu recherchieren oder auch einfach ›zu überlesen‹, wenn diese für das Textverständnis nicht erheblich sind. Darüber hinaus habe ich den Eindruck, dass sich mein Lesetempo deutlich erhöht hat, wenn ich beim Lesen, die auftretenden Leerstellen konstatierend wahrnehme und nicht innerlich an ihnen ›hängenbleiben‹.« (O.R.)

Beispiel 17: Unangenehme Wahrnehmungen: Dunkelheit und Baulärm

Die Introvision lässt sich natürlich auch auf viele kleinere Schwierigkeiten des Alltags anwenden – etwa, um auf diese Weise zu erreichen, dass bestimmte Sinneswahrnehmungen ihren subjektiv unangenehmen Charakter verlieren.

Regnerischer Tag auf Sylt
»Ich laufe durch die Dünen auf Sylt. Es ist ein grauer, regnerischer Tag. Ich nehme die Landschaft weitgestellt konstatierend wahr – und frage mich, was es ist, das ich daran nicht mag. Die Frage: ›Was ist das Unangenehme daran?‹, läuft sozusagen im Hinterkopf. Ich schaue weiter hin und dann wird mir klar: Irgendetwas stört mich an den Büschen am Wegrand.

Ich schaue diese Büsche an und frage mich: ›Was ist daran das Zentrum des Unangenehmen? ›Nach einer Weile wird mir klar, dass es der dunkle Eindruck ist, den sie machen. Ich nehme dieses Dunkle aufmerksam wahr und konstatiere: ›Es kann sein, dass das dunkel ist.‹ Ich schaue diese Dunkelheit in den Büschen weiter konstatierend aufmerksam an. Was daran ist das Zentrum des Unangenehmen?

Das Zentrum des Unangenehmen ist die Schwärze darin. Schwarz war mir schon immer unangenehm ... Also bleibe ich ein Weilchen konstatierend beim Gedanken: ›Es kann sein, dass etwas schwarz ist.‹ Erinnerungsfetzen tauchen auf ... – Nach einer Weile höre ich auf. Das Gefühl des Unangenehmen ist weniger geworden, aber noch nicht verschwunden.

Ich habe die Übung auf das Zentrum des Unangenehmen von Schwärze in den folgenden Tagen mehrfach wieder durchgeführt. Schließlich ist dieses Gefühl weitgehend verschwunden. Das Schöne daran ist: Heute fühle ich mich an trüben Tagen weitaus wohler als früher.« (44)

Unangenehmer Baulärm
»Ein schreckliches Geräusch stört mich beim Vorbeigehen an einer Baustelle. Es ist ein Kreischen, Kratzen und Aufheulen zugleich, ich bekomme Gänsehaut und ducke mich sofort. Ich mache eine KAW-Übung und höre in dieses Geräusch hinein. Was ist das Zentrum des Unangenehmen?

- Es erinnert mich an einen Zahnarztbesuch, das Geräusch des Bohrers.
- Das Zentrum ...? Ich sitze beim Zahnarzt mit geöffnetem Mund.

- Das Zentrum …? Ich fühle mich ihm und der Situation ausgeliefert und hilflos.
- Das Zentrum …? Es ist nicht schlimm, ich kann es ertragen.

Plötzlich empfinde ich es nicht mehr so unangenehm.« (11)

Beispiel 18: Mit dem Rauchen aufhören

S. F. hat seit 14 Jahren Zigaretten geraucht, in der letzten Zeit noch etwa eine Schachtel pro Tag. Sie hat mindestens zehnmal vergeblich versucht, mit dem Rauchen aufzuhören, dies jedoch jeweils nur ein bis fünf Tage durchgehalten. Dies, so schreibt sie, hat »zu einer zunehmenden Desillusionierung« geführt. Hinzu kommt, dass sie an ihrem Arbeitsplatz rauchen darf und dass auch ihr Partner raucht.

Diesmal überlegt sie, wie sie KAW und Introvision dazu verwenden kann, um mit dem Rauchen aufzuhören und entwirft dazu ihr eigenes Programm, eine Kombination aus drei Strategien.

1. Introvision auf den Konflikt, mit dem Rauchen aufzuhören. Als Erstes befasst sie sich mit dem Imperativ-Gegenimperativ-Konflikt, der hier zugrunde liegt.

   »Ich befand mich in dem für Raucher klassischen Imperativ-Gegenimperativ-Konflikt, dass es einerseits *nicht sein darf*, dass ich weiter rauche und andererseits aber auch *nicht sein darf*, dass ich nie wieder im Leben eine Zigarette rauchen darf.

   Mein subjektiver Imperativ: ›Ich *muss* mit dem Rauchen aufhören!‹ ist ja in diesem Fall durchaus begrüßenswert, ihn wollte ich also nicht bekämpfen. Ich konzentrierte mich daher auf die unterliegende Kognition (Subkognition): ›Es kann sein, dass ich nie wieder im Leben eine Zigarette rauchen darf‹, was anfangs natürlich als extremer Verlust an Lebensqualität empfunden wurde.

   Diese Introvisions-Übung führte sie täglich durch.

2. Introvision auf die »schwachen Momente«, in denen sie in Versuchung ist, wieder mit dem Rauchen anzufangen. Als Zweites nimmt sie konstatierend wahr, was es ist, das sie jeweils dazu bringen könnte, wieder zu rauchen.

   »Neben dieser Kognition wollte ich mich auf die Wahrnehmungen in den sogenannten ›schwachen Momenten‹ konzentrieren. So kamen also die ersten Tage als Nichtraucherin und jedes Mal, wenn ich in eine Situation kam, in der ich ernsthaft versucht war zu rauchen, hielt ich inne und machte KAW auf diese Situation. Ich versuchte, mit Hilfe des KAW diese Situationen auf der somatosensorischen und gedanklichen Wahrnehmungsebene bewusst zu spüren und herauszufinden, warum ich jetzt rauchen möchte, wie sich das Verlangen (nach einer Zigarette) anfühlt und was daran schlimm wäre, jetzt nicht zu rauchen.

   Im Laufe der Tage stellte sich heraus, dass das Schlimme gar nicht so schlimm ist. Anfänglich habe ich dabei zunächst weitgestellt, um zu sehen, welche Bilder, Gefühle oder Wahrnehmungen überhaupt da sind. Danach richtete ich den Fokus zunehmend auf einzelne wahrgenommene Aspekte.«

3. KAW auf das Zentrum des Angenehmen, eine Nichtraucherin zu sein. Als Drittes belohnt sie sich jeden Abend mit der KAW-Übung 4: das Zentrum des Angenehmen, »dass ich Nichtraucherin bin bzw. einen weiteren Tag nichtrauchend ›überstanden‹ habe.«

»Im Vergleich zum KAW auf die schwachen Momente kam mir dieses abendliche KAW wie eine Belohnung vor, und ich habe mich gefreut bzw. mich erfreut an den positiven Bildern und Gefühlen, die dabei hochkamen.«

4. Außerdem verwendet sie anfangs ein Nikotinpflaster, um die Symptome eines körperlichen Entzugs abzumildern. Dieses Nikotinpflaster setzt sie nach vier Wochen ab. Das Ergebnis ist, dass sie zum Zeitpunkt ihres Berichts seit knapp zwei Monaten nicht mehr geraucht hat. »Mittlerweile habe ich 51 Tage nicht geraucht und habe das Gefühl, dass ich es im Gegensatz zu den anderen Versuchen dieses Mal wirklich schaffen werde.«

Beispiel 19: Rückfallprävention bei früherer Drogenabhängigkeit

In dem nächsten Beispiel geht es um die Rückfallprävention mit Hilfe von Introvision. J. C. war mehrere Jahre lang heroinabhängig gewesen. Inzwischen hatte sie den Ausstieg mit Hilfe verschiedener Therapien erfolgreich geschafft. Nach wie vor gibt es jedoch Situationen, in denen sie rückfallgefährdet ist.

»Ein Grund für meine Heroinabhängigkeit war bzw. ist mein mangelndes Selbstbewusstsein. In Bezug auf die Universität bemerke ich dieses Problem immer wieder, wenn ich Referate halten soll. (…) Ich sehe in meinen Stimmungstiefs, folgend aus meiner Angst, Referate zu halten, ein essenzielles Problem, da ich in diesen Fällen unter immensem Stress stehe und immer wieder eine Rückfallgefährdung besteht.
Ich habe in solchen Stresssituationen immer wieder zu Drogen gegriffen, anstatt den Kern der Stresssituation zu beseitigen. Allein die Vorstellung, bei einem Referat zu versagen, löst bei mir bereits Magenkrämpfe aus. Ich fühle mich wie gelähmt und bin sogar unfähig, mich vernünftig auf das Referat vorzubereiten. Erschwerend kommt hinzu, dass mir dadurch, dass ich 20 Stunden neben der Universität arbeiten muss, oft die Kraft zum Lernen fehlt.«

Ihr Ziel ist es, diese Angst vor dem Halten eines Referats abzubauen und zugleich mehr Zeit für die Universität aufzuwenden: sowohl für den Besuch von Lehrveranstaltungen als auch für das Lernen. Der konkrete Anlass dafür ist, dass sie in zweieinhalb Wochen ein Referat halten muss.

Die Datenerhebung der ersten Woche ergibt, dass sie im Durchschnitt nur 2,86 Stunden täglich, inklusive Wochenende, für die Universität aufwendet (neben dem 20-Stunden-Job). Sie besucht drei Lehrveranstaltungen und verbringt zusätzlich 14 Stunden mit Lernen. Parallel dazu hält sie auf einem Stimmungsbarometer fest, wie ihre Stimmung an diesem Tag ist – von 0 (»sehr schlecht«) bis 10 (»sehr gut«). In der ersten Woche liegt ihre Stimmung im Mittelwert bei 6,29.

In der zweiten Woche beginnt sie mit den KAW-Übungen (KAW 2).

»Bei dieser Übung habe ich versucht, ein Gefühl dafür zu bekommen, was der Unterschied ist, eine Kognition statt imperierend konstatierend wahrzunehmen, also nicht zu werten, sondern lediglich wahrzunehmen. Mein Fokus richtete sich auf keine bestimmte Kognition, sondern ich habe lediglich mein Inneres konstatierend weitgestellt wahrgenommen.
Am Montag habe ich es trotz sechs Stunden Arbeit noch geschafft, mich für drei Stunden zum Lernen zu motivieren. An diesem Tag hatte ich eine KAW-Übung gemacht und ich empfand es als sehr entspannend. Der Kopf wurde nach der Arbeit frei. Mein Stimmungsbarometer zeigt auch einen Wert von 8.«

In dieser Woche steigt ihre Anwesenheitsdauer in der Universität auf zehn Stunden an, und sie verbringt 17 Stunden mit Lernen. Ihr Stimmungsbarometer steigt auf den Mittelwert von 8 an.

Am Ende der zweiten Woche beginnt sie dann mit Introvision. Diese beginnt mit der Subkognition: »Es kann sein, dass ich bei dem Referat versage.«

> »Diese Kognition habe ich immer mal wieder konstatierend wahrgenommen, bis ich das Gefühl hatte, dass es sein kann, dass ich beim Referat versage und das als gegeben angenommen und nicht gewertet habe. Die Angst vor dem Halten von Referaten musste aber irgendwo herkommen. So habe ich versucht, mich erneut zu fragen, was das Zentrum des Zentrums ist. Ich bin in meinen KAW-Übungen tiefer und tiefer gegangen, um durch die Imperativkette meinen Kernimperativ zu finden. Ich habe dann festgestellt, dass ich in dem Moment, wo ich bei einem Referat versage, das Gefühl habe, dass andere Menschen mich als Versager sehen und mich dann nicht mehr mögen. (…) Das Zentrum des Unangenehmen des Kognitionsinhaltes war: ›Es kann sein, dass ich als Versager gesehen werde und mich einige Menschen nicht mehr mögen.‹ Mein Ziel war es, die mit dieser Kognition assoziierte gespeicherte Erregung bzw. Aktivierung allmählich zu löschen. Und tatsächlich habe ich mehr und mehr feststellen können, dass ich auf die Tatsache, dass ich bei einem Referat versagen und von einigen Menschen nicht mehr gemocht werden könnte, immer gelassener reagiert habe. Mein lähmendes Gefühl und die Bauchschmerzen, die ich empfand, wenn ich an das bevorstehende Referat dachte, ließen nach.«

In der dritten Woche sollte sie dann am Donnerstag ihr Referat halten. Am Mittwoch, dem Tag davor, stieg ihre Stimmung auf den höchsten Wert, auf 10.

> »Ich habe mich direkt gefreut, das Referat zu halten, was im Wesentlichen damit zusammenhing, dass ich richtig gespannt auf mein Experiment war. Am Donnerstag war es dann soweit, und ich hielt das Referat ohne Probleme. Ich hatte ein ›Flow-Erleben‹. Die Angst, von anderen nicht mehr gemocht zu werden, wurde mir regelrecht egal. Das spiegelt sich auch deutlich in meinem Stimmungsbarometer. Der Wert bleibt wie am Vortag auf 10.«

Sie hält dieses Referat mit viel Erfolg – schwungvoll, kompetent und selbstsicher. Und sie arbeitet auch in den Tagen danach mehr für die Universität als früher.

> »Besonders herausragend fand ich, dass ich trotz des Stresses noch geschafft habe, mich anschließend am Abend für vier Stunden zum Lernen zu motivieren, was mit Sicherheit an dem Flow-Erlebnis lag. Selbst am Freitag habe ich trotz sechs Stunden (Erwerbs-)Arbeit noch geschafft, vier Stunden zu lernen.«

In dieser Woche verbringt J. insgesamt wieder zehn Stunden in Lehrveranstaltungen und 20 Stunden mit Lernen und Vorbereitungen für die Universität. Ihre Stimmung steigt auf einen Mittelwert von 9,14.

Ihr Fazit lautet, dass sie ihren Kernimperativ gefunden hat, aber noch weitere Anwendungen der Introvision braucht, um diesen vollständig zu de-imperieren.

> »Für den Moment des Haltens des Referates allerdings hat die Methode der Introvision ihre Wirkung gezeigt. Letztendlich ist es aber kein großer Aufwand, das KAW anzuwenden, wenn ich ein Verhaltensproblem entdecke. Es ist in jedem Fall ein weiterer kleiner Schritt in eine drogenfreie Zukunft.«

Beispiel 20: Neurodermitis

In diesem Fall handelt es sich um eine Studentin, die seit ihrer Kindheit an Neurodermitis leidet. Im Rahmen eines Seminars lernt sie, auf den damit verbundenen Juckreiz erfolgreich weitgestelltes KAW anzuwenden.

> »Ausgangspunkt war für mich meine Neurodermitis. So hatte ich mir vorgenommen, bei entsprechenden Schüben über ein Weitstellen beim KAW schlimmere Juck- oder Kratzattacken vermeiden zu können.
> Am Anfang ist mir das auch ganz gut gelungen. Bereits während des ersten Semesters wandte ich KAW in Bezug auf meine Neurodermitis an und machte dabei sehr gute Erfahrungen. So berichtete ich schon damals, dass ich mit Hilfe des KAW sich steigernden Juckreiz beenden konnte. Eine typische Situation war zum Beispiel, dass ich KAW auf meine juckende linke Hand gemacht habe, da die Neurodermitis häufig an meinen Händen ausbricht. Bei entsprechenden Übungen habe ich mir zunächst das Gefühl in der Hand ›angeguckt‹ und habe dann nach und nach somatosensorisch weitgestellt, bis ich mein gesamtes Körpergefühl von Kopf bis Fuß konstatierend aufmerksam wahrgenommen habe. Mit dem daraus resultierenden Gefühl, dass meine juckende Hand nur einen kleinen Teil meines Körpers ausmacht, ›relativierte‹ sich der Juckreiz spürbar. Es gelang mir zunehmend, ›neutrale‹ bis positive körperliche Empfindungen zusätzlich ins Zentrum der Aufmerksamkeit zu stellen.«

Dieses weitgestellte konstatierende Wahrnehmen bewährt sich für sie sehr – freilich nur, solange es sich um kleinere Juckanfälle handelt. Als sie dann feststellt, dass das weitgestellte KAW bei ihr nicht ausreicht, um einen »großflächigen« Juckanfall zu beenden, ist sie zunächst wütend und enttäuscht. Dann beginnt sie, sich genauer anzuschauen, was das Zentrum des Unangenehmen für sie bei einem solchen großen Juckanfall ist.

> »Ende November habe ich bei einer größeren Juckreizattacke versucht, das begleitende körperliche Unruhegefühl ins Zentrum der Aufmerksamkeit zu stellen. Hier ist es mir erstmalig gelungen, kurzzeitig das rein körperliche Jucken vom mehr psychischen Unruhegefühl zu abstrahieren. Das Unruhegefühl reichte bei den folgenden KAW-Übungen von einem schnelleren Herzschlag über Angstgefühle bis hin zu starker Wut.«

In der Folgezeit achtet sie darauf, in welchen Situationen diese ersten Anzeichen der inneren Unruhe im Alltag auftreten. Sie entdeckt, dass diese psychische Unruhe häufig dann aufkommt, wenn sie sich – durch sich selbst oder andere »enggesetzt«, d. h. eingeengt fühlt. Das kommt sowohl in ihrer sozialpädagogischen Arbeit mit Jugendlichen als auch privat vor. Sie entdeckt, dass sie dieses Engegefühl durch Weitstellen verringern kann.

> »Beim KAW auf das Engegefühl ist es je nach meinem Zustand und der Situation manchmal auch hilfreich, die Aufmerksamkeit weitzustellen, indem ich den gesamten Raum, der mich umgibt, ins Zentrum der Aufmerksamkeit stelle. Das Weitstellen hat in solchen Fällen häufig eine entspannende Wirkung, die das Gefühl der ausweglosen Enge mildert.«

Dieses Weitstellen nutzt sie auch in der Vorstellung, um abends besser abschalten zu können. Sie wendet Weitstellen jetzt häufig im Alltag an, um Spannungen abzubauen und somit den Ausbruch des nächsten größeren Juckanfalls erfolgreich zu vermeiden.
Allerdings steht der nächste Schritt noch aus – nämlich den darunterliegenden mutmaßlichen Kernimperativ zu finden und diesen mit Hilfe von Introvision zu deimperieren.

Beispiel 21: Verringerung des Juckreizes bei Heuschnupfen

Im folgenden Fall geht es um den mit Heuschnupfen verbundenen Juckreiz in den Augen. U. T. litt seit Jahren in der Zeit von Mai bis Juni unter Heuschnupfen, mit den üblichen Symptomen: Schnupfen, Niesen, Augenjucken, Husten und Halsschmerzen.

> »Das für mich ärgerlichste Symptom ist der Schnupfen, da dieser mich davon abhält, meine Umwelt so wahrzunehmen, wie ich es gewohnt bin. Am aufdringlichsten und auffälligsten, am schlimmsten ist jedoch der Juckreiz in den Augen. Dieser Juckreiz verschlimmert sich, um so mehr man dagegen ankämpft. Reibt man sich die Augen, lindert dies das Jucken zwar für einen Moment, führt aber dazu, dass der Juckreiz nach sehr kurzer Zeit noch intensiver zurückkehrt. Hält man sich nicht davon ab, die Augen weiterhin zu reiben, schwellen diese an und der Juckreiz steigert sich weiterhin. Eine Methode zur Linderung dieses Symptoms wäre eine große Entlastung.«

Im Rahmen eines Seminars lernt er KAW und Introvision kennen und beschließt, diese auf seinen Juckreiz anzuwenden.

> »Während einer der KAW-Übungen im Seminar fiel es mir ziemlich schwer, mich zu konzentrieren, da es einer der Tage mit gutem Wetter war und mein Heuschnupfen sich meldete. Mir juckten also die Augen und ich konnte die Übung nicht konsequent durchführen, was mich auf die Idee brachte, ich könnte doch die KAW-Übung auf mein Augenjucken anwenden. Ich habe also noch in derselben Übung damit begonnen, mich auf den Heuschnupfen zu fokussieren; auf das Augenjucken. Schon nach dieser ersten Übung trat ein kleiner Erfolg ein, denn die Augen juckten weniger. Dieser kleine Erfolg motivierte mich dahingehend, ein Selbstexperiment durchzuführen. Ich wollte durch das KAW-Training die Beschwerden des Heuschnupfens, insbesondere das Augenjucken, lindern.«

Die Beraterin stellt ihm zunächst die Frage, was daran besonders unangenehm sei, wenn der Juckreiz bleibt. Er antwortet, dass er dann das gute Wetter nicht mehr genießen könne – und *das dürfe nicht sein*.

Er entwickelt dann seine eigene Übungsroutine, zu der sowohl KAW als auch Introvision gehören:

1. Tägliche KAW-Übung. Dabei sollte die Kognition »Es ist möglich, dass ich gutes Wetter nicht mehr genießen kann« am Ende für ca. eine Minute konstatierend aufmerksam wahrgenommen werden. Diese Formel wurde eingeleitet durch drei Phasen des KAW-Trainings:
   - visuell (aus dem Fenster schauen), das Gesamtbild wahrnehmen
   - auditiv, Geräusche insgesamt wahrnehmen, einzelne Geräusche fixieren
   - den Körper im Ganzen spüren, Lage der Teile des Körpers erfühlen, z. B. Arme, Beine, aber auch Gesichtspartie mit Nase, Mund und besonders den Augen.
2. Von Fall zu Fall somatosensorisches weitgestelltes KAW des Zentrums des Juckreizes. »Das Jucken der Augen sollte vermindert werden, ohne sich zu kratzen. Nur das konstatierende Wahrnehmen der Augen sollte zur Linderung des Juckreizes führen.«

Diese beiden Übungen führt er mehrere Wochen lang bis zum Ende der Heuschnupfenperiode durch – mit großem Erfolg. Insbesondere das Augenjucken nimmt deutlich ab.

»Durch die Konzentrationsübung im Moment des Augenjuckens, also ein konstatierend aufmerksames Wahrnehmen des Juckreizes selber, konnte ich diesen innerhalb kurzer Zeit minimieren und kam nicht in die Situation, mir die Augen reiben zu müssen. Dieses Phänomen hat dazu geführt, das Augenjucken zu reduzieren, es jedenfalls erträglicher zu machen.«

Von diesem Ergebnis ist er begeistert – und nimmt sich fest vor, im nächsten Jahr wieder KAW durchzuführen, sobald die Heuschnupfensaison wieder beginnt.

»Das KAW-Training hat mir sehr geholfen, mit meinem Heuschnupfen umzugehen und das Leiden subjektiv deutlich gelindert. Für mich steht 100 Prozent fest, dass ich nächstes Frühjahr wieder regelmäßig mit diesen Übungen beginnen werde, um den Heuschnupfen auch in der nächsten Saison besser in den Griff zu bekommen. (Es soll ja auch schon Fälle gegeben haben, in denen Personen ihre Allergie ablegen konnten ...).«

Eine andere Möglichkeit bestünde für ihn auch darin, mit Hilfe der Standbild-Methode die Introvision im Winter fortzusetzen.

Beispiel 22: Ohnmachtsanfälle beim Arzt

Im nächsten Beispiel geht es um Ohnmachtsanfälle auf dem Weg zum Arzt. Mit 13 Jahren hatte I. G. nach einer Impfung gegen Röteln auf der Straße ihren ersten Schwindelanfall erlebt. Mit 14 Jahren bekam sie die Windpocken und hatte nach dem Arztbesuch auf der Straße einen Ohnmachtsanfall. In den Jahren darauf wurde ihr bei Blutabnahme, Impfungen und dergleichen immer wieder schwarz vor Augen. Dann »begann es nach kurzer Zeit vor meinen Augen zu flimmern, in meinen Ohren zu dröhnen und diverse Male kippte ich einfach um, ohne eine Kontrolle über meine Sinne zu haben«. Sie konsultierte daraufhin verschiedene Spezialisten mit dem Ergebnis, dass sie sich als kerngesund erwies. Dennoch steigerte sich ihr Problem weiterhin und sie befürchtete, bald bereits auf der Treppe zum Arzt ohnmächtig zu werden.

»Ungefähr zu diesem Zeitpunkt lernte ich die Methode des KAW und der Introvision kennen und selbst anwenden. Bei einer sehr schmerzhaften Zahnwurzelentzündung, bei der ich den Zahnarztbesuch so lange hinauszögerte, bis die Schmerzmittel nicht mehr wirkten, beschloss ich, es mit KAW zu versuchen.

Da mir die Angelegenheit peinlich war, versuchte ich es alleine. Ich mache KAW auf die Vorstellung, wieder einmal bei einem Arztbesuch vom Arztstuhl zu rutschen und Sekunden später in aufgeregte Gesichter zu sehen, die sich über mich beugten. Zunächst fand ich die Vorstellung schauderhaft. Ich fand es peinlich, kam mir vor wie eine klapprige, damenhafte, zimperliche alte Tante, der man Riechfläschchen reichen muss. Als ich meine Aufmerksamkeit auf diesen Gedanken richtete, und mich fragte, was daran das eigentlich Unangenehme sei, kam der Gedanke auf, dass ich so gar nicht sein möchte. Ich möchte stark sein, stabil, zupackend. Ich entsprach also nicht meinem eigenen Selbstbild. Ich versuchte, das zu konstatieren.

Interessanterweise musste ich in dieser Zeit parallel zu meinen privaten KAW-Sitzungen mehrere Male zum Zahnarzt und versuchte, mich jedes Mal auf dem Stuhl sitzend darauf zu konzentrieren, meinen ganzen Körper, den Raum, den Arzt, die Schwester zu konstatieren, meine Aufmerksamkeit weitzustellen und dabei zu entspannen.

Die Kombination der Introvision und das KAW während der Arztbesuche halfen mir. Ich habe seitdem verschiedene Arztbesuche inklusive Blutabnahmen und schmerzhafte Zahnbehandlungen ohne Ohnmachtsanfälle hinter mich gebracht.«

Seitdem ist es ihr möglich, unbeschwert zum Arzt zu gehen, ohne dabei in Ohnmacht zu fallen. Als sie kurz danach schwanger wurde, war es ihr möglich, die vielen Vorsorgeuntersuchungen beim Arzt gelassen wahrzunehemen.

Fazit

Die hier angeführten Beispiele stellen einen kleinen Ausschnitt aus den vielfältigen Anwendungsmöglichkeiten der Introvision dar. Die Berichte zeigen, dass es hilfreich ist, KAW und Introvision über Wochen und Monate hinweg so oft durchzuführen, bis sie gewissermaßen zu einem integralen Bestandteil des täglichen Lebens geworden sind, der sich in vielen Situationen anwenden lässt: zur mentalen Entspannung, zum Abbau von Stress, zur Auflösung von kleineren und größeren Konflikten sowie zur Gesundheitsförderung.

6.3 Zusammenfassung

In diesem Kapitel wurden verschiedene Anwendungsmöglichkeiten für Introvision und Blitzintrovision anhand von ausgewählten Untersuchungen und Fallschilderungen dargestellt. Dabei zeigt sich, dass Grundlage für eine erfolgreiche Anwendung der Introvision in den meisten Fällen eine längere Zeit der praktischen Einübung des KAW war. Verschiedene Personen haben dazu ihr eigenes »Übungsprogramm« entwickelt und so lange angewandt, bis es vielfach zu einem normalen Bestandteil ihres Alltags geworden ist. Die ausgewählten Arbeiten und Beispiele zeigen, dass sich die Introvision in unterschiedlichen Bereichen des Alltags anwenden lässt – bei Konflikten am Arbeitsplatz und im Umgang mit anderen Menschen, bei kleineren alltäglichen Problemen, im Zusammenhang mit Sucht, bei körperlichen Problemen wie z. B. Heuschnupfen und Neurodermitis bis hin zur Reduktion von Belastungen im beruflichen Alltag.

7 Das Introferenzmodell der mentalen Selbstregulation: Grundlagen der TMI, Willensfreiheit und Emotionen

> **Übersicht**
>
> In diesem Kapitel geht es um die Theorie der Mentalen Introferenz als einer allgemeinen Theorie der mentalen Selbstregulation. Nachdem in Kapitel 2 die wichtigsten Thesen dargelegt worden sind, sollen hier einige grundlegendere Aspekte geklärt werden, z. B. was *mental* bedeutet, weshalb kognitive Prozesse »hängenbleiben« können, wie gültig epistemisch gültige Kognitionen sind (▶ Kap. 7.1) und wie das Introferenzmodell der mentalen Selbstregulation aussieht (▶ Kap. 7.2).
>
> Und wie steht es mit dem »freien Willen« aus Sicht der TMI? In Kapitel 7.3 soll gezeigt werden, dass sich die Forschungsergebnisse von Libet (2004) auch anders interpretieren lassen, als es beispielsweise Roth (2005) und Singer (2006) tun, nämlich als ein Beleg dafür, dass wir in der Tat nicht so unrecht haben, wenn wir im Alltag meinen, wir könnten unser eigenes Verhalten in Grenzen selbst bestimmen.
>
> Da die TMI sich ebenso gut als eine Theorie der Emotionen wie der Kognitionen versteht, wird in Kapitel 7.4 das introferenztheoretische Modell der Ko-Evolution von Kognitionen und Emotionen kurz zusammenfassend dargestellt und dann diskutiert, welche Rolle Gefühle und Emotionen bei der mentalen Selbstregulation spielen.
>
> Mit diesem Kapitel sind wir am Ende des Buchs angelangt. Ausgangspunkt war die Frage, wie sich die Entstehung unterschiedlicher Bewusstseinszustände erklären lässt. Deshalb erscheint es angemessen, abschließend diese Frage aus Sicht der TMI zusammenfassend zu beantworten (▶ Kap. 7.5).

7.1 Philosophische Grundlagen

Die Theorie der Mentalen Introferenz stellt eine grundlegende Theorie der mentalen Selbstregulation dar. Grundlegend bedeutet, dass darum geht, allgemeine psychische Strukturen und Prozesse der mentalen Selbstregulation zu erfassen und zu erklären – im Sinne von Powers (1973) und Grawe (2004).

Wie lässt sich die These begründen, dass es eine eigenständige Regulation mentaler Prozesse gibt?

In jüngerer Zeit vertreten eine Reihe von Psychologen die Auffassung, dass es keine eigenständige Regulation mentaler Prozesse gibt (z. B. Libet, 2004; Windmann & Durstewitz, 2000; vgl. dazu Rothenberger, 2001), dass vielmehr der Eindruck, den wir im Alltag haben, wir könnten in unsere eigenen Gedanken und Emotionen eingreifen, schlicht eine Illusion sei. Im Unterschied dazu beruht die Theorie der Mentalen Introferenz (TMI) auf der Annahme, dass der Mensch über ein eigenes System der Regulation seiner mentalen Prozesse verfügt.

Nach dem Prinzip von »Ockham's razor« ist zunächst einmal zu überprüfen, ob nicht eine einfachere Theorie ausreicht, um dieselben Phänomene zu erklären. Diese einfachere Theorie wäre die Annahme, dass die interne Informationsverarbeitung des Menschen »einfach so«, ohne irgendwelche regulierenden Eingriffe, abläuft – so wie ein Computer, der die hereinkommenden Daten auf der Grundlage vorhandener (bzw. neu zu generierender) Programme abarbeitet.

Im Folgenden soll gezeigt werden, dass es in diesem Punkt einen entscheidenden Unterschied zwischen einem Rechner und einem Menschen gibt. Ein Computer ist in gewissem Sinne »dumm« – er arbeitet vorhandene Informationen einfach ab, egal, ob diese inhaltlich sinnvoll, richtig oder gültig sind oder auch nicht. Ein Mensch ist im Unterschied dazu darauf angewiesen, dass die von ihm verarbeiteten Daten eine einigermaßen gültige Repräsentation der Welt darstellen (▶ Kap. 2), und zwar weil er darauf angewiesen ist, auf dieser Basis sein Handeln zu steuern.

7.1.1 Was heißt hier mental? Über Materie, Energie und Information

Die Theorie der Mentalen Introferenz ist eine Theorie mentaler Prozesse. Deshalb stellt sich als erstes die Frage, was hier mit mentalen Prozessen gemeint ist. Genauer gesagt: Inwiefern lassen sich aus Sicht der TMI mentale Prozesse von materiellen bzw. energetischen Prozessen unterscheiden?

Die TMI geht im Anschluss an Bohm (o. J.) von der Annahme aus, dass sich pragmatisch gesehen drei verschiedene Ebenen oder Aspekte der Realität unterscheiden lassen: Materie, Energie und Information. Für die Ebene, die hier als *Information* bezeichnet wird, gibt es unterschiedliche Begriffe, so z. B. Geist, »mind« oder auch Bedeutung (»meaning«). Während Geist (»mind«) vielfach nur dem Menschen zugeschrieben wird, hat sich inzwischen gezeigt, dass Informationen Maschinen ebenso steuern können wie menschliches Verhalten. Deshalb wird hier der Begriff der Information als Oberbegriff für diese dritte Realitätsebene verwendet.

> Information bedeutete ursprünglich Nachricht (Shannon & Weaver, 1976); in einer Situation der Ungewissheit (»Ist der Börsenkurs gestiegen?«) beinhaltet ein entsprechendes Signal (»Ja!«) Information. Information im Sinne von Nachricht bedeutet also, dass sich etwas beim Individuum auf der Ebene von Wissen verändert; es verändert sich, wie wir heute sagen, sein Informationsstand. Im Folgenden wird der Begriff der Information in einem weiteren Sinne als damals gebraucht, und zwar als Bezeichnung für diese Dimension der Realität, zu der die Nachricht ebenso gehört wie das, was durch diese verändert wird. Der Begriff der Nachricht

(bzw. Information im Shannonschen Sinne) impliziert notwendigerweise die Annahme der Existenz einer eigenständigen Realitätsdimension, die Dimension der Bedeutung, des Geistes – ohne diese Annahme lässt sich nicht sinnvoll von Nachricht oder Information sprechen. (So kann man auch nicht sinnvoll von Wellen sprechen, ohne einen Begriff von dem zu haben, was durch Wellen verändert wird – nämlich das Wasser.)

Zur Information im hier definierten Sinne gehören damit beispielsweise Ideen (im Sinne von Platon), Wissen und Regeln ebenso wie Fantasien, Bilder, Lieder und Gefühle.

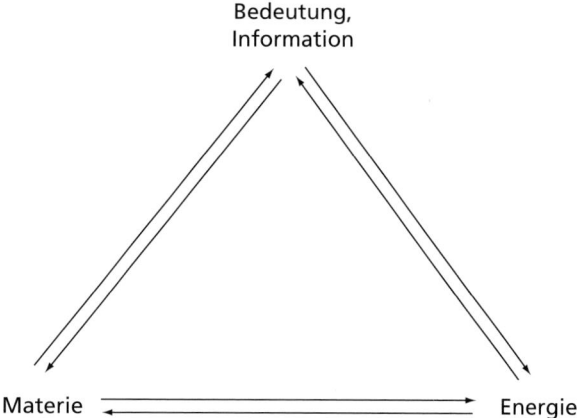

Abb. 7.1: Zur Relation von Materie, Energie und Information nach David Bohm (1988, S. 115)

Materie, Energie und Information hängen eng miteinander zusammen, wie der Physiker David Bohm (Bohm 1988; Weber, 1987) am Beispiel eines Balletts erläutert hat. Die Tänzer bewegen sich auf der Bühne; dies ist zunächst ein materiell-energetischer Prozess. Gleichzeitig liegen diesem Tanz Informationen zugrunde: Dies ist die Choreographie. Alle drei Aspekte der Realität sind untrennbar miteinander verbunden: Tänzer, Bewegung und Choreographie (s. Kasten).

> **Über den Zusammenhang zwischen Materie, Energie und Information**
>
> Über die Art des Zusammenhangs dieser drei Dimensionen gibt es kontroverse Auffassungen. Dabei geht es insbesondere um die Frage, wie sich Materie und Geist oder Information zueinander verhalten. Dabei stehen sich Monisten (»Alles ist Materie«) und Dualisten gegenüber. In jüngerer Zeit wird diese Frage insbesondere in Hinblick auf das Bewusstsein wieder heftig debattiert (vgl. z. B. Metzinger, 1996; Vitouch, 1999). Aus dualistischer Sicht (Eccles, 1994; Popper & Eccles, 1977) sind Geist und Materie grundsätzlich voneinander verschieden. Das Hauptproblem bei dieser Weltsicht ist, dass dabei offen bleibt, wie es dem Geist möglich ist, auf die materielle Welt einzuwirken; Eccles (1994) argumentiert, dass dies auf Zellebene geschieht. Anhänger einer monistischen Weltauffassung gehen im Allgemeinen von der Annahme aus, dass sich das Phänomen des Geistes in der einen oder anderen Weise auf Materie zurückführen lässt (Reduktionismus) –

beispielsweise als ephemeres oder emergentes Phänomen (Metzinger, 1996). Einer der radikalen Vertreter dieser Auffassung ist der Nobelpreisträger Crick (1997), dessen Buch den Titel trägt »You are nothing but your nerves«. Die Mehrheit der Monisten sieht diesen Zusammenhang komplexer und betrachtet den Geist etwa als ein emergentes Phänomen (Varela & Thompson, 1992). Auch in der Psychologie wird die Frage nach der Natur des Geistes kontrovers diskutiert (Rothenberger, 2001; Windmann & Durstewitz, 2000).

Der oben zitierte Physiker David Bohm geht übrigens von der Annahme aus, dass diese drei Aspekte Ergebnis der Entfaltung einer einheitlichen zugrunde liegenden (»eingefalteten«) Realität (Bohm, 1988) sind. Bohm hat auf der Basis der Quantenphysik, teilweise zusammen mit dem Neuropsychologen Karl Pribram, ein holonomes Weltbild (Weber, 1997) entwickelt. Grundlage dieser Theorie ist die Auffassung, dass die Welt, wie wir sie kennen, durch die Entfaltung einer impliziten, d. h. »eingefalteten« Realität entsteht – vergleichbar einem Hologramm, das mit Hilfe der Fourierschen Gleichungen aus zugrunde liegenden Informationen »herausgerechnet« wird. Materielle Objekte und Gedanken sind in diesem Sinne relativ stabile Ausprägungen derselben »Holobewegung«, d. h. der Bewegung der Entfaltung und Einfaltung der impliziten Ordnung. Auf diese Art und Weise versucht Bohm die Nichtlokalität, Diskretheit und Nichtdeterminiertheit bestimmter quantenphysikalischer Vorgänge zu erklären.

Auf der Ebene der Phänomene durchdringen sich Materie, Energie und Information gegenseitig. Bohm schreibt dazu: »Vom Standpunkt der impliziten Ordnung aus gesehen sind Energie und Materie mit einer Art Bedeutung erfüllt, die ihrer Gesamtaktivität und der Materie, die durch diese Aktivität entsteht, eine Form verleiht. Ganz allgemein entfaltet die Energie Materie und Bedeutung, und die Materie entfaltet Energie und Bedeutung« (Bohm, 1988, S. 114). Danach »entfaltet jede dieser drei grundlegenden Einheiten die beiden anderen« (Bohm, 1988, ebd.).

Bateson hat sich in einem ähnlichen Sinne geäußert: »The mental characteristics of the system are immanent, not in some part, but in the system as a whole« (Bateson, 1978, S. 287). »Information ist Information, weder Materie noch Energie. Kein Materialismus, der dieses nicht berücksichtigt, kann den heutigen Tag überleben« (Wiener, 1963, S. 192).

Für die folgende Diskussion kann die Frage nach der »wahren Natur« des Zusammenhangs zwischen Geist und Materie offen bleiben. Die TMI beruht lediglich auf der Annahme, dass sich diese drei verschiedenen Aspekte der Realität zumindest pragmatisch voneinander unterscheiden lassen.

Verwechslung unterschiedlicher Realitätsebenen

»Gott im Gehirn«, lautete vor einiger Zeit eine Schlagzeile in den Medien. Darin wurde über neue Forschungsergebnisse (Hamer, 2004) berichtet, die gezeigt haben, dass bei langjährig erfahrenen Meditierenden im Zustand der Versunkenheit die Aktivität in bestimmten Hirnregionen reduziert ist. Also sei – so wurde dann fälschlicherweise aus diesem Tatbestand geschlossen – Gott nichts anderes als ein bestimmter Zustand des Neocortex. Diese Schlussfolgerung beruht auf einer gedanklichen Verwechslung verschiedener Realitätsebenen. Angenommen, Gott existiert, dann heißt das nicht, dass Gott selbst »im Gehirn« eines Meditierers ist (pantheistische Vorstellungen einmal ausgenommen). Schließlich sagen wir ja auch, »dieser Junge hat nur Mädchen im Kopf«, und meinen damit *nicht*, dass tatsächlich ein reales Mädchen *in* seinem Kopf steckt – dafür wäre ohnehin nicht genügend Platz. Gemeint ist lediglich, dass Abbilder, Gedanken, Fantasien über Mädchen – und damit *Informationen* – im Gehirn dieses Jungen aktiviert sind.

Was ist Information?

Wie lässt sich Information definieren? Information ist »ein Unterschied, der einen Unterschied macht«, »a ›bit‹ of information is defineable as a difference that makes a difference« (Bateson 1978, S. 286). Nach Bateson (1973) ist Information das, was invariant bleibt, auch wenn sich die Trägersubstanz ändert. So kann zum Beispiel die berühmte Formel von Einstein in einer Vorlesung im Rahmen einer Power Point-Präsentation an die Wand geworfen, in einem Skript gedruckt und im PC gespeichert werden. Materiell-energetisch betrachtet, handelt es sich dabei um Schallwellen (Sprache), Lichtwellen (Beamer), Tinte auf Papier (Skript) oder Silizium (PC). Das, was dabei unverändert bleibt, ist die Information an sich: »$E = mc^2$«.

7.1.2 Weshalb ist es notwendig, mentale Prozesse zu regulieren?

Der Grund dafür liegt aus Sicht der TMI in der Störanfälligkeit der kognitiven Prozesse. Mit Störanfälligkeit ist gemeint, dass die kognitiven Prozesse hängenbleiben können – und dieses Hängenbleiben kann unter Umständen das Überleben gefährden (▶ Kap. 2.1.2). Unmittelbare Ursache für das Hängenbleiben sind Defaults: Widersprüche, Inkongruenzen, Leerstellen und unauflösbare Diskrepanzen (▶ Kap. 2.1.2).

Die Bedeutung von Leerstellen und Widersprüchen wurde bereits in der griechischen Philosophie erkannt. Eine Leerstelle bedeutet, dass eine für den reibungslosen Ablauf von Informationsverarbeitungsprozessen benötigte Information fehlt. Ein Widerspruch bedeutet, dass anstelle der *einen* benötigten Information zwei einander widersprechende Informationen vorliegen. Diese Überlegung ergibt sich aus den Grundlagen des Denkens aus aristotelischer Sicht, und sie deckt sich auch mit dem heutigen Informationsbegriff nach Shannon (s. Kasten).

7 Das Introferenzmodell der mentalen Selbstregulation

Aristoteles und Shannon

Nach Aristoteles gilt, dass ein bestimmtes Ding entweder eine bestimmte Eigenschaft (»a«) hat oder diese nicht hat; etwas Drittes gibt es nicht (»tertium non datur«). Auf dieser Prämisse beruht die klassische Logik. Grundlegend für das Denken sind somit Aussagen, Sätze oder Propositionen (Anderson, 1990), wie zum Beispiel: »Dies ist ein Apfel« oder »Dies ist kein Apfel«. Daraus ergibt sich, dass das Denken ins Stocken gerät, wenn es an dieser eindeutigen Zuordnung mangelt. Entweder fehlt die Zuordnung (»Dies ist – «), dann handelt es sich um eine Leerstelle. Oder es werden dem gleichen Gegenstand die beiden einander ausschließenden Attribute gleichzeitig zugeordnet (»Dies ist ein Apfel *und* es ist kein Apfel[1]«). Also gibt es *zwei Ursachen* für das Hängenbleiben des Denkens: Widerspruch und Leerstelle.

Dieselbe Annahme über das Denken liegt implizit auch dem Informationsbegriff von Shannon zugrunde (Shannon & Weaver, 1976). Eine Information im Shannonschen Sinne ist im einfachsten Falle die Antwort auf eine Ja-Nein-Frage (»Ist das Flugzeug aus New York schon gelandet?«); die Antwort auf diese Fragen kann »Ja« oder »Nein« lauten.

Vor dem Hintergrund dieses Informationsbegriffs lassen sich ebenfalls zwei Ursachen des Hängenbleibens unterscheiden. Zum Ersten kann die entsprechende Information ausbleiben – die Antwort ist unverständlich, die Auskunft weiß nicht Bescheid, das Gegenüber antwortet nicht. Zum Zweiten können auch zwei widersprüchliche Antworten vorliegen, wenn zum Beispiel die Bodenstewardess etwas anderes aussagt als die Anzeigetafel.

Die Bedeutung von Inkongruenz, d. h. der mangelnden Übereinstimmung zwischen Realität und Kognition, und die Auswirkungen von unauflösbaren Diskrepanzen werden heute sowohl im Rahmen der Konstruktivismusdebatte als auch in der modernen Handlungstheorie (z. B. Grawe, 2004) ausführlich diskutiert (mehr dazu s. unten).

Aus Sicht der TMI lassen sich zwei Arten von Defaults unterscheiden: epistemische und introferente Defaults. Der Unterschied zwischen den beiden liegt im Ort ihres Entstehens: Epistemische Defaults entstehen innerhalb des epistemischen Prozesses selber. Bei dem Versuch, die Folgen dieser Defaults durch introferentes Eingreifen zu bekämpfen, entstehen – sozusagen als unerwünschte Nebenwirkung – neue, diesmal introferente Defaults (mehr dazu ▶ Kap. 7.2.2).

Die Ursachen epistemischer Defaults

Bei epistemischen Defaults liegt die Ursache in den »Schwachstellen« unseres epistemischen Apparats: in den Grenzen menschlichen Wissens, Denkens und Erkennens.

1. Die Unvollkommenheit des Wissens

Die Unvollkommenheit menschlichen Wissens hat mehrere Ursachen. Dazu gehören u. a.

- *Begrenzte Informationsverarbeitungskapazität.* Zum einen wird nur ein kleiner Teil der ursprünglich mit Hilfe der Sinne aufgenommenen Informationen weiterverarbeitet (z. B. Pribram & McGuinness, 1992), und zum anderen gibt es Kapazitätsgrenzen bei der Abarbeitung bestimmter Algorithmen, wie z. B. Harel (2001) argumentiert.
- *Prinzipielle Grenzen des Wissbaren.* Ein Beispiel für eine prinzipielle Grenze menschlichen Wissens ist etwa die Frage, was nach dem Tod geschieht; dazu gibt es eine Fülle unterschiedlicher Glaubensannahmen, aber kein gesichertes Wissen. Ein weiteres Beispiel ist das Wissen darüber, was in Zukunft geschehen wird: in einer Minute, einem Tag oder in hundert Jahren. Zwar lässt sich manches mit sehr hoher Wahrscheinlichkeit vermuten – so zum Beispiel, dass morgen die Sonne wieder aufgehen wird, aber streng genommen *wissen* wir auch das nicht mit Sicherheit.
- Und schließlich gibt es auch und gerade in der Wissenschaft selbst viele Bereiche *mangelnden Wissens*. Diese können prinzipieller Natur sein, wie etwa die berühmte Heisenbergsche Unschärferelation oder das Gödelsche Theorem (Gödel, 1931). Andere Wissensgrenzen bestehen nur so lange, wie sie noch nicht hinreichend erforscht sind, und bei manchen ist es offen, ob sie prinzipiell überwindbar sind oder nicht – ein Beispiel dafür ist die Frage, ob es uns Menschen prinzipiell gelingen kann, die Komplexität unseres Geistes und Gehirns zu verstehen.
- *Begrenzte Ressourcen und die Kosten der Gewinnung neuen Wissens.* Eine weitere Ursache liegt darin, dass der Erwerb neuen Wissens Zeit und Ressourcen kostet – und diese beiden Faktoren sind ebenfalls begrenzt. Ein Beispiel dafür ist die medizinische Forschung: Hier dauert es häufig Jahre und Jahrzehnte, bis neue Erkenntnisse vorliegen und neue Therapieformen entwickelt und erprobt worden sind. Das Gleiche gilt für viele andere Bereiche innerhalb und außerhalb der Wissenschaft. Industriesoziologen gehen davon aus, dass es durchschnittlich 18 Jahre dauert, bis aus einer Idee im Forschungslabor ein anwendungsfähiges Produkt entwickelt worden ist. Und dann, wenn das jeweils benötigte Wissen irgendwo vorhanden ist, braucht es Zeit, bis es gefunden ist – von ein paar Sekunden (bis es einem wieder einfällt) über ein paar Minuten (bis man es im Lexikon oder Internet gefunden hat) bis hin zu Monaten und Jahren (bis man hinreichend Erfahrungen gesammelt hat und selber zum Experten geworden ist).

2. Grenzen des Denkens

Die zweite Gruppe von Defaults hat ihre Ursache primär in den strukturellen Grenzen des logischen Denkens. Dazu gehören u. a.:

- *Paradoxien.* Sie stehen an erster Stelle. Paradoxien unterscheiden sich von normalen Widersprüchen darin, dass sie Widersprüche enthalten, die sich aus logisch

einwandfreien Prämissen ergeben. Paradoxien wie die vom Barbier, der alle Männer im Dorf rasiert, die sich nicht selber rasieren, wurden erst zweitausend Jahre später von Bertrand Russell (1956) aufgelöst. Immer wieder hat sich mit solchen Entdeckungen die Hoffnung verbunden (Whitehead & Russell, 1973), auf diese Weise zumindest *innerhalb der Mathematik* Paradoxien in Zukunft grundsätzlich vermeiden zu können. Diese Hoffnung gilt inzwischen als widerlegt (Gödel, 1931; Hofstadter, 1985). Bateson (1978) und Watzlawick et al. (1969) haben die Auswirkungen solcher Paradoxien auf das menschliche Handeln untersucht.
- *Dilemmata.* Eine zweite Form unlösbarer Widersprüche stellen die Dilemmata dar; ein Beispiel dafür ist das in der Psychologie viel diskutierte Gefangenendilemma (vgl. dazu kritisch Powers, 1973).
- *Abgrenzen von Kategorien.* Eine dritte grundlegende Grenze des Denkens findet sich bei der Anwendung strikter begrifflicher Unterscheidungen auf die Wirklichkeit. Im Allgemeinen lassen sich Begriffe gut auf Unterscheidungen der Realität anwenden – schwierig wird es jedoch, wenn man solche Unterscheidungen sehr genau nimmt. Bateson (1973) führt als Beispiel für die Schwierigkeiten, die dabei auftauchen können, einen Blinden an, der sich mit Hilfe seines Stockes den Weg ertastet. Die Preisfrage lautet, wo der Blinde als Person aufhört und die Umwelt beginnt – und wozu in diesem Beispiel der Stock als »verlängerter Arm des Blinden« gehört.
- *Stochastisches Denken*: Die neuere »fuzzy logic« lässt sich als ein Beispiel auffassen, die Grenzen des stochastischen Denkens in bestimmten Situationen zu überwinden.

Korzybski (1950) hat solche strukturellen Grenzen des Denkens zum Ausgangspunkt der Entwicklung einer allgemeinen Semantik gemacht; diese beruht auf der Problematik der Identitätsannahmen und der Verwechslung verschiedener begrifflicher Ebenen.

3. Die Grenzen des Erkennens: Kognitionen als Konstrukte

Kognitionen können als mentale Repräsentationen der Welt diese Welt nur in begrenztem Umfang erfassen – so wie Landkarten (Korzybski, 1950) die Landschaft, die sie abbilden, nur ungenau widergeben; sie erfassen nur einen Ausschnitt der Welt (eine Straßenkarte erfasst keine einzelnen Häuser) und sie sind grundsätzlich ein wenig verzerrt (geodätische Krümmung). Was für Landkarten gilt, das gilt auch für unsere Kognitionen, d. h. für unser internes »Abbild der Welt«. Auch diese sind in einem gewissen Sinne konstruiert, wie die Konstruktivismusdebatte der letzten Jahren erneut deutlich gemacht hat; dazu gehören unter anderem:

- *Begrenzte Wahrnehmungsfähigkeit.* Bereits Kant hat darauf hingewiesen, dass wir als Menschen unfähig sind, »das Ding an sich« zu erkennen, weil unsere sensorische Wahrnehmungsfähigkeit ohne die Kategorien von Raum und Zeit nicht funktioniert. In diesem Sinne ist unser epistemisches Abbild von der Welt »konstruiert«.
- *Systematische Verzerrungen.* Ein Beispiel dafür sind Wahrnehmungstäuschungen, d. h. systematische Fehlinterpretationen von Sinnesreizen, die die Wahrnehmungspsychologie untersucht (Prinz, 1992).

- *Unterschiedliche Interpretationen desselben Sachverhaltes.* So lassen sich zum Beispiel dieselben Ereignisse unterschiedlich interpretieren – z. B. was Ursache und was Wirkung ist (mehr dazu s. Watzlawick, 1994)
- *Täuschungen.* Und schließlich kann sich das epistemische System auch, wie bereits gesagt, täuschen, irren, Fehler machen.

Grenzen der konstruktivistischen Sichtweise. Andererseits kann man aus dieser konstruktivistischen Erkenntnis nicht den Schluss ziehen, dass wir unser Abbild der Welt so konstruieren können, wie wir wollen. Das wäre so, als würde ein Bayern-Fan eine Landkarte von Deutschland entwerfen, bei der München an der Nordsee liegt – vielleicht für ihn ein Traum, aber nur so lange, wie er diese Landkarte nicht nutzt, um zu versuchen, nach München zu fahren. Kürzer gesagt: Es mag schön sein, sich die Welt schönzugucken – aber sehr hinderlich im Alltag. Aufgabe des epistimischen Systems (EPS) ist es nicht, eine Landkarte zu produzieren, die unseren Wunschvorstellungen entspricht, sondern eine Karte, die uns hilft, tatsächlich von Hamburg nach München zu kommen.

> **Kleiner Exkurs: Die Theorie der Mentalen Introferenz (TMI) als Grundlagentheorie für die De-Konstruktion von individuellen Konstrukten**
>
> Im Übrigen lassen sich viele Beispiele, die als Beleg für die Konstruktivismustheorie gelten, aus Sicht der TMI als Produkt des introferenten Eingreifens erklären. Vieles von dem, was als »Konstrukt«, als subjektive Weltsicht interpretiert wird, lässt sich aus introferenztheoretischer Sicht als Ergebnis des introferenten Eingreifens, Verzerrens und Überschreibens epistemisch gültiger Kognitionen durch introferente Kognitionen sehen.
>
> So lassen sich beispielsweise Vorurteile im Sinne von Allport (1971) als kontrafaktische Kognitionen auffassen, die introferent festgehalten werden. Und politische Meinungsstreitigkeiten sind aus dieser Sicht das Resultat des imperativischen Festhaltens an bestimmten quasi-epistemischen Kognitionen. Damit stellt die TMI eine erweiterte strukturelle Theorie der Entstehung (und Auflösung) bestimmter Formen von Konstrukten dar.

4. Die Grenzen des Handelns

Die vierte Form von Defaults sind unauflösbare Diskrepanzen, mit denen wir uns in Kapitel 4 ausführlich beschäftigt haben. Der Stoiker Epiktet, der selber als Sklave auf die Welt gekommen war, machte die Unterscheidung zwischen auflösbaren und unauflösbaren Diskrepanzen zur Grundlage seiner Philosophie. Sein »Handbuch der Moral« beginnt mit der Unterscheidung zwischen dem, was in unserer Macht steht und was nicht. (Die folgenden Sprüche – mit Ausnahme von Nr. 14 (Epiktet, 1959) – stammen aus der Übersetzung von R. Nickel (Epiktet, n. d.))

7 Das Introferenzmodell der mentalen Selbstregulation

»Das eine steht in unserer Macht, das andere nicht. In unserer Macht stehen: Annehmen und Auffassen, Handeln, Wollen, Begehren und Ablehnen – alles, was wir selbst in Gang setzen und zu verantworten haben. Nicht in unserer Macht stehen: unser Körper, unser Besitz, unser gesellschaftliches Ansehen, unsere Stellung – kurz: alles, was wir selbst nicht in Gang setzen und zu verantworten haben. Was sich in unserer Macht befindet, ist von Natur aus frei und läßt sich von einem Außenstehenden nicht behindern oder stören; was sich aber nicht in unserer Macht befindet, ist ohne Kraft, unfrei, läßt sich von außen behindern und ist fremdem Einfluß ausgesetzt.« (Spruch 1)

Epiktet rät dazu, nur solchen Sollvorstellungen anzuhängen, die zu erfüllen in der eigenen Macht steht.

»Merke dir: Begehren zielt darauf, daß man das, was man begehrt, auch bekommt; Ablehnung zielt darauf, daß einem das, was man ablehnt, nicht zuteil wird, und wer sein Begehren nicht befriedigen kann, ist unglücklich; unglücklich ist aber auch, wem das zuteil wird, was er vermeiden möchte. Wenn du also nur von den Dingen, die in deiner Macht stehen, das ablehnst, was gegen die Natur ist, dann wird dir auch nichts von dem zustoßen, was du ablehnst. Wenn du aber Krankheit, Tod oder Armut zu entgehen suchst, dann wirst du unglücklich sein.« (Spruch 2)

Dazu gehört auch, realistische Vorstellungen darüber zu haben, was mit der Verfolgung bestimmter Ziele verbunden ist.

»Bei jeder Tat prüfe ihre Voraussetzungen und Folgen und geh erst dann an sie heran. Wenn du das nicht tust, wirst du dich anfangs mit Begeisterung auf die Sache werfen, da du ja nicht an ihre Folgen gedacht hast, – wenn später aber irgendwelche Schwierigkeiten auftreten, dann wirst du aufgeben und Schimpf und Schande ernten.
Du willst in Olympia siegen? Das will ich auch, bei den Göttern. Denn das ist eine schöne Sache. Aber denke an die Voraussetzungen und Folgen und dann erst geh an die Sache heran. Du mußt dich einer strengen Disziplin unterwerfen, eine Diät einhalten, darfst keinen Kuchen mehr essen, mußt nach einem genauen Plan trainieren – zu festgesetzter Zeit, bei Hitze und Kälte. Dann darfst du kein kaltes Wasser und keinen Wein trinken, wenn du Lust dazu hast, du hast dich dem Trainer wie einem Arzt auszuliefern. Darauf mußt du dich beim Wettkampf auf der Erde wälzen. Es kann auch vorkommen, daß du dir die Hand verrenkst, den Fuß verstauchst und viel Staub schlucken mußt. Manchmal bekommst du sogar Schläge – und nach all diesen Anstrengungen mußt du vielleicht am Ende eine Niederlage hinnehmen.
Wenn du dies alles bedacht hast und noch willst, dann nimm an den Spielen teil.« (Spruch 29)

Abschließend sein Ratschlag für ein gelassenes Leben:

»Wenn du wünschest, dein Weib, deine Kinder, deine Freunde möchten ewig leben, so bist du ein Narr. Denn du willst, was nicht in deiner Macht steht und betrachtest als Eigentum, was dir nicht gehört. (…) Wenn du aber etwas Mögliches erstrebst, so kannst du es auch erreichen.« (Spruch 14)
»Verlange nicht, daß alles, was geschieht, so geschieht, wie du es willst, sondern wünsche dir, daß alles so geschieht, wie es geschieht, und du wirst glücklich sein.« (Spruch 8)

Allgemeiner gesagt: Sollvorstellungen, deren Erfüllung nicht – ausschließlich – in unserer eigenen Macht liegt, können zu unauflösbaren Diskrepanzen und damit zu Unruhe, Aufregung und Kummer führen (▶ Kap. 4). Nach Epiktet lassen sich solche Realitätskonflikte am besten dadurch vermeiden, dass der Weise darauf verzichtet, solche Sollvorstellungen zu entwickeln – oder zumindest, diese im Konfliktfall als unangemessen erkennt und aufgibt.

7.2 Zusammenfassung: das Introferenzmodell der mentalen Selbstregulation

Im Folgenden soll das allgemeine Modell der mentalen Selbstregulation aus Sicht der TMI zusammenfassend dargestellt werden. Aus Sicht der TMI ist das oberste Ziel der mentalen Selbstregulation das Beenden oder Vermeiden des Hängenbleibens von kognitiven Prozessen.

> **Das oberste Ziel der mentalen Selbstregulation aus Sicht der TMI**
>
> Aus introferenztheoretischer Sicht ist der oberste Sollwert der mentalen Selbstregulation das Beenden oder Vermeiden des Hängenbleibens der internen Informationsverarbeitung.
>
> Dies ist ein – auf den ersten Blick – überraschend nüchternes und bescheidenes Ziel der mentalen Selbstregulation, im Vergleich zu den Annahmen anderer Theorien; so gehen z. B. Wegner und Erber (1993) davon aus, das oberste Ziel der mentalen Kontrolle sei die Unterdrückung sozial unerwünschter Handlungen; Freud (1969) sah das oberste Ziel in der Unterdrückung unmoralischer Triebe. Karen Horney (1950) hat diese Einengung auf ausschließlich moralische Gebote bei Freud kritisiert; aus ihrer Sicht sind es elterliche und gesellschaftliche »shoulds« (Imperative), auf die das Kind reagiert. Neuere Theorien sehen vielfach weniger den Konflikt zwischen Gesellschaft und Individuum im Vordergrund, sondern stellen die Interaktion des Individuums mit seiner Umwelt in den Mittelpunkt ihrer Annahmen. Oberstes Ziel ist dabei das Überleben (Dörner, 1999) bzw. die Bewältigung von bedrohlichen oder schädigenden Situationen (Lazarus & Folkman, 1984; Meichenbaum, 1977), um nur ein paar Beispiele zu nennen.
>
> Neben solchen inhaltsbasierten Theorien gibt es inzwischen auch *funktionale* Theorieansätze. Powers (1973) postulierte als Erster (in Anlehnung an Ashby, 1960) die Existenz eines eigenständigen Reorganisationssystems, wie er es nannte. Ziel und Zweck der internen Reorganisation ist die Beendigung von Konflikten. Konflikte sind aus Powers Sicht das Ergebnis von Widersprüchen zwischen zwei Soll-Vorstellungen. Leider hat er – wie spätere Autoren (z. B. Grawe, 1996, 1998) bedauernd hervorheben – keine ausführlicheren Hinweise gegeben, wie sich solche Konflikte auflösen lassen. Powers selbst ließ die Frage danach, welches der oberste Sollwert bei dieser Selbstregulation sei, ausdrücklich offen; aus der Sicht seines Ansatzes erschien diese Frage nicht beantwortbar.
>
> Grawe (1998) hat diesen Grundgedanken aufgegriffen und erweitert. Aus seiner Sicht ist das übergreifende Ziel der Binnenregulation generell die Auflösung oder Reduktion von Inkonsistenzen.

7.2.1 Der Begriff der Selbstregulation

»Selbst«-Regulation bedeutet in diesem Zusammenhang lediglich, dass es um die Regulation interner Prozesse geht, d. h. um Prozesse innerhalb des Individuums. Das Wort »Selbst« dient hierbei also nur als Ortsangabe: bezogen auf die Frage, wo sich dieses Steuerungssystem befindet, lautet die Antwort: »within the skin« (Bateson, 1978). Innerhalb der TMI sind mit dem Begriff des Selbst keine weitergehenden Annahmen bezüglich der Existenz eines vom Rest des Individuums unterscheidbaren eigenständigen Teilbereichs verbunden, einer separaten »Ich«-Instanz (im Sinne von Freud), einer zentralen Exekutive (Vohs & Baumeister, 2004) oder eines eigenständigen Selbst (Baars, 1988; Damasio, 2002; Mead, 1934). Ob und inwieweit es sinnvoll oder zweckmäßig ist, darüber hinaus die Existenz einer solchen eigenständigen Steuerungsinstanz anzunehmen, bleibt hier ausdrücklich offen.

Als Regulation wird eine Form der Steuerung des Eingreifens bezeichnet, die auf dem Prinzip des Regelkreises (Clark, 1996; Dörner, 1999; Wiener, 1963) beruht; andere Bezeichnungen dafür sind in der Literatur z. B. Feedbackmodell (Carver & Scheier, 1981, 1998), Servomechanismus, homöostatisches System oder auch Kontroll- oder Selbstorganisationssystem (Baumeister & Vohs, 2016; Kuhl, 1983; Powers, 1973).

> Das Grundprinzip der Regulation lässt sich am Beispiel eines Thermostaten erläutern. Ein Thermostat dient dazu, die Zimmertemperatur (Regelvariable) auf einer bestimmten Höhe (Sollwert, Führungsgröße) zu halten, z. B. 20 Grad. Zu diesem Zweck wird die Raumtemperatur laufend gemessen und der gemessene Wert (Ist-Wert, Regelgröße) wird mit dem Sollwert verglichen. Wird eine Diskrepanz zwischen Ist- und Soll-Wert festgestellt (negativer Feedback), dann veranlasst der Thermostat eine entsprechende Operation (Handlung): Die Heizung wird entsprechend höher (Stellgröße) eingestellt. Danach wird die Raumtemperatur weiterhin kontinuierlich gemessen; ist der Soll-Wert erreicht, dann wird die Heizung wieder entsprechend gedrosselt.
> Regelkreise stellen somit eine spezielle Form der Steuerung von Veränderungsprozessen dar. Die Besonderheit liegt in der Nutzung der kontinuierlichen Rückmeldung (Birbaumer & Schmidt, 1996, S. 68). Regelkreismodelle stellen heute die Grundlage vieler technischer Systeme dar – von der Steuerung von Waschmaschinen über Navigationssysteme bis hin zu Robotern. Als theoretisches Modell dient es heute der Erklärung unterschiedlichster Prozesse – so z. B. biologischer und physiologischer Abläufe (Birbaumer & Schmidt, 2006), sozialer Interaktion (Carver & Scheier, 1981, 1998), Sprache (z. B. Herrmann & Grabowski, 1994) sowie menschlicher Handlungen allgemein (Dörner, 1999; Hoffmann, 1998; Miller et al., 1960; Pervin, 1989; Powers, 1973) und auch gesellschaftlicher Systeme (Bischof, 1995; Luhmann, 1985).

7.2.2 Das Introferenzmodell der mentalen Selbstregulation

Auf der Grundlage des TOTE-Modells (Miller et al., 1960/1973) lässt sich das Selbstregulationsmodell der Introferenztheorie wie folgt skizzieren (▶ Abb. 7.2). (Die Abkürzung TOTE steht für Test – Operate – Test – Exit).

Grundlegende Annahme ist dabei, dass sich zwei Systeme voneinander unterscheiden lassen: das System der epistemischen Informationsverarbeitung und das System der mentalen Introferenz. Diese beiden Systeme interagieren miteinander,

7.2 Zusammenfassung: das Introferenzmodell der mentalen Selbstregulation

verwenden jedoch unterschiedliche Operationen und folgen unterschiedlichen Regeln (▸ Kap. 2).

Grundsätzlich dienen beide Systeme einem Zweck: nämlich das Hängenbleiben der menschlichen Informationsverarbeitung infolge von Defaults zu beenden. Dies kann im Prinzip auf dreierlei Weise erfolgen:

1. durch das Beseitigen des auslösenden Defaults (epistemisch auflösen bzw. durch eine introferente Kognition überschreiben),
2. Modifzierung des betreffenden Informationsverarbeitungsprozesses (infolge der epistemischen Einsicht in die Unauflösbarkeit des Defaults (»Sokrates Lösung«) bzw. durch introferentes Eingreifen) oder
3. Deaktivieren des betreffenden Informationsverarbeitungsprozesses (infolge epistemischer Einsicht oder durch introferentes Blockieren).

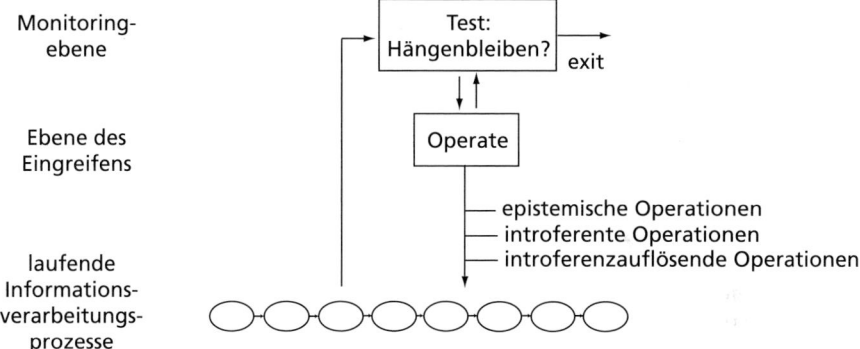

Abb. 7.2: Das introferenztheoretische Modell der mentalen Selbstregulation (im Kontext des TOTE-Modells von Miller et al., 1960)

Das Introferenzmodell der mentalen Selbstregulation aus Sicht der Theorie der Mentalen Introferenz (TMI)

1. Oberstes Ziel der mentalen Selbstregulation ist es, das Hängenbleiben der mentalen Prozesse zu beenden bzw. zu vermeiden.
2. Deshalb wird laufend überprüft (»Monitoring«), ob ein mentaler Prozess hängengeblieben ist.
3. Das Hängenbleiben der mentalen Prozesse ist aus Sicht der TMI das Resultat eines Defaults – d. h., dass für das Weiterlaufen die als Nächstes benötigte Kognition fehlt. Unmittelbare Ursachen dafür sind Leerstellen, Widersprüche, Inkongruenzen und unauflösbare Diskrepanzen zwischen Ist und Soll (▸ Kap. 2). *Epistemische* Defaults sind das Ergebnis mangelnder, widersprüchlicher und inkongruenter, d. h. ungültiger epistemischer Kognitionen, die im Ablauf epistemischer Informationsverarbeitungsprozesse auftauchen. *Introferente* Defaults werden im Unterschied dazu erst durch das introferente Ein-

greifen selber erzeugt – etwa durch das Ausblenden epistemisch gültiger Kognitionen, das Blockieren der epistemischen Informationsverarbeitung oder das automatisierte Festhalten an einer inkongruent gewordenen introferenten Sollvorstellung (▶ Kap. 4).
4. Im Falle des Hängenbleibens werden drei Arten von internen Operationen eingesetzt: epistemische, introferente und introferenzauflösende Operationen.

Epistemisch

- den Default beheben (Leerstellen füllen, Widersprüche auflösen, Inkongruenzen beseitigen);
- erkennen, dass der Default sich nicht beheben lässt und den kognitiven Prozess entsprechend modifizieren;
- den hängengebliebenen Prozess nach entsprechender Überprüfung, ob er sich beenden lässt, deaktivieren.

Introferent

- primär eingreifen: eine epistemisch ungültige Kognition imperieren (vorhandene gültige Kognitionen damit überschreiben) und die entsprechenden Kognitionen selektiv koppeln mit erhöhter Erregung, Anspannung und Hemmung);
- sekundär weitere (epistemische oder introferente) Kognitionen imperieren;
- ausgeblendete/gehemmte Kognitionen sekundär festhalten (»sich bewusst machen«), festgehaltene Kognitionen sekundär ausblenden (»ignorieren«), Erregung sekundär verringern (herunterspielen) oder sekundär erhöhen (dramatisieren) etc. (s. Konfliktumgehungsstrategien, KUS, ▶ Kap. 4)

Introferenzauflösend

- aufhören, (zusätzlich) introferent einzugreifen (konstatierendes aufmerksames Wahrnehmen)
- automatisierte Introferenz beenden (z. B. durch Introvision).
5. Anschließend wird laufend überprüft, ob das Hängenbleiben beendet ist.
6. Wurde das Hängenbleiben durch epistemische Operationen beendet, hören diese Operationen in dem Moment auf, in dem das Hängenbleiben erfolgreich aufgehört hat (»exit«). Wurden dazu jedoch introferente Operationen (»Überschreiben«) verwendet, dauern diese weiter an, um sicherzustellen, dass das Hängenbleiben tatsächlich erfolgreich überwunden ist. Das führt zu andauernder (leicht) erhöhter Erregung, Anspannung und Hemmung, und diese kosten Energie.

Sechs-Stufen-Modell der Entwicklung von Konflikten

Auf der Grundlage der TMI lassen sich – grob vereinfacht – sechs Stufen der Entwicklung eines inneren Konflikts unterscheiden.

- *Stufe 0*: Ein epistemischer Informationsverarbeitungsprozess bleibt infolge eines epistemischen Defaults hängen.
- *Stufe 1*: Durch das Imperieren einer introferenten (ungültigen) Kognition wird der Default erfolgreich überbrückt – es entsteht der erste leichte innere Konflikt, aber das Hängenbleiben ist erfolgreich beendet.
- *Stufe 2*: Das wiederholte primäre Imperieren derselben Kognition führt dazu, dass dieses Imperieren zunehmend automatisch abläuft.
- *Stufe 3*: Der Informationsverarbeitungsprozess bleibt erneut hängen – diesmal wegen eines introferenten Defaults. Plötzlich taucht eine epistemisch gültige Kognition auf, die in Widerspruch zur imperierten, epistemisch ungültigen (»introferenten«) Kognition steht. (Buridans Esel sieht plötzlich rechts den größeren Heuhaufen.) Dieser introferente Default ist die Folge der Automatisierung des introferenten Eingreifens. Entweder wird das automatisierte Eingreifen (mit Hilfe von KAW, ▶ Kap. 3) beendet oder es wird erneut, diesmal sekundär eingegriffen. Sekundär bedeutet u. a., dass die betreffenden Kognitionen nun mit zusätzlicher affektiver Aufladung gekoppelt werden.
- *Stufe 4*: Dieses sekundäre Eingreifen wird durch Wiederholung habitualisiert und schließlich automatisiert.
- *Stufe 5*: Gegebenenfalls wird erneut sekundär eingegriffen, und dieses wird erneut automatisiert.
- *Stufe 6*: Dieser Informationsverarbeitungsprozess bleibt infolge eines neuen introferenten Defaults hängen – der Zustand des akuten Konflikts (PT-6).

Dieser so beschriebene Prozess der Entwicklung von Konflikten lässt sich – so eine weitere grundlegende Annahme der TMI – im Prinzip auf jeder Stufe umkehren. Anstatt primär introferent einzugreifen, besteht die Möglichkeit, »Sokrates Lösung« einzusetzen (▶ Kap. 2) und automatisiertes Eingreifen lässt sich durch Introvision beenden.

7.3 Das Problem der Willensfreiheit und das Libet-Experiment

In jüngster Zeit wird intensiv darüber debattiert, ob es Willensfreiheit eigentlich gibt oder ob das eine Illusion ist. Insbesondere die Skeptiker (Singer, 2006; Roth, 2005) berufen sich dabei auf das berühmte Libet-Experiment (Haggard & Eimer, 1999; Libet, Gleason, Wright & Pearl, 1983) (s. Kasten).

In diesem Experiment zeigte sich, dass sich eine bestimmte Entscheidung (nämlich: jetzt eine bestimmte Taste zu drücken) bereits fast eine halbe Sekunde (400 ms.) vorher im Gehirn an einem bestimmten Erregungsmuster ablesen ließ, bevor die Versuchspersonen diese Entscheidung bewusst trafen. Unser Gehirn, so der Schluss der Skeptiker, entscheidet darüber, ob wir nach rechts oder links gehen, und unser Bewusstsein folgt – 400 ms später – einfach nur diesem Impuls. Dass wir uns einbilden, wir wären frei in unseren Entscheidungen, sei deshalb eine Illusion.

Das Libet-Experiment

(Libet, Gleason, Wright & Pearl, 1983; Haggard & Eimer, 1999)

Bei dem ursprünglichen Libet-Experiment saßen die Versuchspersonen vor einer schnell laufenden Uhr (mit einem Zeiger, der sich alle 2,56 Sekunden einmal im Kreis drehte. Anhand dieser Uhr sollten sie berichten, zu welchem Zeitpunkt sie zum ersten Mal den Drang fühlten (»felt the urge«), eine bestimmte willentliche Handbewegung zu machen bzw. den Zeitpunkt, an dem diese Bewegung begann. Die Handbewegung, um die es hier ging, war das Drücken einer bestimmten Tastatur mit dem Zeigefinger.

Haggard & Eimer (1999) haben diese Untersuchung noch einmal durchgeführt. Bei ihnen sah der Versuchsablauf wie folgt aus: Die Versuchspersonen saßen wie bei Libet vor der schnell rotierenden Uhr. Sie starteten zunächst diese Uhr, indem sie gleichzeitig mit dem rechten und linken Zeigefinger zwei Tasten auf einer normalen Computertastatur drückten. Sie waren angewiesen worden, danach die Uhr mindestens einmal rotieren zu lassen (2,56 Sekunden), was von den Versuchsleitern überprüft wurde. Erst danach »in their own time, subjects pressed either the left or the right assigned keys on the keyboard at a time which they freely chose« (Haggard & Eimer, 1999, 129).

Danach lief die Uhr noch kurz weiter (zwischen 1,5 und 2,4 Sekunden). Anschließend sollten sie einen von zwei Zeitpunkten festhalten: entweder den Moment, in dem »they first began to prepare the movement« (S. 129) oder den Augenblick, in dem sie tatsächlich die Bewegung durchgeführt, d. h. die Taste gedrückt hatten. Diese Zeit gaben sie jeweils per Tastatur ein.

Dabei wurden zwei Bedingungen untersucht. In der einen Bedingung (»free movement«) stand es den Versuchspersonen frei, entweder die rechte oder die linke Hand zu benutzen, um die Taste zu drücken. Dabei wurden sie ermutigt, ungefähr gleich oft die rechte und die linke Hand zu benutzen und offensichtliche Reihungen (wie z. B. rechts-links-rechts-links o. Ä.) zu vermeiden. Dies wurde insgesamt 40mal durchgeführt. In der zweiten Bedingung war die Hand, die sie benutzen sollten, jeweils vorgegeben; dabei wurden innerhalb eines Blocks 20mal die rechte und 20mal die linke Hand benutzt. Insgesamt führte jede Versuchsperson diese Bewegungen 320mal durch; der gesamte Versuch dauerte zwei bis drei Stunden. Es nahmen acht Versuchspersonen im Alter zwischen 20 und 40 Jahren teil.

Die Ergebnisse von Haggard & Eimer bestätigten im Wesentlichen die Befunde von Libet, »dass das Gehirn einen einleitenden Prozess durchläuft, der

> 550 ms vor dem freien Willensakt beginnt; aber das Bewusstsein des Handlungswillens erschien erst 150–220 ms vor der Handlung. Der Willensprozess wird also unbewusst eingeleitet, und zwar etwa 400 ms bevor die Versuchsperson sich ihres Willens oder ihrer Handlungsabsicht bewusst wird« (Libet, 2004, S. 159).

Aus Sicht der TMI stellt diese Untersuchung einen empirischen Beleg dafür dar, dass wir in der Tat dazu in der Lage sind, erfolgreich in unsere epistemischen Prozesse einzugreifen.

Halten wir einen Moment inne und fragen uns, was da eigentlich passiert: Versuchspersonen kommen in ein Labor, um an einem Experiment teilzunehmen. Manche von ihnen würden vielleicht stundenlang am Tisch sitzen, ohne auch nur einmal die gewünschte Taste mit dem Zeigefinger zu drücken. Und die, die vielleicht spontan ausprobieren würden, was passiert, wenn sie die eine oder andere Taste drücken, würden ebenfalls von sich aus nicht auf die Idee kommen, dabei gleichzeitig auf die Uhr zu schauen und zu sehen, wann genau sie diese Einfall hatten.

In anderen Worten: Offenkundig war das Verhalten der Versuchspersonen nicht wirklich spontan, sondern es erfolgte erst nach entsprechenden Anweisungen durch den Versuchsleiter (der darauf baute, dass sie dazu in der Lage sind, willentlich etwas anderes zu tun, als sie sonst – ohne diese Anweisungen – tun würden.)

Nun zu dem Experiment selbst. Sie wurden ausdrücklich instruiert, zunächst einmal mindestens 2,6 Sekunden zu warten (»eine Umdrehung der Uhr«) – so lange mussten sie also einen eventuellen Handlungsimpuls willentlich unterdrücken. Anstatt danach einfach loszudrücken, sollten sie nun warten, bis sie den »urge« dazu verspürten. Theoretisch gesehen hätte manche Versuchsperson vielleicht auch erst nach einer halben Stunde einen Handlungsimpuls verspüren können, aber das ist offenkundig nicht geschehen – wahrscheinlich deshalb, weil die Vpn wussten, dass insgesamt 320 Versuchsdurchgänge auf sie warteten (das ganze Experiment dauerte im Schnitt zwei bis drei Stunden).

> Noch deutlicher wird diese »Kunst« des introferenten Eingreifens bei der Variante des Experiments, bei dem es darum ging, sich willentlich dafür zu entscheiden, entweder die rechte oder die linke Taste zu drücken (Haggard & Eimer, 1999). Hier wurde die »freie« Entscheidung durch die Versuchsleiter durch mehrere Regeln eingeschränkt: So mussten in etwa beide Tasten (bei 40 Durchgängen) ungefähr gleich häufig gedrückt werden und die Auswahl der Tasten durfte keinem erkennbaren Muster folgen (z. B. rechts – links – rechts – links …). Es ist beeindruckend zu sehen, dass die Versuchspersonen offensichtlich in der Lage waren, auch unter diesen erschwerten Bedingungen »frei« zu entscheiden – und dabei genau das zu tun, was die Versuchsleiter von ihnen erwarteten.

In diesem Kontext erhielten die Versuchspersonen nun eine Anweisung, die dem sehr nahekommt, was Watzlawick einen paradoxen Imperativ nennen würde: »Drück diese Taste, aber tue das spontan (nämlich erst dann, wenn du den Impuls dazu verspürst.)«

Wie lässt sich so etwas praktisch durchführen? Aus Sicht der TMI geht das nur, wenn man in der Lage ist, introferent einzugreifen. Erst einmal muss man in der Lage sein, die vom Versuchsleiter vorgegebenen Sollvorstellungen zu übernehmen (und ggf. andere handlungsleitenden Kognitionen wie z. B. sich zu kratzen, aufzublicken, eine Pause zu machen, ein Lied zu summen) zu unterdrücken – sprich, sich diese Sollvorstellungen (primär oder sekundär) zu imperieren.

Als Nächstes folgt die Aufgabe zu warten, bis man den »urge« verspürt, diese Handlungen auszuführen. Das bedeutet nichts anderes, als die imperierte Sollvorstellung (»Taste drücken«) eine kurze Weile sekundär auszublenden und dann zu warten, bis die damit verbundene affektive Erregung so stark geworden ist, dass sie ins Bewusstsein kommt.

In anderen Worten: Aus Sicht der TMI lässt sich diese Untersuchung als ein Beleg dafür auffassen, dass wir im Alltag tatsächlich erfolgreich introferent in unsere eigenen kognitiven Prozesse eingreifen können und sogar paradoxe Handlungsaufforderungen (sensu Watzlawick, 1969) so lange aus dem Bewusstsein ausblenden können, bis das Bewusstwerden dieses Handlungsimpulses uns selbst »überrascht«. (Es ist im Übrigen nicht berichtet worden, dass es den Versuchspersonen irgendwann einmal – bei 320 Durchgängen insgesamt – nicht erfolgreich gelungen ist, dieses Kunststück an Introferenz durchzuführen.)

Kurz und gut: Aus Sicht der TMI ist der »einleitende Prozess«, den das Gehirn durchläuft und der 550 Millisekunden vor dem freien Willensakt beginnt, wie Libet schreibt (2004, S. 159), nicht irgendwie vom Himmel gefallen, sondern lange vorher durch komplexe Prozesse des introferenten Eingreifens (Festhalten und Ausblenden) eingeleitet worden. Dass »das Bewusstsein des Handlungswillens« erst 150–220 ms vor der Handlung erschien, ist ein Zeichen dafür, dass wir in der Tat in der Lage sind, bestimmte Kognitionen eine Zeitlang aus unserem Bewusstsein auszublenden, wie im Übrigen viele Untersuchungen (z. B. Wegner, 1994) belegen. Anders als Libet meint, wird aus Sicht der TMI dieser Willensprozess nicht, sozusagen 400 ms vor der Tat, unbewusst, sondern schon längere Zeit vorher sehr bewusst eingeleitet – nämlich ab dem Zeitpunkt, in dem die Versuchspersonen sich darauf vorbereiten, die verschiedenen Anweisungen in die Tat umzusetzen.

> Aus Sicht der TMI widerlegt das Experiment von Libet deshalb nicht die Existenz des freien Willens, sondern es stellt einen herausragenden Beleg für die Funktionsfähigkeit des Introferenzsystems dar.

Willensfreiheit aus Sicht der Theorie der Mentalen Introferenz

Im Alltag haben wir den Eindruck, unser Verhalten in vielen Situationen frei steuern zu können. Wir erleben, dass wir die Möglichkeit haben, uns für den rechten oder den linken Weg zu entscheiden und wenn wir dies getan haben, haben wir gleichzeitig den Eindruck, wir hätten uns auch anders entscheiden können.

Aus Sicht der TMI lässt sich dieser Eindruck leicht erklären. In der Tat können wir in vielen Situationen introferent in unsere laufenden Prozesse eingreifen – und tun dies. Und wir tun dies so oft mit Erfolg, dass wir verwirrt und ärgerlich werden, wenn uns dies nicht (mehr) gelingt: Wenn wir uns also vornehmen, etwas Bestimmtes zu tun, und dies dann doch nicht durchführen (»Umsetzungskonflikt«, ▶ Kap. 1).

Insofern haben wir also tatsächlich die Möglichkeit, willentlich zu handeln – und uns so oder auch anders zu entscheiden.

Wenn wir »Willensfreiheit« also gleichsetzen mit der Fähigkeit, introferent einzugreifen, dann ist diese Willensfreiheit mit zwei Einschränkungen unterworfen. An einem Ende der breiten Skala unterschiedlicher Psychotonuszustände findet sich das primäre Eingreifen (PT-4). Bereits dieses erste Eingreifen (wir erinnern uns an Buridans Esel) kostet Energie (s. Baumeister et al., 2008), es bringt leichte innere Unruhe mit sich, generiert den ersten Konflikt und führt zu Datenverlust – und wenn dies zur Gewohnheit wird, kann es größere Probleme nach sich ziehen: automatisiertes Festhalten an bestimmten Meinungen, Vorstellungen, Gewohnheiten sowie die abnehmende Fähigkeit, neuen Situationen unvoreingenommen zu begegnen und schnell und flexibel zu reagieren. Am anderen Ende der Entwicklung (PT-6 und 7) entsteht infolge des wiederholten Eingreifens das Problem, dass die daraus resultierenden Konflikte und Blockaden zunehmend schwerer durch erneutes Eingreifen zu bewältigen sind; dies wird im Alltag als Einschränkung der Willensfreiheit erlebt.

In einem tieferen philosophischen Sinne lässt sich lange darüber spekulieren, ob und in welchen Situationen (außer in Notfällen) es überhaupt sinnvoll ist, in epistemische Prozesse einzugreifen. Dies ist jedoch ein anderes Thema. Deshalb sei an dieser Stelle stattdessen einfach auf Hegel verwiesen: »Freiheit ist Einsicht in die Notwendigkeit.« Einsicht in die Notwendigkeit heißt, auf der Basis der epistemischen Erkenntnis dessen, was notwendig ist, zu handeln, ohne in diese Erkenntnis introferent einzugreifen.

> Zusammenfassend lässt sich sagen, dass die TMI ein theoretisches Modell dessen darstellt, was wir im Alltag als unsere – begrenzte – Willensfreiheit erleben. Wir können uns in bestimmten Situationen willkürlich so oder so entscheiden – und besitzen ab einem bestimmten Punkt (starke affektive Aufladung, Sucht etc.) diese Willensfreiheit nicht mehr – oder nur noch in einem sehr eingeschränkten Sinne.

7.4 Gefühle und Emotionen als »Farben der Seele«

Die TMI ist – auch – eine Theorie der Entstehung von Gefühlen, Affekten und Emotionen. Genauer gesagt: Sie erklärt, wie es dazu kommen kann, dass bestimmte Kognitionen stark affektiv aufgeladen sein können – in anderen Worten: Sie ist eine Theorie der Entstehung von Leidenschaften (im Sinne von *pathos*) und damit von starken Affekten. Insofern stellt die TMI auch eine Theorie der Ko-Evolution von Kognitionen und Emotionen dar, die in Kapitel 2 ausführlicher dargestellt worden ist.

Aus Sicht der TMI kommt den Gefühlen innerhalb der kognitiven Prozesse eine besondere Bedeutung zu. Sie markieren unterschiedliche interne Zustände: Das

Gefühl von »So ist es« markiert den epistemischen Status einer Kognition (▶ Kap. 2), das Gefühl des Hungers einen bestimmten Zustand des Magens (niedriger Blutzuckerspiegel) und das Gefühl »Der mag mich« eine bestimmte intuitive Einschätzung einer gegebenen Situation.

Gefühle sind also – auch – Informationen und damit Teil der mentalen Prozesse (Dörner 2001, 2002). Darüber hinaus sind sie das Ergebnis komplexer somatosensorischer Prozesse (s. Birbaumer & Schmidt, 2006) – die physiologische Basis des Gefühls der Traurigkeit ist anders als die des Gefühls von Glück. Gefühle sind also mehr als »nur« Informationen, aber sie sind *auch* Informationen, die in die interne Informationsverarbeitung ebenso einbezogen werden wie andere Kognitionen auch. Das Gleiche gilt auch für Emotionen. Emotionen haben ebenfalls eine komplexe physiologische Struktur. Große Emotionen sind Zustände, die mit hoher Energie verbunden sind und zugleich mit hohem Affekt.

Aus Sicht der TMI ist daran interessant, dass wir im Alltag sehr wohl in der Lage sind, eine Vielzahl von Emotionen und Gefühlen subjektiv zu unterscheiden: Eifersucht und Neid und Wut und Hass und Liebe und Freude und Glück. Cicero (1991) unterschied beispielsweise mehr als dreißig Gefühle; die neuere Emotionspsychologie versucht, diese Vielzahl auf relativ wenige Grundgefühle zurückzuführen – beispielsweise vierzehn (z. B. Lazarus, 1993) oder sechs (z. B. Birbaumer & Schmidt, 1996, S. 647).

Unterschiedliche Gefühle als Markierung unterschiedlicher Zustände der Binnenregulation

Aus Sicht der TMI dienen die subjektiv unterschiedlichen Gefühle der Markierung unterschiedlicher Zustände der Binnenregulation. So lässt sich beispielsweise die Emotion der Eifersucht als Markierung der Verletzung einer bestimmten Art von inhaltlichen Imperativen (»Es darf nicht sein, dass er/sie jemand anderen liebt …!«) und die Emotion des Neids die Verletzung des Imperativs: (»Es darf nicht sein, dass der andere mehr besitzt als ich …«). Trauer markiert aus Sicht der TMI den Verlust einer wichtigen sozialen Bindung (Bowlby, 1988), der nicht mehr rückgängig gemacht werden kann und Überraschung einen Zustand, bei dem eine automatisch introferent festgehaltene Erwartung sich nicht erfüllt (»Was, du bist doch gekommen?«). Glück und Freude lassen sich in diesem Zusammenhang auffassen als Markierung des internen Zustands eines – gerade – erfüllten Imperativs (»Endlich habe ich meine Traumstelle bekommen!«).

In anderen Worten: Die subjektiv erlebbare Seite von Gefühle und Emotionen sind aus Sicht der TMI für die interne Informationsverarbeitung das, was die Farben beim Sehen sind: Sie helfen uns, unterschiedliche Zustände rasch erkennen und einordnen zu können. Sie dienen damit dem gleichen Ziel wie die Farben beim Sehen.

Farben beim Sehen

Wenn wir die Welt anschauen, dann sehen wir rot und grün und blau und gelb und viele Zwischentöne, obwohl es sich dabei »eigentlich« nur um Lichtwellen unterschiedlicher Wellenlänge handelt. Wieso erleben wir diese Lichtwellen als unterschiedliche Farben, obwohl es »in Wirklichkeit« – d. h. auf der physikalischen Ebene – keine Farben, sondern nur Lichtwellen unterschiedlicher Wellenlänge gibt? Diese Frage wird heute unter dem Stichwort »Qualia« im Zusammenhang mit Bewusstsein viel diskutiert (z. B. Metzinger, 1996).

Eine mögliche Antwort darauf ist, dass es sich hierbei gewissermaßen um eine »geniale« Form der Umkodierung handelt, mit dem Ziel, die eigentlich nur graduell voneinander unterschiedlichen Lichtwellen subjektiv besser unterscheidbar zu machen: Bei diesem Umkodieren werden Unterschiede, die eigentlich nur in einer Dimension bestehen (längere oder kürzere Wellen) in mehrere unterschiedliche »Qualia«, also Farben »übersetzt«. Dies hat den großen Vorteil, dass es so leichter wird, zusammenhängende (ähnliche) Werte (»rot«) von anderen (unähnlichen) Werten (»grün«) zu unterscheiden. Und auf dieser Grundlage lassen sich dann bestimmte Bedeutungen, die bestimmten Farben zugeordnet werden mögen (z. B. rot = Gefahr) leichter erkennen.

Gefühle und Emotionen sind komplexe psychophysiologische Prozesse. Hier ging es nur um die Frage, weshalb wir im Alltag so viele unterschiedliche Gefühle subjektiv erleben und wahrnehmen. Aus Sicht der TMI dient die subjektive Wahrnehmung unterschiedlicher Gefühle und Emotionen der Markierung unterschiedlicher interner Zustände der Binnenregulation – so z. B. verschiedener Grundformen von Imperativverletzungskonflikten (z. B. Ärger vs. Angst vs. Trauer), unterschiedlicher Inhalte von Imperativverletzungskonflikten (Neid vs. Eifersucht), des unterschiedlichen Status von Kognitionen (»Es-ist-so« vs. »Das-ist-falsch«) und des unterschiedlichen Status introferent festgehaltener Kognitionen (Überraschung vs. Freude und Glück).

7.5 Die Entstehung unterschiedlicher psychotonischer Zustände

Abschließend soll nun der Frage nachgegangen werden, wie sich die Entstehung unterschiedlicher psychotonischer Zustände (▶ Kap. 1) introferenztheoretisch erklären lässt.

Stark vereinfacht lassen sich die einzelnen Stufen wie folgt interpretieren:

- *Im Zustand des eskalierenden Konflikts (PT-Stufe 7)* wird durch zusätzliches introferentes Eingreifen der mit einem akuten Konflikt verbundene Erregungszustand

weiter erhöht – z. B. durch Einengen der Aufmerksamkeit und Dramatisieren – bis zu einem Punkt, an dem der Organismus temporär abschaltet (Black-out, Schock, Ohnmacht).
- *Im Zustand des akuten Konflikts (PT-Stufe 6)* kreisen die Gedanken um Imperativverletzungskonflikte, d. h. um Defaults, die in erster Linie durch andauerndes introferentes Eingreifen aufrechterhalten werden und die mit relativ hoher affektiver Aufladung gekoppelt sind, die es schwermacht, diesen Konflikt wieder »aus dem Kopf« zu bekommen – sprich: aus dem Bewusstsein herauszuhalten. Dabei kommt erschwerend hinzu, dass die Aufmerksamkeit beim habituellen Eingreifen enggestellt wird.
- *Im Zustand der Anstrengung, der Volition und der Impulsivität (PT-Stufe 5)* sind ebenfalls Konflikte aktiviert, sie werden jedoch durch sekundäres Eingreifen erfolgreich »überbrückt«. Je nachdem, ob das Individuum sich dabei eine epistemisch gültige Kognition (Selbstbeherrschung. Selbstüberwindung) oder eine ungültige Kognition (Impulsivität) imperiert, kommt es zu sehr unterschiedlichen Handlungen. Psychotonusstufe 5 umfasst eine sehr große Bandbreite von psychotonischen Zuständen: von mittlerer (Dauer-) Anspannung bis hin zu kaum unterdrückter Wut.
- *Im Zustand des Alltagswachbewusstseins (PT-Stufe 4)* ist das Ausmaß der Introferenz in den aktivierten Kognitionen sehr gering. In diesem Zustand gelingt es dem Individuum, ohne merklichen inneren Widerstand in laufende kognitive Prozesse einzugreifen, sprich: vergleichsweise mühelos willentlich zu handeln. Aus Sicht der TMI ist es – idealtypisch gesehen – in erster Linie ein Zustand des gelegentlichen primären introferenten Eingreifens; der mit dem introferenten Eingreifen verbundene Affekt ist niedrig.
- *Im Zustand beginnender Entspannung (PT-Stufe 3)* werden die entsprechenden handlungsleitenden (epistemischen und introferenten) Sollvorstellungen vorübergehend deaktiviert: Man setzt sich in den Lieblingssessel, legt die Beine hoch und entspannt sich. Allerdings tauchen in diesem Zustand vor allem automatisch introferent festgehaltene Kognitionen »von allein« im Bewusstsein auf, deshalb »springen die Gedanken gewissermaßen hin und her« (Albrecht, 1990).
- *Der Zustand der Versunkenheit und des Flow-Erlebens (PT-Stufe 2)* ist, wie bereits weiter oben (▶ Kap. 3) erläutert wurde, ein Zustand, in dem die konstatierende Aufmerksamkeit eine Zeit lang weit überwiegend auf epistemisch gültige Kognitionen gerichtet bleibt. Die damit einhergehende Absorption bewirkt, dass etwaige akute Konflikte außerhalb des Bewusstseins bleiben. Insofern ist Flow-Erleben ein Zustand, in dem eine Zeit lang nicht kontrolliert in die laufenden bewussten Kognitionen eingegriffen wird. Wie die Forschung zeigt, ist Flow-Erleben ein Zustand erhöhten Wohlbefindens, verbunden mit einem Gefühl des Einklangs mit sich und der Welt.
- *Im Zustand »absoluter innerer Ruhe« (PT-Stufe 1)* ist darüber hinaus – so lässt sich vermuten – das automatisierte Eingreifen großflächig deaktiviert – auch in Bezug auf viele kognitive Prozesse, die außerhalb des Bewusstseins ablaufen. Dies ist deshalb ein Zustand großen Wohlbefindens (wegen der Deaktivierung der Imperativverletzungskonflikte), heiterer Gelassenheit, außergewöhnlicher Wahrnehmungsfähigkeit und optimalen Handelns. Manches deutet darauf hin, dass

ein solcher Zustand nur zeitweise erreicht werden kann; wie Wren-Lewis (1988) argumentiert, sind auch Menschen, die nach jahrelanger Meditation als erleuchtet gelten, nicht – oder jedenfalls nicht in allen Fällen – dauerhaft konfliktfrei.

Zusammenfassend lässt sich festhalten, dass aus Sicht der TMI die unterschiedlichen Psychotonusstufen das Ergebnis unterschiedlicher Zustände des introferenten Eingreifens sind. Je häufiger das introferente (kontrollierte oder automatisierte) Eingreifen unterlassen wird, desto größer wird die innere Gelassenheit.

7.6 Zusammenfassung

Die Theorie der Mentalen Introferenz (TMI) stellt eine allgemeine Theorie der mentalen Selbstregulation dar. Ziel der TMI ist es, grundlegende Phänomene der mentalen Selbstregulation auf dem Hintergrund des Informationsverarbeitungs- und Handlungsparadigmas theorieübergreifend zu erklären.

Nachdem die TMI in Kapitel 2 eher kursorisch eingeführt wurde, werden hier zunächst ihre philosophischen Grundlagen näher beleuchtet (7.1). Heutzutage gibt es unterschiedliche Auffassungen darüber, was mentale Prozesse sind. Die TMI geht von der Annahme aus, dass sich im Anschluss an Bohm – zumindest pragmatisch gesehen – drei Ebenen der Realität phänomenlogisch unterscheiden lassen: Materie, Energie und Geist (»mind«) bzw. Information, wobei hier offen bleiben kann, ob und ggf. welche dieser drei Dimensionen grundlegend ist.

Dass eine eigenständige mentale Selbstregulation notwendig ist, ist aus Sicht der TMI Folge der inhärenten Grenzen des epistemischen Systems. In anderen Worten: es ist die Folge der Unvollkommenheit des Wissens, Denkens, Erkennens und Handelns.

In Kapitel 7.2 wird das Introferenzmodell der mentalen Selbstregulation dargestellt. Oberstes Ziel der mentalen Selbstregulation ist es, das Hängenbleiben der kognitiven Prozesse zu beenden bzw. zu vermeiden. Zu diesem Zweck werden die laufenden kognitiven Prozesse kontinuierlich überwacht. Bleiben diese infolge von Defaults hängen, können epistemische, introferente und/oder introferenzauflösende Operationen eingesetzt werden. Ziel ist es, das Hängenbleiben zu beenden: durch Behebung, Überschreiben oder Auflösung des Defaults oder durch Modifizierung bzw. Deaktivierung des hängengebliebenen Prozesses. Je nachdem, welche Operationen dabei eingesetzt werden, können zunehmend komplexere Konflikte entstehen (Sechs-Stufen-Modell).

Als nächstes geht es um das Problem der Willensfreiheit (7.3). Die Studie von Libet (2004) wird von einigen Psychologen und Philosophen heute als Beleg dafür aufgefasst, dass Willensfreiheit eine Illusion sei. In Kapitel 7.3 schauen wir uns dieses Experiment genauer an. Aus Sicht der TMI, so wird hier gezeigt, widerlegt dieses Experiment nicht die Existenz des freien Willens – vielmehr zeigt es, zu welchen Hochleistungen das introferente System in der Lage ist – nämlich unter der Maßgabe, »spontan« erst dann zu handeln, wenn man (in einem Labor sitzend und unter Zeitdruck) den »urge« fühlt, eine bestimmte, vom Experimentator vorgegebenen Taste zu drücken – und dies 320 mal innerhalb von zwei bis drei Stunden. Anders gesagt: die TMI ist eine Theorie dessen, was wir im Alltag subjektiv als (begrenzte) Willensfreiheit erleben: die Möglichkeit, uns in bestimmten Situationen willkürlich so oder so zu entscheiden – und in anderen Situationen (z. B. bei starken Blockaden oder Affekten) diese (subjektive) Willensfreiheit wieder (beinahe) zu verlieren.

In Kapitel 7.4 geht es um die Frage, wie sich die Entstehung unterschiedlicher Gefühle und Emotionen evolutionstheoretisch erklären lässt. Wieso ist es, so wird gefragt, nicht dabei geblieben, bestimmte Kognitionen pauschal mit erhöhter Erregung, Anspannung und Hemmung zu koppeln? Wieso erleben wir im Alltag vielmehr eine Fülle differenzierter Gefühle und Emotionen – bis zu 30 verschiedene (Cicero)? Aus Sicht der TMI bringt diese Vielfalt einen Überlebensvorteil mit sich. Die Gefühle helfen dem epistemischen System, möglichst rasch die Art und Status der gerade aktivierten Imperative zu erkennen. In anderen Worten: Aus Sicht der TMI haben Gefühle und Emotionen die gleiche Funktion wie die Farben beim Sehen: Sie helfen, den aktuellen Zustand des introferenten Eingreifens rasch zu erkennen.

Zu Beginn dieses Buchs wurde gefragt, wie sich die Entstehung unterschiedlicher Psychotonus-Zustände von Gelassenheit bis Panik erklären lässt. Deshalb erscheint es angebracht, am Ende dieses Buchs (▶ Kap. 7.5) diese Frage zu beantworten. Aus Sicht der TMI ist die zunehmende Unruhe (vom Zustand der absoluten inneren Ruhe bis hin zum eskalierenden Konflikt) die Folge zunehmenden introferenten Eingreifens. Gelassenheit im Sinne von tiefer innerer Ruhe stellt sich ein, wenn das introferente Eingreifen weitgehend aufhört.

Selbsttest

- Was ist das Ziel der mentalen Selbstregulation aus Sicht der TMI?
- Was sind epistemische und introferente Defaults und wodurch entstehen sie?
- Welche Arten von internen Operationen zur Behebung von Defaults gibt es aus Sicht der TMI?
- Wie lässt sich das Libet-Experiment aus Sicht der TMI interpretieren?
- Welche Aufgabe haben Gefühle aus Sicht der TMI? Erläutern Sie dies an den Beispielen Trauer, Freude und Unruhe.
- Was ist – introferenztheoretisch gesehen – notwendig, um in den Zustand »absoluter innerer Ruhe« zu gelangen?

8 Zusammenfassung

Was lässt sich tun, um gelassener zu werden? Das ist die zentrale Frage, um die es in diesem Buch geht. Im Zentrum dieses Buchs steht die Methode der Introvision, die hier ausführlich theoretisch und praktisch dargestellt wird.

Die Methode der Introvision als Ergebnis eines langjährigen Forschungsprogramms

Grundlage dafür sind die Ergebnisse eines umfangreichen Forschungsprogramms zur mentalen Selbstregulation an der Universität Hamburg unter der Leitung der Verfasserin, die hier erstmals zusammenfassend dargestellt werden.

Ausgangspunkt für unsere Forschung war die Frage, weshalb sich die Gedanken manchmal endlos im Kreis drehen – und was sich dann tun lässt, um dieses Endloskreisen nicht nur vorübergehend zu stoppen sondern wirksam zu beenden. Die Suche nach einer Antwort auf diese Frage führte zu einer Vielzahl interessanter theoretischer Erkenntnisse, zur Entwicklung mehrerer Forschungsmethoden und zu mehr als fünfzig empirischen Untersuchungen (▶ Kap. 1.3). Vor allem aber führte sie zur schrittweisen Entwicklung einer neuen Methode des Selbstmanagements, die Methode der Introvision. Inzwischen liegen eine Reihe empirischer Untersuchungen zur Wirksamkeit dieser Methode mit unterschiedlichen Zielen (z. B. Stressreduktion im Leistungssport, Abbau von Rede- und Prüfungsangst, Reduktion von Depression, Verbesserung der Hörfähigkeit bei Schwerhörigen, Verringerung von Verspannungen bei Rückenschmerzen) vor. Die Ergebnisse dieses Forschungsprogramms, die bislang in einer Vielzahl von Publikationen und Forschungsberichten verstreut vorliegen, werden hier erstmals zusammenfassend dargestellt.

Ziel der Introvision: mehr Gelassenheit im Alltag durch Auflösung innerer Konflikte

Ziel der Introvision ist es, innere Konflikte und mentale Blockaden nicht nur besser zu bewältigen, sondern diese, sozusagen »von ihrer Wurzel« her, aufzulösen und so situationsbezogen Gelassenheit und Handlungsfähigkeit wiederzugewinnen.

Unterschiedliche Stufen abnehmender Gelassenheit

Gelassenheit wird hier definiert als ein Zustand innerer Ruhe, verbunden mit einem Gefühl von Mühelosigkeit und Wohlbefinden – sowie Konfliktfreiheit in den bewussten Gedanken, Gefühlen und Empfindungen (▶ Kap. 1). Gelassenheit ist damit etwas anderes als Gleichgültigkeit (»Ist mir doch alles egal!«); im Zustand optimaler Gelassenheit ist der Mensch offen, aufnahmefähig und im Einklang mit sich selbst und der Welt.

Im Rahmen des von der Verfasserin entwickelten Psychotonusmodells (▶ Kap. 1.1) werden mehrere Stufen der Gelassenheit unterschieden: vom Zustand absoluter innerer Ruhe, so wie ihn manche Menschen in der Meditation erleben, über Flow-Erleben bis hin zum Alltagswachbewusstsein. Am oberen Ende der siebenstufigen Psychotonusskala befinden sich drei Stufen zunehmend ausgeprägter Konflikthaftigkeit: von Anstrengung über akute Konflikte bis hin zu Panik. Pragmatisch gesehen lassen sich drei Typen von inneren Konflikten unterscheiden: Entscheidungskonflikte, Umsetzungskonflikte und Konflikte mit der Umwelt.

Warum wir im Alltag nicht andauernd in tiefer innerer Ruhe sind: Die Theorie der Mentalen Introferenz

Wieso befinden wir uns nicht alle immerzu in einem mentalen Zustand absoluter innerer Ruhe?

Diese Frage bildet den Ausgangspunkt für die Entwicklung der Theorie der Mentalen Introferenz. Angenommen (so das Gedankenexperiment in Kapitel 2), der Mensch habe ursprünglich in einem Zustand tiefer innerer Ruhe gelebt – ein Zustand, der sich nach Cicero mit dem Zustand einer spiegelglatten Wasseroberfläche vergleichen lässt. Wie kommt es dann dazu, dass sich die Wasseroberfläche zum ersten Mal kräuselt? In anderen Worten: Was ist es, das zur Entstehung der ersten inneren Unruhe führt?

Aus Sicht der TMI ist die Ursache dafür in der Störanfälligkeit der mentalen Prozesse zu finden. Im (hypothetischen) Zustand absoluter innerer Ruhe verfügt der Mensch zwar über herausragende Fähigkeiten, die Umwelt wahrzunehmen und sein Handeln entsprechend zu steuern. Allerdings können diese epistemischen Prozesse infolge von Defaults (Leerstellen, Widersprüche, Inkongruenzen, unauflösbare Diskrepanzen) hängenbleiben – und dieses Hängenbleiben hat u. U. lebensbedrohliche Folgen.

Um in diesen Situationen handlungsfähig zu bleiben, hat sich evolutionär ein zweites kognitives System entwickelt: das System der mentalen Introferenz. Ursprünglich diente dieses System lediglich dazu, im Notfall einen solchen Default überbrücken zu können. Beim primären Eingreifen wird eine – mehr oder weniger zufällig ausgewählte – ungültige Kognition in die vorhandenen gültigen Kognitionen »hineingetragen«. Diese introferente (»hineingetragene«) Kognition wird den vorhandenen Kognitionen gewissermaßen aufgezwungen – ein Prozess, der hier als Imperieren bezeichnet wird. Primäres Imperieren bedeutet, dass die Informationsverarbeitung auf der Basis der »hineinzutragenden« ungültigen Kognition fortgesetzt wird und die damit inkonsistenten Kognitionen von der Weiterverarbeitung ausgeschlossen werden; gleichzeitig wird die weitere Suche nach einer epistemisch gültigen Auflösung des Defaults blockiert. Der »Zangengriff des Imperierens« beinhaltet also zweierlei Prozesse gleichzeitig: Festhalten und Ausblenden. Festgehalten wird hier eine ungültige Kognition, die zu diesem Zweck mit erhöhter Erregung und Anspannung gekoppelt wird, und ausgeblendet und blockiert wird die Weiterverarbeitung der damit inkonsistenten Kognitionen, die zu diesem Zweck physiologisch gehemmt werden. Dieses primäre Eingreifen führt zu einer ersten leichten Unruhe, und es entsteht der erste kleine innere Konflikt – in anderen Worten: Das Wasser beginnt sich zum ersten Mal zu kräuseln.

Mit zunehmender Übung wird dieses Eingreifen zur Gewohnheit und läuft schließlich automatisch ab. Diese Automatisierung führt zu einem neuen Problem, weil es nun schwieriger wird, im Falle eines Falles dieses introferente Eingreifen wieder zu beenden. So kommt es dazu, so eine weitere These, dass u. U. in vorhandene kleine Konflikte erneut (sekundär, tertiär) eingegriffen wird – mit dem Ziel, den (negativen) Auswirkungen dieser Konflikte partiell entgegenzuwirken. Auf diese Weise entstehen zunehmend größere Konflikte – bis hin zu akuten Konflikten im Bewusstsein, bei denen sich die Gedanken endlos im Kreis drehen.

Aufhören, zusätzlich einzugreifen: Das Konstatierende Aufmerksame Wahrnehmen (KAW; ▶ Kap. 3)

Der erste Schritt auf dem Weg zu mehr Gelassenheit besteht darin zu lernen, was es heißt, ein Weilchen lang aufzuhören, in vorhandene Kognitionen (zusätzlich) introferent einzugreifen. Dieses bewusste Nicht-Eingreifen wird hier als Konstatierendes Aufmerksames Wahrnehmen (KAW) bezeichnet – ein Zustand, bei dem die Aufmerksamkeit ein Weilchen lang konstatierend-wahrnehmend, weitgestellt und mit konstantem Fokus auf bestimmte Kognitionen (visuell, auditiv, somatosensorisch, gedanklich, Gefühle) gerichtet wird, ohne dabei zu versuchen, andere Kognitionen am Rande des Bewusstseins aktiv auszublenden.

Diese Methode des Konstatierenden Aufmerksamen Wahrnehmens wird anhand von vier eigens dafür entwickelten Übungen ausführlich beschrieben und an vielen Beispielen erläutert. Ziel des KAWs ist es unter anderem, die Aufmerksamkeits- und Wahrnehmungsfähigkeit zu verbessern, Flow-Erleben zu fördern und Stress abzubauen. Gleichzeitig bildet es ein notwendiges Fundament für die Introvision. Neue Untersuchungen (Herwig et al., 2010) zeigen, dass das konstatierende Wahrnehmen von eigenen Gefühlen und körperlichen Empfindungen bei geübten Personen innerhalb von 12 Sekunden bereits zu einer signifikanten Abnahme der inneren Erregung (in der Amygdala) führt.

Ähnliche Formen der konstatierenden Aufmerksamkeit finden sich auch in vielen anderen psychologischen Ansätzen wieder – von der freischwebenden Aufmerksamkeit (Freud) über das Hineinspüren in die muskuläre Anspannung (Progressive Muskelrelaxation) und das Betrachten innerer Bilder (Autogenes Training) bis hin zur Achtsamkeit (Kabat-Zinn), um nur einige wenige zu nennen. Mehr zu Gemeinsamkeiten und Unterschiede finden sich in Kapitel 3.4.

8 Zusammenfassung

Die Auflösung von Konflikten durch Introvision (Kap. 4–6)

Die Introvision besteht aus zwei Phasen: (1) den kognitiv-affektiven Kern des Konflikts finden und (2) diesen durch Anwenden des KAW auflösen.

Grundlage für Phase 1 der Introvision ist die Theorie Subjektiver Imperative (▶ Kap. 4). Diese geht von der Annahme aus, dass bei Konflikten die Gedanken um die wahrgenommene oder antizipierte Verletzung (mindestens) eines subjektiven Imperativs kreisen. Subjektive Imperative sind Vorstellungen (Ziele, Erwartungen, Annahmen), die mit einem Gefühl von »muss« bzw. »darf nicht« gekoppelt sind. Aus Sicht der TMI (Theorie der Mentalen Introferenz) sind subjektive Imperative Sollvorstellungen (Ziele, Erwartungen, Selbstanweisungen), die sich ein Individuum imperiert – samt der dazugehörigen metakognitiven Selbstanweisung, diese Sollvorstellung nicht aufzugeben.

Imperativverletzungskonflikte (Realitäts-, Imperativ-, Durchführungs- und Konfliktkonflikte) sind unauflösbare Diskrepanzen, die letztendlich dadurch entstehen, dass inkongruent (gewordene) Sollvorstellungen weiterhin imperativisch festgehalten werden.

In der ersten Phase der Introvision werden die miteinander durch Wenn-Dann-Annahmen verbundenen imperativischen Vorstellungen bis an das Ende der jeweiligen Imperativkette zurückverfolgt, idealerweise ohne sich dabei in Konfliktumgehungsstrategien zu verlieren. Am Ende einer solchen Imperativkette steht oft ein Kernimperativ, d. h. ein Imperativ, dessen Nichteinhaltung als subjektiv schlimm empfunden wird samt der dazugehörigen Kern-Subkognition. Als Subkognition wird die jeweilige Ist-Kognition (z. B. »Es kann sein, dass …«) bezeichnet, die zur Aktivierung der betreffenden imperativischen Sollvorstellung (»Es darf nicht sein, dass …«) führt.

Um den Konflikt aufzulösen, wird anschließend in Phase 2 der Introvision die Kern-Subkognition ein Weilchen lang aufmerksam konstatierend wahrgenommen – und dies soll ggf. auch mehrfach durchgeführt werden. Grundlage dafür ist die TMI: die Theorie der Mentalen Introferenz. Ziel ist es, durch die Anwendung des KAW die Koppelung der Kern-Subkognition mit Introferenz langfristig zu löschen; dazu gehört insbesondere auch die Entkoppelung dieser Subkognition von dem damit verbundenen Affekt. Neue physiologische Untersuchungsergebnisse (Debiec et al., 2006) mit Ratten zeigen, dass die Löschung einer solchen Koppelung aus dem Langzeitgedächtnis möglich ist.

In Kapitel 5 wird dann der konkrete Ablauf einer Introvisionsberatung im Rahmen eines Beratungsgesprächs in neun Schritten geschildert; anschließend werden die Merkmale einer erfolgreichen Konfliktauflösung im subjektiven Erleben und im praktischen Verhalten erläutert.

In Kapitel 6 wird die praktische Vorgehensweise der Introvision anhand von Fallbeispielen (▶ Kap. 6.1) bei Konflikten im Alltag dargestellt – z. B. bei Beziehungsproblemen, Flugangst, Problemen im Umgang mit Gruppen, Prüfungsangst, Schreibschwierigkeiten, Entscheidungsblockaden (▶ Kap. 6.2), bei kleineren Problemen wie z. B. im Umgang mit kritischen Situationen oder zur Verbesserung der Handschrift, (▶ Kap. 6.3) bei Suchtverhalten und Suchtprävention, z. B. Raucherentwöhnung (▶ Kap. 6.4) sowie bei körperlichen Schwierigkeiten wie Juckreiz, Neurodermitis und Ohnmachtsanfällen.

Fazit: Wie entsteht Gelassenheit aus Sicht der TMI?

Die Theorie der Mentalen Introferenz ist eine Theorie der Entstehung von Gelassenheit. Zunehmende Nichtgelassenheit ist aus Sicht der TMI die Folge des zunehmenden (kontrollierten, automatisierten) Eingreifens. Dieses introferente Eingreifen ist es, das wir im Alltag als – begrenzte – Willensfreiheit erleben.

Da die Frage der Willensfreiheit heute stark umstritten ist, geht es in Kapitel 7 zunächst darum, die philosophischen Grundlagen der TMI näher zu beleuchten (▶ Kap. 7.1, ▶ Kap. 7.2) und zu klären, wieso wir im Alltag eigentlich subjektiv eine große Vielzahl verschiedener Gefühle und Emotionen erleben. Aus Sicht der TMI dienen diese Gefühle auf der mentalen Ebene dazu, wie die Farben beim Sehen die verschiedenen Zustände des introferenten Eingreifens besser unterscheidbar zu machen.

Eine Reihe von Autoren vertreten heute die Auffassung, dass Willensfreiheit eine Illusion sei. Grundlage dafür sind die Ergebnisse des Libet-Experiments (2004). Nimmt man dieses Experiment genauer unter die introferenztheoretische Lupe, so zeigt sich, dass sich diese Studie im Gegenteil als Beleg dafür auffassen lässt, dass wir Menschen in der Tat über das verfügen, was wir im Alltag als unsere (begrenzte) Willensfreiheit erleben: nämlich in eigene interne Prozesse so geschickt introferent einzugreifen, dass ein paradoxer Imperativ (Handle jetzt spontan!) praktisch durchführbar wird (▶ Kap. 7.3).

Abschließend kommen wir noch einmal auf die Ausgangsfrage dieses Buchs zurück: Was ist Gelassenheit und was lässt sich tun, um gelassener zu werden? In Kapitel 7.5 wird gezeigt, wie sich die Entstehung unterschiedlicher Stufen zunehmender Nicht-Gelassenheit introferenztheoretisch erklären lässt. Das Fazit lautet: Gelassenheit tritt dann ein, wenn das automatisierte und/oder kontrollierte introferente Eingreifen in die aktivierten Kognitionen aufhört.

Anmerkungen

2 »Wie entsteht Gelassenheit?« Die Theorie der Mentalen Introferenz (TMI)

1 »Cicero: Est igitur Zenonis haec definitio ut perturbatio sit, quod πάθος ille dicit, aversa recta rationis contra naturam animi commotio. (zit. nach Nickel (2008), S. 798 f.)
2 Cognitio bedeutet »das Kennenlernen« A) durch die Sinne und B) das geistige = das Erkennen, die Erkenntnis« (Georges,1902, Sp. 445)
3 Betrachtet man Kognitionen als Informationen, so ist die Wahrnehmung eigener Gefühle (z. B. Trauer), Emotionen und körperlicher Empfindungen (z. B. Juckreize) ebenso eine Information für die mentale Selbstregulation wie die Wahrnehmung eines externen Gegenstands (z. B. eines Baumes).
4 Der Begriff des Überschreibens wird hier in einem anderen Sinne gebraucht als dies beispielsweise Birbaumer und Schmidt (2006) tun, wenn sie davon sprechen, dass im Arbeitsspeicher vorhandene Kognitionen beim Vorliegen neuer Erkenntnisse »überschrieben« werden. Dieses letztere »Überschreiben« würde in unserem Zettelbeispiel dem »Radieren« entsprechen.
5 Was für den Inhalt der (zweiten) Notiz eigentlich irrelevant ist, aber hier dazu verwendet wird, diese entsprechend als eine »darüber zu legende« zu kennzeichnen.
6 Genau genommen werden die handlungsleitenden Kognitionen (»blue prints«) überschrieben.
7 Dörner, Dietrich (1983). Lohhausen – Vom Umgang mit Unbestimmtheit und Komplexität. Bern: Huber
8 Hier ist die Introvision besonders wichtig, weil sie dazu geeignet ist, Automatismen dieser Art dauerhaft aus dem Langzeitgedächtnis zu löschen.
9 Hier wird ein weiter Wahrnehmungsbegriff zugrunde gelegt: Wahrgenommen werden die mentalen Repräsentationen von äußeren Sinnesreizen ebenso wie von inneren Prozessen (Gefühle, Gedanken, körperliche Empfindungen etc.)

3 Konstatierendes Aufmerksames Wahrnehmen (KAW) – ein Zustand des Nichteingreifens

1 Mit dem, was hier als weitgestelltes Sehen bezeichnet wird, ist etwas anderes gemeint als das, was in einigen, vor allem populären Büchern, als »dreidimensionales« Sehen bezeichnet wird, das durch eine ganz bestimmte, fixierte Stellung der Augen erreicht werden soll.
2 Zwei dieser KAW-Anwendungen (▶ Kap. 3.4.2 und ▶ Kap. 3.4.3) wurden bereits in Wagner et al. (2020, Kap. 3.3, S. 105 ff.) veröffentlicht, einige Textpassagen daraus wurden hier wörtlich übernommen.

4 Den Kern eines akuten Konflikts finden: die erste Phase der Introvision. Die Theorie Subjektiver Imperative (TSI)

1 Der Begriff der »Kette«, engl. chain, wurde aus der Mathematik entlehnt (vgl. Markov-Ketten).
2 Grundlage dafür waren klinische Erfahrungen in der Beratung bei Imperativverletzungskonflikten.

7 Das Introferenzmodell der mentalen Selbstregulation: Grundlagen der TMI, Willensfreiheit und Emotionen

1 Wenn jemand im Alltag dennoch eine solche Behauptung aufstellt, dann deshalb, um so Aufmerksamkeit zu erregen. Es gehört zu den rhetorischen Kunstgriffen, an den Anfang einer Rede einen solchen Widerspruch zu stellen. Ziel ist es dann, im nächsten Schritt diesen Widerspruch wieder aufzulösen, und zwar im Allgemeinen durch Relativierung. (»Dies ist insofern ein Apfel, als … und wiederum *kein* Apfel, weil …«).

Literatur

Abbott, E. (1952). *Flatland. A romance of many dimensions.* Dover: Dover Publ.
Abele, A. & Becker, P. (Hrsg.). (1994). *Wohlbefinden. Theorie – Empirie – Diagnostik* (2. Aufl.). Weinheim, München: Juventa.
Achtziger A. & Gollwitzer P.M. (2018). Motivation und Volition im Handlungsverlauf. In J. Heckhausen & H. Heckhausen (Hrsg.), *Motivation und Handeln* (5. Aufl.) (S. 355-388). Berlin: Springer.
Alam, M. (2009). *Konstatierendes aufmerksames Wahrnehmen als Methode der Förderung von Aufmerksamkeit bei Schülern. Eine praktische Untersuchung.* Unveröffentlichte Staatsexamensarbeit, Universität Hamburg.
Albrecht, C. (1990). *Psychologie des mystischen Bewußtseins* (2. Aufl., unveränderter Nachdruck der 1951 im Verlag Carl Schünemann, Bremen, erschienenen Ausgabe). Mainz: Matthias-Grünewald.
Albrecht, C. (2001). *Physische Attraktivität im Jugendalter. Eine empirische Studie zur Veränderung der Selbstwahrnehmung vor imperativtheoretischem Hintergrund.* Unveröffentlichte Staatsexamensarbeit, Universität Hamburg.
Alexander, G. (1976). *Eutonie. Ein Weg der körperlichen Selbsterfahrung.* München: Kösel.
Allport, G. W. (1971). *Die Natur des Vorurteils* (H. Graumann, Übers.). Köln: Kiepenheuer & Witsch. (Original erschienen 1954: The nature of prejudice).
Altenkämper, D. (1987). *Bewußtseinskonflikte von Frauen in Scheidungssituationen am Beispiel einer Trennungsgruppe.* Unveröffentlichte Diplomarbeit, Universität Hamburg.
Anderson, J. R. (1990). *Cognitive psychology and its implications* (3. Aufl.). New York: Freeman.
American Psychiatric Association. (2018). *Diagnostisches und statistisches Manual psychischer Störungen – DSM-5* (2., korr. Aufl.). Göttingen: Hogrefe.
Ashby, W. R. (1960). *Design for a Brain.* London: Chapman & Hall.
Atkinson, J. W. (1975). *Einführung in die Motivationsforschung.* Stuttgart: Klett.
Baars, B. J. (1988). *A cognitive theory of consciousness.* Cambridge: Cambridge University Press.
Baars, B. J. (1998). *Das Schauspiel des Denkens: Neurowissenschaftliche Erkundungen.* Stuttgart: Klett-Cotta.
Baddeley, A. (1991). *Human memory. Theory and practice.* Boston: Allyn und Bacon.
Bamberg, E., Janneck, M., Mohr, G., Rastetter, D., Wagner, A.C. & Iwers-Stelljes, T.A. (2008). *Aufstiegskompetenz von Frauen. Entwicklungspotentiale und Hindernisse auf dem Weg zur Spitze.* Projektantrag, Universität Hamburg und Universität Leipzig.
Bargh, J. A. & Uleman, J. S. (Hrsg.). (1989). *Unintended thoughts.* New York: Guilford Press.
Bartlett, F. C. (1932). *Remembering.* Cambridge: Cambridge University Press.
Barz, M. (1984). Was Schülern und Schülerinnen während des Unterrichts durch den Kopf geht und wie sich ihr Denken dabei verknotet. In A. C. Wagner, M. Barz, S. Maier-Störmer & R. Weidle (Hrsg.), *Bewußtseinskonflikte im Schulalltag. Denk-Knoten bei Lehrern und Schülern erkennen und lösen.* Weinheim: Beltz. 92–124.
Bateson, G. (1972/1973). *Steps to an Ecology of the Mind* (Reprint). London: Granada.
Baumeister, R. F. & Vohs, K. D. (Hrsg.). (2016). *Handbook of self-regulation. Research, theory, and applications* (3. Aufl.). New York: Guilford Press.
Baumeister, R.F., Sparks, E., Stillman, T.F. & Vohs, K.D. (2008). Free will in consumer behavior: self-control, ego depletion, and choice. *Journal of Consumer Psychology, 18,* 4–13.
Beck, A. (1971). *Wahrnehmung der Wirklichkeit und Neurose.* München: Pfeiffer.

Beck, A. T. & Freeman, A. M. (1990). *Cognitive therapy of personality disorders*. New York: Guilford Press.
Becker E. S. & Hoyer, J. (2005). *Generalisierte Angststörung*. Göttingen: Hogrefe.
Becker E. S., Goodwin, R., Hölting, C., Hoyer, J. & Margraf, J. (2003). Worry and worry content in young women. *Journal of Nervous and Mental Disease, 191*, 688–691.
Becker, E. S. & Rinck, M. (2000). Aufmerksamkeit und Gedächtnis bei Angst und Depression. *Psychologische Rundschau, 51 (2)*, 67–74.
Belnap, N. D. (1977). A useful four-valued logic. In J.M. Dunn & G. Epstein (Ed.) Modern use of multiple-valued logic. (S. 8–37). Reidel: Dordrecht, NL.
Below, B. & Wetzel, J. (2001). *Die Erprobung von »Erinnerungsarbeit« und »Konstatierender Aufmerksamer Wahrnehmung« als Methode der Supervision zur Verarbeitung von Konflikten*. Unveröffentlichte Diplomarbeit, Universität Hamburg.
Benson, H. (1997). *Heilung durch Glauben*. München: Heyne. (Original erschienen 1996: Timeless Healing: the power and biology of belief).
Benthien, O. (2011). *Der Einsatz der Introvision als Stressinterventionsverfahren im Leistungssegelsport. Eine theoretische und empirische Untersuchung*. Unveröffentlichte Dissertation, Universität Hamburg.
Berckhan, B. (1989). *Abbau von Redeangst bei Frauen durch das Auflösen von subjektiven Imperativen. Theoretische Grundlagen, Entwicklung und Erprobung einer Seminarform*. Unveröffentlichte Diplomarbeit, Universität Hamburg.
Berckhan, B., Krause, C. & Röder, U. (1993). *Was Frauen gegen Redeangst und Lampenfieber tun können*. München: Kösel.
Berlyne, D. E. (1960). *Conflict, arousal, and curiosity*. New York: McGraw-Hill.
Berne, E. (1971). *Spiele der Erwachsenen: Psychologie der menschlichen Beziehungen*. Reinbek: Rowohlt.
Bernstein, D. A. & Borkovec, T. D. (1982). *Entspannungs-Training: Handbuch der »progressiven Muskelentspannung« nach Jacobson* (3. Aufl.). München: Pfeiffer.
Birbaumer, N. & Schmidt, R. F. (1996). *Biologische Psychologie* (3. Aufl.). Berlin: Springer.
Birbaumer, N. & Schmidt, R. F. (2006). *Biologische Psychologie* (6., vollst. überarb. und erg. Aufl.). Heidelberg: Springer.
Birth, M. (2010). *Die Auswirkungen von Berufseinstiegs-Mentoring in Kombination mit Training in Introvision – eine empirische Untersuchung*. Unveröffentlichte Diplomarbeit. Universität Hamburg.
Bischof, N. (1995). *Struktur und Bedeutung: Eine Einführung in die Systemtheorie für Psychologen zum Selbststudium und für den Gruppenunterricht*. Bern: Huber.
Bock, E. (1991). *Meine Augen haben dich geschaut: Mystik in den Religionen der Welt*. Zürich: Benziger.
Bohm, D. & Factor, D. (Hrsg.). (1988). *Die verborgene Ordnung des Lebens* (D. Liebisch, Übers.). Grafing: Aquamarin.
Bohm, D. (1981). *Wholeness and the implicate order*. London, Boston: Routledge & Kegan Paul.
Bohm, D. (o. J.). *Soma-Significance: A new notion of the relationship between the physical and the mental*. Unveröffentlichtes Manuskript, Universität London.
Borkovec, T. D. (1994). The nature, functions, and origins of worry. In G. Davey & F. Tallis (Hrsg.), *Worrying. Perspectives on theory, assessment, and treatment*. Chichester: John Wiley & Sons. 5–35.
Bostelmann, K.-L. (2002). *Die Darstellung der weiblichen Geschlechtsrolle in Fotoromanen einer Mädchenzeitschrift. Eine imperativtheoretische Analyse*. Unveröffentlichte Diplomarbeit, Universität Hamburg.
Bower, G. & Hilgard, E. (1983/1984). *Theorien des Lernens*. 2 Bde. (5. Aufl.) Stuttgart: Klett-Cotta.
Brentano, F. v. (1874/1973). *Psychologie vom empirischen Standpunkt (Bd.1)*. Hamburg: Meiner.
Bretschneider, M. (2011). *Entwicklung und Erprobung eines Blended Learning-Konzeptes zur Einführung in die Introvision*.Unveröffentlichte Diplomarbeit, Universität Hamburg.
Brickenkamp, R. (2002). *Test d2: Aufmerksamkeits-Belastungstest* (9., überarb. und neu normierte Aufl.). Göttingen: Hogrefe.
Broadbent, D. E. (1958). *Perception and communication*. London: Pergamon.
Brooks, Charles (1991). *Erleben durch die Sinne*. München: dtv.

Burisch, M. (2010). *Das Burnout-Syndrom: Theorie der inneren Erschöpfung*. Berlin: Springer.
Buth, B. (2004). *Intervention bei Tinnitus: eine empirische Untersuchung der Wirksamkeit von Introvision als pädagogisch-psychologische Methode*. Unveröffentlichte Magisterarbeit, Universität Hamburg.
Buth, B. (2008). Die Anwendung von Introvision zur Verringerung der Belastung durch Tinnitus und Verbesserung der Hörfähigkeit, *Gruppendynamik und Organisationsberatung, Bd. 39 (2)*, 212–224.
Buth, B. (2012). *Introvision als Coachingmethode für Tinnitusbetroffene – eine empirische Studie*. Heidelberg: Springer VS.
Buth, B. (in Vorb.). *Training der konstatierenden aufmerksamen Wahrnehmung und Reduktion von Stress durch Introvision bei Tinnitus*. Dissertation. Universität Hamburg
Buth, B. & Pereira Guedes, N. (2012). Nachhaltige Stressreduktion durch Introvision: theoretische Grundlagen und empirische Ergebnisse. *Gruppendynamik und Organisationsberatung, 43*(4), 339–356.
Carrington, P. (1982). *Das große Buch der Meditation* (2. Aufl.). Bern: Barth.
Carstensen, G. (2010). *Gelassener Unterrichten: Training in konstatierendem aufmerksamen Wahrnehmen für Lehrerinnen. Eine Pilotstudie*. Staatsexamensarbeit, Universität Hamburg.
Carver, C. S. & Scheier, M. F. (1981). *Attention and self-regulation*. New York: Springer.
Carver, C. S. & Scheier, M. F. (1998). *On the self-regulation of behavior*. Cambridge: Cambridge University Press.
Cicero (1991). *Gespräche in Tusculum*. (Übers. und mit einer Einf. u. Erl. versehen von O. Gigon). Bibliothek der Antike. München: Deutscher Taschenbuch Verlag.
Claparède, E. (1932/1971). Die Entdeckung der Hypothese. In C. F. Graumann (Hrsg.), *Denken* (5. Aufl.) (S. 109–115) Köln, Berlin: Kiepenheuer & Witsch.
Clark, R. N. (1996). *Control system dynamics*. New York: Cambridge University.
Coué, E. (1993). *Die Selbstbemeisterung durch bewußte Autosuggestion* (P. Amann, Übers.). Basel: Schwabe. (Original erschienen 1922: La mâtrise de soi-même par l'autosuggestion consciente)
Craske, M. G., Rapee, R. M., Jackel, L. & Barlow, D. H. (1989). Qualitative dimensions of worry in DSM-III-R generalized anxiety disorder subjects and nonanxious control. *Behaviour Research and Therapy, 27, (4)*, 397–402.
Crawford, H. (1994). Brain systems involved in attention and disattention (hypnotic analgesia) to pain. In K. H. Pribram (Hrsg.), *Origins: Brain and self organization* (S. 661–679). Hillsdale, NJ: Lawrence Erlbaum.
Crichton, M. (2001). *Im Kreis der Welt*. Reinbek: Rowohlt.
Crick, F. (1997). *Was die Seele wirklich ist: Die naturwissenschaftliche Erforschung des Bewußtseins*. Reinbek: Rowohlt.
Csikszentmihalyi, M. & Csikszentmihalyi, I. S. (Hrsg.). (1991). *Die außergewöhnliche Erfahrung im Alltag: die Psychologie des Flow-Erlebnisses* (U. Stopfel & U. Aeschbacher, Übers.). Stuttgart: Klett-Cotta. (Original erschienen 1988: Optimal experience).
Csikszentmihalyi, M. (1985). *Das Flow-Erlebnis: Jenseits von Angst und Langeweile: im Tun aufgehen* (U. Aeschbacher, Übers.) Stuttgart: Klett-Cotta. (Original erschienen 1975: Beyond boredom and anxiety).
Csikszentmihalyi, M. (1992). *FLOW: das Geheimnis des Glücks* (A. Charpentier, Übers.). Stuttgart: Klett-Cotta. (Original erschienen 1990: Flow – the psychology of optimal experience).
Dahme, B. (Hrsg.). (1993). *Das Persönlichkeitsmerkmal Absorption*. (Arbeiten aus dem Psychologischen Institut III). Hamburg: Universität, Fachbereich Psychologie.
Damasio, A. R. (2002). *Ich fühle, also bin ich. Die Entschlüsselung des Bewusstseins* (H. Kober, Übers.) München: List. (Original erschienen 1999: The feeling of what happens).
Dann, H.-D., Diegritz, T. & Rosenbusch, H.S. (1999). *Gruppenunterricht im Schulalltag. Realität und Chancen* (Erlanger Forschungen Reihe A, Band. 90). Erlangen: Universitätsbund Erlangen-Nürnberg e. V.
Debiec, J., Doyère, V., Nader, K., LeDoux, J. E. (2006). Directly reactivated, but not indirectly reactivated, memories undergo reconsolidation in the amygdala [Electronic Version]. *PNAS, 103*, 3428–3433.

Dembski-Minßen, W. & Reuter, A. (1993). *Konflikte in Frauen-Wohngemeinschaften. Eine empirische Analyse*. Unveröffentlichte Diplomarbeit, Universität Hamburg.
Desikachar, T.K.V. (2017). *Yoga. Tradition und Erfahrung. Die Praxis des Yoga nach dem Yoga Sutra des Patañjali*. Übers., neu bearb. u. illustr. von Soder, M. & Dalmann, I. Petersberg: Via Nova
Dodge, R., Daly, A. P., Huyton, J. & Sanders, L. D. (2012). The challenge of defining wellbeing. *International Journal of Wellbeing*, 2(3), 222-235.
Doll, A., Hölzel, B. K., Bratec, S. M., Boucard, C. C., Xie, X., Wohlschläger, A. M. & Sorg, C. (2016). Mindful attention to breath regulates emotions via increased amygdala–prefrontal cortex connectivity. *NeuroImage*, 134, S. 305-313.
Dörner, D. (2001). *Bauplan für eine Seele*. Reinbek: Rowohlt.
Dörner, D. (2002). *Die Mechanik des Seelenwagens: eine neuronale Theorie der Handlungsregulation*. Bern: Huber.
Drevets, W. C. & Raichle, M. E. (1998). Reciprocal suppression of regional cerebral blood flow during emotional versus higher cognitive processes: implications for interactions between emotion and cognition. *Cognition and Emotion*, 12 (3), 353–385.
Duden (1989). *Etymologie: Herkunftswörterbuch der deutschen Sprache* (2., völlig neu bearb. u. erw. Aufl.). Mannheim: Dudenverlag.
Duden (1990). *Fremdwörterbuch* (5., neu bearb. und erw. Aufl.). Mannheim: Dudenverlag.
Ebers, A. (2002). *Die Verbesserung des Hörvermögens durch pädagogisch-psychologische Intervention: Ergebnisse eines Forschungsprojekts*. Unveröffentlichte Diplomarbeit, Universität Hamburg.
Eccles, J. C. (1994). *How the self controls its brain*. Berlin: Springer.
Eckhart (1919). *Meister Eckeharts Schriften und Predigten. Aus dem Mittelhochdeutschen übers. und hrsg. von H. Büttner*. Jena: Diederichs.
Ehlers, A. (1999). *Posttraumatische Belastungsstörung*. Göttingen: Hogrefe.
Ellis, A. & Grieger, R. (1995). *Praxis der rational-emotiven Therapie* (2. unveränderte Aufl.). Weinheim: Beltz.
Ellis, A. (1978). *Die rational-emotive Therapie*. München: Pfeiffer.
Emmons, R. A., King, L. A. & Sheldon, K. (1993). Goal conflict and the self-regulation of action. In D. M. Wegner & J. W. Pennebaker (Hrsg.), *Handbook of mental control* (S. 528–551). Englewood Cliffs, NJ: Prentice Hall.
Empl, M., Spille, P. & Löser, S. (2017). *Introvision bei Kopfschmerzen und Migräne*. München: MVG.
Epiktet (n.d.). *Handbuch der Moral* (R. Nickel, Übers.) Zugriff am 15.03.2011, von www.philo.uni-saarland.de/people/analytic/strobach/alteseite/veranst/therapy/epiktet.html
Epiktet (1959). *Handbüchlein der Moral und Unterredungen*. (Hrsg. von H. Schmidt) (3. Auflage). Stuttgart: Kröner.
Erdelyi, M. H. (1990). Repression, reconstruction, and defense: History and integration of the psychoanalytic and experimental frameworks. In J. L. Singer (Hrsg.), *Repression and dissociation: Implications for personality theory, psychopathology, and health* (S. 1–31). Chicago: University Press.
Ericsson, A. & Simon, H. A. (1993). *Protocol analysis. Verbal reports as data*. Cambridge, MA: MIT.
Fast, J. (1987). *Der Prozeß des Sich-Imperierens: theoretischer Ansatz und die Konsequenz für die pädagogische Praxis*. Unveröffentlichte Diplomarbeit, Universität Hamburg.
Fatke, R. (2006). Die *Tomatis-Methode – Therapeutikum oder Placebo?* Unveröffentlichtes Manuskript, Zürich: ETH Zürich.
Feger, H. & Sorembe, V. (1983). Konflikt und Entscheidung. In H. Thomae (Hrsg.), *Theorien und Formen der Motivation* (= Enzyklopädie der Psychologie, Themenbereich C, Serie IV, Bd. 1, S. 536–711). Göttingen: Hogrefe.
Feldenkrais, M. (1978). *Bewußtheit durch Bewegung*. Frankfurt/Main: Suhrkamp.
Filipp, S.-H. (1995). *Kritische Lebensereignisse* (3. Aufl.). Weinheim: Beltz PVU.
Filipp, S.-H., Aymanns, P. (2010). *Kritische Lebensereignisse und Lebenskrisen. Vom Umgang mit den Schattenseiten des Lebens*. Stuttgart: Kohlhammer.
Fischer, G. & Riedesser, P. (1999). *Lehrbuch der Psychotraumatologie* (2. Aufl.). München: Reinhardt.
Flick, S. (2005). *Muskuläre Entspannung durch Introvision: Grundlagen und praktische Durchführung in vier Einzelfällen*. Unveröffentlichte Examensarbeit, Universität Hamburg.

Floody, D. R. (2014). Serenity and inner peace: Positive perspectives. In G. K. Sims, L. L. Nelson & M. R. Puopolo (Hrsg.), *Personal peacefulness: Psychological perspectives* (S. 107-133). New York, NY, US: Springer Science + Business Media.
Frankl, V. E. (1975). *Theorie und Therapie der Neurosen: Einführung in Logotherapie und Existenzanalyse* (4., erw. und erg. Aufl.). München: Reinhardt.
Freiwald, K. (2009). *Perfektionismus und Zwangshandlungen von Erwachsenen im Alltag. Eine empirische Interventionsstudie mit Hilfe der pädagogisch-psychologischen Methode der Introvision.* Unveröffentlichte Diplomarbeit, Universität Hamburg.
Freud, S. (1912/2000). *Ratschläge für den Arzt bei der psychoanalytischen Behandlung.* Studienausgabe, Ergänzungsband. Frankfurt/Main: Fischer.
Freud, S. (1940/1975). Die psychoanalytische Technik (aus: Abriß der Psychoanalyse). In ders. *Schriften zur Behandlungstechnik.* Studienausgabe Ergänzungsband (S. 407–424). Frankfurt/Main: Fischer.
Freud, S. (1948). *Gesammelte Werke. Chronologisch geordnet* (Bd. 14: Werke aus den Jahren 1925–1931). London: Imago Publ.
Freud, S. (1933/1969). *Neue Folge der Vorlesungen zur Einführung in die Psychoanalyse.* Studienausgabe, Bd. 1. Frankfurt/Main: Fischer.
Gazzaniga, M. S. (1992). *Nature's Mind: The biological roots of thinking, emotions, sexuality, language, and intelligence.* London: Penguin.
Gendlin, E. T. (1981). *Focusing. Technik der Selbsthilfe bei persönlichen Problemen* (K. Schoch, Übers.) Salzburg: O. Müller. (Original erschienen 1978: Focusing).
Georges, K. E. (1902). *Kleines lateinisch-deutsches Handwörterbuch* (8., verb. und vermehrte Aufl. von Heinrich Georges). Hannover, Leipzig: Hansesche Buchhandlung.
Gnadt, S. (2009). *KAW und Introvision als pädagogisch-psychologische Interventionsmethode bei Stimmstörung. Eine empirische Pilotstudie.* Unveröffentlichte Magisterarbeit. Universität Hamburg.
Gödel, K. (1931). Über formal unentscheidbare Sätze der Principia Mathematica und verwandter Systeme, I. *Monatshefte für Mathematik und Physik, 38,* 173–198.
Goethe, J. W. v. (1774/1789/1960). Die Leiden des jungen Werther. In ders. *Goethes Werke* (Bd. 6) (4. Aufl.). München: Beck.
Gollwitzer, P. M. & Bargh, J. A. (Hrsg.). (1996). *The psychology of action: linking cognition and motivation to behavior.* New York, NY: Guilford Press.
Gollwitzer, P. M. (1991). *Abwägen und Planen: Bewußtseinslagen in verschiedenen Handlungsphasen.* Göttingen: Hogrefe.
Gollwitzer, P. M. & Oettingen, G. (2016). Planning promotes goal striving. In R. F. Baumeister & K. D. Vohs (Hrsg.), *Handbook of self-regulation: research, theory, and application* (3. Aufl.) (S. 223-244). New York: Guilford Press.
Gottwald, S. (1989). *Mehrwertige Logik. Eine Einführung in Theorie und Anwendungen.* Berlin: Akademie-Verlag.
Grawe, K. (1998). *Psychologische Therapie.* Göttingen: Hogrefe.
Grawe, K. (2004). *Neuropsychotherapie.* Göttingen: Hogrefe.
Grawe, K., Donati, R. & Bernauer, F. (1994). *Psychotherapie im Wandel – von der Konfession zur Profession.* Göttingen: Hogrefe.
Grillparzer, F.(1830).Epigramme. In: derselbe, (1960-1965). Sämtliche Werke, Band 1. München
Groeben, N., Wahl, D., Schlee, J. & Scheele, B. (1988). *Das Forschungsprogramm Subjektive Theorien. Eine Einführung in die Psychologie des reflexiven Subjekts.* Tübingen: Francke.
Guth, J. (1998). *Zur historischen Entwicklung und gegenwärtigen Situation von Mutterschaft und Mutterbildern aus imperativtheoretischer Sicht.* Unveröffentlichte Diplomarbeit, Universität Hamburg.
Haggard, P. & Eimer, M. (1999). On the relation between brain potentials and the awareness of voluntary movements. *Experimental Brain Research, 126,* 128–133.
Hamer, D. (2004). *The God Gene. How faith is hardwired Into Our Genes.* New York: Doubleday.
Hanffstengel, U. v. (1998). *Innere Konflikte bei Lehrkräften im Gruppenunterricht.* Dissertation, Universität Nürnberg-Erlangen.
Harel, D. (2001). *Das Affenpuzzle und weitere bad news aus der Computerwelt.* Berlin, Heidelberg: Springer.

Hazlett-Stevens, H. & Craske, M. G. (2003). The catastrophizing worry process in generalized anxiety disorder: a preliminary investigation of an analog population. *Behavioural and Cognitive Psychotherapy, 31* (4), 387–401.
Heckhausen, H. (1980). *Motivation und Handeln: Lehrbuch der Motivationspsychologie*. Berlin: Springer.
Heckhausen, H. (1987). Wünschen-Wählen-Wollen. In H. Heckhausen, P. M. Gollwitzer & F. E. Weinert (Hrsg.), *Jenseits des Rubikon: Der Wille in den Humanwissenschaften* (S. 3–9). Berlin: Springer.
Heckhausen, H., Gollwitzer, P. M. & Weinert, F. E. (Hrsg.). (1987). *Jenseits des Rubikon: Der Wille in den Humanwissenschaften*. Berlin: Springer.
Heidenreich, T. & Michalak, J. (Hrsg.). (2006). *Achtsamkeit und Akzeptanz in der Psychotherapie: ein Handbuch* (2. korr. Aufl.). Tübingen: dgvt.
Hellbrück, J. & Ellermeier, W. (2004). *Hören. Physiologie, Psychologie und Pathologie*. (2. aktual. und erw. Aufl.). Göttingen: Hogrefe.
Herckenrath, M. (1993). *Ärger und Bewußtseinskonflikte: Eine empirische Studie*. Unveröffentlichte Diplomarbeit, Universität Hamburg.
Herrmann, T. & Grabowski, J. (1994). *Sprechen. Psychologie der Sprachproduktion*. Heidelberg: Spektrum.
Herwig, U., Kaffenberger, T., Jäncke, L. & Brühl, A. (2010). Self-related awareness and emotion regulation. *Neuroimage, 50*, 734–741.
Hobfoll, S. E. (1998). *Stress, culture, and community: the psychology and philosophy of stress*. New York: Plenum.
Hoffmann, J. (1998). Kognition im Dienste der Handlungssteuerung. *Psychologische Rundschau, 49* (1), 21–24.
Hofstadter, D. R. (1985). *Gödel, Escher, Bach: ein endloses geflochtenes Band* (5. Aufl.). Stuttgart: Klett-Cotta.
Hoppensack, A. (1998). *Zum subjektiven Erleben des Berufseinstiegs von Sprecherzieherinnen: eine empirische Untersuchung aus imperativtheoretischer Sicht*. Unveröffentlichte Magisterarbeit, Universität Hamburg.
Hörhold, M. (1998). Die Analyse psychophysiologischer Koppelungs-Entkoppelungs-Prozesse: Kritische Anmerkungen und alternative Strategien. *Psychologische Rundschau, 49* (1), 2–9.
Horney, K. (1970). The tyranny of the should. In K. Horney, *Neurosis and human growth* (S. 64–85). New York: W. W. Norton & Co.
Hoyer, J. & Becker, E. S. (2000). Verhaltenstherapie des Sich-Sorgens und Grübelns. *Verhaltenstherapie & psychosoziale Praxis, 32*, 213–222.
Hoyer, J. (2000). *Dysfunktionale Aufmerksamkeit*. Heidelberg: Asanger.
Hughes, P. & Brecht, G. (1978). *Die Scheinwelt des Paradoxes*. Braunschweig: Vieweg.
Humphrey, N. (1995). *Die Naturgeschichte des Ich* (U. Enderwitz, Übers.). Hamburg: Hoffmann und Campe. (Original erschienen 1992: A history of the mind).
Huppert, F., Kevern, B. & Baylis, N. (Hrsg.). (2006). *The science of well-being*. Oxford: Oxford University Press.
Iwers, T. A. (1992). *Knotenumgehungsstrategien* (Berichte aus dem Arbeitsbereich Pädagogische Psychologie). Hamburg: Universität, Fachbereich Erziehungswissenschaft.
Iwers, Telse (2017). Achtsamkeit in Organisationen. *Gruppe. Interaktion. Organisation. Zeitschrift für Angewandte Organisationspsychologie (GIO), 48*(1), 79-82. DOI 10.1007/s11612-017-0353-y
Iwers-Stelljes, T. A. (1997). *Die Anwendung des Imperativzentrierten Focusing in der pädagogischsozialtherapeutischen Arbeit mit reaktiv depressiven KlientInnen. Eine theoretische und empirische Untersuchung*. Dissertation, Universität Hamburg. Mikrofiche-Veröffentlichung. URL: www.sub.uni-hamburg.de/disse/1040
Iwers-Stelljes, T. A. (2002). Pädagogische Beratung und psychoedukatives Coaching. Konzept eines studiumsintegrierten Qualifizierungsangebotes. *Gruppendynamik und Organisationsberatung, 33* (2), 229–246.
Iwers-Stelljes, T. A. (2003a). Beratungsqualifikation als Bestandteil des Studiums. *Der pädagogische Blick, 2*, 92–105.
Iwers-Stelljes, T. A. (2003b). Entwicklung eines Programms zur Kollegialen Introvisions-Supervision (KIS). *Gruppendynamik und Organisationsberatung, 34* (4), 387–404.

Iwers-Stelljes, T. A. (2005). Unterrichtskompetenz zwischen Stress und Gelassenheit. *Zeitschrift für Gestaltpädagogik, 6*, 30–38.
Iwers-Stelljes, T. A. (2006). *Das Qualifizierungsmodul Integrative Introvisionsberatung. Entwicklung, Erprobung und Evaluation eines hochschuldidaktischen Moduls der Förderung reflexiv-regulativer Selbstkompetenz und beraterischer Sozialkompetenz.* Unveröffentlichte Habilitationsschrift, Universität Hamburg.
Iwers-Stelljes, T. A. (2008) Entwicklung pädagogisch professionalisierender Selbst- und Sozialkompetenz mit Introvisionsberatung. *Gruppendynamik und Organisationsberatung, 39* (2), 168-183.
Iwers-Stelljes, T. A. (2012). Perspektivwechsel und introvisionsorientierte Fallanalysen als gesundheitsförderliches Element der Lehrerbildung. *Gruppendynamik und Organisationsberatung, 43*(4), 371–387.
Iwers-Stelljes, T. A. (2014). Innere Blockaden in Phasen von Entscheidung und Veränderung. *Zeitschrift für Gestaltpädagogik, 25* (1), 2–10.
Iwers-Stelljes, T. A. (2015). Reduktion von Lernstörungen durch die Auflösung innerer Konflikte. *Zeitschrift für Gestaltpädagogik, 26*(1), 24-29.
Iwers-Stelljes, T. A., Koch, K.-C., Krauthausen, G., Löser, S., Nolte, M. & Wagner, A. C. (2014). Introvision zur Reduktion von Mathematikangst bei Lehramtsstudierenden. Qualitative Ergebnisse einer Pilotstudie. *Zeitschrift Lernen und Lernstörungen, 3*(1), 7–38.
Iwers-Stelljes, T. A. & Müller, A.-C. (2013). Introvision zur Auflösung von Lernblockaden und zur Förderung von Gelassenheit. *Zeitschrift für Integrative Lerntherapie, 23*(1), 4–9.
Iwers-Stelljes, T. A., Plaum, M., Oerding, J. & Wagner, A. C. (2012). Coaching in Introvision für weibliche Nachwuchsführungskräfte: Erste Ergebnisse. *Zeitschrift Organisationsberatung, Supervision, Coaching. 19*(2), 191–203.
Iwers-Stelljes, T. A. & Pollok, C. (2014). Lösung von mentalen Konflikten und Steigerung von Achtsamkeit in Entscheidungsprozessen. *Gruppendynamik und Organisationsberatung, 45*(3), 197–216.
Jacobson, E. (1996). *Entspannung als Therapie: progressive Relaxation in Theorie und Praxis* (3. Aufl.). München: Pfeiffer.
Jacoby, H. (1994). *Jenseits von Begabt und Unbegabt. Zweckmäßige Fragestellung und unzweckmäßiges Verhalten. Schlüssel für die Entfaltung des Menschen* (5. überarb. Aufl.) (Hrsg. S. Ludwig). Hamburg: Christians Verlag.
James, William (1909). *Psychologie*. Übersetzt von Dr. Marie Dürr mit Anmerkungen von Prof. Dr. E. Dürr. Leipzig: Quelle & Meyer. (Original erschienen 1890: Principles of Psychology)
Jansen, H. L. (1970). Das mystische Erlebnis bei Plotin. *Scripta Instituti Donneriani Aboensis, Vol. 5*, S. 99–105.
Kabat-Zinn, J. (1990). *Full catastrophe living. Using the wisdom of your body and mind to face stress, pain, and illness*. New York: Delta.
Kabat-Zinn, J. (1998). *Im Alltag Ruhe finden: das umfassende praktische Meditationsprogramm* (T. Kierdorf, Übers). Freiburg: Herder. (Original erschienen 1994: Wherever you go, there you are)
Kabst, C. & Kosuch, R. (2019): Gelassenheit an der Schmerzgrenze. Was tun in herausfordernden Betreuungssituationen? *Empathische Zeit Nr. 4*, S. 64–67
Kabst, C., Engel, A. & Kosuch, R. (2019). *Gelassenheit in der häuslichen Versorgung von Menschen mit Demenz. Auswertung von sechs Explorationsworkshops mit pflegenden Angehörigen.* Unveröffentlichter Forschungsbericht gefördert duch die Stuftung Wohlfahrtspflege, NRW, Köln: TH Köln.
Kanfer, F. H., Reinecker, H. & Schmelzer, D. (2012). *Selbstmanagement-Therapie: ein Lehrbuch für die klinische Praxis* (5., korr. und durchges. Aufl.). Berlin: Springer.
Kanner, A. D., Coyne, J. C., Schaefer, C. & Lazarus, R. S. (1981). Comparisons of two modes of stress measurement: Daily hassles and uplifts versus major life events. *Journal of Behavioral Medicine, 4*, 1–39.
Kant, I. (1870/1986). *Metaphysik der Sitten. Teil 1: Metaphysische Anfangsgründe der Rechtslehre* (Neu hrsg. von B. Ludwig) (Philosophische Bibliothek, Bd. 360). Hamburg: Meiner.
Kant, I. (1870/1990). *Metaphysik der Sitten. Teil 2: Metaphysische Anfangsgründe der Tugendlehre* (Neu hrsg. von B. Ludwig) (Philosophische Bibliothek, Bd. 430). Hamburg: Meiner.

Kapleau, P. (1965). *Die drei Pfeiler des Zen. Lehre – Übung – Erleuchtung.* Weilheim: Barth.
Kishon, E. (circa 1977). *Mein Freund Jossele und andere neue Satiren* (F. Torberg, Übers.). Gütersloh: Bertelsmann.
Klaffs, A. (2004). *Der Abbau von Schreibangst durch Introvision.* Unveröffentlichte Diplomarbeit, Universität Hamburg.
Klatzky, R. L. (1984). *Memory and awareness.* New York: W. H. Freeman.
Klinger, E. (1990). *Daydreaming.* Los Angeles: Tarcher.
Klos, D. S. & Singer, J. L. (1981). Determinants of the adolescent's ongoing thought following simulated parental confrontation. *Journal of Personality and Social Psychology, 41*, 975–987.
Korpys, A. (2005). *Verlauf und Ergebnisse eines Trainings zur Verbesserung der Hörfähigkeit: acht Fallanalysen.* Unveröffentlichte Magisterarbeit, Universität Hamburg.
Korzybski, A. (1950). *Science and sanity: an introduction to non-aristotelian systems and general semantics* (3. Aufl.) Lakeville, Conn.: Intern. Non-aristotelian Library.
Kosuch, R. (1994). *Beruflicher Alltag in Naturwissenschaft und Ingenieurwesen: eine geschlechtsvergleichende Untersuchung des Konfliktlebens in einer Männerdomäne.* Weinheim: Deutscher Studienverlag.
Kosuch, R. (2006). Gender und Handlungskompetenz für Veränderungsprozesse. Zu den Herausforderungen bei der Vermittlung von Genderkompetenz in der Hochschullehre. In W. Ernst & U. Bohle (Hrsg.), *Transformationen von Geschlechterordnungen in Wissenschaft und anderen sozialen Institutionen* (S. 203–215). Münster: LIT.
Kosuch, R. (2008). Wie kann Veränderung gelingen? Impulse aus Konzepten zur Selbstwirksamkeit und Selbstregulation. In Evangelische Akademie Hofgeismar (Hrsg.), *Schule gemeinsam entwickeln. Zukunftsfähige Schule II.* (Hofgeismarer Protokolle Nr. 347). Manuskript eingereicht zur Publikation.
Kosuch, R. (2009). Die Bedeutung von Introvision für die Gestaltung von Veränderungsprozessen in Gruppen und Organisationen. In T. Iwers-Stelljes (Hrsg.), *Prävention, Interaktion, Konfliktlösung. Pädagogisch-psychologische Förderung und Evaluation* (S. 183–202), Wiesbaden: VS-Verlag.
Kosuch, R. (2015). Gelassener Neues ausprobieren: Konstatierendes Aufmerksames Wahrnehmen und seine Auswirkungen am Beispiel des Beratungslernens. In E. Möde (Hrsg.), *Spiritualität – Introvision – Heilung* (S. 123–140). Regensburg: Pustet-Verlag.
Kosuch, R. & Rosch, D. (2019). Qualität der Beziehungsgestaltung in der Mandatsführung im Erwachsenenschutz. *Zeitschrift für Kindes- und Erwachsenenschutz, 6*, S. 512–531.
Kosuch, R., Wilcke, N., Brosey, D.Kabst, C. & Engel, A. (2019). »Gelassen - nicht alleine lassen«. *Projektdokimentation der wissenschaftlichen Begleitforschung.* Köln: TH Köln. https://www.th-koeln.de/mam/downloads/deutsch/hochschule/fakultaeten/f01/gelassen_nicht_alleine_lassen__abschlussbericht-th_koeln.pdf (06.06.2021)
Kosuch, R. (2019): *Das Gelassenheitsbarometer: Entwicklung eines Fragebogens zur Selbstreflexion situativer Gelassenheit in vielfältigen Kontexten.* TH Köln. Online verfügbar unter https://th-koeln.sciebo.de/s/1uVlcbub3MwRU6r (Open Access)
Kosuch, R. & Wagner, A.C. (2019). Die Praxis der Introvision: Förderung von Gelassenheit durch Auflösung innerer Konflikte. In S. Rietmann & P. Deing (Hrsg.), *Psychoogie der Selbststeuerung* (S. 131–157). Wiesbaden: Springer VS
Kounin, J. S. (2006). *Discipline and group management in classrooms.* New York, NY: Holt, Rinehart & Winston.
Krause, C. & Röder, U. (1990). *»Imperativzentriertes Focusing« als Methode der Beratung.* (Berichte aus dem Arbeitsbereich Pädagogische Psychologie). Hamburg: Universität, Fachbereich Erziehungswissenschaft.
Kriebel, R. (1984). *Sprechangst: Analyse und Behandlung einer verbalen Kommunikationsstörung.* Stuttgart: Kohlhammer.
Kubose, G. (1973). *Zen Koans.* Chicago: Regnery.
Kuhl, J. (1983). *Motivation, Konflikt und Handlungskontrolle.* Heidelberg, New York, Toronto: Springer.
Kuhl, J. (1992). A theory of self-regulation: action vs. state orientation, self-discrimination, and some applications. *Applied Psychology: An International Review, 41*, 97–129.

Kuhl, J. (1995). Wille und Freiheitserleben: Formen der Selbststeuerung. In J. Kuhl & H. Heckhausen (Hrsg.), *Motivation, Volition und Handlung* (= Enzyklopädie der Psychologie, Themenbereich C, Serie IV, Bd. 4, S. 665–765). Göttingen: Hogrefe.

Lampe, Sonja (2009). *Die Reduktion mentaler Blockaden im Gesangsunterricht durch die Methode der Introvision – eine empirische Untersuchung.* Unveröffentlichte Diplomarbeit. Universität Hamburg.

Laskowski, A. (2012). *Die Reduktion innerer Konflikte und emotionaler Probleme durch pädagogisch-psychologische Interventionen – Ein Vergleich von Introvision und ausgewählten Verfahren der kognitiven Verhaltenstherapie.* Unveröffentlichte Bachelorarbeit, Universität Hamburg.

Lauterbach, N. (1994). *Ärger, Aggression und Bewusstseinskonflikte in Leistungssituationen. Eine empirische Studie.* Unveröffentlichte Diplomarbeit, Universität Hamburg.

Lazarus, R. S. & Folkman, S. (1984). *Stress, appraisal and coping.* New York: Springer.

Lazarus, R. S. (1991). Cognition and motivation in emotion. *American Psychologist, 46,* 352–367.

Lazarus, R. S. (1993). From psychological stress to the emotions: A history of changing outlooks. *Annual Review of Psychology, 44,* 1–21.

Lazarus, R. S. (1999). *Stress and emotion: a new synthesis.* New York: Springer.

LeDoux, J. (1989). Cognitive-emotional interaction in the brain. *Cognition and Emotion, 3,* 267–289.

LeDoux, J. (1998). *Das Netz der Gefühle. Wie Emotionen entstehen* (F. Griese, Übers.). München, Wien: Hanser. (Original erschienen 1996: The emotional brain: the mysterious underpinnings of emotional life).

Lehr, U. & Thomae, H. (1965). *Konflikt, seelische Belastung und Lebensalter* (Forschungsbericht des Landes NRW Nr. 1455). Köln: Westdeutscher Verlag.

Libet, B. (2004). *Mind Time. Wie das Gehirn Bewusstsein produziert* (J. Schröder, Übers.). Frankfurt/Main: Suhrkamp. (Original erschienen 2004: Mind time. The temporal factor in consciousness)

Libet, B., Gleason, C. A., Wright, E. W. & Pearl, D. K. (1983) Time of conscious intention to act in relation to onset of cerebral activity (readiness-potential): the unconscious initiation of freely voluntary act. *Brain, 106,* 623–642.

Lieb, S. (2009). *Intervention bei Burnout und chronischem Stress mit Hilfe der Methode der Introvision. Eine empirische Pilotstudie.* Unveröffentlichte Diplomarbeit, Universität Hamburg.

Lorenzen, K. (1995). *Die Einstellung von männlichen Schülern zum eigenen Aussehen. Eine explorative Untersuchung aus imperativtheoretischer Sicht und die Folgerung für den Unterricht.* Unveröffentlichte Examensarbeit, Universität Hamburg.

Löser, S. (2006). *Empirische Studien zur Wirksamkeit der Introvision – Übersicht und Diskussion der Ergebnisse.* Unveröffentlichte Diplomarbeit, Universität Hamburg.

Löser, S. (2012). Introvision in der Arbeitsvermittlung für Fallmanager und Arbeitslose. *Gruppendynamik und Organisationsberatung, 43*(4), 357–370.

Luhmann, N. (1985). *Soziale Systeme. Grundriß einer allgemeinen Theorie.* Frankfurt/Main: Suhrkamp.

Lutz, J., Herwig, U., Opialla, S., Hittmeyer, A., Jäncke, L., Rufer, M., … Brühl, A. B. (2014). Mindfulness and emotion regulation—an fMRI study. *Social Cognitive and Affective Neuroscience, 9*(6), 776–785. http://doi.org/10.1093/scan/nst043

Lyle, J. (2003). Stimulated recall: A report on its use in naturalistic research. *British educational research journal, 29*(6), 861-878.

Lyons, W. (1986). *The disappearance of introspection.* Cambridge, MA: MIT Press.

Maercker, A., Schützwohl, M. & Solomon, R. Z. (1999). *Post-traumatic stress disorder. A lifespan developmental perspective.* Göttingen: Hogrefe.

Mandl, H. (1996). Eröffnungsvortrag Wissen und Handeln: Eine theoretische Standortbestimmung. In Mandl, H. (Hrsg), *Bericht über dem 40. Kongreß der DGPs in München.* Göttingen: Hogrefe, 3–13.

Martin, L. L. & Tesser, A. (1996). Some ruminative thoughts. In R. S. Wyer (Hrsg.), *Ruminative thoughts* (S. 1–48). Mahwah, NJ: Erlbaum.

Matthes, K. (2012). *Training der Aufmerksamkeit durch Konstatierendes Aufmerksames Wahrnehmen mit OberstufenschülerInnen im Fachunterricht. Ein Unterrichtsversuch.* Unveröffentlichte Staatsexamensarbeit, Universität Hamburg.

Matthes, K. (2013). Das KAW-Lerncoaching: Lernen mit Sinn und Verstand. Ein integratives Lerncoaching durch KAW und Introvision. *Zeitschrift für Integrative Lerntherapie, 23*(1), 14–17.
Mead, G. H. (1934). *Mind, self, and society.* Chicago: University of Chicago Press.
Meichenbaum, D. (1977). *Kognitive Verhaltenstherapie.* München: Pfeiffer.
Meichenbaum, D. (1991). *Intervention bei Streß: Anwendung und Wirkung des Stressimpfungstrainings.* Bern: Huber.
Metzinger, T. (Hrsg.). (1996). *Bewußtsein. Beiträge aus der Gegenwartsphilosophie* (3. Aufl.). Paderborn: Schöningh.
Meuche, K. (1989). *Bewusstseinskonflikte von Frauen in Selbstbehauptungssituationen am Beispiel von fiktiven Bewerbungsgesprächen.* Unveröffentlichte Diplomarbeit, Universität Hamburg.
Meuche, K. (1997). *Bewusstseinskonflikte von Mädchen im naturwissenschaftlichen Unterricht. Eine empirische Studie aus imperativtheoretischer Sicht.* Frankfurt/Main: Lang.
Mikoleit, M. (2006). *Die Wirksamkeit von Introvision zur Reduktion subjektiver beruflicher Belastungen bei Krankenpflegeschülerinnen und -schülern.* Unveröffentlichte Diplomarbeit, Universität Hamburg.
Miller, G. A., Galanter, E. & Pribram, K. H. (1960). *Plans and the structure of behavior.* New York: Holt.
Miller, G. A., Galanter, E. & Pribram, K. H. (1973). *Strategien des Handelns: Pläne und Strukturen des Verhaltens.* Stuttgart: Klett.
Minkus, E. (2008). *Die Verbindung von Mentoring und Introvision bei Fragen des Berufseinstiegs – empirische Fallanalysen.* Unveröffentlichte Magisterarbeit. Universität Hamburg.
Möde, E. (2015a). Spiritualität der Transformation: zwischen Utopie und Wirkmacht – »Introvision« als Methode geistlicher Praxis. In E. Möde (Hrsg.), *Spiritualität – Introvision – Heilung.* Eichstätter Studien, Bd. 74 (S. 69–94). Regensburg: Friedrich Pustet.
Möde, E. (Hrsg.). (2015b). *Spiritualität – Introvision – Heilung.* Eichstätter Studien, Bd. 74. Regensburg: Friedrich Pustet.
Möller, A. (2008). Auflösung von Schreibblockaden durch Introvision: Ergebnisse einer Pilotstudie. *Gruppendynamik und Organisationsberatung, 39* (2), 199–211.
Möller, B. (1998). *Bewußtseinskonflikte von Frauen in der Phase des beruflichen Wiedereinstiegs. Eine empirische Untersuchung.* Unveröffentlichte Diplomarbeit, Universität Hamburg.
Morgenstern, C. (1992). *Sämtliche Galgenlieder* (2. Aufl.). München: Manesse im dtv.
Muraven, M., Tice, D. M. & Baumeister, R. F. (1998). Self-control as limited resource: regulatory depletion patterns. *Journal of Personality and Social Psychology, 74,* 774–789.
Nakamura, J. & Csikszentmihalyi, M. (2014). The concept of flow. In M. Csikszentmihalyi, *Flow and the foundations of positive psychology* (S. 239-263). Dordrecht: Springer.
Neumann, O. (1996). Theorien der Aufmerksamkeit. In O. Neumann & A. F. Sanders (Hrsg.), *Enzyklopädie der Psychologie: Themenbereich C Theorie und Forschung, Serie II Kognition, Band 2 Aufmerksamkeit* (S. 559–644). Göttingen: Hogrefe.
Nevers, P. (2000). Naturethik und Konfliktbewältigung bei Kindern. Ergebnisse, Fragen und Spekulationen aus einer hermeneutischen Untersuchung. In K. Ott & M. Gorke (Hrsg.), *Spektrum der Umweltethik* (S. 191–213). Marburg: Metropolis.
Nickel, R. (2008*). Stoa und Stoiker. Griechisch-lateinisch-deutsch Auswahl der Fragmente und Zeugnisse.* Übers. u. Erl. v. R. Nickel. Düsseldorf: Artemis & Winkler
Nietzsche, F. (1910). *Jenseits von Gut und Böse.* Leipzig: Naumann.
Nolen-Hoeksema, S. (1991). Responses to depression and their effects on the duration of depressive episodes. *Journal of Abnormal Psychology, 100,* 569–582.
Oerding, J. (2014). *Mentale Blockaden weiblicher Führungsnachwuchskräfte in Situationen des beruflichen Aufstiegs. Empirische Erhebung und inhaltsspezifische Analyse.* Hamburg: Kovac.
Oettingen, G. (1997). *Die Psychologie des Zukunftsdenkens.* Göttingen: Hogrefe.
Oettingen, G., Hönig, G. & Gollwitzer, P. M. (2000). Effective self-regulation of goal attainment. *International Journal of Educational Research, 33,* 705–732.
Ott, U. (2010). *Meditation für Skeptiker: Ein Neurowissenschaftler erklärt den Weg zum Selbst.* München: O.W. Barth.

Ouakidi, Y. (1996). *Blockierungen in der schauspielerischen Arbeit. Eine empirische Untersuchung aus imperativtheoretischer Sicht und Folgerungen für die Schauspielpädagogik.* Unveröffentlichte Diplomarbeit, Universität Hamburg.
Paivio, A. (1986). *Mental representations: a dual coding approach.* New York, NY: Oxford University Press.
Papageorgiou, C. & Wells, A. (2003). An empirical test of a clinical metacognitive model of rumination and depression. *Cognitive therapy and research,* 27(3), 261-273.
Pape, N. (2006). *Eine empirische Untersuchung zur Auflösung muskulärer Dauerverspannung durch Introvision als Methode der pädagogisch-psychologischen Intervention.* Unveröffentlichte Magisterarbeit, Universität Hamburg.
Pape, N. (2008). Introvision als Entspannungsverfahren – Auflösung von chronischen Nackenverspannungen durch Konstatierendes Aufmerksames Wahrnehmen und Introvision. *Gruppendynamik und Organisationsberatung,* 39 (2), 184–198.
Patanjali (1990). *Die Wurzeln des Yoga.* München: Barth.
Paulsen, I. (2010). *Die Erhebung mentaler Blockaden in aufstiegsrelevanten Situationen im Beruf bei Frauen und Männern – eine empirische Untersuchung.* Unveröffentlichte Bachelorarbeit, Universität Hamburg.
Pawlow, I. P. (1953–1956). *Sämtliche Werke (Bd. III).* Berlin: Akademie Verl.
Pennebaker, J. W. & Wegner, D. M. (Hrsg.). (1993). *Handbook of mental control.* Englewood Cliffs, NJ: Prentice Hall.
Pereira Guedes, N. (2011). *Dauerhafte Auflösung chronischer Nackenverspannungen durch Introvision: Eine empirische Untersuchung einer pädagogisch-psychologischen Intervention zur mentalen Selbstregulation* Dissertation, Universität Hamburg. Verfügbar unter: http://ediss.sub.uni-hamburg.de/volltexte/2011/5035/pdf/Dissertation_Guedes.pdf
Pereira Guedes, N., Löser, S. & Wagner, A. C. (2010). *Training und Coaching in mentaler Selbstregulation für Langzeitarbeitslose: Konstatierendes Aufmerksames Wahrnehmen (KAW) und Introvision als Methode zur Auflösung mentaler Blockaden. Durchführung und Ergebnisse einer Pilotstudie.* Unveröffentlichter Projektbericht. Hamburg: Universität, Fachbereich Erziehungswissenschaft.
Pervin, L. A. (Hrsg.) (1989). *Goal concepts in personality and social psychology.* Hillsdale, NJ: Erlbaum.
Petermann, F. & Kusch, M. (2004) Imagination. In D. Vaitel & F. Petermann (Hrsg.) *Entspannungsverfahren - Ein Praxishandbuch.* Weinheim: Beltz, 159–176.
Petermann, F. & Vaitl, D. (Hrsg.). (2014). *Entspannungsverfahren: Das Praxishandbuch; mit E-Book inside* (5., überarbeitete Aufl.). Weinheim: Beltz.
Petersitzke-Belz, E. (1996). *Empirische Untersuchungen über durch Leistungsimperative ausgelöste Bewußtseinskonflikte bei Berufsschüler/innen.* Unveröffentlichte Examensarbeit, Universität Hamburg.
Piaget, J. & Inhelder, B. (1975). *Die Entwicklung des Räumlichen Denkens beim Kinde.* Stuttgart: Klett.
Platon (1922). *Phaidros.* (Übersetzt, erläutert und mit ausführlichem Register versehen von C. Ritter). Leipzig: Meiner.
Platon (1957). Charmides. In ders. *Sämtliche Werke (Bd. 1)* (In der Übersetzung von Friedrich Schleiermacher: herausgegeben von Walter F. Otto, Ernesto Grassi und Gert Plamböck.). Reinbek: Rowohlt.
Platon (1991). *Der Staat.* (Übers. von R. Rufner. Mit Einl. von T. A. Szlezák u. Erl. von O. Gigon). München: dtv.
Poldrack, A., Maercker, A., Margraf, J., Kloten, D., Gavlik, J. M. & Zwipp, H. (1999). Posttraumatische Belastungssymptomatik und Gedankenkontrollstrategien bei Verkehrsunfallopfern. *Verhaltenstherapie,* 9, 190–198.
Pongratz, L. J. (1961). *Psychologie menschlicher Konflikte. Phänomenologie und Theorie.* Göttingen: Hogrefe.
Pöppel, E. (1997). *Grenzen des Bewusstseins: Wie kommen wir zur Zeit, und wie entsteht Wirklichkeit?* (Überarb. Neuausg.). Frankfurt/Main: Insel.
Popper, K. R. & Eccles, J. C. (1977). *The Self and Its Brain.* Berlin: Springer.
Powers, W. T. (1973). *Behavior: the control of perception.* Chicago: Aldine.

Pribram, K. H. & McGuinness, D. (1975). Arousal, activation, and effort in the control of attention. *Psychological Review, 82,* 116–149.
Pribram, K. H. & McGuinness, D. (1992). Attention and para-attentional processing. Event-related brain potentials as test of a model. *Annals to the New York Academy of Science, 658,* 65–92.
Pribram, K. H. (1991). *Brain and perception: Holonomy and structure in figural processing.* Hillsdale, NJ: Erlbaum.
Prinz, W. (1992). Wahrnehmung. In H. Spada (Hrsg.), *Lehrbuch Allgemeine Psychologie* (2. Aufl.) (S. 25–114). Bern: Huber.
Prinz, W. (1998). Die Reaktion als Willenshandlung. *Psychologische Rundschau, 49,* 10–20.
Raichle, M. E. (1997). Automaticity: from reflective to reflexive information processing in the human brain. In M. Ito, Y. Miyashita & E. T. Rolls (Hrsg.), *Cognition, computation, and consciousness* (S. 137–149). Oxford: Oxford University Press.
Reimers, H. & Iwers-Stelljes, T. A. (2005). Und wer berät die Lehrer? *Pädagogik, 57* (6), 28–31.
Reinecker, H. (1999). *Lehrbuch der Verhaltenstherapie.* Tübingen: DGVT.
Revenstorf, D. (2001). *Hypnose in Psychotherapie, Psychosomatik und Medizin: Manual für die Praxis.* Berlin: Springer.
Roberts, B. (1982). *The experience of no-self. A contemplative journey.* Sunspot, NM: Iriquois House.
Roche, S. M. & McConkey, K. M. (1990). Absorption: nature, assessment, and correlates. *Journal of Personality and Social Psychology, 59,* 91–101.
Rogers, C. (1973). *Die klient-bezogene Gesprächstherapie.* München: Kindler.
Roth, G. (2005). *Fühlen, Denken, Handeln: wie das Gehirn unser Verhalten steuert.* Frankfurt am Main: Suhrkamp.
Roth, G. (2008). *Persönlichkeit, Entscheidung und Verhalten: warum es so schwierig ist, sich uns andere zu ändern.* Suttgart: Klett-Cotta.
Russell, B. (1956). Mathematical Logic as Based on the Theory of Types. In R. C. Marsh (Hrsg.), *Logic and Knowledge* (S. 57–102). London: Allen & Unwin.
Sacks, O. (2009). *Der Mann, der seine Frau mit einem Hut verwechselte.* Reinbek: Rowohlt.
Sarason, I. G., Pierce, G. R. & Sarason, B. R. (Hrsg.). (1996). *Cognitive interference: Theories, methods, and findings.* Mahwah, NJ: Erlbaum.
Saure, U. (1996). *Konstatierende Wahrnehmung beim Üben am Musikinstrument.* Unveröffentlichte Examensarbeit, Universität Hamburg.
Saure, U. (2001). *Pädagogisch Psychologische Intervention bei beginnender Schwerhörigkeit, Hyperakusis und Tinnitus – eine explorative Studie zur Anwendung des konstatierenden aufmerksamen Wahrnehmens (KAW)* (Unveröffentlichter Forschungsbericht). Hamburg: Universität, Fachbereich Erziehungswissenschaft.
Schelp, T., Maluck, D., Gravemeier, R. & Meusling, U. (1990). *Rational-Emotive Therapie als Gruppentraining gegen Stress. Seminarkonzepte und Materialien.* Bern, Stuttgart, Toronto: Huber.
Schneider, J., Smith, C. W., Minning, C., Whitcher, S. & Hermanson, J. (1991). Guided imagery and immune system function in normal subjects: A summary of research findings. In R. G. Kunzendorf (Hrsg.), *Mental Imagery* (S. 179–191). New York: Plenum Press.
Schöning, S. E. (2002). *Introvision zur Verminderung von Geburtsangst: Eine empirische Untersuchung.* Unveröffentlichte Magisterarbeit, Universität Hamburg.
Schuldt, K. (2003). *Verbesserung der Hörfähigkeit durch das pädagogisch-psychologische Interventionsverfahren der Introvision: sieben Fallanalysen.* Unveröffentlichte Diplomarbeit, Universität Hamburg.
Schultz, J. H. (1991). *Das autogene Training: konzentrative Selbstentspannung. Versuch einer klinisch-praktischen Darstellung* (19., unveränd. Aufl.). Stuttgart: Thieme.
Schulz von Thun, F. (1998). *Miteinander Reden 3. Das Innere Team und situationsgerechte Kommunikation.* Reinbek: Rowohlt.
Schütze, U. (1989). *Bilder, Emotionen und körperliches Erleben in Impierierungsprozessen. Eine Analyse von Beratungsgesprächen von Frauen mit Redeangst.* Unveröffentlichte Diplomarbeit, Universität Hamburg.
Schwarzer, R. (2000). *Stress, Angst und Handlungsregulation* (4., überarb. Auflage). Stuttgart: Kohlhammer.

Selvini-Palazzoli, M. (1977). *Paradoxon und Gegenparadoxon: Ein neues Therapiemodell für die Familie mit schizophrener Störung.* Stuttgart: Klett.
Selye, H. (1974). *Stress: Bewältigung und Lebensgewinn.* München: Piper.
Shannon, C. E. & Waever, W. (1976). *Mathematische Grundlagen der Informationstheorie.* München: Oldenbourg. (Original erschienen 1949: The mathematical theory of communication).
Shapiro, D. H. (1980). *Mediation: self-regulation strategy & alterate state of consciousness; a scientific/ personal exploration.* New York: Aldine.
Shevrin, H. (1988). Unconscious conflict: a convergent psychodynamic and electrophysiological approach. In M. J. Horowitz (Hrsg.), *Psychodynamics and cognition* (S. 117–168). Chicago: University of Chicago Press.
Shiffrin, R. M. & Schneider, W. (1977). Controlled and automatic human information processing: II. Perceptual learning, automatic attending, and a general theory. *Psychological Review 84*, 127–190.
Simoneit, M. (1989). *Bewusstseinskonflikte weiblicher Jugendlicher. Eine empirische Analyse von Imperativen zur weiblichen Geschlechtsrolle in der Jugendzeitschrift BRAVO.* Unveröffentlichte Diplomarbeit, Universität Hamburg.
Singer, J. L. (1974). *Imagery and day dream methods in psychotherapy and behavior modification.* New York: Academic Press.
Singer, J. L. (1988). Sampling ongoing consciousness and emotional experience: implications for health. In M. J. Horowitz (Hrsg.), *Psychodynamics and cognition* (S. 297– 346). Chicago: University of Chicago Press.
Singer, W. (2006) Vom Gehirn zum Bewußtsein. Frankfurt am Main: Suhrkamp.
Smith, J. M., & Alloy, L. B. (2009). A roadmap to rumination: A review of the definition, assessment, and conceptualization of this multifaceted construct. *Clinical Psychology Review, 29*(2), 116–128. http://doi.org/10.1016/j.cpr.2008.10.003
Spada, H., Ernst, A.M. & Ketterer, W. (1992). Klassische und operante Konditionierung. In: H. Spada (Hrsg.), *Lehrbuch allgemeine Psychologie.* (2., korr. Aufl.) (S. 323–371). Bern: Huber
Spille, P. (2005). *Die Theorie der Subjektiven Imperative als pädagogisch-psychologischer Zugang zu Sportspielen: eine explorative Studie.* Unveröffentlichte Diplomarbeit, Universität Hamburg.
Staffeldt, U. (2005). *Hörverbesserung durch das pädagogisch-psychologische Interventionsverfahren der Introvision: eine empirische Auswertung zweier KlientInnengruppen.* Unveröffentlichte Diplomarbeit, Universität Hamburg.
Steinmüller, W., Schaefer, K. & Fortwängler, M. (2001). *Gesundheit – Lernen – Kreativität. Alexander-Technik, Eutonie Gerda Alexander und Feldenkrais als Methoden zur Gestaltung somatischer Lernprozesse.* Bern: Huber.
Stöber, J. (1998). Worry, problem elaboration and suppression of imagery: the role of concreteness. *Behaviour Research and Therapy, 36*, 751–756.
Stöber, J., Tepperwien, S. & Staak, M. (2000). Sich Sorgen führt zu verminderter Korrektheit der Problemdarstellung: Evidenz für die Vermeidungstheorie. *Anxiety, stress, and coping. 13*, (3), 217–227.
Struck, D.-M. (2006). *Auflösung von Bewusstseinskonflikten in Leistungssituationen bei Kindern und Jugendlichen am Beispiel des Springreitens – eine empirische Untersuchung.* Unveröffentlichte Examensarbeit, Universität Hamburg.
Sylvester, I. (2004). *Schwerhörigkeit verringern: eine quantitative Analyse der Auswirkungen der Introvision als pädagogisch-psychologische Interventionsmethode auf Hörgewohnheiten und Hörfähigkeit.* Unveröffentlichte Diplomarbeit, Universität Hamburg.
Tallis, F., Davey, G., Capuzzo, C. L. (1994). The phenomenology of non-pathological worry. A preliminary investigation. In G. Davey & F. Tallis (Hrsg.), *Worrying. Perspectives on theory, assessment, and treatment* (S. 61–90). Chichester: Wiley.
Tammena, J. & Iwers-Stelljes, T. A. (2014). Achtsamkeit in der Beratung. *Gruppendynamik & Organisationsberatung, 45*(3), 217–233.
Tauler, J. (1923). *Predigten.* Leipzig: Insel.
Tesch-Römer, C. (2001). *Schwerhörigkeit im Alter: Belastung, Bewältigung, Rehabilitation.* Heidelberg: Median.

Uttendorfer-Marek, I. (1984). Denkmuster im Umgang mit Imperativen, oder: Wie die Verwirrungen immer größer werden. In A. C. Wagner, M. Barz, S. Maier-Störmer, I. Uttendorfer-Marek & R. Weidle (Hrsg.), *Bewußtseinskonflikte im Schulalltag – Denkknoten bei Lehrern und Schülern erkennen und lösen* (S. 147–179). Weinheim: Beltz.
Vaitl, D. (1993a). Autogenes Training. In D. Vaitl & F. Petermann (Hrsg.), *Handbuch der Entspannungsverfahren. Band 1: Grundlagen und Methoden* (S. 169–206). Weinheim: Beltz PVU.
Vaitl, D. (1993b). Psychophysiologie der Entspannung. In D. Vaitl & F. Petermann (Hrsg.), *Handbuch der Entspannungsverfahren. Band 1: Grundlagen und Methoden* (S. 25–63). Weinheim: Beltz PVU.
Varela, F. J. & Thompson, E. (1992). *Der mittlere Weg der Erkenntnis: Die Beziehung von Ich und Welt in der Kognitionswissenschaft – der Brückenschlag zwischen wissenschaftlicher Theorie und menschlicher Erfahrung.* Bern: Scherz.
Verges, J. (in Vorb.). *Mentoring und Introvision.* Examensarbeit. Universität Hamburg.
Vitouch, O. (1999). De Spiritu ad Quantum: Einst und Jetzt neurowissenschaftlicher Bewußtseinsforschung. In Th. Slunecko, O. Vitouch, Ch. Korunka, H. Bauer & B. Flatschacher (Hrsg.), *Psychologie des Bewußtseins – Bewußtsein der Psychologie. Giselher Guttmann zum 65. Geburtstag* (S. 79–106). Wien: Wiener Universitätsverlag (WUV).
Vohs, K. D. & Baumeister, R. F. (2004). Understanding self-regulation: an introduction. In R. F. Baumeister & K. D. Vohs (Hrsg.), *Handbook of self-regulation. Research, theory, and applications* (S. 1–12). New York, NY: Guilford Press.
Voigt, D. & Meck, S. (2005). *Gelassenheit. Geschichte und Bedeutung.* Darmstadt: Wissenschaftliche Buchgesellschaft.
Voss, D. (1994). *Subjektive Imperative und Imperativverletzungskonflikte bei Alkoholikern.* Unveröffentlichte Diplomarbeit, Universität Hamburg.
Vygotskij, L. (1986). *Thought and language* (übersetzt, neu überarb. und hrsg. von Alex Kozulin). Cambridge, MA: MIT Press.
Wagner, A. C., Uttendorfer-Marek, I. & Weidle, R. (1977). Die Analyse von Unterrichtsstrategien mit der Methode des »Nachträglichen Lauten Denkens« von Lehrern und Schülern zu ihrem unterrichtlichen Handeln. *Unterrichtswissenschaft, 3,* 244–250.
Wagner, A. C., Uttendorfer-Marek, I. & Weidle, R. (1979). Die Erfassung von Handlungsstrategien im Unterricht mit der Methode des »Nachträglichen Lauten Denkens«. In L. H. Eckensberger (Hrsg.), *Bericht über den 31. Kongress der Deutschen Gesellschaft für Psychologie in Mannheim 1978, Bd. 2. Praxisfelder der Psychologie* (S. 123–127). Göttingen: Hogrefe.
Wagner, A. C., Maier, S., Uttendorfer-Marek, I. & Weidle, R. (1980). Die Analyse von Knoten in Handlungsstrategien von Lehrern und Schülern. *Unterrichtswissenschaft, 4,* 382–392.
Wagner, A. C. (1981a). Knoten und Verwirrung im Denken, oder: Wie wir uns selber den Blick versperren. In A. C. Wagner, S. Maier, I. Uttendorfer-Marek & R. Weidle. *Unterrichtspsychogramme. Was in den Köpfen von Lehrern und Schülern vorgeht* (S. 355–385). Reinbek: Rowohlt.
Wagner, A. C. (1981b). Nachträgliches Lautes Denken als Methode der Selbsterfahrung. In A. C. Wagner, S. Maier, I. Uttendorfer-Marek & R. Weidle. *Unterrichtspsychogramme. Was in den Köpfen von Lehrern und Schülern vorgeht* (S. 339–354). Reinbek: Rowohlt.
Wagner, A. C., Maier, S., Uttendorfer-Marek, I. & Weidle, R. (1981c). *Unterrichtspsychogramme. Was in den Köpfen von Lehrern und Schülern vorgeht.* Reinbek: Rowohlt.
Wagner, A. C., Uttendorfer-Marek, I., Barz, M., Maier-Störmer, S. & Weidle, R. (1982). Zur Rolle von Imperativen und Knoten in der Analyse und Modifikation subjektiver Theorien. In H.-D. Dann, W. Humpert, F. Krause & K.-C. Tennstädt (Hrsg.), *Analyse und Modifikation subjektiver Theorien von Lehrern* (S. 219–227) (Forschungsbericht 43). Konstanz: Universität, Zentrum I Bildungsforschung/Sonderforschungsbereich 23.
Wagner, A. C. (1983). Erfahrungen mit einem Kompaktseminar zum schülerzentrierten Unterrichtsverhalten, oder: Von der Mikroanalyse zum Nachträglichen Lauten Denken. In W. Mutzeck & W. Pallasch (Hrsg.), *Handbuch zum Lehrertraining. Konzepte und Erfahrungen* (S. 73–88). Weinheim: Beltz.
Wagner, A. C. (1984a). Conflicts in consciousness: imperative cognitions can lead to knots in thinking. In R. Halkes & J. K. Olson (Hrsg.), *Teacher thinking. A new perspective on persisting problems in education* (S. 163–175). Lisse: Swets & Zeitlinger.

Wagner, A. C. (1984b). Die Auflösung von Imperativverletzungskonflikten, oder: Wie sich psychologische Knoten wieder entwirren lassen. In A. C. Wagner, M. Barz, S. Maier-Störmer, I. Uttendorfer-Marek & R. Weidle. *Bewußtseinskonflikte im Schulalltag. Denkknoten bei Lehrern und Schülern erkennen und lösen* (S. 184–227). Weinheim: Beltz.

Wagner, A. C. (1984c). Die Untersuchung von Verwirrungen im Schulalltag, oder: Was in den Köpfen von Schülern und Lehrern vorgeht. In A. C. Wagner, M. Barz, S. Maier-Störmer, I. Uttendorfer-Marek & R. Weidle, *Bewußtseinskonflikte im Schulalltag. Denkknoten bei Lehrern und Schülern erkennen und lösen* (S. 55–66). Weinheim: Beltz.

Wagner, A. C. (1984d). Wie das Denken sich verknotet – Konflikte, die aus der Verletzung von Imperativen resultieren, oder: warum Lotte eine schlaflose Nacht verbringt. In A. C. Wagner, M. Barz, S. Maier-Störmer, I. Uttendorfer-Marek & R. Weidle, *Bewußtseinskonflikte im Schulalltag. Denkknoten bei Lehrern und Schülern erkennen und lösen* (S. 17–54). Weinheim: Beltz.

Wagner, A. C., Barz, M., Maier-Störmer, S., Uttendorfer-Marek, I. & Weidle, R. (1984e). *Bewußtseinskonflikte im Schulalltag – Denkknoten bei Lehrern und Schülern erkennen und lösen.* Weinheim: Beltz.

Wagner, A. C. (1986). »Knoten im Kopf?« Zur Methode des Nachträglichen Lauten Denkens zur Erfassung handlungsbeeinflussender Kognitionen. In B. Clemens, S. Metz-Göckel, A. Neusel & B. Port (Hrsg.), *Die Töchter der Alma Mater. Frauen in Berufs- und Hochschulforschung.* Frankfurt/Main: Campus.

Wagner, A. C. (1987a). *»Ich darf nicht nervös sein!« Beispiel für die Auflösung eines Bewußtseinskonflikts bei Sprechangst* (Berichte aus dem Arbeitsbereich Pädagogische Psychologie). Hamburg: Universität, Fachbereich Erziehungswissenschaft.

Wagner, A. C. (1987b). »Ich kann mich nicht wehren.« Das Aufhören von Imperativen in der Therapiepraxis – Ein Fallbeispiel. In B. Rommelspacher (Hrsg.), *Weibliche Beziehungsmuster. Psychologie und Therapie von Frauen* (S. 185–208). Frankfurt/Main: Campus.

Wagner, A. C. (1987c). *Interview with David Bohm* (Berichte aus dem Arbeitsbereich Pädagogische Psychologie). Hamburg: Universität, Fachbereich Erziehungswissenschaft.

Wagner, A. C. (1987d). Knots in teachers thinking. In J. Calderhead (Hrsg.), *Exploring teachers thinking* (S. 1621–178). London: Cassell.

Wagner, A. C. (1987e). On student-centered teaching. Interview of Carl Rogers. In Gesellschaft für wissenschaftliche Gesprächspsychotherapie (Hrsg.), *Rogers und die Pädagogik: Theorieanspruch und Anwendungsmöglichkeiten des personenzentrierten Ansatzes in der Pädagogik* (S. 169–198). Weinheim, München: Juventa.

Wagner, A. C. (1987 f). Schülerzentrierter Unterricht. Über die psychologischen Schwierigkeiten, guten Unterricht zu machen. In Gesellschaft für wissenschaftliche Gesprächspsychotherapie (Hrsg.), *Rogers und die Pädagogik: Theorieanspruch und Anwendungsmöglichkeiten des personenzentrierten Ansatzes in der Pädagogik* (S. 3– 78). Weinheim, München: Juventa.

Wagner, A. C. (1987g). The effects of »Focusing« and the ending of »Knots« on reducing speech-anxiety. In H. Kächele, M. Cierpka & M. Hölzer (Hrsg.), *Society of Psychotherapy Research Abstracts* (S. 286). Ulm: PSZ.

Wagner, A. C. (1987h). *Todesangst* (Berichte aus dem Arbeitsbereich Pädagogische Psychologie). Hamburg: Universität, Fachbereich Erziehungswissenschaft.

Wagner, A. C. (1987i). *Wie war es, als Sie eine Rede vor der Kamera halten sollten? Zwölf Versuchspersonen sprechen über ihre Angst vor dem Sprechen* (Berichte aus dem Arbeitsbereich Pädagogische Psychologie). Hamburg: Universität, Fachbereich Erziehungswissenschaft.

Wagner, A. C. (1988a). Das Bewusstsein im Konflikt mit sich selbst. Zur Entstehung und Auflösung von »Knoten« im psychischen Prozeß. In Gesellschaft für wissenschaftliche Gesprächspsychotherapie (Hrsg.), *Orientierung an der Person. Band II* (S. 31–47). Köln: GwG.

Wagner, A. C., Berckhan, B., Schenk, B. & Manikowsky, S. von (1988b). Abbau von Angst vor öffentlichem Reden durch Auflösung subjektiver Handlungsimperative – eine empirische Untersuchung. In W. Schönpflug (Hrsg.), *Bericht über den 36. Kongreß der Deutschen Gesellschaft für Psychologie in Berlin 1988. Bd. 1. Kurzfassungen* (S. 205– 206). Göttingen: Hogrefe.

Wagner, A. C. (1990). Imperative in der Erziehungswissenschaft. *Pädagogische Beiträge, 42,* 65–67.Wagner, A. C., Berckhan, B., Krause, C., Röder, U., Schenk, B. & Schütze, U. (1991). Imperative centered focusing as a method of psychotherapy and research. In L. E. Beutler &

M. Crago (Hrsg.), *Psychotherapy research. An international review of programmatic studies* (S. 309–311). Washington, DC: APA.

Wagner, A. C. (1993a). *Die Bewältigung von Imperativverletzungskonflikten durch Konfliktumgehungs- und Konfliktauflösungsstrategien. Ein Kategoriensystem (B-I-K)* (Berichte aus dem Arbeitsbereich Pädagogische Psychologie). Hamburg: Universität, Fachbereich Erziehungswissenschaft.

Wagner, A.C. (1993b). *Einige Bemerkungen zu Unterschieden zwischen der Psychoanalyse und der Imperativtheorie* (Berichte aus dem Arbeitsbereich Pädagogische Psychologie). Hamburg: Universität, Fachbereich Erziehungswissenschaft.

Wagner, A. C. (1993c). *Über das Sich-Imperieren* (Berichte aus dem Arbeitsbereich Pädagogische Psychologie). Hamburg: Universität, Fachbereich Erziehungswissenschaft.

Wagner, A. C. (1995). Zwischen Konflikt und Gelassenheit – Einige Hypothesen und Ergebnisse der Theorie der Subjektiven Imperative. In K. Pawlik (Hrsg.), *Bericht über den 39. Kongreß der Deutschen Gesellschaft für Psychologie in Hamburg 1994* (S. 736–741). Göttingen: Hogrefe.

Wagner, A. C. (1997). *KAW-ZU Hören: Ein Übungs- und (Selbst-)Therapieprogramm zur Verbesserung der Hörfähigkeit* (Interner Projektbericht). Hamburg: Universität, Fachbereich Erziehungswissenschaft.

Wagner, A. C. & Iwers-Stelljes, T. (1997). *ITA – Das Imperativtheoretische Textanalyse-Verfahren (Berichte aus dem Arbeitsbereich Pädagogische Psychologie).* Hamburg: Universität, Fachbereich Erziehungswissenschaft.

Wagner, A. C. (1998a). *Der Abbau von Schwerhörigkeit und Tinnitus: Entwicklung, Erprobung und empirische Überprüfung eines neuen pädagogisch-psychologischen Interventionsverfahrens* (Berichte aus dem Arbeitsbereich Pädagogische Psychologie). Hamburg: Universität, Fachbereich Erziehungswissenschaft.

Wagner, A. C. (1998b). Knots in Thinking, and the art of looking. Implications of research on teachers cognitions for teacher education. In W. Bünder & K. Rebel (Hrsg.), *Teacher education – theoretical requirements and professional reality* (S. 73–94). Kiel: IPN.

Wagner, A. C., Schuck, K. D., Iwers-Stelljes, T. A. & Saure, U. (1998c). *Wieder mühelos hören. Weiterentwicklung, Erprobung und Evaluation eines pädagogisch-psychologischen Programms zur Verbesserung der Hörfähigkeit für Jugendliche und ältere Erwachsene* (Berichte aus dem Arbeitsbereich Pädagogische Psychologie). Hamburg: Universität, Fachbereich Erziehungswissenschaft.

Wagner, A. C. (1999a). *Grundkurs mentale Selbstregulation: Einführung in das Konstatierende Aufmerksame Wahrnehmen bewußter Kognitionen (KAW)* (2., überarb. Fassung) (Berichte aus dem Arbeitsbereich Pädagogische Psychologie). Hamburg: Universität, Fachbereich Erziehungswissenschaft.

Wagner, A. C. & Iwers-Stelljes, T. (1999b). Imperativisch aufgeladene Texte, innere Konflikte während des Lesens und deren Effekte auf das Behalten: Eine experimentelle Untersuchung zur Medienwirkungsforschung. In P. Maset (Hrsg.), *Pädagogische und psychologische Aspekte der Medienästhetik* (S. 151–175). Opladen: Leske & Budrich.

Wagner, A. C. (2001a). Über die Schwierigkeiten aufzuhören, sich mit den Gedanken im Kreis zu drehen. In I. Langer (Hrsg.), *Menschlichkeit und Wissenschaft. Festschrift zum 80. Geburtstag von Reinhard Tausch* (S. 383–385). Köln: GwG.

Wagner, A. C. (2001b). Das Expertinnen-Beratungsnetz Hamburg: Konzeption und empirische Ergebnisse. In W. Gieseke (Hrsg.), *Handbuch zur Frauenbildung* (S. 389–408). Opladen: Leske & Budrich.

Wagner, A. C. (2003a). Conflicts in consciousness: Imperative cognitions can lead to knots in thinking. In M. Kompf & P. M. Denicolo (Hrsg.), *Teacher Thinking Twenty Years on: Revisiting Persisting Problems and Advances in Education* (S. 189–208). Lisse: Swets & Zeitlinger.

Wagner, A. C. (2003b). *Die Theorie der Mentalen Introferenz als eine allgemeine Theorie der mentalen Selbstregulation.* Unveröffentlichtes Manuskript, Universität Hamburg.

Wagner, A. C. (2004a). *Die Methode der Introvision zur Auflösung von inneren Konflikten und mentalen Blockaden. Theoretische Grundlagen und praktische Anwendung* (Berichte aus dem Arbeitsbereich Pädagogische Psychologie) Hamburg: Universität, Fachbereich Erziehungswissenschaft.

Wagner, A.C. (2004b). Conflicts in Consiousness: Imperative Cognitions Can Lead to Knots in Thinking. In Kompf, M. & Denicolo, P.M. Teacher Thinking: Twenty Years on: Revisiting Persisting Problems and Advances in Education. (S. 179-208). Lisse, Netherlands: Swets & Zeitlinger

Wagner, A.C., Buth, B., Iwers-Stelljes, T., Schuldt, K. & Sylvester I. (2005a) Verbesserung der Hörfähigkeit bei Schwerhörigkeit und Tinnitus durch Introvision. Vortrag bei der 66. Tagung der Arbeitsgruppe für Empirische Pädagogische Forschung (AEPF) in Berlin. [Abstract erschienen in: Verbesserung der Hörfähigkeit bei Schwerhörigkeit und Tinnitus durch Introvision als Methode der pädagogisch-psychologischen Intervention. In A. Helmes (Hrsg.) *Lebensstiländerungen in Prävention und Rehabilitation*, Lengerich: Pabst, 125.

Wagner, A. C. & Iwers-Stelljes, T. (2005b) Gelassener werden durch Introvision – ein neuer Ansatz für Beratung und Selbstmanagement. *Pädagogik*, 6, 20–23.

Wagner, A. C., Podolsky, S. & Prädikow, M. (2006). Mentoring für Unternehmensberaterinnen. In E. Bamberg, J. Schmidt & K. Hänel (Hrsg.), *Beratung, Counseling, Consulting* (S. 217–240). Göttingen: Hogrefe.

Wagner, A. C. (2007) Achtsamkeit zur Auflösung innerer Konflikte: die Methode der Introvision. In Belschner, W., Büssing, A., Piron, H. & Wienand-Kranz, D. (Hrsg.) *Achtsamkeit als Lebensform. Psychologie des Bewusstseins- Texte, Band 6*, 175–199. Hamburg: LIT.

Wagner, A. C. (2009). *UNICA*. Internes Projektpapier. Universität Hamburg.

Wagner, A.C., Pereira Guedes, N., Löser, S. (2010). *Training und Coaching in mentaler Selbstregulation für Langzeitarbeitslose: Konstatierendes Aufmerksames Wahrnehmen (KAW) und Introvision als Methode zur Auflösung mentaler Blockaden. Durchführung und Ergebnisse einer Pilotstudie* (Berichte aus dem Arbeitsbereich Pädagogische Psychologie). Hamburg: Universität, Fachbereich Erziehungswissenschaft.

Wagner, A. C., Iwers-Stelljes, T. A. & Oerding, J. (2011). Aufstiegskompetenz von Frauen – Entwicklungspotenziale und Hindernisse auf dem Weg zur Spitze. Die Auflösung mentaler Blockaden zur Förderung der Aufstiegskompetenz von Frauen. In Leading Women, *Mixed Leadership – Ziele und Erfolge 2011. Deutschland auf dem Weg vom Spätzünder zum Vorreiter* (S. 37-40). Hamburg: eBook.

Wagner, A. C. (2012). Gesundheitsförderung durch Introvision als Methode der mentalen Selbstregulation: eine zusammenfassende Übersicht über empirische Forschungsergebnisse. *Gruppendynamik und Organisationsberatung, 43, (4)*, 319–337.

Wagner, A. C. & Buth, B. (2012). *Verbesserung der Hörfähigkeit bei Schwerhörigkeit, Tinnitus und Hyperakusis durch Introvision: empirische Ergebnisse eines Forschungsprogramms an der Universität Hamburg zur Wirksamkeit einer neuen Methode der mentalen Selbstregulation*. Unveröffentlichtes Manuskript, Universität Hamburg.

Wagner, A. C., Iwers-Stelljes, T. A., Oerding, J. & Paulsen, I. (2012). Mentale Blockaden der Aufstiegskompetenz von Frauen. Konzeptionelle Grundlagen und Ergebnisse eines Forschungsprojekts. *Gruppendynamik und Organisationsberatung, 43*(3), 245–268.Wagner, A. C. (2014). Was ist der Mensch? Zwischen Gelassenheit und Panik - Die Entstehung und Auflösung innerer Konflikte. In A. Kümpers-Greve & G. Gorschenek (Hrsg.), *Was ist der Mensch?* (Falkensteiner Gespräche, Bd. 3). Salzburg: Europäische Akademie der Wissenschaften und Künste.

Wagner, A. C. (2015). Introvision als Methode der Selbstregulation im Kontext von Spiritualität und Heilung. In: E. Möde (Hrsg.), *Spiritualität – Introvision – Heilung.* (S. 95–122). Regensburg: Friedrich Pustet.

Wagner, A. C. (2019). Gelassenheit durch Auflösung innerer Konflikte: die Theorie der mentalen Introferenz als Grundlage der Introvision. In: S. Rietmann & P. Deing (Hrsg.), *Psychologie der Selbststeuerung.* (S. 63–89). Wiesbaden: Springer VS.

Wagner, A. C., Kosuch, R. & Iwers, T. A. (2020). *Introvision. Problemen gelassen ins Auge schauen. Eine Einführung.* 2., überarb. Aufl. Stuttgart: Kohlhammer.

Watzlawick, P., Beavin, J. H. & Jackson, D. D. (1969). *Menschliche Kommunikation: Formen, Störungen, Paradoxien.* Bern: Huber.

Watzlawick, P., Weakland, J. H. & Fisch, R. (1997). *Lösungen* (5. Aufl.). Stuttgart: Huber.

Watzlawick, P. (1978) *Wie wirklich ist die Wirklichkeit?: Wahn, Täuschung, Verstehen* (22. Auflage). München, Zürich: Piper.

Weber, H. (1997). Emotionsbewältigung. In R. Schwarzer (Hrsg.), *Gesundheitspsychologie: ein Lehrbuch* (2., überarb. u. erw. Aufl.) (S. 267–284). Göttingen: Hogrefe.
Weber, R. (1987). Meaning as being in the implicate order philosophy of David Bohm: a conversation. In B. J. Hiley & F. D. Peat (Hrsg.), *Quantum Implications. Essays in honour of David Bohm* (S. 436–450). London, New York: Routledge & Kegan Paul.
Wegner, D. M. & Erber, R. E. (1993). Social foundations of mental control. In D. M. Wegner & J. W. Pennebaker (Hrsg.), *Handbook of mental control*. (S. 36–56). Englewood Cliffs, NJ: Prentice-Hall.
Wegner, D. M. & Pennebaker, J. W. (Hrsg.). (1993). *Handbook of mental control*. Englewood Cliffs, NJ: Prentice Hall.
Wegner, D. M. (1989). *White bears and other unwanted thoughts*. New York: Viking.
Wegner, D. M. (1992). *Die Spirale im Kopf: von der Hartnäckigkeit unerwünschter Gedanken – die Psychologie der mentalen Kontrolle* (M. Benthack, Übers.). Hamburg: Kabel. (Original erschienen 1989: White bears and other unwanted thoughts).
Wegner, D. M. (1994). Ironic processes of mental control. *Psychological Review, 101,* 34–52.
Weidle, R. & Wagner, A. C. (1982). Die Methode des Lauten Denkens. In G. L. Huber & H. Mandl (Hrsg.), *Verbale Daten. Eine Einführung in die Grundlagen und Methode der Erhebung und Auswertung* (S. 81–103). Weinheim: Beltz.
Weinberger, D. A. (1990). The construct validity of the repressive coping style. In J. L. Singer (Hrsg.), *Repression and dissociation: Implications for personality theory, psychopathology, and health* (S. 337–386). Chicago: University Press.
Weiner, B. (1994). *Motivationspsychologie*. Weinheim: Psychologie Verlags Union.
Weis, E. et al. (1967). *Schöffler-Weis Wörterbuch der englischen und deutschen Sprache*. Stuttgart: Klett.
Weiskrantz, L. (1999). *Consciousness lost and found: a neuropsychological exploration*. Oxford: University Press.
Wells, A. (1997). *Cognitive therapy of anxiety disorders*. Chichester: John Wiley & Sons.
Wenzlaff, R. M. & Wegner, D. M. (2000). Thought suppression. *Annual Review of Psychology, 51,* 59–92.
Whitehead, A. N. & Russel, B. (1973). *Principia mathematica. Vol. 1–3* (2. überarb. Aufl.). Cambridge: University Press.
Wiener, N. (1963). *Kybernetik: Regelung und Nachrichtenübertragung im Lebewesen und in der Maschine*. Düsseldorf: Econ.
Wilber, K. (1991). *Das Spektrum des Bewusstseins: eine Synthese östlicher und westlicher Psychologie*. Reinbek: Rowohlt.
Wilcke, N.; Brosey, D. & Kosuch, R. (2019): *Freiheitseinschränkende Maßnahmen in der häuslichen Pflege. Ursachen, Vermeidung, Legitimation.* Online verfügbar unter https://th-koeln.sciebo.de/s/H7DXbUUCNWfpBii (Open Access)
Wilhelm, R. & Jung, C. G. (1986). *Geheimnis der Goldenen Blüte: das Buch von Bewusstsein und Leben* (Aus d. Chines. übers. u. erl. von R. Wilhelm. Mit europ. Kommentar von C. G. Jung. Neu hrsg. u. mit Nachwort vers. von U. Diederichs). Köln: Diederichs.
Windmann, S. & Durstewitz, D. (2000). Phänomenales Erleben: Ein fundamentales Problem für die Psychologie und die Neurowissenschaften. *Psychologische Rundschau, 51,* 75–82.
Witt, H. (2010). Introspektion. In Mey, G. & Mruck, K. (Hrsg) *Handbuch qualitative Forschung in der Psychologie* (S. 491–505). Wiesbaden: VS.
Wittgenstein, L. (2001). Sehen und Vorstellen: Beispiele zur Philosophie der Psychologie. In *Wittgenstein* (Ausgew. und vorgestellt von T. H. Macho) (S. 306–324). München: dtv.
Wren-Lewis, J. (1988). The darkness of god. A personal report on consciousness transformation through an encounter with death. *Journal of Humanistic Psychology, 28,* 105–122.
Wundt, W. (1888). Selbstbeobachtung und innere Wahrnehmung. *Philosophische Studien, Bd. 4,* (S. 75–82).
Wundt, W. (1892). Zur Frage des Bewußtseinsumfangs. *Philosophische Studien, Bd. 7,* 222–231.
Wyer, R. S. (Hrsg.). (1996). *Ruminative thoughts*. Mahwah, NJ: Erlbaum.

Anhang

Grundkurs:
Einführung in mentale Selbstregulation durch Introvision

Im Folgenden geht es zunächst darum, wie eine Einführung in die Introvision praktisch aussehen kann.

Dieser Grundkurs kann sowohl individuell (z. B. als Vorbereitung auf die Introvisionsberatung) als auch in einer Gruppe stattfinden. Bei einer individuellen Einführung ist es besser möglich, gezielt auf die Vorkenntnisse und habituellen Introferenzmuster der Klienten einzugehen. Bei einer Gruppeneinführung profitieren hingegen die Klientinnen und Klienten vom Erfahrungsaustausch mit anderen.

Bei der praktischen Anwendung der Introvision ziehen es die meisten Klienten vor, dies im Rahmen eines Beratungsgesprächs auszuprobieren, das unter vier Augen oder in einer sehr kleinen Untergruppe stattfindet. Der Grund dafür liegt in dem meist sehr persönlichen Inhalt der Subkognitionen, insbesondere bei Kernimperativen.

Insofern bietet sich in vielen Fällen eine Kombination von Gruppeneinführung (allgemeine Grundlagen) und Einzelberatungen (bzw. Beratungen in sehr kleinen Gruppen) an.

Ziele des Grundkurses

Ziel eines solchen Grundkursus ist es, die Klienten in die Lage zu versetzen,

1. *die Theorie Subjektiver Imperative* verstehen und anwenden zu können; dazu gehört unter anderem auch die Fähigkeit,
   - imperativische Vorstellungen (anhand der ITA-Kriterien) zu erkennen,
   - Subkognitionen aus Imperativen zu erschließen und wortgetreu wiederzugeben,
   - Imperativketten bis an ihren Anfang zurückzuverfolgen und
   - KUS (Konfliktumgehungsstrategien) erkennen und die Aufmerksamkeit wieder auf die Subkognition zurücklenken zu können.
2. *Die Theorie der Mentalen Introferenz* verstehen und anwenden zu können, dazu gehört insbesondere die Fähigkeit,

- mentale Selbstregulation aus introferenztheoretischer Sicht zu verstehen,
- die Funktion des introferenten (primären, sekundären) Eingreifens zu verstehen,
- introferente Operationen erkennen und diese von nicht-introferentem »Konstatieren« unterscheiden zu können,
- zu verstehen, dass zur Introferenz die Koppelung von Kognitionen mit physiologischer Erregung, Anspannung und Hemmung gehört, und diese in sich selbst erkennen zu können,
- die Funktion des KAW im Rahmen der Introvision zu verstehen.
3. *Das Konstatierende Aufmerksame Wahrnehmen (KAW)* auf unterschiedlich enkodierten Kognitionen eine Zeitlang anwenden zu können. Dazu gehört unter anderem die Fähigkeit,
   - das KAW anhand der verschiedenen Merkmale erkennen und von anderen Formen der Aufmerksamkeitslenkung unterscheiden zu können,
   - die vier KAW-Übungen (▶ Kap. 5) selbständig anwenden zu können
   - und zwischen KAW und KUS (insbesondere Dramatisieren) unterscheiden zu können.
4. *Das Vorgehen der Introvision durchzuführen.* Dazu gehört unter anderem,
   - die theoretische Begründung dieser Methode zu verstehen,
   - die einzelnen Schritte durchführen zu können,
   - in der Lage zu sein, eine erfolgreiche Konfliktauflösung zu erkennen
   - und diese auf eigene Probleme anwenden zu können.

Die inhaltlichen Grundlagen eines solchen Einführungskurses finden sich in Kapitel 1 bis 6 dieses Buches.

Zur Bedeutsamkeit der theoretischen Begründung

Besonders hervorzuheben ist die Bedeutsamkeit einer ausführlichen Einführung in die theoretischen Grundlagen der Introvision, also in die Theorie Subjektiver Imperative (▶ Kap. 2) und in die Theorie der Mentalen Introferenz (▶ Kap. 3, ▶ Kap. 4).

Es gibt eine Reihe von empirischen Untersuchungen, die belegen, wie wichtig eine gründliche Einführung in das zugrunde liegende Rational der gewählten Vorgehensweise ist (Grawe, Donati & Bernauer, 1994, S. 17 ff.). Dies gilt auch für Universitätsseminare, wie Iwers-Stelljes in einer empirischen Untersuchung zeigen konnte (Iwers-Stelljes, 2006).

Gelegentlich kommt es vor, dass einige Seminarteilnehmer und -teilnehmerinnen so begeistert von den KAW-Übungen sind, dass sie diese »nur mal schnell so« im Rahmen ihrer pädagogischen Tätigkeit, zum Beispiel mit Jugendlichen, durchführen wollen. Dabei wollen sie diesen »keine umständliche Theorie« zumuten; deshalb verzichten sie auf eine ausführliche Erklärung, was KAW bedeutet und was es bewirken soll. Die Erfahrung zeigt, dass in solchen Fällen die Teilnehmerinnen und Teilnehmer auf das »bloße Üben« eher gelangweilt und ablehnend reagieren, weil sie sich zu Recht fragen, wieso sie eigentlich die eher langweilige Umgebung »anstarren« sollen, die sie doch sowieso schon kennen. Spannend wird das KAW im Grunde erst dann, wenn die Teilnehmerinnen und Teilnehmer die Bedeutung dieses mentalen Zustands im Kontext von Konfliktauflösung und -prävention kennen – und wenn sie genauer wissen, was speziell damit gemeint ist – und was nicht.

Diese vorschnelle Vermeidung von Theorie scheint zum gegenwärtigen Zeitpunkt einer bestimmten Zeitströmung zu entsprechen – zumindest was die Geisteswissenschaft betrifft.

So ist es unter dem Einfluss der Medien Mode geworden, insbesondere von Geisteswissenschaftlern zu erwarten, dass sie das Grundprinzip ihres Vorgehens möglichst kurz und knapp schildern – am liebsten in einem »Soundbite« von nicht mehr als 90 Sekunden – und, bitte schön, »bloß nicht (zu) theoretisch«. Nun ist dieses Ansinnen *per se* durchaus nicht verwerflich: natürlich ist es möglich, beispielsweise das Grundprinzip der Introvision in einem halben Satz zusammenzufassen (»dem Schlimmen ins Gesicht zu sehen«, ► Kap. 1). Würde man die gleiche Frage einem Arzt stellen, wie sich ein entzündeter Blinddarm entfernen lässt, so könnte er diese Frage ebenso zutreffend in einem Zwei-Sekunden-Statement beantworten: »Bauch aufschneiden, Blinddarm herausschneiden, wieder zunähen«.

Nur würde, was die Blinddarmoperation angeht, niemand auf die Idee kommen, dass das schon ausreicht, um erfolgreich eine Operation durchzuführen.

Die gleiche Sorgfalt, die Menschen aufwenden, um zu lernen, eine medizinische Operation durchzuführen, Schach zu spielen oder Auto zu fahren, ist auch erforderlich, wenn es um die eigene mentale Selbstregulation geht. Es sind gerade die theoretischen Grundlagen, die das Individuum im Zweifelsfall befähigen, mit schwierigen oder kritischen Situationen sinnvoll umzugehen.

Zur Bedeutsamkeit des täglichen Übens des KAW

Eine zweite Grundlage für die Anwendung der Introvision ist die praktische Fähigkeit, intentional die eigene Aufmerksamkeit ein Weilchen lang konstatierend und weitgestellt auf eine bestimmte Kognition gerichtet zu halten (► Kap. 5) und diese Form der konstatierenden Aufmerksamkeit von anderen Formen (z. B. dem introferenten Eingreifen und den Konfliktumgehungsstrategien) unterscheiden zu lernen.

Wie die Erfahrung zeigt, nicken viele Kursteilnehmerinnen und -teilnehmer mit dem Kopf, wenn ihnen das Grundprinzip des KAW erläutert wird. Wenn es dann um die praktische Anwendung geht, sieht es oft anders aus: da schweifen die Gedanken häufig ab, oder es werden gewohnheitsmäßig bestimmte Konfliktumgehungsstrategien angewandt. Insofern reicht es in den meisten Fällen nicht aus, dem Klienten am Ende eines Introvisionsberatungsgesprächs einfach nur nahe zu legen, die Subkognition nun ein Weilchen lang »konstatierend wahrzunehmen«. Vielmehr ist es erforderlich, das KAW vorab (d. h. die vier Übungen, ► Kap. 3) über einen längeren Zeitraum praktisch zu üben.

Wie bereits weiter oben erwähnt, gibt es außerordentlich große interindividuelle Unterschiede in der Fähigkeit, die eigene Aufmerksamkeit eine Zeitlang konstatierend weitgestellt auf eine bestimmte Kognition zu richten.

Dies gilt übrigens auch in vielen Fällen für Individuen, die umfangreiche Erfahrungen mit ähnlichen Methoden haben (z. B. Meditation, Entspannung, Yoga, Feldenkrais oder ähnlichem). Ihnen fällt es zwar oft relativ leicht, mit der Aufmerksamkeit nicht allzu oft abzuschweifen, aber sie haben dafür manchmal eine andere Form der Aufmerksamkeit so stark verinnerlicht, dass es ihnen schwer fällt, sich auf das KAW einzulassen.

So kann zum Beispiel jemand, der seit Jahren erfolgreich eine Form der Selbstsuggestion praktiziert, automatisch ein Mantra repetiert oder die Aufmerksamkeit habituell engstellt, Schwierigkeiten haben zu erkennen, inwiefern sich diese Formen der introferenten Aufmerksamkeit von dem unterscheiden, was mit hier mit KAW gemeint ist.

Die Motivation dazu, das KAW über einen längeren Zeitraum täglich zu üben, ergibt sich im Allgemeinen daraus, dass diese Form der Aufmerksamkeitslenkung auch in anderen Bereichen des Alltags sinnvoll und erfolgreich eingesetzt werden kann – zur Verbesserung der Fähigkeit, sich mental zu entspannen, sich besser zu konzentrieren (d. h. den Fokus der Aufmerksamkeit konstant halten), differenziert und weitgestellt wahrzunehmen und kreative Problemlöseprozesse zu fördern.

Eine sinnvolle Form, solche Probleme zu entdecken, stellt der gemeinsame Erfahrungsaustausch in der Gruppe nach Durchführung einer KAW-Übung dar.

Allgemeine Hinweise zur Durchführung von KAW-Übungen im Zusammenhang mit dem Grundkurs

Wie bereits weiter oben ausgeführt wurde, ist es sinnvoll und zweckmäßig, die Vorgehensweise und die Bedeutung des KAW zunächst ausführlich zu begründen. Was die praktische Durchführung der einzelnen KAW-Übungen angeht, so haben sich dabei folgende Vorgehensweisen bewährt:

- *In jeder Sitzung mindestens eine KAW-Übung durchführen.* Auf diese Weise wird vermieden, dass unnötige innere Hürden aufgebaut werden (»Hic Rhodos, hic salta.«).
- *Grundregel: »Persönlicher Datenschutz«.* Grundsätzlich gilt die Regel, dass die Teilnehmer selber entscheiden, ob sie berichten, auf welche inhaltlichen Kognitionen sie KAW angewandt haben. Das Gleiche gilt für die Inhalte von imperativischen Vorstellungen bei der Introvision selber. Ziel ist es, auf diese Weise zu verhindern, dass Teilnehmer sich für KAW (oder später die Introvision) nur oberflächliche Kognitionen aussuchen – aus Angst, anschließend darüber später reden zu müssen. Der anschließende Erfahrungsaustausch bezieht sich deshalb in erster Linie auf das *Wie*, d. h. das Vorgehen bei der Übung; ob darüber hinaus auch berichtet wird, *was* jeweils konstatierend wahrgenommen wurde, steht in der freien Entscheidung der Teilnehmer.
- *Die Teilnahme an den KAW-Übungen ist freiwillig.* Wer die Übung nicht mitmachen möchte, sollte einfach still da sitzen, um die anderen nicht zu stören.

Zum Ablauf der gemeinsamen KAW-Übungen:

- *Die generelle Meta-Anweisung für alle KAW-Übungen lautet, nach Möglichkeit konstatierend wahrzunehmen, was (intern) geschieht, wenn man sich vornimmt, jetzt*

KAW zu machen. Diese Meta-Anweisung dient dazu, einem möglichen neuen Imperativ (»Ich muss jetzt KAW machen! Ich muss es können!«) und daraus resultierenden neuen Imperativverletzungskonflikten vorzubeugen. Dieses sollte vorab erläutert werden. Die Begründung dafür lautet, dass es sich mit dem KAW so verhält wie mit anderen Fertigkeiten auch – wenn man sich vornimmt, etwas Bestimmtes zu tun, kann es vorkommen, dass einem das auf Anhieb nicht gelingt. Wichtig ist dann, einfach zu konstatierend zu beobachten, was man stattdessen macht bzw. was stattdessen in einem abläuft. Schweifen die Gedanken ab, so kann man konstatierend feststellen, wohin sie abschweifen. Taucht ein unangenehmer Gedanke auf, dann kann man diesen konstatierend wahrnehmen – oder falls das zu schwierig ist, ihn hilfsweise auf Papier festhalten.

- *Oberstes Ziel der KAW-Übungen ist es, allmählich zu lernen*, diesen speziellen Zustand der konstatierenden Aufmerksamkeit von anderen Zuständen unterscheiden zu lernen – und erst danach eine gewisse Übung darin zu gewinnen, diese konstatierende Aufmerksamkeit gezielt auf bestimmte Kognitionen zu richten. Wie in Kapitel 3 bereits ausgeführt wurde, hilft es, wenn man zu Beginn die KAW-Übung mit denjenigen Kognitionen durchführt, die konstatierend wahrzunehmen einem leicht fällt – das sind oft die Dinge, mit denen man sich gerne (z. B. in der Freizeit, beim Hobby oder auch während der Arbeit) beschäftigt. Später sollten dann die KAW-Übungen auch auf andere Kognitionen ausgedehnt werden.
- *Vorstellung der Übung von der Anleitung zur Durchführung trennen*. Die ausführliche Darstellung und Begründung der Übung sollte erfolgen, bevor dann das Signal zur Durchführung gegeben wird. Dies hat mehrere Vorteile: zum einen wissen die Teilnehmer vorher, worauf sie sich einlassen, wenn sie die Übung mitmachen; zum anderen machen viele schon vorab »ein bisschen KAW«, außerdem kann dann die Übungsanleitung selber sich auf die wichtigsten Hinweise beschränken (z. B. »Beginnen Sie jetzt bitte mit...«) samt Hinweis auf die Meta-Anweisung (z. B. »... und nehmen Sie nach Möglichkeit konstatierend wahr, was dabei geschieht...«).
- *Gegebenenfalls vorab Beispielsituation individuell auswählen lassen*. Insbesondere bei der KAW-Übung 4 (Zentrum des Angenehmen bzw. des Unangenehmen) sollten die Teilnehmer sich vorab bereits eine bestimmte Situation ausgesucht haben, auf die sie das KAW anwenden möchten. Die Gruppenleiterin kann anbieten, dabei Hilfestellung zu geben, z. B. durch Nennung verschiedener Beispielsituationen.
- *Einschlafen während der Übung ist erlaubt*. Diese Regel erlaubt es den Teilnehmern, auf den Imperativ »Ich *darf nicht* einschlafen« zu verzichten – wenn jemand tatsächlich einschläft, dann wird er hinterher wieder sanft geweckt.
- *Die KAW-Übungen sollten zunächst grundsätzlich (mindestens) in den drei verschiedenen Sinnesmodalitäten durchgeführt werden*. Dafür gibt es mehrere Gründe: (1) Bei der Introvision können Subkognitionen auftauchen, die in unterschiedlichen Modalitäten enkodiert sind; darauf sollen die Übungen vorbereiten. (2) Es ist wichtig, dass die Teilnehmer dafür sensibilisiert sind, dass das »Zentrum des Unangenehmen« unterschiedlich enkodiert sein kann (visuell, akustisch, somatosensorisch, abstrakt etc.). (3) Die Fähigkeit, Kognitionen ein Weilchen konstatierend wahrzunehmen, ist für die meisten Menschen von Modalität zu Modalität unterschiedlich; auf diese Weise wird das KAW in verschiedenen Modalitäten

»trainiert«. Variationen sind möglich, in welcher Modalität das KAW schwerpunktmäßig (d. h. ein wenig länger) geübt wird: für Anfänger kann das zunächst die bevorzugte Modalität sein und bei Fortgeschrittenen dann später umgekehrt die Modalität(en), in denen ihnen nicht-introferente Aufmerksamkeit jeweils besonders schwer fällt.

- *Vor Beginn der Übung nach Möglichkeit eine relativ entspannte Sitzhaltung einnehmen.* (»Bitte setzen Sie sich einigermaßen entspannt hin.«)
- *Eventuell vorab auch eine Entspannungsübung durchführen (lassen)*, die den Teilnehmern bereits bekannt ist oder die separat eingeführt wurde (z. B. eine Kurzversion der Progressiven Muskelentspannung; Bernstein & Borkovec, 1982).
- *Die Leiterin sollte die KAW-Übung selber mit durchführen*, wenn auch nur in einer reduzierten (»milden«) Form, freilich ohne dabei die Gruppe aus dem Auge zu verlieren.
- *Die Zeitangaben haben nur orientierende Funktion:* es steht den Teilnehmern frei, die einzelnen Übungsschritte schneller oder langsamer durchzuführen. Dies gilt insbesondere für die täglichen »Hausaufgaben«. Für Anfänger kann es sinnvoll sein, die Zeit für das Üben zu verkürzen; für Fortgeschrittene hingegen ist es empfehlenswert, die Zeit für das Üben zu verlängern – dies erhöht die Wahrscheinlichkeit, einen Zustand von Versunkenheit und Flow zu erleben (PT-Stufe 2).
- *Nach Beendigung der KAW-Übung können die Teilnehmer sich ein paar Minuten lang dehnen, räkeln und strecken.* Auf diese Weise soll es ihnen möglich gemacht werden, wieder auf die Stufe des Alltagswachbewusstseins (PT 4) zurückzukehren.
- *Erfahrungen mit den KAW-Übungen schriftlich festhalten* (s. u.).
- *und danach mit anderen austauschen.* Leitfragen sind dabei: »Welche Erfahrungen haben Sie damit gemacht?« »Was lief in Ihnen ab, nachdem Sie aufgefordert wurden, mit der Übung zu beginnen?« »Gab es Schwierigkeiten dabei – wenn ja, welche?« und ggf. »Was hat Sie davon abgehalten, KAW zu machen?«

Grundsätzlich gilt, insbesondere bei Schwierigkeiten mit dem KAW konstatierend wahrzunehmen, was dabei abläuft. Für die Kursleiterin bedeutet dies, entsprechend nachzufragen und ggf. einfach konstatierend wiederzugeben, was die Teilnehmer daraufhin berichten.

Zur Durchführung der KAW-Übungen als täglicher Hausaufgabe

- *Die Durchführung der täglichen »Hausaufgabe« planen.* Manche Menschen folgen einem strukturierten Tagesplan; für diese ist es wichtig, sich zu überlegen, wann und wo sie in diesem Ablauf die ca. zehn Minuten für die KAW-Übung (mit anschließenden kurzen Notizen) einfügen können. Andere haben eine Abneigung gegen solche Tagespläne und möchten lieber nach Möglichkeit spontan entscheiden, wann sie was machen. In solchen Fällen empfiehlt es sich, situationsbezogen zu planen und zu überlegen, in welche (tägliche) Tätigkeit sich die KAW-Übungen problemlos integrieren lassen (z. B. auf dem Weg mit dem Bus zur Arbeit, in einer Warteschlange, beim Joggen, nach der ersten Tasse Kaffee am Morgen oder abends vor dem Schlafengehen.)

- *Die durchgeführten Übungen und die damit gemachten Erfahrungen schriftlich festhalten.* Dazu sollen die Teilnehmer sich am besten ein Tagebuch in Form eines kleinen Heftes anlegen, das sie bei sich tragen, um ggf. auch unterwegs Notizen über spontane KAW-Übungen sofort festhalten zu können. *Dazu gehört auch festzuhalten, wann und warum die KAW-Übungen nicht durchgeführt wurden.* Bei Stress können eine vorherige Entspannung oder die Übung des »Pakete packens« (▶ Kap. 5) helfen.
- *Ggf. Introvision darauf anwenden, was einen davon abhält, KAW zu üben.* Geschieht es öfter, dass die KAW-Übung »vergessen« wurde oder das Individuum »keine Lust dazu« hatte, dann ist es sinnvoll, sich anzuschauen, was einen daran hindert, das zu tun. Dabei kann die Standbildmethode (▶ Kap. 6) hilfreich sein, verbunden mit der Leitfrage: »Was geht mir durch den Kopf, nachdem ich mir gesagt habe, jetzt könnte ich eigentlich eine KAW-Übung machen?«

Weitere Hinweise zur Anleitung und Durchführung von KAW-Übungen finden sich in Kapitel 3.

Das KAW-Tagebuch

Ziel der Aufzeichnung der Erfahrungen mit den KAW-Übungen ist es, die eigenen Erfahrungen im Rückblick besser nachvollziehen und – ggf. gemeinsam mit der Kursleitung – auswerten zu können (▶ Kap. 3.3.1).

Diese Stichworte und Skalenwerte (Allgemeinbefinden, Qualität des KAW) können dann nach einiger Zeit zusammenfassend ausgewertet werden, um so zu erkennen, wie sich die Qualität der jeweiligen Übungen über mehrere Wochen hinweg verändert hat, auch in Abhängigkeit von der jeweiligen Modalität der Kognitionen im Fokus des KAW, welche Auswirkungen auf das eigene Befinden sich ergeben und wo besondere Stärken und Schwächen liegen.

Das Introvisionstagebuch

Ein weiteres Ziel des Grundkurses ist es, Introvision auf eigene Probleme durchzuführen. Auch hierfür sind Aufzeichnungen in Form eines Introvisionstagebuchs sinnvoll und zweckmäßig (s. Kasten).

Stichworte für das Introvisionstagebuch

- Datum, Uhrzeit, Dauer der einzelnen Introvisions-Sitzungen
- Ausgangsproblem benennen, Ausmaß der subjektiven Belastung (Skala von 0 bis 10; »10« höchste Belastung) vor Beginn der Introvision notieren
- In Phase 1 der Introvision festhalten:
    - NLD (»Was geht mir durch den Kopf, wenn …?«)
    - Imperativ 1, Subkognition 1, ggf. Kommentar
    - Imperativ 2, Subkognition 2, ggf. Kommentar

- etc.
- ggf. Kernimperativ und Subkognition sowie
- Erfahrungen mit der Durchführung
• In Phase 2 der Introvision festhalten:
- Erfahrungen mit der Durchführung des KAW auf die Subkognition,
- Auswirkungen im Alltag (Ausmaß der Belastung, s. o. wiederholt einschätzen)
• Abschließender Bericht über die Auswirkungen der Introvision

Der Vorteil eines solchen Introvisionstagebuchs liegt darin, dass hier Erfahrungen festgehalten werden, die ansonsten im Allgemeinen relativ rasch vergessen werden. Ist ein Konflikt erst einmal aufgelöst, vergisst das Individuum im Normalfall schnell, wie das vorher war und wie es zur Auflösung gekommen ist.

Das vom Klienten erstellte Introvisionstagebuch wird in der zweiten Phase des Grundkurses gemeinsam mit der Introvisionsberaterin ausgewertet.

Der Grundkurs endet mit einer Abschlusssitzung, in der Erfahrungen und Ergebnisse individuell bzw. in der Gruppe reflektiert werden.

KAW-Tagebuch

KAW-Tagebuch

KAW-Tagebuch

Datum .... Uhrzeit .... **Name:** Ort .... Allgemeinbefinden .... vorher ....
Von   bis   nachher (0-10) ....

KAW-Übung: ....   Bemerkungen ....

Mod.	Dauer	Kognition im Fokus	Erfahrungen	Qualität

Auswirkungen, sonstige Bemerkungen

Anm.: Skalen 0 „sehr schlecht" bis 10 „sehr gut"; v = visuell, a = akustisch, s = somatosensorisch, g. = gedanklich-abstrakt

Anhang

Eine kurze Erläuterung zur Unterscheidung quasi- und kontra-epistemischer introferenter Kognitionen

In Kapitel 2 wurde kurz erwähnt, dass sich mindestens vier Gruppen unterschiedlicher Arten von introferenten Kognitionen unterscheiden lassen. Zwei davon finden sich besonders häufig im Alltag: quasi-epistemische (Gruppe 1) und kontra-epistemische (Gruppe 2) Kognitionen. Beispiele für quasi-epistemische Kognitionen sind Meinungen oder auch Glaubenssätze, die sich jemand in einer Situation der Unsicherheit (Belnap, 1977) imperiert. Im Unterschied dazu kontrafaktiische Kognitionen Kognitionen, die in diametralen Widerspruch zu den jeweils vorhandenen gültigen epstemischen Kognitionen stehen – zum Beispiel wenn sich jemand selber belügt. Dies soll im Folgenden zunächst anhand eines Beispiels erläutert werden.

> **Der Lottospieler: Ein Beispiel für quasi- und kontra-epistemische introferente Kognitionen**
>
> Stellen wir uns vor, jemand spielt Lotto. Das bedeutet, er kreuzt sechs Zahlen an, wohl wissend, dass eine – statistisch gesehen sehr, sehr kleine – Chance besteht, dass genau diese Zahlen beim nächsten Mal gezogen werden. Epistemisch gültig ist in dieser Situation die Erkenntnis »Ich weiß, dass ich nicht weiß, ob das die sechs Richtigen sind.« Redet er sich nun ein »Ich werde mindestens drei Richtige haben!« oder »Ich gewinne bestimmt den Jackpot!«, so haben diese beiden introferenten Kognitionen in dieser Situation quasi-epistemischen Charakter.
>
> Am Wochenende verfolgt er aufgeregt die Ziehung der Lottozahlen im Fernsehen und erkennt enttäuscht, dass er keine einzige Zahl richtig geraten hat. Zur Sicherheit (man weiß ja nie …) lässt er seinen Schein am Montag in der Lottoannahmestelle überprüfen und hört auch hier, dass er keine einzige richtige Zahl getippt hat. Wenn er sich nun in dieser Situation einredet, dass er in Wirklichkeit eine Million Euro im Lotto gewonnen habe, so handelt es sich um eine kontraepistemische, in diesem Fall eine kontrafaktische, introferente Kognition (Gruppe 2).

Unser kognitives System scheint quasi-epistemische Kognitionen deutlich leichter zu tolerieren als kontra-epistemische Kognitionen: Erstere sind im Allgemeinen mit deutlich weniger Unruhe gekoppelt als kontra-epistemische Vorstellungen. Wenn wir dem Lottospieler vor der Ziehung begegnen und er uns begeistert von seinem sicheren Gewinn erzählt, reagieren wir vielleicht ein wenig spöttisch, aber wir denken: »Wer weiß, vielleicht wird das ja wahr!« Nach der Lottoziehung sieht es anders aus: Wenn er dann noch steif und fest behauptet, er habe gewonnen, sind wir entweder empört, weil wir glauben, er lüge uns an – oder wir machen uns ernsthaft Sorgen um seinen Gesundheitszustand.

Grundlage eine dreiwertige Logik

Allgemeiner gesagt: Wir scheinen im Alltag implizit mit einer dreiwertigen oder vierwertigen Logik (Gottwald, 1989, Belnap 1977) zu operieren: Eine bestimmte Aussage wird vom EPS entweder als »wahr/richtig etc.« oder als »falsch, unwahr etc.« oder als »vielleicht wahr und vielleicht falsch« eingestuft.

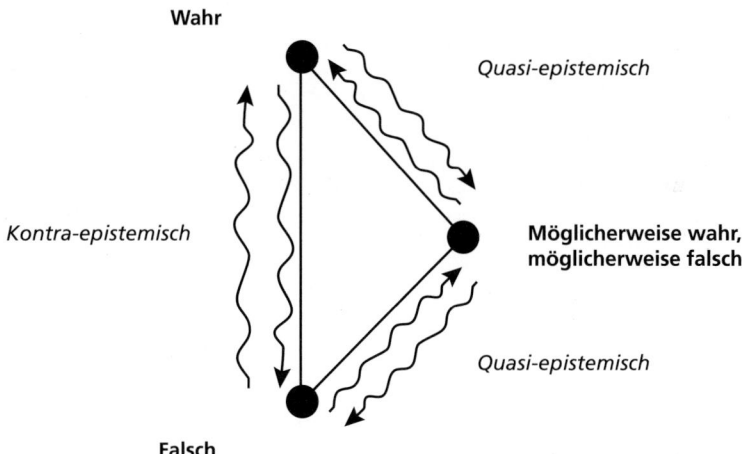

Abb. A2: Modell der Generierung quasi- und kontra-epistemischer Kognitionen

Wenn man Abbildung A2 zugrundelegt, so lassen sich quasi-epistemische Kognitionen definieren als introferente Kognitionen, deren epistemischer Wahrheitswert von dem der jeweiligen epistemisch gültigen Kognition um einen *halben* Schritt (im Sinne von ▶ Abb. A2) abweicht, während dieser bei kontra-epistemischen introferenten Kognitionen um einen *ganzen* Schritt differiert.

Abschließend sei noch darauf hingewiesen, dass es auch andere Formen der Generierung von Ersatzkognitionen gibt – dazu gehören unterschiedliche Formen der affektiven bzw. quantitativen Übertreibungen ebenso wie die korrespondierenden Formen der Bagatellisierung. Die Erfahrung zeigt, dass es in diesem Bereich fließende Übergänge des (noch) Tolerierens bzw. entschiedenen Zurückweisens solcher unterschiedlichen introferenten Kognitionen gibt.

Glossar und Abkürzungen

Affekt   Phänomenologisch: Gefühls-, Gemütserregung, (griech. pathos); aus Sicht der →TMI ist Affekt die Folge der selektiven Koppelung von Kognitionen mit erhöhter Erregung, Anspannung, Hemmung sowie Lust bzw. Unlust
B   Beraterin, Berater
Besonnenheit   nach →Sokrates die Folge der metakognitiven →epistemisch gültigen Erkenntnis: »Ich weiß, dass ich nicht weiß …«
Blitzintrovision   kurzes konstatierendes Wahrnehmen der Kern-Subkognition eines akuten →Konflikts; →Introvision
Default   Mangel (wörtlich übersetzt) in der Informationsverarbeitung, der dazu führt, dass eine für das Weiterlaufen der Informationsverarbeitung als nächstes benötigte →Kognition bzw. kognitive Operation fehlt; Folge: der kognitive Prozess bleibt hängen
Default, Formen von   Aus Sicht der →TMI lassen sich vier Formen unterscheiden: Widerspruch, →Inkongruenz, →Leerstelle und unauflösbare →Diskrepanz.
de-imperieren einer Kognition   den Prozess des Sich-Imperierens einer →Kognition beenden
Diskrepanz   Nicht-Übereinstimmung von Ist- und Sollkognition
Diskrepanz, unauflösbare   Diskrepanz, deren Auflösung das →EPS als unmöglich einstuft
Eingreifen   synonym für →introferentes Eingreifen
epistemisch gültig   →Kognitionen, die das →epistemische System auf der Grundlage seiner Regeln als →kongruent und →konsistent einstuft
epistemische Kognitionen   synonym für →epistemisch gültige →Kognitionen
epistemisches System (EPiS)   das grundlegende kognitive System des Menschen (Wahrnehmen, Problemlösen, Handlungssteuerung), in dem ausschließlich als →epistemisch gültig eingestufte →Kognitionen weiterverarbeitet werden
EPiS   →epistemisches System
Flow-Erleben   Zustand des »Im-Fluss-Seins« und »Sich-eins-Fühlens« mit sich und der Welt (→PT-Stufe 2)
Gelassenheit, Definition von   Innere Ruhe, verbunden mit einem Gefühl der Mühelosigkeit und des Wohlbefindens – und mit Konfliktfreiheit der momentan bewussten →Kognitionen (Gedanken, Gefühlen und Empfindungen)
gültige Kognitionen   synonym für →epistemisch gültige →Kognitionen
IIS   →Imperativ-Indikatoren-Kategorien-System
Imp   Imperativische Sollvorstellung, →subjektiver Imperativ
Imperativ   →subjektiver Imperativ
Imperativbaum   hypothetische Struktur des Zusammenhangs mehrerer subjektiver Imperative, die auf den gleichen →Kernimperativ zurückzuführen sind
Imperativ-Indikatoren-Kategorien-System (IIS)   Kategoriensystem zur Erschließung →subjektiver Imperative in Texten und Protokollen anhand von verbalen und nonverbalen Indikatoren; Teil von →ITA
imperativisch festhalten   sich eine (Soll-)Vorstellung samt der dazugehörigen Selbstanweisung, diese Sollvorstellung nicht aufzugeben, →imperieren
imperativische Sollvorstellung   →subjektiver Imperativ
Imperativkette   Verbindung mehrerer →subjektiver Imperative mithilfe entsprechender Wenn-dann-Annahmen

Glossar und Abkürzungen

Imperativtheoretisches Textanalyseverfahren (ITA)   vierstufiges Textanalyseverfahren auf der Grundlage der →Theorie Subjektiver Imperative
Imperativverletzungskonflikt (IVK)   phänomenologisch gesehen: Folge einer wahrgenommenen oder antizipierten Verletzung (mindestens) eines subjektiven Imperativs. Aus Sicht der →TMI: Eine → unauflösbare Diskrepanz: das Resultat der (andauernden) Imperierung (mindestens) einer →inkongruent (gewordenen) Sollvorstellung
imperieren   Fortführen der Informationsverarbeitung auf der Basis einer (ungültigen oder gültigen) →Kognition, die zu diesem Zweck mit erhöhter Erregung und Anspannung gekoppelt wird (→imperativisch festhalten), unter gleichzeitigem Ausblenden und Blockieren damit inkonsistenter Kognitionen, die zu diesem Zweck physiologisch gehemmt werden
Imperieren, primäres   sich (an einer bestimmten Stelle im Informationsverarbeitungsprozess erstmalig) eine ungültige →Kognition →imperieren
Imperieren, sekundäres   in vorhandene →Introferenz erneut introferent eingreifen mit dem Ziel, den Auswirkungen der vorhandenen Introferenz entgegenzuwirken
inkongruent, Inkongruenz   Einstufung einer →Kognition durch das →EPS als nicht mit der Realität übereinstimmend
introferente Kognitionen (quasi-epistemisch, kontra-epistemisch)   →epistemisch ungültige →Kognitionen, die ein Individuum sich (primär, sekundär) imperiert; mit diesen introferenten Kognitionen werden vorhandene, damit inkonsistente Kognitionen überschrieben
Introferenz, introferentes Eingreifen   (von intro-ferre: hineintragen) Prozess und Ergebnis des (kontrollierten, automatischen) »Hineintragens« ungültiger →Kognitionen (→imperieren) in →epistemische Kognitionen
Introvision   Eine Methode zur Auflösung von inneren →Konflikten und mentalen Blockaden: (wiederholte) Anwendung des →KAW auf die Kern-Subkognition eines →IVK mit dem Ziel der Auflösung des Konflikts
Intrusion   Ungewolltes Eindringen eines Gedankens oder eines Bildes in laufende Gedanken
ITA   →Imperativtheoretisches Textanalyseverfahren
ITA-Indikatoren zur Erkennung subjektiver Imperative   →IIS
IVK   →Imperativverletzungskonflikt
K   Klientin, Klient
KAW   →Konstatierendes Aufmerksames Wahrnehmen
Kernimperativ   →subjektiver Imperativ am Ende einer →Imperativkette: Die damit verbundene →Subkognition ist für das Individuum mit hohem negativem →Affekt verbunden (»Schlimm«-Gefühl).
Kognitionen   Oberbegriff für alle Formen von mentalen Repräsentationen der Welt: bewusste wie unbewusste Wahrnehmungen, Sinnesempfindungen, Wissen, Gedanken, Intuitionen, Ideen, Erinnerungen, Handlungsziele, etc.
Konflikt, allgemeine Definition   →Default gekoppelt mit →Affekt
Konfliktauflösung   aus Sicht der →TMI: Entkoppelung eines vorhandenen →Defaults von →Affekt
Konflikt-Konflikt   Unterform eines →IVK: ein →Konflikt zweiter Ordnung (in Konflikt mit einem vorhandenen Konflikt, z. B. sich darüber ärgern, dass man immer noch Angst hat)
Konfliktumgehungsstrategien (KUS)   Strategien des Umgangs mit inneren →Konflikten, die nicht zur Auflösung des Konflikts führen
Kongruenz, kongruente Kognitionen   Übereinstimmung mit der (wahrgenommenen) Realität
Konsistenz, konsistente Kognitionen   in sich stimmige (widerspruchsfreie) →Kognitionen
Konstatierendes Aufmerksames Wahrnehmen (KAW)   nicht-introferent eingreifendes aufmerksames Wahrnehmen von Kognitionen, bei dem das Zentrum der weitgestellten Aufmerksamkeit ein Weilchen lang konstant auf dieselbe Kognition(en) gerichtet bleibt
kontra-epistemisch   Eine →imperierte ungültige →Kognition, die in diametralem Widerspruch zu der entsprechenden gültigen Kognition steht (z. B. »das ist falsch«/»das ist wahr«)
KUS   →Konfliktumgehungsstrategien
Leerstelle   Unterform von →Default: die zur Weiterverarbeitung als nächstes benötigte →Kognition fehlt

***Muss-Darf-nicht*-Syndrom** Gefühl von »muss« bzw. »darf-nicht« gekoppelt mit Dringlichkeit, Selbstalarm und eingeengter Wahrnehmung (Tunnelblick)
NLD Nachträgliches Lautes Denken: Methode der Aktivierung der Kognitionen, die einem Individuum in einer gegebenen Situation automatisch »durch den Kopf gehen«
Psychotonus (PT) jeweiliger psychisch-mentaler Zustand eines Individuums
Psychotonusskala, PT-Skala siebenstufige Skala zur theoretischen Abgrenzung unterschiedlicher psychotonischer Zustände
PT →Psychotonus bzw. Psychotonusstufe
quasi-epistemisch Imperierte epistemisch →ungültige →Kognition, die im Sinne einer dreiwertigen Logik um eine halbe Stufe von der epistemisch gültigen Kognition abweicht (z. B. »dies ist wahr« / »das ist vielleicht unwahr«)
sekundäres Eingreifen in vorhandene →Introferenz erneut eingreifen, um den Auswirkungen dieser Introferenz entgegenzuwirken, s. a. →Konfliktumgehungsstrategien, →Imperieren, sekundäres
Selbstregulation, mentale interne Regulation mentaler Prozesse
SK →Subkognition
Sokrates, die Lösung des »Hängenbleiben« der →epistemischen Informationsverarbeitung (→Default) dadurch beenden, dass man erkennt, dass man nicht weiß, wie dieser Default aufzulösen ist (→Besonnenheit)
subjektiver Imperativ Sollvorstellung (Ziel, Erwartung, Selbstanweisung), die im Individuum mit dem →Muss-darf-nicht-Syndrom gekoppelt ist; aus Sicht der →TMI eine Sollvorstellung, die →imperativisch festgehalten wird
Subkognition (SK) entsprechende Ist-Kognition, die zur Aktivierung des dazugehörigen subjektiven Imperativs führt
Theorie der Mentalen Introferenz (TMI) allgemeine Theorie der mentalen →Selbstregulation; grundlegende Annahme: Die Entstehung von Nicht-Gelassenheit ist das Ergebnis des →introferenten Eingreifens in mentale (→epistemische) Prozesse
Theorie Subjektiver Imperative (TSI) Eine Theorie innerer Konflikte, die von der Grundannahme ausgeht, dass akute Konflikte (→PT-Stufe 6) das Resultat der wahrgenommenen bzw. antizipierten Verletzung mindestens eines subjektiven Imperativs sind
TMI →Theorie der Mentalen Introferenz
TSI →Theorie Subjektiver Imperative

Personenverzeichnis

A

Albrecht 22–23, 29, 32–34, 46, 115, 280
Allport 267
Anderson 264
Aristoteles 264

B

Baars 115, 141, 270
Bateson 78, 149, 152, 162, 169, 171, 262–263, 266, 270
Baumeister 270, 277
Beck 45, 153–154, 174, 180, 187, 200
Benthien 31, 44, 46, 91
Birbaumer 31, 79, 82, 105, 110, 162–163, 202, 216, 233, 270, 278, 288
Bohm 34, 260–262, 281
Borkovec 109, 142, 152, 154, 314
Brentano 141
Buth 13, 46, 232

C

Cicero 85, 196, 278, 282, 284
Crichton 212
Crick 262
Csikszentmihalyi 22, 29, 33, 138

D

Debiec 37, 220–222, 286
Desikachar 85

E

Eccles 261
Eimer 273–275
Ellis 43, 45, 149–150, 159, 174, 202
Epiktet 149, 267–268
Erber 269
Erdelyi 187, 191

F

Feldenkrais 100, 142–143, 311
Freud 43, 99, 146, 150, 174, 181, 191, 269–270, 285

G

Galanter 12, 42, 184
Gendlin 100, 122, 156, 224
Goethe 30
Grawe 11, 26, 31, 78–79, 100, 149, 220, 259, 264, 269, 310
Guedes 13, 44, 46, 232

H

Haggard 273–275
Harel 151, 265
Heckhausen 28–29, 181
Hegel 277
Herwig 38, 120, 144, 222, 285
Hofstadter 151, 266
Horney 174, 181, 269
Hoyer 151–152

I

Iwers-Stelljes 19, 44–46, 48–49, 103, 149, 160–161, 169, 174–175, 180–181, 225, 310

J

James 32, 77, 153

K

Korzybski 266
Kosuch 43–44, 46, 175

L

Lazarus 28–30, 146, 150, 166, 168, 171, 174, 191, 269, 278
Lewin 12
Libet 54, 141, 259–260, 273–276, 281, 287
Lippitt 11

M

McGuinness 31, 265
Meichenbaum 45, 146, 149–150, 174, 269
Meister Eckhart 34
Miller 12, 42, 182, 184, 270–271
Möller 43, 46
Morgenstern 166–167

N

Nietzsche 165

P

Patañjali 85
Platon 27, 75, 261
Powers 31, 146, 149, 169, 181–182, 259, 266, 269–270
Pribram 12, 31, 34, 42, 184, 262, 265

R

Rogers 43, 99, 146, 174, 197, 203, 224
Russell 149, 152, 171–172, 266

S

Schmidt 31, 79, 82, 105, 110, 162–163, 202, 216, 233, 270, 278, 288
Shannon 260–261, 263–264
Sokrates 26, 75, 183
Spille 43

U

Uttendorfer-Marek 42, 44, 154, 184

W

Wagner 12–13, 19, 24–25, 42–46, 98, 100, 103–104, 147, 153–154, 157, 160–161, 175, 177, 179, 184–185, 206, 224–225
Watzlawick 78, 103, 149–150, 152, 171, 207, 266–267, 275–276
Wegner 78, 152, 167, 171, 187, 191, 269, 276
Wundt 140, 144

Stichwortverzeichnis

A

absolute innere Ruhe   33, 280
Achtsamkeit   100, 142
Affekt   85, 148, 185, 277
Alexandermethode   142
Alltagswachbewusstsein   31, 280
Angst vor einem Schwimm-Wettkampf
    247
Anspannung   82
Anstrengung   280
Arbeitsschwierigkeiten   243
Ärger   166
aufbauschen   185, 187
aufgelöster Konflikt   217
Aufmerksamkeit   216
Ausgangsfrage   200
Auswertungsgespräch   208
autogenes Training   142
Autogenes Training   99
Automatisches Eingreifen   88, 91, 136
– Prozesse   136
Automatisierung   87
– Vorteile   87
Avidyâ   85

B

Bedeutsamkeit der theoretischen
    Begründung   310
Beratung, klientenzentrierte   224
Beratungsgespräch
– Abschlussphase des   210
– sich im Kreis drehendes   207
beruhigen   188
Besonnenheit   75
Beziehungsprobleme   245
Binnenregulation   26
Blitzintrovision   40, 218–220, 247

D

Defaults   148
– Ursachen   264

Denk-Knoten   41
Depression   29–30, 42, 150, 180, 283
Dramatisieren und Konstatieren   213
Drogenabhängigkeit   253
Durchführungskonflikte   173

E

Eifersucht   168
Eingreifen, primäres
– mehrere Schritte   79
Eingreifen, sekundäres   89, 192
– Anspannung   90
– verschiedene Schichten des ~   91
– wiederholtes   89, 90
– Ziel   88
Energie   261
Entblockieren der epistemischen
    Informationsverarbeitung   217
Entscheidung, blockierte   245
Entspannung   32, 280
– mentale   32, 36
– Verfahren   225
epistemisch   104, 125
Epistemisch gültige Imperative   159
Erregung   82, 202, 216
– allmähliche Abnahme der   214
– Auflösen der   248
– leichter Anstieg der   212
– schnelle Abnahme der   212
Erstimperativ   202, 207
etikettieren   186
Eutonie   142

F

Fallreflexion   49
Farben der Seele   277
Flow   22, 32, 217–218, 280
Flow-Erleben   69, 107–109
Flugangst   238
Focusing   100, 224
Forschungsprogramm Mentale
    Selbstregulation   42, 283

freischwebende Aufmerksamkeit 99
Furcht und Angst 168

G

Gedanken, Endloskreisen 151
- aufhören 204, 215
Gefühle und Emotionen 187, 277–278
- Binnenregulation 278
- Evolutionstheorie 282
gelassenes Leben 268
Gelassenheit 20, 69
- aus Sicht der TMI 287
- außergewöhnlicher
  Bewusstseinszustand 22
- Definition 24
- Flow 22
- Folge des Unter-Lassens 35
- Hektik 20
- Psychotonusmodell 34
glücklicher Ausgang, hoffen auf 189
Glücksgefühl, Fehlen 216
Grenzen des Denkens 265
Grenzen des Erkennens 266
Grenzen des Handelns 267
Grübeln 151
Grundkurs 309

H

Handeln mit dem Ziel der
  Konfliktvermeidung 189
Handschrift verbessern 250
Hatha-Yoga 142
Hausaufgaben 210, 212
Hemmen 83–84
herunterspielen 185, 187
Heuschnupfen 256
hierarchisieren 186, 189
Hypochondrie 168

I

Idiosynkrasie 179
- Folgerungen 181
ignorieren 185, 187
Illusionen 186
Imperativ, paradox 236
Imperativbaum 181–182
Imperative, subjektive 153
- Definition (pragmatische) 156
- Indikatoren 161
Imperativ-Gegenimperativkonflikt 169
Imperativ-Indikatoren-Kategoriensystem
  (IIS) 161

imperativische Vorstellung 202
imperativisches Festhalten 160
Imperativkette 175–176, 182, 205–206, 286
Imperativkonflikt 164, 168, 173
imperativtheoretisches Textanalyseverfahren
  (ITA) 44, 160
Imperativverletzungskonflikt 38, 162,
  172–173
- Grundformen 164
- hirnphysiologische Auswirkungen 162
Imperieren 84
Impulsivität 31, 280
Information 260–261, 263
innere Unruhe 85
Introferenz 40
- Deaktivierung, erfolgreiche 226
Introspektion 140
Introvision 37, 44, 52, 155, 183, 193, 225,
  286, 309
- Auswirkungen der 211
- bei Lärm 232
- Durchführung der 196
- empirische Untersuchungen zur
  Wirksamkeit 45
- Ergebnis 40
- Methode 37, 223
- Unterschied zu klassischem
  Verhaltenstraining 236
- Vergleich mit anderen Verfahren
  223–224
- Vorbereitung der 38
- Vorgehensweise 196
- Ziel 220
Introvisionsberatung 38, 196–199, 226,
  286
Introvisionstagebuch 315
Intrusion 152

J

Juckreiz 232, 256
Jung 99

K

katastrophalisieren 189
KAW 225, 285
- Anleitung 208
- auditiv 105–106, 113, 116
- aus Subkognitionen anwenden 210
- Auswirkungen 211
- Bedeutsamkeit des täglichen Übens 311
- bei Schmerzen 129
- empirische Untersuchungen zur
  Wirksamkeit 45

Stichwortverzeichnis

- grundlegende Fähigkeit des Menschen 103
- hirnphysiologische Ergebnisse 220
- interindividuelle Unterschiede 103, 108
- konstatierend 106
- Labilisierung der Koppelung 222
- mentale Entspannung 107, 121
- nicht introferent 102
- nicht-suggestives Verfahren 142
- physiologische Auswirkungen 101
- Rekonsolidierung 222
- somatosensorisch 105–106, 114, 117
- und Durchblutung 108
- und Einschlafen 128–129
- und Entzündungen 108
- und Introspektion 140
- und Introvision 143
- und Konzentration 143
- und Lernen 127–128
- und MRT 128
- und Musik 128
- Vergleich mit anderen Verfahren 140
- Versunkenheit 108
- visuell 105–106, 112, 117

KAW-Tagebuch 126, 315, 317
KAW-Übungen 37
- 1 Konstatieren 104
- 2 Weit- und Engstellen 111
- 3 Weitgestellt mit konstantem Fokus 115
- 4 Zentrum des Angenehmen 122
- Ablauf 109
- allgemeine Hinweise 312
- als tägliche Hausaufgabe 314
- erweitert Gefühle 120
- Essenz Frühlingstag 122
- Gedanken 119
- Geschmack, Geruch, Wärme 110
- im Tagesablauf 130
- längerfristige Wirkungen 127
- Mini-Urlaub 124
- Praxis 106, 126
- Sinnesempfindungen konstatieren 105
- Umgang mit Störungen 109
- Zentrum des Unangenehmen 124

Kernimperativ 94
Kernimperative 175–176, 179, 206
- bei Redeangst 177
- empirische Ergebnisse 180

Kern-Subkognition 183, 286
Kognitionen 318
- als Konstrukte 266
- betroffene ~ markieren 82
- Diskrepanzen zw. Ist- und Soll-~ 79
- epistemisch gültige 89
- inkongruente 79
- introferente 318
- kontra-epistemische 90, 318
- Koppelung mit Erregung und Anspannung 88
- Muss-~ 156
- quasi-epistemischer 318
- ungültige 80
- Widerspruch 78

Konflikt 25, 148
- affektive Theorien 150
- akut 156
- akuter 24, 192, 280
- auf der ersten Ebene 202
- Auflösung 196, 227
- Begriff 150
- Definition 148
- den Kern finden 38
- eskalierender 279
- innerer 25
- Merkmale 31
- Prozess der Entwicklung 273
- Sechs-Stufen-Modell 273
- Situative Theorien 149
- Theorien fehlerhaften Denkens 149
- Theorien zur Entstehung 149
- Untersuchung zur Struktur 43

Konfliktauflösung
- aus aufmerksamkeitspsychologischer Sicht 216
- Merkmale einer erfolgreichen 215

Konflikt-Konflikt 164, 172–173, 202
Konfliktprävention 218
konfliktrelevante Kognitionen
- aktivieren 200
- Entschwinden aus der Aufmerksamkeit 216

Konflikttheorien 150
Konfliktumgehungsstrategie 39, 184, 193, 206
- abschneiden 206
- als Teillösungsstrategie 191
- Anwendung 185
- Auswirkungen 191
- Beispiele 190

Konstatierendes Aufmerksames Wahrnehmen (KAW) 36, 38, 97, 99
- Fortgeschrittene 134–135
- Übungsprogramm 134

Kontra-epistemische Imperative 160
Konzentrative Bewegungstherapie 100
Koppelung mit erhöhter physiologischer Erregung, Anspannung und Hemmung 83
Kummer 166
KUS-Kategorien-System (KUS-R) 186

L

Langzeitgedächtnis 220–221
Leerstelle 77
Leerstelle beim Lernen 250
Leerstellenkonflikte 170
Leidenschaften 277
Leitfaden 205
Leitung einer Gruppe 239–240
Lernen 248
Libet-Experiment 273–274
Lösung des Sokrates 183

M

Materie 261
meaning 260
Meditation 22–23, 141, 225
mental 260
mind 260
Mindfulness 100
Möglichkeitskonflikt 167–168
Muss-Darf-nicht-Syndrom 156, 192
– Merkmale 157
mystisch 34

N

Nachträgliches Lautes Denken 42, 154
– stimulated recall 154
Neid 166
Neurodermitis 255
nicht hineinsteigern 205

O

Ohnmachtsanfälle 257
Optimismus 186

P

Pakete packen 36
Paradoxe Imperative 171
Paradoxie 152
pathos 277
Pessimismus 186
Praxistest 217
Problemlösung 207
Progressive Muskelentspannung 142
Prozesse, mentale 263
Prüfungsangst 239–240
Psychischer Stress 85
Psychotonus 217
– Begriff des 28

– Entstehung psychotonischer Zustände 279
– Skala 28–29

Q

Quasi-epistemische Imperative 159

R

rationalisieren 186
Rauchen 252
Realität verzerren 188
Realität wünschen 188
Realitätsebenen 262
Realitätskonflikt 164, 173
– Gewissheitskonflikt 165
Redeangst 176–177
Regulation mentaler Prozesse 260
re-imperieren 186, 189
resignieren 186, 189

S

Schmerzreiz 232
Schreibprobleme 241
Schuldgefühle 166
Schwierigkeiten mit dem KAW 246
Selbsthypnose 142
Selbstkompetenz 48
Selbstkontrollstrategien 191
Selbstregulation 270
Selbstregulation, mentale 54
– Introferenzmodell 269–270
– oberstes Ziel 269
Situationsbedingter Widerspruch 168
Sollvorstellung, imperativisch 155, 158
– Arten von 159
– Inhalt 157
Sollvorstellungen
– Festhalten 160
– moralisch 158
Sorgen 151
Sozialkompetenz 48
Standbildtechnik 200
Stress 30, 168, 191, 253
Stress auf der Intensivstation 244
Stress reduzieren 229
Stressbewältigungsformen 191
Stresstheorie 166
subjektive Imperative 43
Subkognition 38, 158
– erschließen 202
– konstatierend aufmerksam wahrnehmen 208

- konstatierend wahrnehmend wiedergeben 204
System der mentalen Introferenz 284
systemtheoretische Ansätze 224

T

Theorem der dicken Klöpse 52
theoretisieren 186, 188
Theorie der Mentalen Introferenz 162, 192, 267, 284
- empirische Tests 47
- Entwicklung 47
- Willensfreiheit 276
Theorie Subjektiver Imperative 152–153, 174, 193, 286
Tiefenstruktur imperativischer Vorstellungen 44, 175
Tinnitus 232
TOTE-Modell 42, 270
Traurigkeit 248

U

Überschreiben 81–82
Unangenehme Wahrnehmungen 251
Undurchführbarkeitskonflikt 164, 170
Ungestört lesen 249
Unruhe 218
Untersuchungsmethoden 44
Unvollkommenheit des Wissens 265

V

Verdrängungsmechanismen 191
Verfahren, tiefenpsychologische 225
Versunkenheit 32–33, 280
Verwirrung 88
Visualisierungsübungen 142
Volition 31, 54, 280
Vorgehensweisen, kognitiv-therapeutische 224
Vorstellungen, realistische 268

W

Weitstellen 134, 136
Willen 54
Willensfreiheit 281, 287
willentlich handeln 280
Wortgetreu 203

Y

Yoga 85

Z

Zen-Meditation 142–143
Zusammenhang zwischen Materie, Energie und Information 261

Beispielverzeichnis

Gelassenheit und Flow-Erleben
Geisel 20
Klettern 22
Meditation 22
Segler 32

Introvision
Angst eines zehnjährigen Jungen 247
Arbeitsfähig werden 243
Auffahrunfall 219
Baulärm 251
Beziehungsprobleme 245
Drogenabhängigkeit 253
Entscheidung 245
Flugangst 238
Handschrift 250
Heuschnupfen 256
Juckreiz 255, 256
Leitung einer Gruppe 240
Lernen 248, 250
Lesen in der U-Bahn 249
Mehr lächeln! 236
Neurodermitis 255
Ohnmachtsanfälle 257
Prüfungsangst 239
Rauchen 252
Regnerischer Tag 251
Schreibprobleme 241
Schwierigkeiten mit dem KAW 246
Stress auf der Intensivstation 244
Traurigkeit 248
Unangenehme Begegnung 251

KAW
Ast am Baum 117
Augenbrauenzupfen 129
Bild meiner Tochter 123
Einkaufen 120
Einschlafen 128, 129
Entspannung 117, 121, 123, 128
Familienstreit 115
Genervt 120
Glück 124
Gottesdienst 123
Joggen 113
Kindheitserinnerungen 124
Klangteppich 121
Klausur 128
Klettern 113
Laufen 114
Lernen und behalten 127
Mittagspause 129
MRT 128
Müdigkeit 117, 128
Musik 117, 128
Problem 120
Räumliche Orientierung 121
Rückenschmerzen 115
Sauna 117
S-Bahn 117
Schwimmbad 117
Seminarraum 114
Spazierengehen 114
Stockkampf 118
Strand 117
Tagesablauf 130
Ticken einer Uhr 116
Tee schmecken 110
Verarbeitung von Gelesenem 120
Vogelgezwitscher 116
Wahrnehmungsfähigkeit 121
Yoga 115

Wagner/Kosuch/Iwers

Introvision

Problemen gelassen
ins Auge schauen
Eine Einführung

2., überarb. Auflage 2020
212 Seiten mit 13 Abb.
und 8 Tab. Kart.
€ 28,–
ISBN 978-3-17-037910-7

Wie entsteht Gelassenheit? Und wie ist es möglich, Gelassenheit zu fördern oder wiederzugewinnen? Introvision ist eine wirksame Methode der mentalen Selbstregulation, bei der es darum geht, den Dingen konstatierend aufmerksam wahrnehmend ins Auge zu schauen, um sie zu verändern und Gelassenheit zurückzugewinnen. Diese leicht verständliche, praxisnahe Einführung richtet sich an eine breite Zielgruppe und ist auch in der Weiterbildung in Introvisionstraining und -coaching einsetzbar.

Auch als E-Book erhältlich.
Leseproben und weitere Informationen: **www.kohlhammer.de**